Thomas Meyer

Interkulturelle Kooperations-kompetenz

Eine Fallstudienanalyse
interkultureller Interaktionsbeziehungen
in internationalen Unternehmenskooperationen

PETER LANG
Europäischer Verlag der Wissenschaften

Bibliografische Information Der Deutschen Bibliothek
Die Deutsche Bibliothek verzeichnet diese Publikation in der
Deutschen Nationalbibliografie; detaillierte bibliografische
Daten sind im Internet über <http://dnb.ddb.de> abrufbar.

Zugl.: Braunschweig, Techn. Univ., Diss., 2004

Gedruckt auf alterungsbeständigem,
säurefreiem Papier.

D 84
ISSN 1618-453X
ISBN 3-631-52841-8

© Peter Lang GmbH
Europäischer Verlag der Wissenschaften
Frankfurt am Main 2004
Alle Rechte vorbehalten.

Printed in Germany 1 2   4 5 6 7

www.peterlang.de

Interkulturelle Kooperationskompetenz

Schriften zum
Managementwissen

Herausgegeben von
Joachim Hentze
und Andreas Kammel

Band 6

PETER LANG

Frankfurt am Main · Berlin · Bern · Bruxelles · New York · Oxford · Wien

5

INHALTSVERZEICHNIS

9

11

ABBILDUNGSVERZEICHNIS

13

14

TABELLENVERZEICHNIS

ABKÜRZUNGSVERZEICHNIS

[...]	Auslassung in einem Zitat
AT&T	American Telephone and Telegraph
Aufl.	Auflage
Bd.	Band
bspw.	beispielsweise
bzgl.	bezüglich
ca.	circa
CEO	Chief Executive Officer
Diss.	Dissertationsschrift
ed.	*edition*
EDV	Elektronische Datenverarbeitung
erg.	ergänzte
erw.	erweiterte
et al.	et alii
etc.	et cetera
F&E	Forschung und Entwicklung
f.	folgende
ff.	fortfolgende
GSA	*global strategic alliance*
H	Hypothese
HRM	Human Resource Management
Hrsg.	Herausgeber
i.e.	it est
IA	*international alliance*
IAs	*international alliances*
IBM	International Business Machines
insb.	insbesondere
IJV	*international joint venture*

IJVs	*international joint ventures*
IuK	Information und Kommunikation
Jg.	Jahrgang
JV	*joint venture*
JVs	*joint ventures*
KMU	Klein- und mittelständische Unternehmen
LDCs	*less developed countries*
M&A	*mergers and acquisitions*
No.	*number*
Nr.	Nummer
o.ä.	oder ähnliches
R&D	*research and development*
S.	Seite
TFT	*Tit-for-Tat*
überarb.	überarbeitete
UK	United Kingdom
U.S.	United States
u.U.	unter Umständen
v.a.	vor allem
vgl.	Vergleiche
Vol.	*volume*
vollst.	vollständig
vs.	versus

1 EINLEITUNG

1.1 Ausgangslage

Vielfältige Veränderungen im weltweiten Wettbewerb resultieren in einer zunehmenden Internationalisierung der Geschäftstätigkeit von Unternehmen. Ein steigender Wettbewerbsdruck, die zunehmende Verflechtung der Weltwirtschaft, die
Sättigung von Inlandsmärkten sowie die Dynamik von technologischen Entwicklungen machen für viele Unternehmen eine Ausweitung ihrer Aktivitäten auf
internationale Gebiete notwendig.[1] Darüber hinaus wird diese Entwicklung durch
verbesserte Transport- und Kommunikationsmöglichkeiten, einer Verkürzung von
Produktlebenszyklen, der Beschleunigung von Innovationsprozessen und tendenziell steigenden Fixkosten (vor allem im Bereich Forschung und Entwicklung)
verstärkt.[2] In diesem Zusammenhang hat die Bedeutung interorganisationaler Zusammenarbeit im Rahmen von internationalen Unternehmenskooperationen bzw.
Allianzen als Strategie zur Bewältigung der Herausforderungen zugenommen.[3]

Grenzüberschreitende Kooperationen stellen bereits seit längerem einen festen
Bestandteil des strategischen Repertoires international tätiger Unternehmen dar.[4]
Empirische Studien zeugen jedoch von einer beschleunigten Zunahme internationaler, kooperativer Zusammenarbeit in den letzten 20 Jahren. Eine Studie
von Hagedoorn aus dem Jahre 1996 stellte auf Basis der Auswertung von Sekun-
därquellen fest, dass die quantitative Entwicklung internationaler, technologischer
Kooperationen seit 1975 kontinuierlich gestiegen und seit den frühen achtziger
Jahren vor allem durch einem Anstieg der Kooperationstätigkeit in den drei Kern-
technologien Informations- und Biotechnologie sowie Neue Materialien gekennzeichnet ist.[5] Eine weitere empirische Untersuchung der Unternehmensberatung
Booz-Allen von 1997 hat nicht nur ergeben, dass 15% des Umsatzes der größten
US-Firmen in Allianzen erwirtschaftet werden und die Anzahl von Kooperationen
zwischen US-Unternehmen und Partnern in Europa, Asien und Lateinamerika
jährlich um 25 Prozent wächst, sondern auch, dass die Profitabilität von Unternehmen, die sich in internationalen Allianzen engagieren, höher war als in der Ver-

---

[1] Vgl. z.B. Haussmann (1997), S. 461 und Sell (1994), S. 1.

[2] Vgl. u.a. Krystek/Zur (2002), S. 204 und Riehle (1997), S. 581.

[3] Vgl. etwa Woratschek/Roth (2003), S. 143; Morschett (2003), S. 389; Holtbrügge (2003), S.
    877 und Hanvanich et al. (2003), S. 1f. "International alliances are increasingly central to cor-
    porate success, and their use is growing throughout the world." Fedor/Werther (1996), S. 39.

[4] Vgl. z.B. Geringer/Hebert (1991), S. 250; Parkhe (1991), S. 579; Buckley/Glaister/Husan
    (2002), S. 113 und Draulans/deMan/Volberda (2003), S. 151. So weist Mockler darauf hin,
    dass bereits im 18. und 19. Jahrhundert in der Schifffahrtsindustrie eine Vielzahl länderüber-
    greifender Allianzen und kooperativer Zusammenarbeit existierte. Vgl. Mockler (1999), S. 10.

[5] Vgl. Hagedoorn (1996), S. 603.

gleichsgruppe.[6] Schließlich verfügen inzwischen die 500 größten Unternehmen der Welt einer Untersuchung von Dyer/Kale/Singh zufolge über durchschnittlich 60 strategische Kooperationsbeziehungen und die Ankündigung einer neuen Allianz führt der gleichen Studie zufolge zu einem durchschnittlichen Anstieg des Aktienkurses um ein Prozent.[7] Die Fähigkeit von Unternehmen mit anderen Partnern über nationale Grenzen hinweg kooperativ zusammenzuarbeiten, stellt somit bereits heute einen erheblichen Wettbewerbsvorteil dar,[8] der in Zukunft noch an Bedeutung gewinnen dürfte.

"In order to compete in the growing international market, it will be increasingly necessary for firms to cooperate on a global level and continually build international relationships which will facilitate the process of global competition."[9]

Vor dem Hintergrund der anhaltenden Globalisierung und des sich intensivierenden Wettbewerbs wird daher erwartet, dass Unternehmen in Zukunft mit weiter steigender Frequenz internationale Partnerschaften eingehen werden.[10]

1.2 Problemstellung

Trotz ihrer hohen Bedeutung verlaufen internationale Kooperationsbeziehungen in der Praxis jedoch oftmals weitaus weniger erfolgreich als erwartet und sind durch eine hohe Instabilität und Komplexität gekennzeichnet.[11] Empirische Studien zeigen z.T., dass bis zu 80 Prozent aller internationalen Kooperationen

---

[6] Vgl. Harbison/Pekar (1997). In Europa wird die Bedeutung von internationalen Kooperationen in Bezug auf den Umsatz und die Profitabilität sogar noch höher eingeschätzt. Vgl. Ertel (2001), S. 37.

[7] Vgl. Dyer/Kale/Singh (2001), S. 37.

[8] Vgl. z.B. Gugler (1992), S. 91 und Büchel (2003a), S. 91. Diese Einschätzung wird von Ertel und den im Rahmen einer Studie von Vantage Partners befragten Allianzmanagern bestätigt. "Becoming known as a desirable company with which to partner - a partner of choice - has become a competitive edge, [...]". Ertel (2001), S. 38.

[9] Elmuti/Kathawala (2001), S. 214.

[10] Vgl. etwa Riehle (1997), S. 584; Holtbrügge (2003), S. 875f. und Zentes/Swoboda/Morschett (2003), S. 5.

[11] Vgl. Zahra/Elhagrasey (1994), S. 83; Pausenberger/Nöcker (2000), S. 400; Parkhe (1991), S. 580; Fedor/Werther (1996), S. 41.

nicht den gewünschten Erfolg bringen oder gar vorzeitig abgebrochen werden.[12] „Bluntly put, successful IAs are unlikely. Most fail."[13]

Als möglicher und oft angeführter Grund für die Instabilität und das Scheitern internationaler Kooperationen gelten kulturelle Unterschiede der beteiligten Partner.[14] Denn zusätzlich zu den auch in nationalen Allianzen bestehenden Schwierigkeiten und Gefährdungspotenzialen[15] beinhalten Kooperationen über Ländergrenzen hinweg immer eine Interaktion und Kommunikation von Personen unterschiedlicher kultureller Prägung. Differierende, kulturbedingte Wertvorstellungen, Denkweisen und Verhaltensnormen sowie daraus resultierende Unterschiede im Bereich der Management-Praktiken und betriebswirtschaftlichen Zielsetzungen führen zu oftmals erheblichen Kommunikationsstörungen und Konflikten.[16]

Unterschiedliche kulturelle Prägungen der Partner gewinnen insofern zusätzlich an Bedeutung, als dass in der neueren Erfolgsfaktorenforschung von Kooperationen die Wichtigkeit persönlicher Interaktionsbeziehungen betont wird.[17] Dabei stellt die Ausbildung einer hohen interpersonalen Kommunikations- und Beziehungsqualität einen erfolgskritischen Faktor dar.[18]

> "The success of business relationships over the long run are contingent on each partner's investment in each network relationship as well as the partner's ability to communicate effectively throughout the duration of the relationship."[19]

---

[12] Vgl. u.a. Walsh (1991), S. 15; Geringer/Hébert (1991), S. 250; Bleeke/Ernst (1994), S. 34; Kealey (1996), S. 85; Elmuti/Kathawala (2001), S. 206; Ertel (2001), S. 38 und Draulans/ deMan/Volberda (2003), S. 151 sowie eine Übersicht von Studien zu Misserfolgsquoten von Kooperationen bei Fontinari (1995), S. 119. Fedor/Werther schließen aus den Ergebnissen der empirischen Studien zur Erfolgswahrscheinlichkeit internationaler Kooperationen, dass die meisten Allianzen innerhalb von 5 Jahren nach Entstehung als gescheitert gelten können. Vgl. Fedor/Werther (1996), S. 41.

[13] Fedor/Werther (1996), S. 51.

[14] Vgl. u.a. Lane/Beamish (1990), S. 88; Zahra/Elhagrasey (1994), S. 85; Fedor/Werther (1996), S. 39; Hébert/Beamish (2002), S. 88; Elmuti/Kathawala (2001), S. 208; Barkema/Vermeulen (1997), S. 845; Pothukuchi et al. (2002), S. 244 ; Faulkner/de Rond (2000), S. 29 ; Meschi/Roger (1994), S. 197; Büchel et al. (1997), S. 122.

[15] Vgl. hierzu die Ausführungen in Abschnitt 2.1.3.4.

[16] Vgl. die Ausführungen zur Relevanz des Faktors Kultur im Management allgemein in Abschnitt 2.2.2 und zu seinem Einfluss in internationalen Unternehmenskooperationen im Speziellen in Abschnitt 2.3.

[17] Vgl. Ertel (2001), S. 38; Gulati/Gargiulo (1999), S. 1445; Bronder/Pritzl (1998), S. 34 und die Ausführungen in Abschnitt 2.1.3.3. "People are the grease and glue that make alliances work" Al Zeien, CEO von Gilette, zitiert in Mockler (1999), S. 61.

[18] Vgl. Inkpen/Birkenshaw (1994), S. 213; Kanter (1994), S. 97ff.; Kumar/Khanna (1999), S. 239ff.; Hébert/Beamish (2002), S. 88; Beamer (1998), S. 54.

[19] Griffith/Harvey (2001), S. 87.

Interpersonale Interaktionen in internationalen Kooperationen werden in besonderem Maße erschwert, da nicht nur sprachliche Barrieren, sondern vor allem kulturell unterschiedliche Werte und Einstellungen der beteiligten Kooperationsträger Verständnis und Verständigung behindern.[20] Internationale Kooperationen gelten deshalb im Vergleich zu nationalen Partnerschaften als komplexer und instabiler.[21]

In der Praxis ist zu beobachten, dass sowohl die Relevanz persönlicher Beziehungen an sich als auch die Bedeutung kultureller Unterschiede in internationalen Kooperationsbeziehungen unterschätzt werden.[22] „Most companies don't know how to systematically manage something 'soft' like a relationship."[23] So ist z.B. einer neueren Studie von Vantage Partner zufolge, die überwiegende Mehrheit von gescheiterten Kooperationen auf konfliktäre, persönliche Beziehungen der Kooperationsträger zurückzuführen.[24] Während finanziellen und strategischen Aspekten zumeist eine große Aufmerksamkeit zuteil wird, wird der Aufbau kooperativer interpersonaler Beziehungen in den meisten Fällen vernachlässigt.[25] Kulturelle Unterschiede der Kooperationspartner werden ebenfalls nur sehr selten in ausreichendem Maße berücksichtigt.[26] Viele internationale Manager leben in dem Bewusstsein, Wirtschaftsbeziehungen seien im Zeitalter globaler Kommunikation „supranational" und tendieren dazu, realexistierende Kulturunterschiede in der Praxis zu nivellieren.[27] Vorherrschend sind nach Ansicht von Holzmüller die stereotypischen Meinungen, dass entweder (a) kulturelle Unterschiede als nicht relevant für die Kooperationsbeziehung eingestuft werden, oder (b) Kulturunterschiede zwar akzeptiert werden, aber davon ausgegangen wird, dass an Kooperationen beteiligte Führungskräfte ohnehin schon global agieren und deshalb automatisch ein entsprechendes Fingerspitzengefühl mitbringen, oder (c) zur Berücksichtigung von Kulturunterschieden das Selbststudium von Ratgebern und Erfahrungsberichten zur Vermeidung kultureller „Fettnäpfe" ausreicht.[28]

In der Literatur ist die Erkenntnis der Bedeutung des Faktors Kultur in der Zusammenarbeit und Gestaltung von Interaktionsbeziehungen in internationalen Unternehmenskooperationen seit den Studien von Hofstede Anfang der achtziger Jahre

---

20   Vgl. Hentze/Kammel (2000), S. 222 und Parkhe (1991), S. 583ff.

21   Vgl. Kogut (1988), S. 170 und Fedor/Werther (1996), S. 41.

22   Vgl. hierzu auch die Ausführungen in Abschnitt 2.3.2.4.

23   Gordon/Salganik (2001), S. 73.

24   Vgl. Ertel/Weiss/Visioni (2001), S. 17; Gordon/Salganik (2001), S. 73.

25   Vgl. Ertel/Weiss/Visioni (2001), S. 17 sowie auch Fedor/Werther (1996), S. 39.

26   Diese Einschätzung wird z.B. von Stüdlein (1997), S. 75; Bittner/Reisch (1994), S. 114f. und Loiselle (2000), S. 16 geteilt.

27   Vgl. Peill-Schoeller (1994), S. 8; Bittner/Reisch (1994), S. 99ff.

28   Vgl. Holzmüller (1997), S. 56.

stark gewachsen.[29] Trotz des deutlichen Anstiegs der Forschungstätigkeit und der Publikationsdichte in diesem Bereich, wird jedoch weiterhin das Fehlen ganzheitlicher Konzepte beklagt.[30] In der neueren Kooperationsliteratur wird zwar vermehrt auf die Existenz kultureller Probleme und der Bedeutung eines „kulturellen Fits" zwischen den Partnern hingewiesen, entsprechende Beiträge gehen aber kaum über die Problemidentifizierung oder Darstellung vereinzelter Lösungsansätze in Form von Tipps und Tricks zur Bewältigung von evtl. auftretenden Konflikten hinaus.[31]

> „Numerous examples of successful or unsuccessful alliances are cited in the literature, and yet explanation of success and failure in terms of an a priori specified theoretical framework is most noticeably lacking. Culture, as an explanatory variable is for the most part entirely neglected, except in anecdotal accounts, which appear in newspapers and trade journals."[32]

Insbesondere ist festzustellen, dass in der Regel keine differenzierte Auseinandersetzung der notwendigen oder zu entwickelnden Fähigkeiten und Kompetenzen innerhalb einer internationalen Unternehmenspartnerschaft zur effektiven und angemessenen Gestaltung der Interaktionsbeziehungen in internationalen Kooperationsbeziehungen erfolgt.[33] Erkenntnisse aus den angrenzenden Forschungsbereichen der – meist im Zusammenhang von Auslandsentsendungen betrachteten – interkulturellen Kompetenz und der – meist kulturelle Unterschiede ausblendenden – Kooperationskompetenz können dabei nur bedingt auf internationale Kooperationssituationen übertragen werden.[34] Es kann daher konstatiert werden, dass die zur Berücksichtigung bzw. Bewältigung kultureller Unterschiede notwendigen Fähigkeiten in einer grenzüberschreitenden Partnerschaft in der Literatur bisher nicht adäquat berücksichtigt wurden.[35]

---

29 Vgl. Hofstede (2000, 2001a), dessen erste Auflagen im Jahre 1980 bzw. 1984 erschienen.

30 Auf diese Forschungslücke weisen z.B. Shenkar/Zeira (1987), S. 546; Parkhe (1991), S. 581; Stüdlein (1997), S. 9 und Loiselle (2000), S. 15 hin, ohne sie abschließend zu schließen.

31 Vgl. Bronder/Pritzl (1992), S. 32; Zahra/Elhagrasey (1994), S. 90; Eisele (1995), S. 248f.

32 Kumar/Nti (1996), S. 6.

33 Ein anschauliches Beispiel findet sich bei Kumar/Khanna: Dort wird interkulturelle Kompetenz von Kooperationspartnern in indisch-deutschen Joint Ventures einzig und allein anhand vorheriger Joint Venture Erfahrung operationalisiert. Vgl. Kumar/Khanna (1999), S. 246.

34 Vgl. hierzu insbesondere die Ausführungen in Abschnitt 3.1.

35 Vereinzelt finden sich Dissertationen, die Aspekte strategischer Allianzen oder Joint Ventures vor dem Hintergrund des interkulturellen Einflusses behandeln. Vgl. Stüdlein (1997), Loiselle (2000) und Krieger (2001). Zu bemängeln ist allerdings, dass auch in diesen Arbeiten sowohl die Aufstellung eines theoretisch fundierten Bezugsrahmens fehlt, der die relevanten Elemente interkulturell kompetent geführter Kooperationsbeziehungen ableitet, als auch eine empirische Überprüfung der dargelegten Aspekte unterbleibt.

1.3 Zielsetzung

Aus der Problemstellung lässt sich ein klarer Forschungsbedarf für die Analyse des Einflusses kultureller Unterschiede in internationalen Unternehmenskooperationen sowie insbesondere für die darauf aufbauende Identifikation von Fähigkeiten zur angemessenen und effektiven Gestaltung von Interaktionsbeziehungen in solchen Partnerschaften ableiten.

Das Ziel dieser Arbeit besteht daher erstens darin, internationale Unternehmenskooperationen aus einer kulturellen Sicht zu analysieren. Im Rahmen einer Literaturanalyse soll dabei aufgezeigt werden, mit welchen Problemen und Konfliktpotenzialen sich zahlreiche Unternehmen hinsichtlich der kulturellen Unterschiede der Kooperationspartner konfrontiert sehen und welche Ursachen hierfür ausschlaggebend sind.

Auf diese Analyse aufbauend, soll zweitens ein theoretisch fundiertes Erklärungsmodell aufgestellt werden, welches die Konzeption einer „interkulturellen Kooperationskompetenz" als die in einer internationalen Kooperationsbeziehung vorhandenen Fähigkeiten der beteiligten Partnerunternehmen und ihrer Kooperationsträger zur Gestaltung angemessener und effektiver Interaktionsbeziehungen zum Mittelpunkt hat. Im Rahmen der Entwicklung eines solchen Modells soll dabei sowohl auf die theoriegeleitete Darstellung der Wirkung interkultureller Kooperationskompetenz auf die Interaktionsbeziehungen in einer Partnerschaft eingegangen als auch eine Identifikation von einflussnehmenden Kontextfaktoren vorgenommen werden.

Das dritte Ziel der Arbeit besteht darin, die in dem theoretisch konzipierten Erklärungsmodell enthaltenen Hypothesen einer empirischen Konfrontation im Rahmen einer konfirmatorischen Fallstudienanalyse zu unterziehen. Dabei gilt es zu prüfen, ob sich die postulierten Muster und Zusammenhänge im Rahmen einer empirischen Untersuchung internationaler Unternehmenskooperationen wiederfinden lassen.

Schließlich sollen in einem vierten und letzten Schritt praxisrelevante Gestaltungsempfehlungen für Unternehmen zum Aufbau und zur Gestaltung interkulturell kompetenter Kooperationsbeziehungen abgeleitet werden, innerhalb derer die in internationalen Partnerschaften immanenten Probleme und Konfliktpotenziale verhindert bzw. adäquat bewältigt werden können.

Ziel dieser Arbeit ist es weder, inhaltliche Angaben zu spezifischen Kulturen sowie zu der Interaktion mit ihnen vorzunehmen, noch die Ansätze zur Erfassung und zum Vergleich von Kulturen ausführlich darzustellen. Dies geschieht nicht nur, weil es den Rahmen der Arbeit sprengen würde bzw. auf umfassende Darstellungen solcher Ansätze in der Literatur verwiesen werden kann,[36] sondern auch, weil die Arbeit einem interkulturellen und keinem kulturvergleichendem Ansatz folgt. D.h. es sollen Kompetenzen aufgezeigt werden, die unabhängig von den kulturellen Ausprägungen der Partner angemessene und effektive Interaktionsbeziehungen zulassen.

Die sich aus der Problemstellung und der Zielsetzung ergebenden forschungsleitenden Fragestellungen sind in Abbildung 1 noch einmal zusammenfassend dargestellt.

---

1. Welchen Einfluss hat der Faktor Kultur in internationalen Unternehmenskooperationen?
   - Welche Folgen ergeben sich aus der kulturellen Unterschiedlichkeit der Kooperationspartner?
   - Was sind spezifische Problemfelder und die Ursachen der Konfliktpotenziale?
   - Welche Relevanz haben kulturelle Unterschiede für den Kooperationserfolg?

2. Worin äußern sich interkulturell kompetente Kooperationsbeziehungen?
   - Wie kann eine interkulturelle Kooperationskompetenz definiert werden und wie manifestiert sie sich?
   - Welche Dimensionen und Bestandteile beinhaltet sie?
   - Welchen Einfluss hat die interkulturelle Kooperationskompetenz auf die Interaktionsbeziehungen einer Partnerschaft?
   - Durch welche Kontextfaktoren wird sie beeinflusst?

3. Können die postulierten Bestandteile und Wirkungen einer interkulturellen Kooperationskompetenz im Rahmen einer empirischen Fallstudienuntersuchung bestätigt werden?

4. Welche Konsequenzen und Gestaltungsempfehlungen können aus den Ergebnissen der theoretischen und empirischen Untersuchung für das Management internationaler Kooperationen abgeleitet werden?

Abbildung 1: Forschungsleitende Fragestellungen der Arbeit

1.4 Gang der Arbeit

Der Aufbau der vorliegenden Arbeit gliedert sich in sechs Kapitel. Abbildung 2 veranschaulicht den Gang der Arbeit im Überblick.

---

[36] Vgl. u.a. die Arbeiten von Hagemann (2001); Rothlauf (1999); Hoon-Hallbauer (1994); Schuchardt (1994); Harris/Moran (1996) und Schroll-Machl (1996) zur Analyse der Interaktion mit spezifischen Kulturen sowie Mead (1998), S. 49ff; Hasenstab (1998), S. 77ff. und Lessmann (2000), S. 73ff. zur Darstellung von Ansätzen zur Erfassung und zum Vergleich von Kulturen.

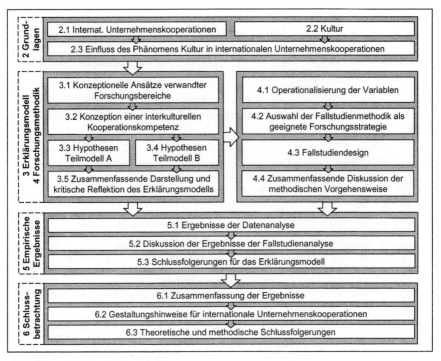

Abbildung 2: Gang der Arbeit

Im Rahmen der Einleitung (**Kapitel 1**) wurde im bisherigen Verlauf bereits die Ausgangslage in Bezug auf den Bedeutungszuwachs internationaler Unternehmenskooperationen, die Problemstellung im Hinblick auf den kulturellen Einfluss in Kooperationen und die Zielsetzung der Arbeit beschrieben.

Im weiteren Verlauf der Arbeit werden im Rahmen des **Kapitels 2** zunächst die theoretischen Grundlagen internationaler Unternehmenskooperationen und Kultur dargestellt. Hiermit soll das theoretische Verständnis dieser Arbeit in Bezug auf diese beiden empirischen Phänomene expliziert und die relevanten Begriffe geklärt werden. Dabei werden im Abschnitt 2.1 im Anschluss an die Erläuterung des Begriffs und der Erscheinungsformen von Unternehmenskooperationen sowie ihrer Motive und Zielsetzungen bereits grundlegende Aspekte des Erfolgs und des Gefährdungspotenzials von Unternehmenspartnerschaften dargelegt und eine gesonderte Betrachtung der Interaktionsbeziehungen vorgenommen. Daran anschließend erfolgt in Abschnitt 2.2 die Darstellung allgemeiner Grundlagen von Kultur und eine Diskussion ihrer Relevanz im Management. Im Abschnitt 2.3 werden die zuvor getrennt betrachteten Themenbereiche zusammengefügt und es wird der Frage nachgegangen, welchen Einfluss das Phänomen Kultur in internationalen Unternehmenskooperationen hat. Hierzu erfolgt eine Betrachtung der Folgen grundlegender, kulturbedingter Unterschiede, die Darstellung spezifischer Problemfelder und ihrer Ursachen, sowie eine Ableitung ihrer Relevanz für den Kooperationserfolg. Abschließend wird im Rahmen eines Fazits die Notwendigkeit interkultureller Kompetenzen zur erfolgreichen Gestaltung der Interaktionsbeziehungen in internationalen Unternehmenskooperationen hervorgehoben.

Gegenstand des **Kapitels 3** ist die Entwicklung eines Erklärungsmodells interkultureller Kooperationskompetenz. Hierzu erfolgt zunächst in Abschnitt 3.1 die Darstellung konzeptioneller Ansätze der verwandten Forschungsbereiche der individuellen interkulturellen Kompetenz und Kooperationskompetenz, auf die sich die nachfolgende Konzeption einer interkulturellen Kooperationskompetenz als dreidimensionales Konstrukt in Abschnitt 3.2 stützt. Dabei werden auch die Erfolgskriterien ausgewählt und die in den einzelnen Dimensionen enthaltenen Teilfertigkeiten expliziert. Anschließend werden in Abschnitt 3.3 Hypothesen bezüglich des Einflusses interkultureller Kooperationskompetenz auf die Effektivität und Angemessenheit der Interaktionsbeziehungen abgeleitet. Die postulierten Zusammenhänge werden dabei anhand theoretischer Überlegungen und Heranziehung bestehender, empirischer Ergebnisse fundiert und zum Teilmodell A zusammengefügt. In Abschnitt 3.4 erfolgt gemäß der Forschungsfragestellung die Entwicklung zusätzlicher Hypothesen zum Einfluss von Kontextfaktoren auf die Dimensionen interkultureller Kooperationskompetenz. Sie bilden das Teilmodell B. Das Kapitel endet mit einer zusammenfassenden Darstellung und kritischen Reflektion des gesamten entwickelten Erklärungsmodells in Abschnitt 3.5.

Im **Kapitel 4** der Arbeit wird die Forschungsmethodik zur empirischen Überprüfung des entwickelten Erklärungsmodells dargelegt. Dazu erfolgt zunächst eine Operationalisierung der Variablen in Abschnitt 4.1, im Rahmen dessen geeignete Indikatoren zur Messung der theoretisch hergeleiteten Variablen ausgewählt werden. Anschließend wird in Abschnitt 4.2 die Auswahl der Fallstudienmethodik als geeignete Forschungsstrategie für die empirische Untersuchung begründet und Gütekriterien zur Evaluierung von Fallstudien diskutiert. Es folgt die Darstellung des verwendeten Fallstudiendesigns in Abschnitt 4.3, welcher auch ein Pattern Matching als angewandte Methode der Datenanalyse beinhaltet. Abschließend wird die dargelegte, methodische Vorgehensweise in Abschnitt 4.4 zusammenfassend diskutiert.

Die Ausführungen zu den empirischen Ergebnissen der Fallstudienanalyse in **Kapitel 5** beginnen mit der Darstellung der Analyseergebnisse des in Fallstudien erhobenen Datenmaterials. Dabei werden in Abschnitt 5.1 die Ergebnisse eines Pattern Matchings mit den Erfolgsvariablen, den Dimensionen interkultureller Kooperationskompetenz und den Kontextfaktoren erläutert. Im Anschluss erfolgt in Abschnitt 5.2 die Konfrontation der Hypothesen mit den Ergebnissen des Pattern Matching und eine Diskussion der Fallstudienergebnisse. Schließlich werden in Abschnitt 5.3 Schlussfolgerungen für das Erklärungsmodell gezogen und ein auf Basis der empirischen Ergebnisse modifiziertes Modell dargestellt.

Die Arbeit schließt mit einer Schlussbetrachtung in **Kapitel 6**. Sie umfasst eine Zusammenfassung der Ergebnisse (Abschnitt 6.1), Gestaltungshinweise für internationale Unternehmenskooperationen (Abschnitt 6.2) sowie theoretische und methodische Schlussfolgerungen (Abschnitt 6.3). Abbildung 2 veranschaulicht den Gang der Arbeit noch einmal im Überblick.

2 GRUNDLAGEN INTERNATIONALER UNTERNEHMENS-KOOPERATIONEN UND KULTUR

Das Kapitel stellt zunächst die theoretischen Grundlagen internationaler Unternehmenskooperationen (Abschnitt 2.1) und des Phänomens ‚Kultur' (Abschnitt 2.2) dar. Im Anschluss erfolgt die Zusammenführung beider Themenbereiche zur Darstellung des kulturellen Einflusses in internationalen Kooperationsbeziehungen (Abschnitt 2.3).

2.1 Internationale Unternehmenskooperationen

Zielsetzung der nachfolgenden Ausführungen ist es, das dieser Arbeit zu Grunde liegende Verständnis des Begriffs „Unternehmenskooperation" darzustellen und in den derzeitigen Stand der Literatur einzuordnen (Abschnitt 2.1.1). Des Wieteren erfolgt eine Diskussion der theoretisch begründeten Erklärungsansätze zur Bildung von Kooperationen sowie die Darstellung der in der Praxis mit Unternehmenskooperationen verfolgten Zielsetzungen (Abschnitt 2.1.2). Schließlich wird der Stand der theoretischen und empirischen Forschung bzgl. der Stabilitäts- und Erfolgsbedingungen sowie besonderen Gefährdungspotenziale von Kooperationen dargelegt (Abschnitt 2.1.3).

2.1.1 Begriff und Wesen von Unternehmenskooperationen

Um das dieser Arbeit zu Grunde liegende Verständnis von Unternehmenskooperationen zu definieren und von anderen Sachverhalten abzugrenzen, ist es zunächst notwendig, den in der Literatur vorzufindenden Stand der Begriffsbestimmung und -abgrenzung darzulegen (Abschnitt 2.1.1.1). Aufgrund der vorgefundenen Bedeutungs- und Begriffsvielfalt werden im Anschluss die charakteristischen Merkmale und die in dieser Arbeit verwendete Arbeitsdefinition abgeleitet (Abschnitt 2.1.1.2) und eine Abgrenzung zu verwandten Begriffen vorgenommen (Abschnitt 2.1.1.3). Schließlich erfolgt eine Darstellung der verschiedenen Erscheinungsformen und Systematisierungsansätze von Unternehmenskooperationen (Abschnitt 2.1.1.4).

2.1.1.1 Begriffliche Ausgangssituation in der Literatur

In Bezug auf die Definition des Kooperationsbegriffs stößt man in der Literatur auf eine Fülle an Auslegungen.[37] Weit gehende Einigkeit besteht lediglich darin, dass Unternehmenskooperationen eine Form der Koordination wirtschaftlicher

---

[37] Vgl. zu dieser Aussage u.a. Schwerk (2000), S. 26; Haussmann (1997), S. 461; Balling (1998), S. 12.

Aktivitäten von Unternehmen darstellen,[38] die auf dem Kontinuum alternativer Koordinationsformen zwischen den Extrema der Koordinationsmechanismen Markt und Hierarchie zu finden ist (vgl. Abbildung 3).[39] Für den Markt werden synonym auch die Begriffe „einfache Transaktion" oder „Kaufvertrag", für die Hierarchie „Unternehmung" oder „Konzern" gewählt. Der Übergang von marktlicher zu kooperativer Zusammenarbeit ist dabei durch eine Internalisierungstendenz von Aktivitäten gekennzeichnet, dagegen besteht beim Übergang von der hierarchischen zu kooperativen Formen der Koordination eine Externalisierungstendenz.[40] Auf dem Weg vom Endpunkt „Markt" des Kontinuums zu „Hierarchie" steigt der Integrationsgrad der Zusammenarbeit und damit auch die Komplexität der Koordinationsmaßnahmen, die gegenseitige Abhängigkeit, die Beziehungsdauer und die Kontrollmechanismen.[41]

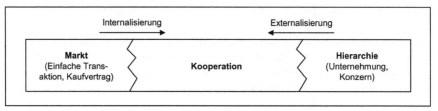

Quelle: In Anlehnung an Sydow (1992), S. 104 und Schwerk (2000), S. 60

Abbildung 3: Einordnung der Kooperation auf dem Kontinuum der Koordinationsformen

Im Gegensatz zur Stellung der Kooperation auf dem Kontinuum mit den Endpunkten Markt und Hierarchie variiert ihre Definition und damit genaue Abgrenzung zu marktlichen bzw. hierarchischen Koordinationsformen in der Literatur beträchtlich. Als einer der ersten innerhalb der deutschsprachigen Literatur befasste sich Knoblich 1969 mit dem Begriff der zwischenbetrieblichen Kooperation und definierte sie als

„Auf freiwilligen, vertraglichen Vereinbarungen beruhende Zusammenarbeit mindestens zweier rechtlich und wirtschaftlich selbständig

---

38 Um die Kooperation von Unternehmen gegenüber der wirtschaftlichen Zusammenarbeit von Staaten abzugrenzen, wird sie meist als „Unternehmenskooperation" oder „zwischenbetriebliche Kooperation" bezeichnet. Vgl. Thelen (1993), S. 47. Da in dieser Arbeit nur die Zusammenarbeit von Unternehmen behandelt wird, werden die Begriffe „Kooperation", „Unternehmenskooperation" und „zwischenbetriebliche Kooperation" synonym verwendet.

39 Vgl. u.a. Schwerk (2000), S. 58ff. Die Darstellung unterschiedlicher Koordinationsformen auf einem zweipoligen Kontinuum hat ihren Ursprung im Transaktionskostenansatz, der in Abschnitt 2.1.2.1.1 dieser Arbeit noch ausführlich erläutert werden wird.

40 Vgl. Sydow (1992), S. 104; Schwerk (2000), S. 59.

41 Vgl. Schwerk (2000), S. 59.

bleibender Unternehmungen in bestimmten unternehmerischen Teilbereichen."[42]

Perlitz hingegen betont das gemeinsame Ziel der Partnerunternehmen und versteht unter Kooperationen

„die Zusammenarbeit von Unternehmen, die auf einer gemeinsamen Zielsetzung aufbaut (z.b. Ausnutzung oder Entwicklung einer Technologie, Zugang zu bestehenden oder neuen Märkten, optimaler Einsatz knapper Ressourcen, Verbesserung von Wettbewerbspositionen) und bei der jedes Partnerunternehmen seine rechtliche Selbständigkeit bewahrt".[43]

Hungenberg differenziert das Merkmal der Selbstständigkeit näher, indem er Unternehmenskooperationen definiert als

„eine Form der Zusammenarbeit von Unternehmen, bei der zwei rechtlich selbständige Partner freiwillig bei bestimmten ökonomischen Aktivitäten zusammenarbeiten und ihre wirtschaftliche Selbständigkeit (nur) im Hinblick auf diese Aktivitäten aufgeben".[44]

Andere Autoren nehmen Bezug zu dem in Abbildung 3 gezeigten Kontinuum möglicher Koordinationsformen. Theurl definiert Unternehmenskooperationen als

„eine intensive, nicht auf einmalige Transaktionen angelegte, meist vertraglich abgesicherte, freiwillige Verbindung mit anderen rechtlich selbständig bleibenden Unternehmen, die einzelne Unternehmensaktivitäten betreffen, um einzelwirtschaftliche Ziele besser zu erreichen als in anderen Organisationsformen".[45]

Die Definitionsliste könnte noch beliebig verlängert werden.[46] Aufgrund der vorliegenden Begriffs- und Bedeutungsvielfalt sollen daher im nächsten Abschnitt die am häufigsten genannten Merkmale identifiziert und analysiert, sowie daraus folgend, eine für diese Arbeit gültige Arbeitsdefinition des Begriffs „internationale Unternehmenskooperation" abgeleitet werden.

---

[42] Vgl. Knoblich (1969), S. 501.

[43] Perlitz (1997), S. 443.

[44] Hungenberg (1999), S. 5.

[45] Theurl (2001), S. 73.

[46] Vgl. weitere Übersichten zur Definitionsvielfalt bei Schwerk (2000), S. 26ff. und Balling (1998), S. 12ff.

2.1.1.2 Merkmale von Kooperationen und Ableitung einer Arbeitsdefinition

Folgende Merkmale werden in der Kooperationsliteratur als Kennzeichen internationaler Unternehmenskooperationen am häufigsten genannt:[47]

- Autonomes Verhalten und Freiwilligkeit
- Rechtliche Selbstständigkeit der Kooperationspartner
- (Teilweise) wirtschaftliche Selbstständigkeit der Kooperationspartner
- Gegenseitige Interdependenz beim partiellen Zusammenwirken
- Längerfristige und vertragliche Basis
- Internationale Zusammenarbeit.

Autonomes Verhalten muss durch den freien Ein- und Austrittsentscheid der einzelnen Partnerunternehmen gewährleistet sein und zielt auf die prinzipielle Gleichberechtigung der Partner ab, die jedoch mit den Kooperationsbeiträgen variieren kann.[48] Außerdem sollen die Partner mindestens in ihren sonstigen von der Kooperation nicht betroffenen Geschäften aus eigener ökonomischer Verantwortung heraus individuelle Entscheidungen treffen können.[49] Es handelt sich also solange um eine Kooperation, wie durch das freiwillige Ausscheiden eines Partners keines der Unternehmen in seiner Existenz gefährdet ist. Die **Freiwilligkeit** geht erst dann verloren, wenn es bei Ausscheiden eines Partners unmöglich wird, das Projekt oder den Bereich allein weiterzuführen und ein Marktausscheiden die Folge wäre. Die Grenzen zur Fusion würden dann verwischen.[50]

Die **rechtliche Selbstständigkeit der Kooperationspartner** drückt die eigene Rechtspersönlichkeit der beteiligten Unternehmen aus. Einige Autoren klammern Vereinbarungen, die mit gegenseitiger oder einseitiger Kapitalbeteiligung einhergehen, vom Kooperationsbegriff aus, da die Unabhängigkeit der Unternehmen nicht mehr gewährleistet sei.[51] An dieser Stelle soll jedoch denjenigen Autoren gefolgt werden, die davon ausgehen, dass eine kapitalmäßige Verbindung den Kooperationsbestand nicht von vornherein ausschließt.[52] Der Kooperationsgedanke geht demnach erst dann verloren, wenn zusätzlich zur Kapitalbeteiligung ein Beherrschungsvertrag bzw. Unterordnungsverhältnis vorliegt.

---

47 Ausführliche Diskussionen der einzelnen Merkmale finden sich z.B. auch bei Schwerk (2000), S. 28ff. und Thelen (1993), S. 47ff.

48 Vgl. Schwerk (2000), S. 28.

49 Vgl. z.B. Backhaus/Piltz (1990), S. 2; Thelen (1993), S. 47.

50 Vgl. Schwerk (2000), S. 30.

51 Vgl. etwa Weder (1989), S. 40.

52 Vgl. z.B. Thelen (1993), S. 48, die davon ausgeht, dass die Grenze der Kapitalbeteiligung am anderen Unternehmen bei Kooperationen bei 50 Prozent liegt. Ein höherer Prozentsatz der Kapitalanteile lässt hingegen auf eine Unternehmensfusion schließen.

Einige Autoren fordern neben der rechtlichen auch eine uneingeschränkte **wirtschaftliche Selbstständigkeit** der Kooperationspartner.[53] Die Forderung nach wirtschaftlicher Selbstständigkeit ist jedoch problematisch. Tröndle wirft zurecht ein, dass die Kooperationspartner durch ihre geschäftliche Verflechtung im engeren Sinne nicht mehr wirtschaftlich selbstständig sein können.[54] Aufgrund der immer enger und komplexer werdenden Beziehungen zwischen den Unternehmen ist insbesondere in strategisch bedeutsamen Kooperationen eine vollständige, wirtschaftliche Unabhängigkeit nahezu unmöglich. Die selbstständige wirtschaftliche Entscheidungsfindung ist also, was die Kooperationsbereiche betrifft, teilweise eingeschränkt. Thelen bemerkt jedoch zurecht, dass trotz dieser Einschränkung noch so lange von einer Unternehmenskooperation gesprochen werden kann, solange nicht „der ein selbständiges Unternehmen kennzeichnende Entscheidungsspielraum verloren geht".[55] Daher ist lediglich eine wirtschaftliche Selbstständigkeit der Gebiete zu fordern, die nicht von der Kooperation betroffen sind.[56]

Das Merkmal der **gegenseitigen Interdependenz bei partiellem Zusammenwirken** ist darauf zurückzuführen, dass die gemeinsame Planung und Realisierung der Kooperation gemeinsame Entscheidungen der Kooperationspartner in vielen Bereichen der Partnerschaft erfordert. Durch diese Abgabe von Teilen der Entscheidungsautonomie entsteht Interdependenz, d.h. gegenseitige Abhängigkeit. Zur Abgrenzung von anderen Formen der Zusammenarbeit muss sich diese Interdependenz jedoch auf spezifische Geschäftsfelder oder Teilaufgaben beschränken.[57] Von der Kooperation unabhängige Tätigkeitsfelder werden getrennt und oftmals sogar in Konkurrenz zueinander verfolgt.[58]

Die **längerfristige Zusammenarbeit und eine vertragliche Basis** werden ebenfalls häufig als Definitionskriterien herangezogen. Daher wird eine rein projektbezogene oder auf einmalige Transaktionen angelegte Zusammenarbeit zumeist vom Kooperationsbegriff ausgeschlossen.[59] Allerdings ist es fraglich, ob die geplante Dauer oder Befristung der Beziehung ein geeignetes Kriterium zur Abgrenzung darstellt.[60] Längerfristige Zusammenarbeit ist in dieser Hinsicht ein relativer Be-

---

[53] Vgl. etwa die Definitionen bei Knoblich (1969), S. 501; Meckl (1995), S. 26 und Holtbrügge (2003), S. 876.

[54] Vgl. Tröndle (1987), S. 25.

[55] Thelen (1993), S. 48.

[56] Vgl. analoge Kooperationsdefinitionen bei Sell (1994), S. 3; Hungenberg (1999), S. 5; Morschett (2003), S. 390.

[57] Vgl. Morris/Hergert (1987), S. 16; Schwerk (2000), S. 30 und die Definition von Theurl (2000), S. 73.

[58] Vgl. Backhaus/Piltz (1990), S. 4.

[59] Vgl. Theurl (2001), S. 73 sowie das Kriterium der mittel- bis langfristigen Anlage bei Sell (1994), S. 3.

[60] Vgl. Schwerk (2000), S. 30.

34

griff und wird daher in dieser Arbeit nicht als Definitionsmerkmal verwendet. Um die Kooperation von einfachen Geschäftsvorgängen abzugrenzen, wird daher das Kriterium der vertraglichen Basis verwendet. Es zielt auf das Merkmal der bewussten Zusammenarbeit ab, wobei unerheblich ist, ob es sich um einen schriftlichen oder mündlichen Vertrag handelt, solange die jeweiligen Aufgaben, Rechte und Pflichten darin geregelt werden. Eine eher zufällig, ohne konkrete Absprachen in längerdauernden Geschäftsbeziehungen erfolgte Zusammenarbeit oder durch lediglich gegenseitige Abstimmung erfolgtes Parallelverhalten von Unternehmen, z.b. in Bezug auf die Ächtung eines Lieferanten oder die Preisbildung, stellt demnach keine Kooperation dar.[61]

Schließlich wird das Merkmal der **internationalen Zusammenarbeit** zur Abgrenzung grenzüberschreitender von nationalen Kooperationen gebraucht. Nach Ansicht von Pausenberger/Nöcker sind grenzüberschreitende Unternehmenskooperationen „dadurch gekennzeichnet, dass aus Sicht mindestens eines Kooperationspartners die Kooperationstätigkeit beziehungsweise der Sitz des Kooperationsunternehmens im Ausland liegt."[62] Damit würde jedoch auch eine Zusammenarbeit ausschließlich deutscher Unternehmen zur Auslandsmarktbearbeitung oder -erschließung unter diese Definition fallen. Aufgrund der Zielsetzung dieser Arbeit ist daher Steiner zu folgen, der Kooperationsbeziehungen als international bezeichnet, wenn die beteiligten Unternehmen ihren Hauptsitz in jeweils unterschiedlichen Nationalstaaten haben.[63]

Als Arbeitsdefinition wird unter dem Begriff der internationalen Unternehmenskooperation daher an dieser Stelle

- *die partielle, freiwillige Zusammenarbeit*
- *auf vertraglicher (oder zusätzlich kapitalmäßiger) Basis*
- *zwischen sich in ihren sonstigen Aktivitäten autonom verhaltenden,*
- *rechtlich selbstständigen Unternehmen*
- *mit Sitz in jeweils unterschiedlichen Nationalstaaten*

verstanden.[64]

---

[61] Vgl. zum Definitionskriterium der vertraglichen Basis z.B. Haussmann (1997), S. 461f.

[62] Pausenberger/Nöcker (2000), S. 397. Vgl. auch ähnliche Definitionen internationaler Joint Venture bei Geringer (1991), S. 41.

[63] Vgl. Steiner (1995), S. 65. Im empirischen Teil der Arbeit werden daher Kooperationsbeziehungen deutscher Industrieunternehmen mit solchen Partnern betrachtet, deren Hauptsitz außerhalb Deutschlands liegt.

[64] Vergleichbare Definitionen lassen sich z.B. bei Stüdlein (1997), S. 54; Schwerk (2000), S. 31; Tröndle (1987), S. 35; Schäfer (1994), S. 687; Haussmann (1997), S. 472 und Müller (1999), S. 14 finden.

2.1.1.3 Abgrenzung zu verwandten Begriffen

Zur Beschreibung des Phänomens der interorganisationalen Zusammenarbeit wird neben dem Begriff der „Kooperation" bzw. „Unternehmenskooperation" eine Vielzahl von weiteren Begriffen und Schlagworten verwendet.[65] Die begriffliche Vielfalt kann dabei als ein Ausdruck der Diversifikation und fließenden Grenzen interorganisationaler Zusammenarbeit in der Praxis angesehen werden. Sydow geht daher davon aus, dass sich in Bezug auf das Kooperationsphänomen „die bereits vorzufindende Diversifität organisatorischer Arrangements weiter erhöhen wird".[66]

Besondere Beachtung fand in den letzten Jahren zunehmend der Begriff der „Allianz" bzw. „Strategischen Allianz". Er fungiert z.T. als Synonym zum Begriff der Unternehmenskooperation.[67] Andere, vorwiegend deutschsprachige Autoren sehen in ihm jedoch eine Sonderform, die allerdings auf sehr unterschiedliche Art und Weise gegenüber dem Überbegriff der Kooperation abgegrenzt wird. Als Abgrenzungsmerkmal fungiert zum Teil die grenzüberschreitend globale Zusammenarbeit der Kooperationspartner.[68] Andere Autoren wiederum beschränken den Begriff der Allianz auf horizontale Kooperationen zwischen Wettbewerbern derselben Branche.[69] Relativ häufig wird auch die strategische Motivation, bzw. der strategische Charakter als Abgrenzungsmerkmal verwandt.[70] Haussmann wiederum sieht eine Besonderheit der strategischen Allianz in der „wesentlich geringeren Festlegung von Bereich, Umfang und Dauer der Zusammenarbeit".[71] Riehle schließlich verwendet den Begriff für die Zusammenarbeit von Unternehmen auf *mehreren* strategischen Geschäftsfeldern.[72]

In der englischsprachigen Literatur findet zumeist keine inhaltliche Unterscheidung zwischen den Begriffen „cooperation", „partnership" und „alliance" statt. Es

---

[65] Balling zählt immerhin 25 seiner Meinung nach synonyme Begriffe zur Beschreibung des Kooperationsphänomens auf. Vgl. Balling (1998), S. 13.

[66] Sydow (1992), S. 54.

[67] Vgl. z.B. den ausdrücklichen Hinweis synonymer Verwendung bei Schwerk (2000), S. 31; Stüdlein (1997), S. 57; Fontinari (1995), S. 131; Morschett (2003), S. 389 und Zentes/Swoboda/Morschett (2003), S. 6.

[68] Vgl. Schäfer (1994), S. 687; Haussmann (1997), S. 472; Müller (1999), S. 14; Giger (2000), S. 193.

[69] Vgl. hierzu z.B. Backhaus/Piltz (1990), S. 3; Hungenberg (1999), S. 6f.; Haussmann (1997), S. 472; Theurl (2001), S. 85; Schäfer (1994), S. 688; Backhaus/Meyer (1993), S. 332; Müller (1999), S. 14; Voigt (1993), S. 246; Sell (1994), S. 79.

[70] Vgl. Welge/Al-Laham (1997), S. 555; Backhaus/Meyer (1993), S. 330; Pausenberger/Nöcker (2000), S. 397; Parkhe (1991), S. 581.

[71] Haussmann (1997), S. 472.

[72] Vgl. Riehle (1997), S. 587.

dominiert der Begriff der „alliance", bzw. „strategic alliance".[73] Dabei fasst Ertel den Begriff äußerst weit: "An alliance is any business arrangement in which the success of one partner is tied to the success of both."[74] Culpan hingegen definiert multinationale strategische Allianzen als "interfirm partnerships involving equity as well as non-equity collaboration among firms from different countries. [...] Such partnership can range from supplier agreements to international joint ventures".[75]

Zusammenfassend lässt sich feststellen, dass sich in der Literatur bisher kein anerkanntes Abgrenzungsmerkmal zum Begriff der „Kooperation" durchsetzen konnte.[76] Begriffe wie „Allianz" oder „Partnerschaft" werden daher in dieser Arbeit im Sinne der vorgestellten Arbeitsdefinition und damit synonym zum Begriff der „Unternehmenskooperation" verwendet.[77]

2.1.1.4 Erscheinungsformen und Systematisierung von Unternehmenskooperationen

Die Erscheinungsformen von Unternehmenskooperationen sind äußerst vielfältig. Die Systematisierung kann dabei anhand verschiedenster Abgrenzungskriterien erfolgen, derer gebräuchlichster in Abbildung 4 zusammengestellt sind.[78] Entgegen z.T. anderer Auffassungen in der Literatur werden in dieser Arbeit sämtliche aus den dargelegten Abgrenzungskriterien resultierenden Erscheinungsformen unter den Begriff der Unternehmenskooperation zusammengefasst.

---

[73] Vgl. u.a. die Arbeiten bzw. Ausführungen von Bleeke/Ernst (1995); Bucklin/Sengupta (1993); Cascio/Serapio (1991); Child (1998); Pangarkar (2003); Dyer/Kale/Singh (2001); Draulans/ deMan/Volberda (2003); Ertel (2001); Mockler (1999), Culpan (2002); Spekman et al. (1996); Spekman/Isabella/MacAvoy (2000); Fedor/Werther (1996); Glaister/Buckley (1998); Gugler (1992); Hoffmann/Schlosser (2001); Inkpen (2001).

[74] Ertel (2001), S. 37.

[75] Culpan (2002), S. 36.

[76] Vgl. zustimmend u.a. Zentes/Swoboda/Morschett (2003), S. 5f.

[77] Vgl. u.a. auch die synonyme Verwendung der Begriffe in den Arbeiten von Stüdlein (1997), S. 57 und Fontinari (1995), S. 131.

[78] Vgl. eine ausführliche Darstellung weiterer Systematisierungsansätze bei Schwerk (2000), S. 32ff. sowie Balling (1998), S. 152ff.

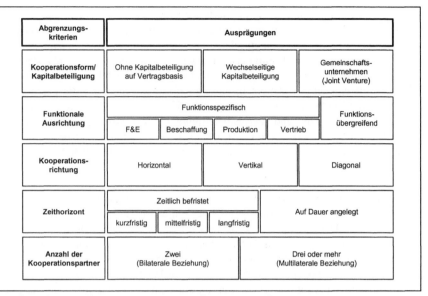

Abgrenzungs-kriterien	Ausprägungen			
Kooperationsform/ Kapitalbeteiligung	Ohne Kapitalbeteiligung auf Vertragsbasis		Wechselseitige Kapitalbeteiligung	Gemeinschafts-unternehmen (Joint Venture)
Funktionale Ausrichtung	Funktionsspezifisch			Funktions-übergreifend
	F&E	Beschaffung	Produktion	Vertrieb
Kooperations-richtung	Horizontal		Vertikal	Diagonal
Zeithorizont	Zeitlich befristet			Auf Dauer angelegt
	kurzfristig	mittelfristig	langfristig	
Anzahl der Kooperationspartner	Zwei (Bilaterale Beziehung)		Drei oder mehr (Multilaterale Beziehung)	

Quelle: Vgl. u.a. Stüdlein (1997), S. 57 und Müller-Stewens/Hillig (1992), S. 79

Abbildung 4: Systematisierung von Unternehmenskooperationen

- *Kooperationsform/Kapitalbeteiligung*

Grundsätzlich lassen sich Unternehmenskooperationen in solche auf Vertragsbasis ohne Kapitalbeteiligung, solche mit wechselseitiger Kapitalbeteiligung und Gemeinschaftsunternehmen (Joint Venture) differenzieren.[79] Kooperationen auf Vertragsbasis finden ohne Kapitalbeteiligung an dem Unternehmen des Kooperationspartners statt, sondern basieren ausschließlich auf einem zumeist schriftlichen Kooperationsvertrag mit unterschiedlichem Detaillierungsgrad. Als häufige Formen der rein vertraglichen Kooperation gelten z.B. die Lizenzierung, das Franchising, „Subcontracting", Koproduktion, „Turnkey"-Projekte, Management-, Beratungs- und F&E- bzw. Technologietransfer-Verträge und Konsortien.[80] Kooperationen mit wechselseitiger Kapitalbeteiligung liegen dann vor, wenn die Partnerunternehmen wechselseitig Anteile erwerben. Dadurch werden zumeist gegenseitige Informations-, Kontroll- und Mitwirkungsrechte bei wichtigen unternehmerischen Ent-

---

[79] Vgl. u.a. Schwerk (2000), S. 39f.; Perlitz (1997), S. 445ff.; Stüdlein (1997), S. 57; Mockler (1999), S. 18; Welge/Al-Laham (1997), S. 560; Müller-Stewens/Hillig (1992), S. 79; Zahra/ Elhagrasey (1994), S. 84.

[80] Vgl. Hentze/Heinecke/Kammel (2001), S. 573f.; Zahra/Elhagrasey (1994), S. 84; Schwerk (2000), S. 41ff. und Haussmann (1997), S. 462 mit z.t. detaillierten Erläuterungen der einzelnen Unterformen.

scheidungen eingeräumt, um ein opportunistisches Verhalten der Partner und die Ausnutzung der sich im Zusammenhang der Kooperation ergebenden Abhängigkeiten zu verhindern.[81] Gemeinschaftsunternehmen bzw. Joint Ventures (JVs) sind Kooperationen auf Kapitalbasis und gelten gemeinhin als intensivste Form der Kooperation.[82] Definitorische Merkmale sind die Entstehung einer separaten Einheit mit eigener Rechtsperson, ein gemeinsames Eigentum, die gemeinsame Kontrolle und Führungsverantwortung, bzw. Konsens über die Führung und eine gemeinsame Gewinn- und Verlustbeteiligung.[83] Wesentliches Kennzeichen ist ebenso das Mitspracherecht aller Partner in der Geschäftsführung des Joint Ventures, da es sich sonst eher um eine Direktinvestition handeln würde.[84]

- *Funktionale Ausrichtung*

Die Einteilung von Unternehmenskooperationen nach Funktionsbereichen orientiert sich an der Wertschöpfungskette eines Unternehmens, die alle Prozesse umfasst, die zur Herstellung und zum Verkauf eines Produktes notwendig sind.[85] Hinsichtlich der funktionalen Ausrichtung unterscheidet man daher üblicherweise zwischen Forschungs- und Entwicklungs-, Beschaffungs-, Produktions- und Marketing-/Vertriebskooperationen.[86] Unternehmenskooperationen, die sich nur auf eine einzelne Funktion beziehen, werden auch „X-Kooperationen" genannt und solche, die sich auf die Koordination mehrerer Aktivitäten der Wertschöpfungskette erstrecken, als funktionsübergreifend oder „Y-Kooperationen" bezeichnet.[87]

- *Kooperationsrichtung:*

Unter der Kooperationsrichtung wird zumeist die Stellung der Kooperationspartner im Wettbewerb bezeichnet. Hierbei ist zwischen horizontalen, vertikalen und diagonalen Kooperationen zu unterscheiden.[88] Bei horizontalen Kooperationen arbeiten die Partnerunternehmen auf derselben Stufe der Wertschöpfungskette zu-

---

[81] Vgl. Sell (1994), S. 15.

[82] Vgl. Haussmann (1997), S. 462. Zuweilen ist auch auf die Kapitalbeteiligung anspielend und zur Abgrenzung gegenüber rein vertraglichen Kooperationen von ‚equity joint ventures' die Rede, vgl. z.B. Sell (1994), S. 13; Hennart (1988), S. 361f.

[83] Vgl. z.B. Schwerk (2000), S. 41ff. mit weiteren Details zur unterschiedlichen Abgrenzung in der Literatur.

[84] Vgl. Haussmann (1997), S. 462.

[85] Vgl. zum Modell der Wertschöpfungskette insbesondere Porter (1989), S. 59ff.

[86] Vgl. Eisele (1995), S. 18f.; Haussmann (1997), S. 462; Müller (1999), S. 12. Daneben werden z.T. abhängig von der betrachteten Industrie noch weitere Wertschöpfungsstufen unterschieden.

[87] Vgl. Haussmann (1997), S. 462f.

[88] Vgl. u.a. Bronder/Pritzl (1992), S. 32; Sell (1994), S. 18f.; Haussmann (1997), S. 463; Welge/ Al-Laham (1997), S. 555; Backhaus/Meyer (1993), S. 330f.; Balling (1998), S. 155 und Krystek/Zur (2002), S. 206.

sammen und stellen somit in den Geschäftsfeldern, in denen kooperiert wird, direkte Konkurrenten dar. Vertikale Kooperationen werden von Partnern eingegangen, die auf unterschiedlichen Stufen derselben Wertschöpfungskette tätig sind und somit in der Leistungskette hintereinander stehen. Bei diagonalen Kooperationen, die z.T. auch als konglomerate, laterale oder heterogene Kooperationen bezeichnet werden,[89] kooperieren Unternehmen unterschiedlicher Branchen und betätigen sich auf unterschiedlichen Geschäftsfeldern.[90]

- *Zeithorizont*

Unternehmenskooperationen können zeitlich befristet oder auf Dauer angelegt sein. Mögliche Motive einer zeitlichen Befristung liegen in der Hinfälligkeit der Kooperation nach Erreichung des Kooperationsziels oder der Planung der Kooperation als Vorstufe eines Unternehmenszusammenschlusses.[91] Befristete Kooperationen sind zumeist mittel- oder langfristiger Art. Kurzfristige Kooperationen mit einer geplanten Kooperationsdauer von weniger als zwei Jahren sind äußerst selten.[92]

- *Anzahl der Kooperationspartner:*

Kooperationen sind in der Regel bilateral, d.h. zeichnen sich durch die Zusammenarbeit zweier Partnerunternehmen aus.[93] Multilaterale Kooperationen mit drei oder mehr Partnerunternehmen sind jedoch ebenfalls denkbar.[94] Nachteile einer zunehmenden Zahl von Partnern sind in den überproportional zunehmenden Informations- und Verhandlungskosten, sowie der Zeitdauer, die zur Entscheidungsfindung benötigt wird, zu sehen.[95]

---

89 Vgl. z.B. Holtbrügge (2003), S. 876; Perlitz (1997), S. 451; Pausenberger/Nöcker (2000), S. 398 und analog bei Joint Ventures Eisele (1995), S. 20 sowie Loiselle (2000), S. 28.

90 Vgl. Bronder/Pritzl (1992), S. 32. Aufgrund der unterschiedlichen Branchenzugehörigkeit und Geschäftsfelder der Partnerunternehmen und damit einhergehenden Einschränkung der Synergiepotenziale sind diagonale Kooperationen in der Praxis eher selten zu beobachten. Vgl. u.a. Perlitz (1997), S. 451f.; Müller-Stewens/Hillig (1992), S. 76 und Pausenberger/Nöcker (2000), S. 398.

91 Vgl. Eisele (1995), S. 19.

92 Vgl. die Ergebnisse der empirischen Studie von Pausenberger/Nöcker (2000), S. 399. Ein Grund für dieses Ergebnis dürfte vor allem in der positiven Wirkung einer langfristigen Orientierung auf die Kooperationsstabilität liegen. Vgl. hierzu auch Abschnitt 2.1.3.2 dieser Arbeit.

93 Vgl. Schwerk (2000), S. 28 sowie die Ergebnisse der empirischen Studien von Pausenberger/Nöcker (2000), S. 397 und Morris/Hergert (1987), S. 17.

94 Einige Autoren verwenden für Kooperationen von mehr als zwei Partnerunternehmen den Begriff des Netzwerks, vgl. Meckl (1995), S. 26.

95 Vgl. Bleicher/Hermann (1991), S. 21 sowie die Ausführungen in Abschnitt 2.1.3.2 dieser Arbeit.

Die Ausprägung der einzelnen Abgrenzungskriterien von Unternehmenskooperationen wird in der Praxis u.a. von der Branchenzugehörigkeit der Partner, dem potenziellen Missbrauch von proprietärem Wissen, den beteiligten Personen, der strategischen Bedeutung der Kooperationsbeziehung für die beteiligten Partner sowie der potenziellen Rivalität der Partner bestimmt.[96] Herausragenden Einfluss auf die Konfiguration hat jedoch die Motivation, bzw. Zielsetzung der Kooperation. Auf sie wird im folgenden Abschnitt detailliert eingegangen.

2.1.2 Erklärungsansätze und Zielsetzungen internationaler Kooperationen

Die in der Vergangenheit stark zunehmende Relevanz der internationalen Zusammenarbeit von Unternehmen im Rahmen von Kooperationsbeziehungen lässt sich u.a. durch die Globalisierung bzw. Internationalisierung der Märkte, eine Dynamisierung der Umweltbedingungen und durch rapide technologische Entwicklungen erklären (vgl. Abbildung 5).[97]

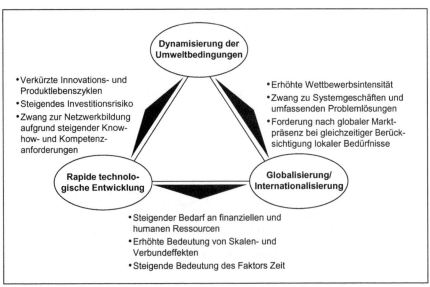

Quelle: Vgl. zu den einzelnen Triebkräften u.a. Riehle (1997), S. 581 und Meckl (1995), S. 26

Abbildung 5: Triebkräfte zur verstärkten Bildung von Kooperationen

---

[96] Mockler (1999), S. 14f.
[97] Vgl. zu den einzelnen Entwicklungen, die zum verstärkten Eingehen von Kooperationen geführt haben u.a. Backhaus/Plinke (1990), S. 23ff.; Meckl (1995), S. 26f.; Schwerk (2000), S. 129; Riehle (1997), S. 581; Voigt (1993), S. 246; Sell (1994), S. 88f.; Mockler (1999), S. 7f.; Gugler (1992), S. 91; Fontanari (1995), S. 117f.

Diese Triebkräfte sorgen für ein zunehmendes Zustandekommen von internationalen Unternehmenskooperationen, deren theoretische Erklärungsansätze sowie Motive und Zielsetzungen in den folgenden Abschnitten beschrieben werden sollen.

2.1.2.1 Theoretische Erklärungsansätze zur Bildung von Kooperationen

In der Literatur hat sich bisher keine allgemeine Kooperationstheorie herausgebildet, welche das Kooperationsphänomen vollständig erklären kann.[98] Erklärungsansätze zur Bildung von Kooperationen sind derzeit lediglich partieller Natur, liegen vor unterschiedlichem theoretischen Hintergrund vor und sehen sich z.t. deutlicher Kritik ausgesetzt. Sydow führt z.b. 16 Partialansätze zur Erklärung von Kooperationen an und stellt fest, dass einzelne Ansätze kaum geeignet sind, die Vielfalt und Zusammenhänge der unterschiedlichen Kooperationsformen zu erklären.[99] Parkhe spricht im Zusammenhang theoretisch orientierter Kooperationsforschung auf Grund derer Fragmentierung und Heterogenität von „messy research"[100] und Backhaus/Meyer konstatieren gar das „Fehlen einer brauchbaren Theorie".[101]

Trotz ihrer Unzulänglichkeiten, enthalten einzelne theoretische Ansätze dennoch nachvollziehbare und empirisch relevante Erklärungen im Hinblick auf die Entwicklung und Bestimmungsgründe von Kooperationen.[102] Daher erlaubt die Heranziehung mehrerer unterschiedlicher Theorien, die Kooperationsaktivitäten von Unternehmen besser zu verstehen und in ihren Dimensionen auszuleuchten. Aufgrund ihrer allgemeinen Bedeutung sollen daher an dieser Stelle der Transaktionskostenansatz, spieltheoretische Ansätze sowie der Ressourcenabhängigkeits-Ansatz kurz vorgestellt und hinsichtlich ihres Erklärungsbeitrags zur Kooperationsneigung von Unternehmen diskutiert werden.

2.1.2.1.1 Transaktionskostenansatz

Der Transaktionskostenansatz ist einer der in der Literatur am häufigsten verwendete Erklärungsansatz zur Bildung von Kooperationen.[103] Ebenso wie die Princi-

---

[98] Vgl. Schäfer (1994), S. 689; Schwerk (2000), S. 70; Balling (1998), S. 72.

[99] Vgl. Sydow (1992), S. 127ff. sowie eine Zusammenfassung aller 16 behandelten Theorien auf S. 225ff.

[100] Vgl. Parkhe (1993a), S. 229.

[101] Backhaus/Meyer (1993), S. 332.

[102] Vgl. Balling (1998), S. 72; Royer (2000), S. 111 sowie den Literaturüberblick von Swoboda (2003), S. 38ff.

[103] Vgl. zu dieser Auffassung u.a. Backhaus/Meyer (1993), S. 331; Welge/Al-Laham (1997), S. 561; Kogut (1988), S. 174; Tsang (2000), S. 215; Inkpen (2001), S. 412; Hébert/Beamish (2002), S. 84 und Swoboda (2003), S. 37.

pal-Agent- und Property-Rights-Theorie wird er der Neuen Institutionenökonomie zugerechnet.[104] Als ihr bekanntester Vertreter gilt Williamson, der vor allem den Preistheorie-Ansatz von Coase zur Erklärung der Existenz von Unternehmen durch kostenverursachende Tauschaktivitäten auf dem Markt weiterentwickelte.[105] Organisationstheoretisch wurde ursprünglich davon ausgegangen, dass Unternehmen als integrierte, in sich arbeitsteilige Gebilde nur dann ein Existenzrecht haben, wenn sie in ihrem Binnenbereich die mit der arbeitsteiligen Leistungserbringung verbundenen Koordinationsprobleme besser lösen können als bei einer Abwicklung mit externen Partnern über den Markt.[106] Die Transaktionskostentheorie leistet einen Beitrag, diese dichotome Betrachtung von Markt und Hierarchie aufzubrechen und sie als Endpunkte eines Kontinuums darzustellen, auf dem sich eine Vielfalt von abgestuften Kooperationsformen ansiedelt.[107] Kooperative Unternehmensformen stellen somit weder typische Markttransaktionen noch eine Integration in die eigene Hierarchie des Unternehmens dar. Ausschlaggebend für die Entscheidung zwischen den Möglichkeiten im Spannungsfeld von Markt und Hierarchie ist dabei die Frage, welche institutionellen Arrangements die kostengünstigste Abwicklung von Transaktionen ermöglichen. Die Motivation zur Kooperation liegt aus der Perspektive des Transaktionskostenansatzes daher in der Minimierung von Transaktionskosten bzw. in der Wahl der kostenminimalen Koordinationsform.[108]

Als Transaktion wird dabei die Übertragung von Verfügungsrechten[109] (property rights) verstanden, d.h. „der Prozess der Klärung und Vereinbarung eines Leistungsaustauschs".[110] Dieser Prozess ist dem eigentlichen physischen Leistungsaustausch logisch und zeitlich vorausgelagert und hat einen erwartungsbildenden und konfliktmindernden Charakter.[111] Die mit der Bestimmung, Übertragung und Durchsetzung von Verfügungsrechten verbundenen Kosten werden dementsprechend als Transaktionskosten bezeichnet. Dabei handelt es sich vor allem um

---

[104] Zur Einordnung des Transaktionskostenansatzes in das wissenschaftliche Theoriengebäude vgl. u.a. Schwerk (2000), S. 70f. Eine Übersicht über institutionenökonomische Theorien der Organisation findet sich z.B. bei Ebers/Gotsch (1999) und Woratschek/Roth (2003).

[105] Vgl. Williamson (1985) und (1987). Zum ursprünglichen Preistheorie-Ansatz vgl. Coase (1937) sowie die Ausführungen von Bössmann (1983), S. 106ff.

[106] Vgl. Picot/Reichwald (1994), S. 550; Bössmann (1983), S. 107.

[107] Vgl. zur Darstellung des Kontinuums auch Abbildung 3 in Abschnitt 2.1.1.1 dieser Arbeit.

[108] Vgl. Schwerk (2000), S. 72; Balling (1998), S. 189.

[109] Picot/Dietl definieren Verfügungsrechte als „die mit materiellen und immateriellen Gütern verbundene, institutionell legitimierte Handlungsrechte eines oder mehrerer Wirtschaftssubjekte". Picot/Dietl (1990), S. 178.

[110] Picot (1982), S. 269.

[111] Vgl. Picot (1982), S. 269 und Picot/Dietl (1990), S. 178.

Informations- und Kommunikationskosten, die bei der Anbahnung, Vereinbarung, Kontrolle und Anpassung wechselseitiger Leistungsbeziehungen auftreten.[112] Die für den Transaktionskostenansatz zentrale Frage ist, unter welchen situativen Bedingungen welche Koordinationsform auf dem Markt-Hierarchie Kontinuum die geringsten Transaktionskosten verursacht und somit als ökonomisch effizient anzusehen ist. Ausgangspunkt ist die Annahme, dass die an einer Transaktion beteiligten Entscheidungsträger nur begrenzt rational handeln können, weil ihre Informationsverarbeitungsmöglichkeiten beschränkt sind und sie auch jenseits moralischer Grenzen den eigenen Nutzen verfolgen und opportunistisch handeln.[113] Zudem erzeugt die Möglichkeit opportunistischen Handelns in Kombination mit begrenzter Informationsverarbeitung Unsicherheit bei den jeweiligen Partnern in Bezug auf die Erfüllung vertraglicher Verpflichtungen. Generell wird daher angenommen, dass der spezifische Charakter der Koordinationsform Hierarchie Opportunismus und Unsicherheit besser begrenzen kann als marktliche Koordinationsformen. Dies ist u.a. auf die höhere Transparenz des Verhaltens sowie langfristig angelegte Anreiz-, Kontroll- und Sanktionssysteme zurückzuführen.[114] Die relative Bedeutung dieses Vorteils hängt jedoch von Situations- bzw. Bestimmungsfaktoren ab. Zu ihnen zählen neben der Transaktionshäufigkeit, der strategischen Bedeutung der Transaktionen und der Wechselwirkungen mit anderen Transaktionen[115] vor allem die Unsicherheit der Transaktionsbedingungen und das Ausmaß transaktionsspezifischer Investitionen, d.h. das Ausmaß ihrer Überlegenheit im Vergleich zur nächstbesten Verwendungsmöglichkeit.[116]

Unsicherheit beeinflusst die transaktionskostengünstigste Koordinationsform insoweit als dass opportunistisches Verhalten vor allem dort einen großen Raum hat und effizienzmindernd wirkt, wo der Vollzug der Transaktion von hoher Ungewissheit begleitet ist. In solchen Situationen versagen marktliche Koordinationsformen, weil sie hohe Transaktionskosten verursachen und nur sehr unzureichend in der Lage sind, die dysfunktionalen Effekte hoher Unsicherheit aufzufangen. Hierarchische Koordination wäre in dieser Situation besser geeignet. Ähnlich verläuft die Argumentation für die transaktionsspezifischen Investitionen.

---

[112] Zur Beschreibung und Systematisierung von Transaktionskosten vgl. u.a. Picot/Dietl (1990), S. 178; Schäfer (1994), S. 689; Haussmann (1997), S. 467; Picot (1982), S. 270; Jost (2000), S. 185ff.; Windsperger (1983), S. 896; Bössmann (1983), S. 107f.; Sell (1994), S. 41; Durth (2000), S. 637; Faulkner/de Rond (2000), S. 7; Dyer (1997), S. 536.

[113] Vgl. zur Opportunismus-Annahme des Transaktionskostenansatzes u.a. Williamson (1987), S. 617; Tsang (2000), S. 217; Langerfeldt (2002), S. 653; Durth (2000), S. 637.

[114] Vgl. Schreyögg (1999), S. 73f.

[115] Vgl. Bössmann (1983), S. 109; Langerfeldt (2002), S. 653.

[116] Vgl. Schreyögg (1999), S. 73f.; Jost (2000), S. 202ff.; Bössmann (1983), S. 109; Rindfleisch/Heide (1997), S. 31; Ebers/Gotsch (1999), S. 228ff.; Durth (2000), S. 638 und Dyer (1997), S. 536.

Je höher die Spezifität einer Investition, desto höher ist die Abhängigkeit der Vertragspartner untereinander und desto mehr Anreize für opportunistisches Verhalten bestehen. Daher sind mehr Aufwendungen zur Absicherung erforderlich, die sich zudem in externen Marktbeziehungen nur schwer realisieren lassen. Deshalb ist auch in diesem Fall nach Ansicht des Transaktionskostenansatzes eine hierarchische Koordinationsform günstiger.[117]

Kooperationen stellen eine hybride Koordinationsform zwischen Markt und Hierarchie dar, welche die (Opportunismus-)Nachteile des Marktes eliminieren, aber trotzdem die Vorteile einer nicht hierarchischen Koordination beinhalten.[118] Williamson zufolge kommen kooperative Arrangements dann zur Anwendung, wenn auf Grund der wechselseitigen Abhängigkeit der Transaktionspartner beiderseitiges Interesse an einer längerfristigen Beziehung besteht, die Rahmenbedingungen für eine interne Abwicklung der Transaktion jedoch nicht gegeben sind.[119] Insbesondere die durch steigende Umweltturbulenz gekennzeichnete Komplexität von Transaktionsbeziehungen erfordert eine Verlagerung von hierarchischen Koordinationsformen zu hierarchiefreien, kooperativen und flexiblen Formen.[120] Fusionen stellen deshalb immer dann die schlechtere Alternative zu Kooperationen dar, wenn die transaktionsspezifischen Investitionen nur ein Teil dessen ausmachen, was durch eine Übernahme erworben würde. Stehen alle anderen Bereiche in keinem direkten Zusammenhang mit den ökonomischen Aktivitäten der kaufenden Organisation, bieten sich Kooperationsformen an.[121]

Zusammenfassend lässt sich feststellen, dass aus transaktionskostentheoretischer Perspektive die Transaktionsform der Kooperation immer dann vorteilhaft gegenüber dem Markt und der Hierarchie ist, wenn die Unsicherheit der Transaktionsbedingungen für eine externe Marktbeziehung zu hoch, eine effektive Integration in Form der Hierarchie aber nicht möglich ist.[122] Gegenüber der reinen Markttransaktion bietet die Kooperation den Vorteil der Reduzierung von Transaktionskosten durch eine gewisse Stabilisierung und damit besseren Erwartbarkeit der Austauschbeziehungen; gegenüber der Hierarchie liegt der Vorteil einer Kooperation in einer größeren Flexibilität, da sie sich leichter verwirklichen und wieder lösen lässt.[123] Die Vorteile der Kooperation kommen insbesondere bei mittlerer

---

[117] Vgl. Schreyögg (1999), S. 74; Picot/Dietl (1990), S. 181; Tsang (2000), S. 224; Sell (1994), S. 43; Durth (2000), S. 637 und Woratschek/Roth (2003), S. 157.

[118] Vgl. z.B. Türck (1999), S. 65f.; Almeida/Grant/Phene (2002), S. 69.

[119] Vgl. Williamson (1985), S. 68ff.

[120] Vgl. Hätscher (1992), S. 92.

[121] Vgl. Hennart (1991), S. 484.

[122] Vgl. Hennart (1988), S. 372.

[123] Vgl. z.B. Schreyögg (1999), S. 369; Almeida/Grant/Phene (2002), S. 69.

Faktorspezifität des Transaktionsgegenstands[124] und unterschiedlichen Fähigkeiten sowie komplementären Aktivitäten der Partner zum Tragen.[125]

Trotz der starken Verbreitung der Transaktionskostentheorie ist sie einer Reihe von Kritikpunkten ausgesetzt. Viele Autoren beklagen, dass der Begriff der Transaktionskosten nur unzureichend operationalisiert wird und somit unklar bleibt, welche Arten von Kosten tatsächlich gemeint sind.[126] Über die Operationalisierungsproblematik hinaus ist der Transaktionskostenansatz auf Grund seiner Vernachlässigung der personalsozialen Komponente für das Zustandekommen und die Durchführung ökonomischer Transaktionen kritisiert worden.[127] Zielbildungs- und Machtprozesse sowie der Einfluss von Vertrauen werden nur unzureichend berücksichtigt und das interne Organisationsgeschehen als „naives Maschinenmodell" gezeichnet.[128] Letztlich geht die Transaktionskostentheorie von einem anonymisierten Markt mit autonomen Akteuren aus, zwischen denen keine wirkliche soziale Interaktion stattfindet.[129] Ein anonymer Markt ist jedoch real nicht existent. Vielmehr ist ökonomisches Handeln in der Regel in konkrete und kontinuierliche soziale Beziehungen eingebettet, die wiederum wechselseitige soziale Normen fördern und somit das Verhalten entscheidend mitbestimmen.[130] Transaktionspartner handeln deshalb nicht ausschließlich aus opportunistischen Motiven, sondern ihr Handeln dürfte u.a. auch durch Solidarität, Traditionen und Werthaltungen geprägt sein.[131]

Schließlich wird der Transaktionskostenansatz wegen seiner einseitigen Kostenorientierung und Vernachlässigung wertsteigender und langfristig wirksamer strategischer Aspekte kritisiert.[132] Die Theorie fokussiert kostenbezogene Effizienz-Aspekte und ignoriert risiko- und synergiebezogene Effektivitäts-Aspekte.[133] Nur wenige Kooperationen dürften jedoch heutzutage ausschließlich auf

---

[124] Vgl. Sell (1994), S. 44f.; Tsang (2000), S. 220 und Woratschek/Roth (2003); S. 157 sowie die Darstellung bei Jost (2000), S. 251.

[125] Vgl. Hennart (1991), S. 485 und Royer (2000), S. 107.

[126] Vgl. Langerfeldt (2002), S. 654; Balling (1998), S. 62; Schreyögg (1999), S. 74f.; Jost (2000), S. 190; Welge/Al-Laham (1997), S. 563; Ebers/Gotsch (1999), S. 243 und Woratschek/Roth (2003), S. 161.

[127] Vgl. Welge/Al-Laham (1997), S. 563; Balling (1998), S. 62; Loiselle (2000), S. 40f.; Swoboda (2003), S. 49 und die bei Schwerk (2000), S. 81 angegebene Literatur.

[128] Schreyögg (1999), S. 75; Schwerk (2000), S. 177.

[129] Vgl. Sydow (1992), S. 162ff.

[130] Zur „social embeddedness"-Perspektive vgl. u.a. Granovetter (1985), S. 487ff. sowie die Ausführungen bei Balling (1998), S. 62.

[131] Vgl. Ebers/Gotsch (1999), S. 243. Auf die Beeinflussung organisatorischen Handelns durch kulturelle Faktoren wird noch ausführlich im weiteren Verlauf der Arbeit einzugehen sein.

[132] Vgl. z.B. Zajac/Olsen (1993), S. 133f.; Schwerk (2000), S. 176 und Swoboda (2003), S. 49.

[133] Vgl. Faulkner/de Rond (2000), S. 9.

Basis von Kostenüberlegungen geschlossen werden.[134] Kogut argumentiert zurecht, dass eine Kooperation auf Grund der Berücksichtigung unternehmensstrategischer Aspekte profitabler als eine interne Koordination sein kann, obwohl die Transaktionskosten höher sind.[135] Angesichts der dargestellten Kritikpunkte erscheint es daher notwendig, die Theoriebetrachtung um alternative Erklärungsmodelle zu erweitern, welche – zumindest teilweise – die von der Transaktionskostentheorie vernachlässigten Komponenten erfassen.

2.1.2.1.2 Spieltheoretische Ansätze

Im Gegensatz zur Transaktionskostentheorie wird in spieltheoretischen Ansätzen die Ertragsseite von Kooperationen betont.[136] Dabei steht die Erklärung der Bedingungen im Mittelpunkt, unter denen die Kooperation von Akteuren, bzw. Unternehmen bessere Ergebnisse für jeden Spieler erbringt, als autonomes Handeln.[137] Spieltheoretische Ansätze beschreiben und analysieren zudem rationales Verhalten von Wirtschaftssubjekten in von Unsicherheit geprägten Situationen und eignen sich in besonderem Maße für die Analyse von Beziehungen, die zugleich durch Konflikt und Kooperation gekennzeichnet sind.[138] Aus diesem Grund wird die Spieltheorie häufig zur Erklärung und Analyse von Unternehmenskooperationen eingesetzt.

Einer der populärsten Vertreter der neueren Spieltheorie ist Axelrod.[139] Er greift in seiner Analyse auf die Theorie der strategischen Spiele zurück, die Konfliktsituationen zwischen entscheidungsfähigen Einheiten, wie z.B. Individuen, Organisationen oder Unternehmen analysiert. Der Begriff des Konflikts im spieltheoretischen Sinne beschreibt dabei eine Entscheidungssituation, deren Ergebnis von den Entscheidungen weiterer rational handelnder Entscheidungsträger abhängt. Jeder einzelne Entscheidungsträger trifft dabei in Unkenntnis über das Verhalten der anderen seine Entscheidung.[140] Das klassische strategische Spiel, auf das auch Axelrod zurückgreift, ist die Situation des Gefangenendilemmas.[141] Sie ist

---

[134] Vgl. zu den in der Praxis vorherrschenden Zielsetzungen von Kooperationen auch nachfolgenden Abschnitt 2.1.2.2 dieser Arbeit.

[135] Vgl. Kogut (1988), S. 175.

[136] Vgl. Welge/Al-Laham (1997), S. 563; Balling (1998), S. 64.

[137] Vgl. Welge/Al-Laham (1997), S. 563; Schwerk (2000), S. 110; Faulkner/de Rond (2000), S. 14.

[138] Vgl. Royer (2000), S. 101f. und Swoboda (2003), S. 45.

[139] Vgl. Axelrod (1991).

[140] Vgl. Royer (2000), S. 101f. sowie die dort angegebenen Quellen.

[141] Vgl. Axelrod (1991), S. 7. Weitere Darstellungen des Gefangenendilemmas im Zusammenhang mit Kooperationen lassen sich u.a. bei Magin et al. (2003), S. 127; Parkhe (1993b), S. 796f.; Schwerk (2000), S. 110; Royer (2000), S. 102; Balling (1998), S. 64 und Swoboda (2003), S. 46 finden.

dadurch gekennzeichnet, dass zwei Gefangene eines gemeinsamen Verbrechens beschuldigt sind. Wenn beide miteinander kooperieren und sich nicht schuldig bekennen, erhalten sie lediglich eine geringe Haftstrafe von jeweils einem Jahr. In diesem Fall können ihnen nur geringe Vergehen nachgewiesen werden. Wenn einer von beiden während des Verhörs defektiert, d.h. gegen den anderen als Kronzeuge aussagt, kommt er frei, während der andere die Höchststrafe von 10 Jahren absitzen muss. Defektieren beide, werden sie jeweils zu einer Strafe von 8 Jahren verurteilt. „Das Dilemma liegt darin, dass es für jeden Spieler, unabhängig vom Verhalten des anderen, vorteilhafter ist, zu defektieren, dass jedoch beiderseitige Defektion für jeden Spieler ungünstiger ist als wechselseitige Kooperation.“[142] Als Konsequenz daraus müsste in einer von Unsicherheit geprägten Situation und opportunistischen Verhaltens der Marktteilnehmer eine Kooperation zwangsläufig scheitern.

Betrachtet man das Gefangenendilemma jedoch dynamisch, d.h. wird die Situation unvorhersehbar oft wiederholt, verändert sich die Problemstruktur und es kann sich ein kooperatives Gleichgewicht ausprägen. Axelrod zufolge wird Kooperation dann dadurch möglich, dass die Spieler zumeist nicht sicher sein können, wie viele zukünftige Interaktionen sie noch miteinander haben werden und potenziell immer wieder aufeinander treffen können. Das bedeutet, dass gegenwärtige Entscheidungen nicht nur den Ausgang des momentanen Treffens bestimmen, sondern auch die nachfolgenden Entscheidungen der Spieler beeinflussen können.[143] „Die Zukunft kann folglich einen Schatten auf die Gegenwart zurückwerfen und dadurch die aktuelle strategische Situation beeinflussen.“[144] Dieser „shadow of the future“ führt dazu, dass bei einer unbestimmten Anzahl von Interaktionen Kooperation entstehen kann. Zukünftige Interaktionen erlauben es den Kooperationspartnern, sich gegenseitig zu bestrafen und zu belohnen, so dass zukünftige Nachteile durch den Verzicht kurzfristiger Vorteile auf Kosten des Gegenspielers vermieden werden.[145]

Axelrod zeigt zusätzlich anhand des Vergleichs verschiedener Verhaltensstrategien in einem Simulationsmodell, dass Kooperationsregeln auf evolutionäre Weise entstehen können, wenn sich zwei Spieler in einer wechselseitigen Beziehung befinden, die in ihrer Struktur einem wiederholt auftretenden Gefangenendilemma ähnelt. Am erfolgreichsten stellte sich die „Tit-for-Tat" (TFT)-Verhaltensstrategie heraus.[146] Ihr zufolge wird in der ersten Runde kooperiert, um

---

[142] Axelrod (1991), S. 7.

[143] Vgl. Axelrod (1991), S. 9.

[144] Axelrod (1991), S. 11.

[145] Vgl. Heide/Miner (1992), S. 267 und Magin et al. (2003), S. 129.

[146] Vgl. eine ausführliche Darstellung des Erfolgs der Tit-for-Tat Strategie in Computersimulationen bei Axelrod (1991), S. 25ff.

dann bei den folgenden Treffen jeweils das vergangene Verhalten des Gegenspielers zu wiederholen. Ein stabiles Gleichgewicht kann durch die TFT-Strategie erreicht werden, da sie bedingt, d.h. von den Handlungen des Gegenspielers abhängig und freundlich, nämlich kooperativ beginnend ist.[147] Kooperation kommt also dann zu Stande, wenn der Mitspieler Raum „für die Entwicklung wechselseitiger Kooperation gibt."[148] Die deutliche und transparente Signalisation eines Kooperationswillens (in der TFT-Strategie durch den Verzicht auf erstmalige Defektion erkennbar) führt demnach zu größerem Vertrauen und längerfristiger Kooperation.[149]

Kritisiert werden spieltheoretische Ansätze wegen der abstrakten Formulierung des Kooperationsproblems als Gefangenendilemma, das viele wichtige Besonderheiten in der Realität vernachlässigt, wie z.b. soziale Beziehungen und verbale Kommunikation zwischen den Akteuren sowie der direkte Einfluss dritter Parteien.[150] „Da lediglich auf die Reihenfolge der Spielzüge fokussiert wird, werden Macht- und Einflussbeziehungen zwischen den Akteuren ebenso wie die Organisation der Kooperationsbeziehungen ausgeblendet."[151]

Des Weiteren basieren auch spieltheoretische Ansätze auf einer strengen Rationalitätsannahme: Die Spieler müssen selber fähig sein, die optimale Verhaltensstrategie vor dem Hintergrund ihrer Nutzenfunktion zu bestimmen und dabei die rationalen Entscheidungen und Präferenzen des Gegenspielers erkennen. Individuen verfügen jedoch in der Realität nur über eine eingeschränkte Rationalität und haben emotionale Dispositionen. Zudem können unvorhergesehene Umwelteinflüsse die Vorteilhaftigkeit einzelner Strategien verändern.[152]

2.1.2.1.3 Ressourcenabhängigkeits-Ansatz

Sehr häufig wird die Bildung von Unternehmenskooperationen in der Literatur auch mit Hilfe des Ressourcenabhängigkeits-Ansatzes erklärt, der den Umweltbezug und Machtbeziehungen zwischen einzelnen Unternehmen in seinen Mittelpunkt rückt.[153] Der Ansatz geht davon aus, dass Unternehmen nicht autark sind, sondern auf den Austausch von (knappen) Ressourcen bzw. auf die Interaktion

---

[147] Vgl. Schwerk (2000), S. 113.

[148] Balling (1998), S. 65. Vgl. auch Swoboda (2003), S. 46.

[149] Vgl. Axelrod (1991), S. 18 sowie Parkhe (1993b), S. 801.

[150] Vgl. z.B. Faulkner/de Rond (2000), S. 16; Axelrod (1991), S. 17 und Swoboda (2003), S. 47.

[151] Welge/Al-Laham (1997), S. 563. Zur Kritik an der fehlenden Erklärung von Organisationsfragen der Zusammenarbeit vgl. auch Sydow (1992), S. 171.

[152] Vgl. Schwerk (2000), S. 115; Balling (1998), S. 66.

[153] Vgl. u.a. Aldrich (1976), S. 420; Loiselle (2000), S. 42; Balling (1998), S. 69; Schwerk (2000), S. 146; Royer (2000), S. 108; Beverland/Bretherton (2001), S. 91; Faulkner/de Rond (2000), S. 18f.

mit anderen Organisationen angewiesen sind.[154] Unternehmen gehen interorganisationale Beziehungen auf Grund der Abhängigkeit von bestimmten knappen Ressourcen und damit auch von der Umwelt und anderen Unternehmen ein. Aus der Ressourcenabhängigkeit resultiert eine Unsicherheitssituation für das Unternehmen auf Grund der mangelnden Vorhersehbarkeit des Verhaltens anderer Organisationen, die den Zugang zu den knappen Ressourcen kontrollieren. Zudem existieren Interdependenzen mit der externen Umwelt, die z.b. durch Veränderung der Wettbewerbssituation auf das Unternehmen einwirkt und umgekehrt auch von den eigenen Aktivitäten beeinflusst wird. Organisationen sind deshalb bestrebt, ihre Umweltinterdependenzen zu beeinflussen und die daraus resultierende Entscheidungsunsicherheit zu reduzieren. Aus dieser Perspektive ermöglicht das Mittel der Kooperation den Unternehmen daher einerseits Zugang zu knappen Ressourcen und andererseits die Möglichkeit, dass Verhalten anderer Unternehmen zu beeinflussen und somit Unsicherheit zu reduzieren bzw. Interdependenzen zu stabilisieren.[155] Dabei können für den Begriff der Abhängigkeit drei kritische Bestimmungsfaktoren definiert werden: Die Bedeutung der Ressource für das Unternehmen, die Macht des Ressourcenlieferanten und die Verfügbarkeit alternativer Bezugsquellen.[156] Zudem wird zwischen horizontalen, vertikalen und symbiotischen Abhängigkeiten bzw. Umweltinterdependenzen analog der Kooperationsrichtung unterschieden.[157]

Der Fokus der Analyse des Ressourcenabhängigkeits-Ansatzes liegt dementsprechend auf den verschiedenen Möglichkeiten, die Kontrolle über die kritischen Ressourcen zu steigern und die Abhängigkeit gegenüber den Wettbewerbern zu verkleinern. Geeignete Handlungsstrategien lassen sich nach Schreyögg in nach innen gerichtete Maßnahmen der Absorption und Kompensation (Flexibilisierung der Organisationsstruktur, Aufbau von Puffern, Diversifikation) sowie nach außen gerichtete Maßnahmen zur Steigerung der Umweltkontrolle untergliedern.[158] Letztere umfassen vor allem die Integration als Inkorporation der Unsicherheitsquelle, d.h. Kauf des kritischen vor- oder nachgelagerten Unternehmens sowie die Kooperation als Versuch, die unsicherheitsstiftenden Umweltsysteme berechenbarer zu machen.[159]

---

[154] Vgl. Aldrich (1976), S. 421; Schreyögg (1999), S. 364; Welge/Al-Laham (1997), S. 564; Inkpen (2001), S. 418.

[155] Vgl. u.a. Aldrich (1976), S. 421; Bresser (1989), S. 547; Loiselle (2000), S. 42f.; Gulati/Gargiulo (1999), S. 1443 und Swoboda (2003), S. 53.

[156] Vgl. Schwerk (2000), S. 147 mit Verweis auf Pfeffer/Salancik (1978) als Hauptvertreter des Ansatzes.

[157] Vgl. Bresser (1989), S. 547.

[158] Vgl. Schreyögg (1999), S. 366.

[159] Vgl. Schreyögg (1999), S. 368.

Während der Ressourcenabhängigkeits-Ansatz vom Erklärungszusammenhang vor allem auf vertikale und symbiotische Beziehungen bzw. Interdependenzen ausgerichtet ist, bietet er auch Ansätze zur Erklärung horizontaler Beziehungen auf Grund wettbewerblicher Interdependenzen. Demnach werden Kooperationen mit anderen Beziehern einer knappen Ressource eingegangen, um damit die Machtverhältnisse zu beeinflussen und zu starke Abhängigkeiten in Grenzen zu halten.[160] Horizontale Allianzen zielen aus diesem Blickwinkel darauf ab, die aus dem Ressourcenaustausch mit anderen Unternehmen entstehenden Autonomieverluste zu kompensieren und gleichzeitig für die Kooperationspartner, von denen Abhängigkeit besteht, ihrerseits Abhängigkeiten zu schaffen.[161]

Auch der Ressourcenabhängigkeits-Ansatz ist nicht ohne Kritik geblieben. Es bleibt fraglich, ob die Ressourcenabhängigkeit den zentralen und kritischen Punkt der Interaktion von Unternehmen und Umwelt darstellt. Viele andere Aspekte, wie die Wettbewerbsintensität oder der Wertewandel in der sozioökonomischen Umwelt werden nach Ansicht von Schreyögg negiert.[162] Kritisiert wird häufig außerdem die Unterstellung eines letztlich rational handelnden Managements. Subjektive Entscheidungen, die Existenz sozialer Normen sowie ungeplante Handlungen finden als mögliche Erklärungen und Einflussgrößen für das Zustandekommen von Kooperationen ebenfalls keine Berücksichtigung.[163]

2.1.2.2 Ausgewählte Grundmotive von Unternehmenskooperationen

Wie bereits aus den vorgestellten Theorien zur Erklärung von Kooperationen ersichtlich, sind die Zielsetzungen und Motive zur Bildung von Unternehmenskooperationen vielfältig und nicht vollständig überschneidungsfrei. Sie lassen sich jedoch auf folgende Grundmotive zurückführen, die in Abbildung 6 als Übersicht zusammengefasst dargestellt sind.[164]

---

[160] Vgl. Balling (1998), S. 69.

[161] Vgl. Welge/Al-Laham (1998), S. 564.

[162] Vgl. Schreyögg (1999), S. 373.

[163] Vgl. z.B. Sydow (1992), S. 198f.; Balling (1998), S. 70; Loiselle (2000), S. 45 und Swoboda (2003), S. 53.

[164] Zu den Motiven und Zielsetzungen von Unternehmenskooperationen vgl. u.a. Bronder/Pritzl (1992), S. 27f.; Eisele (1995), S. 20ff.; Stüdlein (1997), S. 61f.; Welge/Al-Laham (1997), S. 558ff.; Haussmann (1997), S. 464; Carlin et al. (1994), S. 10f.; Schäfer (1994), S. 690f.; Backhaus/Meyer (1993), S. 331; Schwerk (2000), S. 129ff.; Pausenberger/Nöcker (2000), S. 400ff.; Perlitz (1997), S. 443ff.; Inkpen (2001), S. 411f.

Marktmotiv	• Zugang zu internationalen und globalen Märkten • Erweiterung oder Komplettierung des Produktionsprogramms (Systemkompetenz) • Überwindung staatlicher Restriktionen oder Handelsbarrieren
Kostenmotiv	• Teilung von Kosten (z.B. im Bereich F&E) und großer Investitionen • Zusammenlegung von Anlagen, um Skalen- oder Lernkurveneffekte zu erzielen • Ausnutzen von Synergieeffekten durch Zusammenlegung betrieblicher Funktionen
Risikomotiv	• Verteilung des Risikos eines Großprojektes auf mehrere Unternehmen, z.B. in F&E-intensiven Industrien und der Ölbranche • Reduzierung des Risikos durch verstärkte Produktdiversifikation
Zeitmotiv	• Zeitvorteile im globalen Wettbewerb z.b. durch Verkürzung der Innovations- und Amortisationszeiten sowie Beschleunigung der Produkteinführung • Erhöhung der Reaktionsgeschwindigkeit auf Markt- und Technologieveränderungen
Know-how und Kompetenzmotiv	• Zugang zu Kompetenzen, Technologien und Informationen, um Wissensdefizite aufzuholen oder fehlende bzw. neue Kompetenzen oder Technologien zu gewinnen • Konzentration auf Kernkompetenzen durch Know-how Transfer
Ressourcen-motiv	• Sicherung von oder Zugang zu relevanten Ressourcen (Rohstoffe, Wissen, finanzielle und personelle Ressourcenausstattung) • „Pooling" von Ressourcen, um Duplikate zu eliminieren
Wettbewerbs-motiv	• Beeinflussung der Wettbewerbsstruktur (z.B. durch Kontrolle von Wettbewerbern, Errichtung von Markteintrittsbarrieren oder Förderung von Industriestandards) • Erhöhung der Legitimität und Steigerung der Reputation

Abbildung 6: Motive und Zielsetzungen von Unternehmenskooperationen

• *Marktmotiv*

Die Globalisierung von Märkten, Produkten und Dienstleistungen auf Grund weltweit konvergierender Konsumentenbedürfnisse sowie verbesserte Transport- und Kommunikationsmöglichkeiten führen zur Notwendigkeit einer weltweiten Präsenz von Unternehmen. Der Zugang zu bisher nicht erschlossenen internationalen und globalen Märkten durch Nutzung der Marktkenntnis, des Vertriebssystems und der Distributionskanäle des Partners ist daher eine sehr weit verbreitete Zielsetzung internationaler Unternehmenskooperationen.[165] Weitere vorzufindende Zielsetzungen innerhalb des Marktmotivs stellen die Erweiterung des eigenen Produktangebots und der Ausbau zu einer Systemkompetenz,[166] sowie die Umgehung bzw. Überwindung staatlicher Restriktionen und Handelsbarrieren dar.[167]

---

[165] Vgl. Eisele (1995), S. 24; Perlitz (1997), S. 444; Pausenberger/Nöcker (2000), S. 400; Walters/Peters/Dess (1994), S. 6; Türck (1999), S. 63; Pierer (1999), S. 380f.; Voigt (1993), S. 247.

[166] Vgl. Ruhland (2001), S. 18.

[167] Vgl. Stüdlein (1997), S. 61.

- *Kostenmotiv*

Kostengründe spielen ebenfalls eine wichtige Rolle, denn der internationale Wettbewerb, ein zunehmender Anteil an Fixkosten und hohe Investitionsvolumina haben in vielen Branchen zu einem wachsenden Kostendruck geführt. Unternehmenskooperationen werden daher insbesondere in den Bereichen F&E und Produktion zur Teilung von Fixkosten und Investitionen geschlossen. Sie verhelfen den Partnern durch die Zusammenlegung von Kapital und Anlagen sowohl Skalen- als auch Lernkurveneffekte zu erzielen und Synergieeffekte durch die Zusammenlegung betrieblicher Funktionen auszunutzen.[168]

- *Risikomotiv*

Kooperationen sind auch ein beliebtes Mittel zur Reduzierung von unternehmerischen Risiken. Zunehmende Umweltunsicherheit, die Verkürzung von Produktlebenszyklen und ein steigender Ressourcenaufwand führen insbesondere bei Großprojekten in F&E-intensiven Industrien zu immens hohen Kosten und Risiken. Zielsetzung von Unternehmenskooperationen ist daher in diesem Zusammenhang die Verteilung von F&E-Investitionen und die damit verbundenen hohen Risiken auf mehrere Unternehmen.[169] Darüber hinaus entstehen Risiken auch durch externe Einflussgrößen, wie etwa Marktschwankungen oder externe Rahmenbedingungen eines Landes. Deshalb nutzen zahlreiche Unternehmen Kooperationen dazu, ihr Leistungsspektrum auszuweiten und im Rahmen einer Diversifikationsstrategie ihre Geschäftstätigkeit auf eine breitere Basis zu stellen.[170]

- *Zeitmotiv*

Der intensivierte globale Wettbewerb erfordert eine erhöhte Reaktionsgeschwindigkeit auf Markt- und Technologieveränderungen. Die steigende Bedeutung des Faktors Zeit im Wettbewerb wird dabei insbesondere in der Produktentwicklung deutlich. Lange Entwicklungszeiten führen u.U. dazu, dass Kundenanforderungen nicht zeitgemäß befriedigt werden können, vorhandenes Marktpotenzial nicht ausgeschöpft werden kann oder ein verspäteter Markteintritt zu wesentlich niedrigeren Erlösen führt.[171] Zeitmotivierte Unternehmenskooperationen werden daher zur

---

[168] Vgl. Schäfer (1994), S. 690f.; Perlitz (1997), S. 444; Stüdlein (1997), S. 61; Welge/Al-Laham (1997), S. 560; Inkpen (2001), S. 411; Walters/Peters/Dess (1994), S. 6; Pierer (1999), S. 378f.

[169] Vgl. Eisele (1995), S. 26; Stüdlein (1997), S. 62; Schwerk (2000), S. 129.

[170] Vgl. Eisele (1995), S. 26; Schwerk (2000), S. 129; Türck (1999), S. 63.

[171] Vgl. Backhaus/Meyer (1993), S. 331; Stüdlein (1997), S. 62; Schäfer (1994), S. 690; Welge/Al-Laham (1997), S. 560; Inkpen (2001), S. 411.

Beschleunigung der Produkteinführung und Verkürzung der Innovations- und Amortisationszeiten geschlossen.[172]

- *Know-how- und Kompetenzmotiv*

Einzelne Unternehmen können kaum noch umfassendes Know-how und Kompetenzen in allen relevanten Technologiefeldern besitzen. Sie sind daher auf den Zugang zu spezifischen Kompetenzen, Technologien und Informationen von Kooperationspartnern angewiesen, um im Rahmen eines Know-how Transfers Wissensdefizite auszugleichen oder fehlende bzw. neue Technologien zu gewinnen.[173] Außerdem ermöglichen Kooperationen außerhalb der eigenen Kernbereiche, Ressourcen freizusetzen und sich auf die Kernkompetenzen zu konzentrieren, um somit eigenes Know-how auszubauen und einen Wissensvorsprung zu erzielen.[174]

- *Ressourcenmotiv*

Ein häufiger Grund für das Entstehen von internationalen Kooperationsformen stellt die Ressourcenknappheit von Unternehmen dar. Sie kann z.b. in einer mangelnden Material-, Personal- und/oder Kapitalausstattung bestehen. Kooperationspartner dienen dazu, solche Ressourcenbeschränkungen zu überwinden und den Zugang zu ermöglichen bzw. zu sichern.[175] Des Weiteren werden Kooperationen zum 'Poolen' von Ressourcen geschlossen, um Duplikate zu eliminieren oder Anlagen, Maschinen, Infrastruktur, Know-how, Humanressourcen, etc. zu teilen.[176]

- *Wettbewerbsmotiv*

Internationale Unternehmenskooperationen können dazu geeignet sein, Einfluss auf die Wettbewerbsstruktur einer Branche zu nehmen. Hierzu zählt u.a. die stärkere Kontrolle von Wettbewerbern durch Kooperation,[177] das Eingehen einer Partnerschaft mit Lieferanten oder Nachfragern zur Errichtung von Markteintrittsbarrieren oder die Kooperation mit Anbietern von Substitutionstechnologien zur

---

[172] Vgl. u.a. die Darstellung der Realisierung von Zeitvorteilen durch Kooperationen bei Gahl (1990), S. 37.

[173] Vgl. Stüdlein (1997), S. 62; Inkpen (2001), S. 412; Schäfer (1994), S. 690; Walters/Peters/ Dess (1994), S. 7; Ruhland (2001), S. 18; Türck (1999), S. 61; Voigt (1993), S. 247; Almeida/ Grant/Phene (2002), S. 69ff.

[174] Vgl. Backhaus/Meyer (1993), S. 331.

[175] Vgl. Perlitz (1997), S. 444; Welge/Al-Laham (1997), S. 560 sowie die Darstellung der Annahmen des Ressourcenabhängigkeits-Ansatzes in Abschnitt 2.1.2.1.3.

[176] Die Bündelung von Ressourcen geht oftmals mit dem Kostenmotiv einher, vgl. Stüdlein (1997), S. 62; Ruhland (2001), S. 18.

[177] Klassisches Beispiel für eine solche Zielsetzung dürfte das NUMMI-Joint Venture von General Motors mit Toyota gewesen sein (Motto „if you can't beat them - partner them"). Vgl. zu dieser Ansicht auch Schäfer (1994), S. 691.

Förderung bestimmter Industriestandards, bzw. Durchsetzung von Technologien.[178] Schließlich ist es insbesondere für kleinere Unternehmen attraktiv, durch Kooperation mit etablierten und bekannten Unternehmen von deren Reputation zu profitieren und somit ihre Legitimität zu steigern.[179]

Wie bereits erwähnt, sind die aufgezeigten Motive in der Realität nicht exakt voneinander zu trennen und oftmals von Partner zu Partner verschieden. Motive variieren zudem nach Branche, Inhalt und Form der Kooperation sowie Partnercharakteristika. Aussagen zur Vorkommenshäufigkeit von Motiven in Unternehmenskooperationen fallen zudem auch deshalb schwer, da empirischen Motivstudien z.T. sehr unterschiedliche Motiv- bzw. Zielkategorien zu Grunde liegen.[180]

2.1.3 Grundlegende Aspekte des Erfolgs und Gefährdungspotenzials internationaler Unternehmenspartnerschaften

2.1.3.1 Definition des Kooperationserfolgs

Derzeit existiert keine einheitliche Definition des Kooperationserfolgs.[181] In der Literatur lassen sich daher signifikante Unterschiede in der Operationalisierung des Erfolgs von internationalen Unternehmenskooperationen feststellen, ohne dass sich bisher ein Konsens herausgebildet hat.[182]

Zuweilen wird der Erfolg einer Kooperationsbeziehung, nicht zuletzt wegen der hohen „Sterblichkeitsrate" von internationalen Unternehmenskooperationen, mit ihrer Stabilität gleichgesetzt.[183] Hierunter ist zumeist die Lebensdauer einer Kooperation von der Gründung bis zum Zeitpunkt der Auflösung gemeint. Instabilität ist dabei als eine wesentliche, ungeplant frühzeitige Veränderung aus der Perspektive eines oder beider Partner zu verstehen, die zu einem unbefriedigenden Erfolg, der Auflösung oder einer feindlichen Übernahme der Kooperation führt.[184] Das Stabilitätskriterium allein sagt jedoch nur sehr bedingt etwas über den Erfolg oder Misserfolg einer Kooperation aus, da es im Falle zeitlich befristeter Koopera-

---

[178] Vgl. Eisele (1995), S. 28.

[179] Vgl. Inkpen (2001), S. 412; Carlin et al. (1994), S. 10.

[180] Vgl. u.a. eine Übersicht empirischer Studien zu den Motiven von Kooperationen bei Schwerk (2000), S. 207.

[181] Vgl. Glaister/Buckley (1998), S. 92; Geringer/Hebert (1991), S. 250; Oesterle (1995), S. 991; Royer (2000), S. 27; Schwerk (2000), S. 211. Die Mehrzahl der bestehenden Untersuchungen zum Kooperationserfolg beziehen sich auf Joint Ventures als eine mögliche Form der Unternehmenskooperation. Zumeist wird jedoch die Übertragungsmöglichkeit auf andere Formen kooperativer Beziehungen unterstellt. Vgl. u.a. Anderson (1990), S. 29.

[182] Vgl. z.B. die Übersichten bei Büchel et al. (1997), S. 191ff. und Beamish/Delios (1997), S. 106.

[183] Vgl. bspw. Franko (1971); Killing (1983); Gomes-Casseres (1987) und Kogut (1988).

[184] Vgl. Inkpen/Beamish (1997), S. 182.

tionsvereinbarungen, bei gewollter Änderung der Eigentumsverhältnisse oder bei Auflösung durch Zielerreichung in Bezug auf Joint Ventures als Erfolgsmaßstab versagt.[185] Harrigan fand dementsprechend heraus, dass einige Kooperationen von den Partnern als erfolgreich beurteilt wurden, obwohl sie nur von relativ kurzer Dauer waren.[186] Zudem ist der Stabilitätsfaktor zur Beurteilung des Erfolgs insbesondere in laufenden Partnerschaften ungeeignet[187] und allenfalls als ex-post-Indikator hilfreich.[188] Das Stabilitätskriterium allein ist daher kein geeigneter Maßstab des Kooperationserfolgs.[189]

Finanzielle Indikatoren und objektive quantitative Kennzahlen, wie z.b. Rentabilität, Wachstum oder Kostenposition werden ebenfalls häufig in empirischen Studien zur Messung des Kooperationserfolgs verwendet.[190] Die Betrachtung ausschließlich finanzieller und objektiver Kennzahlen wird jedoch in der Literatur ebenfalls als ungeeignet gesehen, da sie die nichtmonetären Zielsetzungen und Interessenpluralität der Partner nicht angemessen abbilden.[191] So ist z.b. denkbar, dass eine Kooperation für einen der Partner auch ohne die Erreichung eines Gewinns als erfolgreich betrachtet werden kann, wenn das Unternehmen durch die Kooperationsbeziehung den Zugang zu kritischen Ressourcen wie Technologien oder Humanressourcen erlangen konnte.[192] Bei noch existierenden Kooperationen können außerdem nur Teilerfolge gemessen werden, was den Status quo häufig nicht adäquat widerspiegelt, da gerade bei Joint Ventures hohe Anlaufverluste zur langfristigen Markterschließung bewusst in Kauf genommen und somit langfris-

---

[185] Vgl. u.a. Glaister/Buckley (1998), S. 94. Bleeke/Ernst weisen in diesem Zusammenhang außerdem auf die Möglichkeit der Akquisition und somit Auflösung im Anschluss an erfolgreiche Joint Ventures bzw. Allianzen hin. Vgl. Bleeke/Ernst (1994), S. 49.

[186] Vgl. Harrigan (1988), S. 55.

[187] Vgl. Parkhe (1991), S. 582; Eisele (1995), S. 86; Balling (1998), S. 173; Oesterle (1995), S. 992.

[188] Geringer/Hebert stellten im Rahmen ihrer Studie nordamerikanischer Joint Ventures fest, dass subjektiv erfolgreiche Joint Ventures mit einer größeren Wahrscheinlichkeit auch länger leben. In der ex-post Betrachtung kann daher der Stabilität eine gewisse Bedeutung nicht abgesprochen werden. Vgl. Geringer/Hebert (1991), S. 256. Zu ähnlichen Ergebnissen gelangten Glaister/Buckley in ihrer Untersuchung britischer Kooperationsbeziehungen. Vgl. Glaister/ Buckley (1998), S. 111ff.

[189] Vgl. übereinstimmend Parkhe (1991), S. 582; Zielke (1992), S. 75; Oesterle (1995), S. 992; Eisele (1995), S. 86.

[190] Vgl. bspw. Lecraw (1983); Geringer/Hebert (1991) und Zielke (1992). Royer stellt fest, dass sich eine solche Erfolgsmessung vor allem im Zusammenhang mit Joint Ventures feststellen lässt. Vgl. Royer (2000), S. 27 und die dort angegebene Literatur.

[191] Vgl. zu dieser Ansicht u.a. Anderson (1990), S. 21; Geringer/Hebert (1991), S. 251; Oesterle (1995), S. 991; Royer (2000), S. 34; Glaister/Buckley (1998), S. 93; Pothukuchi et al. (2002), S. 250 und Holtbrügge (2003), S. 879.

[192] Vgl. Oesterle (1995), S. 991; Eisele (1995), S. 85.

tige Erfolge nicht berücksichtigt werden.[193] Die alleinige Beurteilung des Kooperationserfolgs auf Basis finanzieller Kennzahlen lässt daher Aussagen über die ertragswirtschaftliche Situation der Kooperationsbeziehung zu, versagt jedoch bei der Abbildung weiterer wichtiger kurz- und langfristiger Zielsetzungen.

Des Weiteren findet die subjektive Zufriedenheit der Kooperationspartner mit der Kooperationsbeziehung als Erfolgsmaßstab Verwendung. Zumeist wird das Management der Kooperation dabei um eine direkte Einschätzung der Zufriedenheit mit dem globalen Kooperationserfolg gebeten.[194] Nachteil derartiger Messungen sind die Gefahren einer mangelhaften Validität der Einschätzungen und das Risiko subjektiver Verzerrungen. In Verbindung mit finanziellen, objektiven Kennzahlen wird eine derartige Einschätzung durch das Management der Kooperation jedoch als äußerst hilfreich eingeschätzt.[195]

Allgemein wird in der Literatur die Verwendung einer Kombination von Erfolgskriterien aus objektiven und subjektiven Maßen gefordert. Ziel ist es dabei, der Interessenvielfalt der Partnerunternehmen gerecht zu werden und durch Aggregation den Einfluss verzerrter Werte zumindest teilweise wieder auszugleichen.[196] Messprobleme ergeben sich dabei bei fast allen Maßen: Finanzielle Kennzahlen sind häufig schwer zu erheben und subjektive Maße weichen je nach Partnereinschätzung voneinander ab. Trotzdem erscheint eine Kombination aus objektiven (quantitativen) und subjektiven (qualitativen) Maßen sinnvoll zu sein, um der Zielvielfalt der Partnerunternehmen gerecht zu werden und durch die Aggregation den Einfluss verfälschter Werte zumindest teilweise auszugleichen.[197]

Ein in der Literatur vielbeachtetes Konzept der Erfolgsmessung von Kooperationsbeziehungen wurde von Eisele entwickelt.[198] Es gründet auf dem Zielansatz und definiert den Erfolg eines Joint Ventures als Grad der Zielerreichung. Um der Zielvielfalt in Kooperationen gerecht zu werden, ermittelte Eisele in einer kausalanalytisch-empirischen schriftlichen Untersuchung die Erreichungsgrade von insgesamt 21 Zielgrößen. Die Zielerreichungsgrade wurden mit der Bedeutung des jeweiligen Zieles für das befragte Unternehmen gewichtet und zu einem Joint Venture-Erfolgsindex verdichtet. Eisele konnte auf Grund der Auswertung seines

---

[193] Vgl. Oesterle (1995), S. 991.

[194] Vgl. bspw. Killing (1983); Beamish (1985); Inkpen/Birkenshaw (1994); Lyles/Baird (1994); Harrigan (1988); Mohr/Spekman (1994); Pothukuchi et al. (2002), S. 250.

[195] Vgl. Oesterle (1995), S. 993; Balling (1998), S. 174; Eisele (1995), S. 86; Royer (2000), S. 28. Geringer/Hebert stellten zudem in ihrer Untersuchung fest, dass subjektive und objektive Maße in ihrem Sample nordamerikanischer Joint Venture eine signifikant positive Korrelation aufweisen. Vgl. Geringer/Hebert (1991), S. 256.

[196] Vgl. Geringer/Hebert (1991), S. 249ff.; Oesterle (1995), S. 992 und die Anwendung kombinierter Erfolgsmaße bei Harrigan (1988), Mohr/Spekman (1994) und Anderson (1990).

[197] Oesterle (1995), S. 992; Anderson (1990), S. 21f.

[198] Vgl. Eisele (1995), S. 85ff.

Datenmaterials aus 131 Joint Ventures hochsignifikante und sehr starke Beziehungen des Indices mit ausgewählten externen Erfolgskriterien finanzieller, subjektiver und wettbewerbsbezogener Art nachweisen.[199] Der Vorteil dieser Vorgehensweise liegt zum einen in der relativen Wertfreiheit und einfachen Anwendung. Zudem kann somit der Erfolg unabhängig von der absoluten Anzahl der Ziele und gemäß ihrer kooperationsphasenspezifischen Bedeutung ermittelt werden. Das Zielerreichungskonzept von Eisele dient daher im Rahmen der empirischen Untersuchung dieser Arbeit auch als Grundlage zur Operationalisierung des Erfolgskriteriums der Effektivität von Interaktionsbeziehungen.[200]

2.1.3.2 Generelle Erfolgsvoraussetzungen von Kooperationen

Im vorigen Abschnitt wurde gezeigt, dass sowohl die Definition des Kooperationserfolgs als auch seine Messbarkeit problembehaftet sind. Dementsprechend schwierig ist es, allgemeingültige Aussagen zu den Erfolgsvoraussetzungen bzw. –kriterien zu treffen. Im Folgenden soll jedoch zunächst im Rückgriff auf die in Abschnitt 2.1.2.1 dargelegten Theorien generelle Erfolgsvoraussetzungen abgeleitet werden, bevor ein kurzer Überblick über die reichhaltige empirische Kooperations-Erfolgsfaktorenforschung gegeben wird.

2.1.3.2.1 Theoretische Ableitung von Erfolgsfaktoren

Aus Sicht der **Transaktionskostentheorie** ist der Erfolg einer Transaktion von der Wahl der kostenminimalen Koordinationsform abhängig. Kooperationen stellen dabei eine hybride Koordinationsform zwischen Markt und Hierarchie dar und werden mit der Intention begründet, Transaktionskosten zu minimieren. Diese ergeben sich u.a. aus der Gefahr opportunistischen Verhaltens der Partner und der daraus resultierenden Unsicherheit. Deshalb ist es aus dem Blickwinkel der Transaktionskostentheorie entscheidend, ob die Kooperationspartner eine gemeinsame Organisationsstruktur aufbauen können, welche die Wahrscheinlichkeit opportunistischen Verhaltens eindämmt und somit stabilisierend wirkt. Des Weiteren gilt der Einsatz von Geiseln oder glaubhaften Zusicherungen im Sinne transaktionsspezifischer Investitionen stabilitätsfördernd.[201] Schließlich werden Unternehmenskooperationen mit mehr als zwei Kooperationspartnern auf Grund der überproportionalen Zunahme von Informations- und Verhandlungskosten aus Sicht des Transaktionskosten-Ansatzes als weniger empfehlenswert betrachtet.[202]

---

[199] Kritisch an dieser Vorgehensweise ist die nur grobe Erfassung eines komplexen Sachverhaltes mittels einer Indexmaßzahl. Für die Validität des von Eisele gewählten Ansatzes spricht jedoch, dass er im Rahmen seiner Kausalanalysen eine hochsignifikante und außerordentlich starke Beziehung zu den ausgewählten externen Erfolgskriterien feststellte. Vgl. Eisele (1995), S. 109.

[200] Vgl. zur Operationalisierung Abschnitt 4.1.1 dieser Arbeit.

[201] Vgl. Loiselle (2000), S. 52; Schwerk (2000), S. 170; Kogut (1988), S. 175.

[202] Vgl. Bleicher/Hermann (1991), S. 21.

Das Scheitern von Kooperationen wird nach Argumentation des Transaktionskostenansatzes insbesondere auf dysfunktionale Konsequenzen zurückgeführt, die sich aus opportunistischem Verhalten ergeben und Reibungsverluste verursachen. Diese Reibungsverluste stellen Transaktionskosten dar, die sich aus verstärkten Kontrollmechanismen zur Eindämmung des Opportunismusrisikos und Schutz transaktionsspezifischer Investitionen ergeben. Gegenseitiges Vertrauen der Kooperationspartner ist eine Möglichkeit, die transaktionskostenintensiven Kontrollmechanismen zu ersetzen.[203]

Spieltheoretische Ansätze betonen im Gegensatz zur Transaktionskostentheorie die Ertragsseite von Kooperationen und liefern einen Erklärungsbeitrag, warum in bestimmten Situationen die Kooperation bessere Ergebnisse für Unternehmen erbringt als autonomes Handeln.[204] Nach Ansicht von Parkhe lassen sich dabei die Auszahlungsmuster der einzelnen Strategien, der Schatten der Vergangenheit auf die Zukunft („shadow of the future") und die Anzahl der beteiligten Kooperationspartner als generelle Erfolgsdeterminanten ableiten.[205]

Unter dem Begriff des *Auszahlungsmusters* versteht Parkhe die Verteilung der Vorteilhaftigkeit der Kooperations-, bzw. Defektionsstrategie für die einzelnen Kooperationspartner. Große Unterschiede hierbei führen zu Instabilität, denn ist der maximale Gewinn bei Defektion deutlich höher als im Kooperationsfall, wird der Anreiz zur Defektion gefördert. Die Installation von „commitments", wie z.B. irreversible Investitionen oder Vertragsklauseln, die zukünftige nicht-kooperative Aktionen kostspielig machen, stellen hierbei ein stabilitätsförderndes Mittel dar.[206]

Besitzt eine Kooperationsbeziehung einen großen *„shadow of the future"*, haben zukünftige Erträge eine besonders große Bedeutung. Dies wird insbesondere bei Kooperationsbeziehungen mit einem langen Zeithorizont der Fall sein. „Je grösser die Wahrscheinlichkeit einer lange andauernden und unbegrenzten Interaktion von Partnern ist, desto grösser ist die Kooperationsbereitschaft."[207] Der „Endspieleffekt" einer auf einen bestimmten Zeitraum begrenzten Kooperation jedoch vermindert kooperatives Verhalten oder verhindert es völlig.[208] Die effektive Wirkung des „shadow of the future" erfordert einerseits häufige Interaktionen, so dass beide Seiten wissen, dass eine opportunistische Defektion unmittelbar mit einer reziproken Antwort begegnet werden kann. Zum anderen bedarf es einer

---

[203] Vgl. Hébert/Beamish (2002), S. 86. Zur Rolle von Vertrauen in Kooperationsbeziehungen vgl. auch Abschnitt 2.1.3.3 dieser Arbeit.

[204] Vgl. Welge/Al-Laham (1997), S. 563.

[205] Vgl. Parkhe (1993b), S. 797ff.

[206] Vgl. Parkhe (1993b), S. 798f. sowie Axelrod (1991), S. 9.

[207] Weder (1989), S. 103.

[208] Vgl. Parkhe (1993b), S. 800f.

Verhaltenstransparenz, so dass sich das andere Unternehmen im Sinne der TFT-Strategie an das eigene Verhalten anpassen kann. Wenn zwei Unternehmen bereits in der Vergangenheit miteinander kooperiert haben, sollten Defektionsversuche demnach unwahrscheinlicher werden, da die Verständlichkeit des Verhaltens steigt.[209]

Schließlich dürfte nach Ansicht von Parkhe die *Beteiligung von mehr als zwei Partnern* an einer Kooperation auf Grund von Koordinations- und Kommunikationsproblemen und verstärkten Zielkonflikten zu einer geringeren Stabilität als in einer bilateralen Beziehung führen.[210] Zudem weist Weder darauf hin, dass in Kooperationen mit vielen Partnern der Anreiz zum „Trittbrettfahren", d.h. möglichst wenig zum Gelingen des gemeinsamen Vorhabens beizutragen und dennoch eine maximalen Nutzen aus der Kooperation zu ziehen, erhöht wird.[211]

Aus Sicht des **Ressourcenabhängigkeits-Ansatzes**, der den Umweltbezug und die Machtbeziehungen zwischen den einzelnen Unternehmen fokussiert, geht es für Partnerunternehmen darum, Zugänge zu bestimmten Ressourcen zu erlangen und dadurch die Abhängigkeit zur Umwelt zu minimieren. Erfolgreich ist eine Unternehmenskooperation immer dann, wenn es aus Sicht der Partner gelingt, die Umwelt und Wettbewerbssituation zu stabilisieren und somit Unsicherheit und die eigene Abhängigkeit zu reduzieren.[212] Als Erfolgsvoraussetzung lässt sich daraus ableiten, dass die Kooperationspartner Ressourcen besitzen müssen, die der jeweils andere Partner benötigt, oder sie müssen auf Grund ihrer Marktposition dazu geeignet sein, die Wettbewerbssituation in der jeweiligen Branche entscheidend zu beeinflussen.[213] Als besonders gefährdet gelten aus Sicht des Ressourcenabhängigkeits-Ansatzes Kooperationen immer dann, wenn die gegenseitige Ressourceninterdependenz gering ist, Umweltfaktoren nicht in der gewünschten Weise verändert werden können oder neue Abhängigkeitsverhältnisse geschaffen werden.[214]

Des Weiteren gelten ausgeglichene Machtverhältnisse zwischen den Kooperationspartnern im Sinne einer gleichgewichteten Beeinflussungsmöglichkeit als stabilitätsfördernd. Durch ein ausgewogenes Ausmaß an gegenseitiger Abhängigkeit soll erreicht werden, dass die Partner flexibel auf sich verändernde Bedürfnisse reagieren und die Kooperation erhalten bleibt, ohne dass sich der Preis für den Verbleib in der Partnerschaft erhöht.[215] Besonders deutlich wird der Zusam-

---

[209] Vgl. Weder (1989), S. 104.

[210] Vgl. Parkhe (1993b), S. 797.

[211] Vgl. Weder (1989), S. 101.

[212] Vgl. Loiselle (2000), S. 52.

[213] Vgl. Gray/Yan (1992), S. 45.

[214] Vgl. Kogut (1988), S. 184.

[215] Vgl. Heide (1994), S. 79.

menhang von Verhandlungsmacht und Stabilität in Kooperationsbeziehungen, in denen Know-how Motive bzw. Lernaspekte eine große Rolle spielen. Hamel beschreibt den Zusammenhang von Lernen und Verhandlungsmacht als „race to learn".[216] Wissen wird dabei als zentrale Ressource angesehen, die von entscheidender Bedeutung für den langfristigen Erfolg von Unternehmen ist. Durch die Internalisierung der Kompetenzen anderer wird versucht, die Abhängigkeit von diesen zu reduzieren bzw. sich langfristig völlig von ihnen zu lösen. Kooperationen mit Lernzielen stellen somit eine Möglichkeit der langfristigen Reduzierung von Kompetenzabhängigkeiten dar. Verläuft das Tempo der Wissensaneignung jedoch unterschiedlich schnell, ergeben sich Gefährdungen. Für den langsameren Partner besteht das Risiko, für den anderen überflüssig zu werden. Es entsteht eine asymmetrische Abhängigkeitsverteilung. Entsprechend dürfte der Preis steigen, den Partner, der seine Lernziele und damit ein größeres Maß an Unabhängigkeit erreicht hat, in der Kooperationsbeziehung zu halten.[217]

2.1.3.2.2 Empirisch ermittelte Erfolgsfaktoren

Im Rahmen der empirischen Kooperationsforschung nimmt die Suche nach Erfolgsfaktoren von Unternehmenskooperationen einen breiten Raum ein. Insbesondere in den letzten 20 Jahren sind in unzähligen Studien die unterschiedlichsten Erfolgsvoraussetzungen empirisch abgeleitet worden (vgl. Tabelle 1). Ihre Einteilung erfolgt zumeist in partnerspezifische und kooperationsspezifische Erfolgsfaktoren.[218] Grundlage für den nachfolgenden Überblick sind vorrangig jüngere Studien, da ältere Studien die Entwicklungen der letzten Jahre nicht mehr zeitgerecht wiedergeben.

---

[216] Vgl. Hamel (1991), S. 85.

[217] Vgl. Hamel (1991), S. 88. Hamel weist in seiner Untersuchung zu internationalen Joint Ventures auch auf die unterschiedliche kulturelle Einstellung zum Lernen und der daraus entstehenden Gefahr ungleichen Lerntempos hin. Aus diesem Grund sieht er in internationalen Unternehmenskooperationen die besondere Gefahr, dass sich ungleiche Abhängigkeiten der Partner entwickeln. Vgl. Hamel (1991), S. 92.

[218] Vgl. zur Systematisierung auch Eisele (1995), S. 50ff.; Schwerk (2000), S. 218ff.; Balling (1998), S. 92.

Erfolgsfaktor		Empirische Studien
Partner-spezi-fische Faktoren	Kulturelle Ähnlich-keiten der Partner	Gahl (1991); Lorange/Roos (1992a); Bucklin/ Sengupta (1993); Kanter (1994); Eisele (1995); Littler/Leverick (1995); Pausenberger/Nöcker (2000).
	Strukturelle Ähnlich-keiten der Partner	Backhaus/Piltz (1990); Eisele (1995).
	Kooperationserfah-rungen der Partner	Zeira/Shenkar (1990); Jones/Shill (1991); Littler/Leverick (1995).
Koopera-tionsspezi-fische Faktoren	Komplementäre Ziel-setzungen	Zeira/Shenkar (1990); Backhaus/Piltz (1990); Geringer (1991); Endress (1991); Zielke (1992); Inkpen/Birkenshaw (1994); Eisele (1995); Hamel/Doz/ Prahalad (1998); Pausen-berger/Nöcker (2000);
	Hohes „Commitment" der Kooperations-partner	Lane/Beamish (1990); Zeira/Shenkar (1990); Lorange/ Roos (1991); Kanter (1994); Mohr/ Spekman (1994); Spekman et al. (1996); Whipple/Frankel (2000); Ertel (2001); Hoff-mann/Schlosser (2001).
	Operative Autonomie des Kooperations-managements	Zielke (1992); Bleeke/Ernst (1994); Lyles/Baird (1994); Eisele (1995); Hébert/Beamish (2002).
	„Reziprozität", d.h. Anreiz- und Beitrags-gleichgewicht	Backhaus/Piltz (1990); Pausenberger/Nöcker (2000); Hoffmann/Schlosser (2001).
	Vertrauen	Lane/Beamish (1990); Baird et al. (1990); Lo-range/ Roos (1991); Endress (1991); Inkpen/ Birkenshaw (1994); Mohr/Spekman (1994); Littler/Leverick (1995); Eisele (1995); Johnson et al. (1996); Spekman et al. (1996); Büchel et al. (1997); Child (1998); Whipple/Frankel (2000); Hoffmann/Schlosser (2001); Inkpen (2001); Das/Teng (2001).
	Kommunikation	Baird et al. (1990); Endress (1991); Thelen (1993); Inkpen/Birkenshaw (1994); Mohr/Spek-man (1994); Kanter (1994); Eisele (1995); Littler/Leverick (1995); Spekman et al. (1996); Pausenberger/Nöcker (2000); Elmuti/Katha-wala (2001).

Tabelle 1:   Übersicht empirisch häufig ermittelter Erfolgsfaktoren in Kooperationen

Aufgrund ihrer – der Forschungsfragestellung entsprechend – besonderen Bedeut-ung innerhalb der vorliegenden Arbeit, sollen die personellen Austausch- bzw.

Interaktionsbeziehungen der Kooperationsträger[219] und ihr Einfluss auf den Ko-operationserfolg jedoch eine besondere Berücksichtigung im nachfolgenden Ab-schnitt erfahren.

2.1.3.3 Gesonderte Betrachtung des Einflusses der Qualität der Austauschbeziehungen auf den Kooperationserfolg

Die Qualität der persönlichen Austauschbeziehungen innerhalb von Unterneh-menskooperationen ist in der Vergangenheit in der Literatur zunehmend als erfolgskritischer Faktor erkannt und diskutiert worden:[220] „Indeed, successful company relationships nearly always depend on the creation and maintenance of a comfortable personal relationship between senior executives."[221]

Die große Bedeutung der personellen Beziehungsqualität für den Erfolg von Ko-operationen kann einerseits damit begründet werden, dass die Investitionen der Kooperationspartner zu Beginn einer Partnerschaft fast ausschließlich in Arbeits-zeit und Managementkapazitäten liegen.[222] Die Kontaktanbahnung und -pflege, Ausarbeitung einer vertraglichen Grundlage sowie die Kommunikation und Pflege von Maßnahmen im direkten persönlichen Kontakt oder in Form schriftlicher oder telefonischer Kommunikation sorgen dafür, dass die Kooperationsbeziehung selbst und ihr Erfolg von den beteiligten Personen und ihrer Beziehung zueinan-der determiniert wird. Inkpen/Li bestätigen diese Ansicht:

> "Managers often lose sight of the reality that partner trust and for-bearance are directly linked to the strength of interpersonal relations. In any alliance, the strength of interfirm relationships is largely a function of the relationships between individual managers who are in-volved in the day-to-day venture management."[223]

Andererseits lässt sich die Bedeutung der Qualität personeller Austauschbeziehun-gen für den Kooperationserfolg anhand ihrer effizienz- und effektivitätssteigern-den Wirkung theoretisch begründen: Zum einen ermöglicht sie den Partnern von der Reduktion direkter Transaktionskosten je Austauschbeziehung zu profitieren. Denn bei gleichzeitiger Steigerung des Volumens der Austauschprozesse durch eine hohe Beziehungsqualität werden die Kosten je Einheit des Austausches redu-

---

[219] Mit dem Begriff „Kooperationsträger" werden in dieser Arbeit sämtliche an der Kooperations-beziehung beteiligten Mitarbeiter der Partnerunternehmen bezeichnet. Vgl. ebenso Stüdlein (1997), S. 66.

[220] Vgl. u.a. Littler/Leverick (1995), S. 63; Kumar/Khanna (1999), S. 240; Spekman et al. (1996), S. 351; Griffith/Harvey (2001), S. 87; Ertel (2001), S. 38; Currall/Inkpen (2000), S. 325; Bü-chel (2003a), S. 91 und Büchel (2003b), S. 595. „In conclusion, relational quality is an impor-tant attribute for the success of any alliance." Arino/Torre/Ring (2001), S. 123.

[221] Kanter (1994), S. 99.

[222] Vgl. Balling (1998), S. 119.

[223] Inkpen/Li (1999), S. 39.

ziert (Effizienzwirkung). Zum anderen wirkt sich die Beziehungsqualität positiv auf die Stärke, Belastbarkeit und Spezifität der Partnerbeziehungen aus, wodurch besser abgestimmte Leistungen im Sinne der Kooperationszielsetzung erbracht werden können und was zu einem Wettbewerbsvorteil gegenüber anderen Partnerschaften führt (Effektivitätswirkung).[224]

Nach Ansicht mehrerer Autoren manifestiert sich die Qualität der Austauschbeziehungen zwischen den Partnern insbesondere in dem Maß an *Vertrauen* und der *Kommunikationsqualität*.[225]

- *Vertrauen*

Vertrauen nimmt einen besonders breiten Raum in der Kooperationserfolgsfaktorenforschung ein und wird dabei konsistent als einer der wichtigsten Einflussfaktoren auf den Erfolg und die Stabilität von Kooperationen bezeichnet.[226] Es stellt nach Ansicht von Büchel et al. eine zentrale Voraussetzung des Kooperationsmanagements dar, da dadurch zur Reduktion komplexer Situationen beigetragen und eine zukunftsorientierte Erwartung aufgebaut wird, die Unsicherheiten reduziert und auf diese Weise Handlungen in der Gegenwart ermöglicht.[227] Vertrauen stabilisiert daher interorganisationale Beziehungen, reduziert die Notwendigkeit komplexer vertraglicher Regelungen, ermöglicht einen offeneren Informationsaustausch und verringert Transaktionskosten.[228] Mangel an gegenseitigem Vertrauen ist hingegen nicht selten ursächlich für das Scheitern von Unternehmenskooperationen.[229] Bei der von Baird et al. durchgeführten Analyse US-chinesischer Joint Ventures wurde Vertrauen übereinstimmend von beiden Seiten als mit Abstand wichtigster Erfolgsfaktor angegeben.[230] Auch Hoffmann/Schlosser identifizierten Vertrauen als kritischen Erfolgsfaktor.[231] Eiseles Untersuchung zeigt umgekehrt,

---

[224] Vgl. Griffith/Harvey (2001), S. 94.

[225] Vgl. Spekman et al. (1996), S. 351; Inkpen/Birkenshaw (1994), S. 202ff.; Argandona (1999), S. 220; Arino/Torre/Ring (2001), S. 111. Dabei ist festzustellen, dass Vertrauen und Kommunikationsqualität sowohl als Einflussgröße als auch als Resultat erfolgreicher Kooperationen verwendet wird.

[226] Vgl. Child (1998), S. 242; Lorange/Roos/Simcic Bronn (1992), S. 16; Whipple/Frankel (2000), S. 23; Lane/Beamish (1990), S. 98; Spekman et al. (1996), S. 351; Endress (1991), S. 13; Das/Teng (2001), S. 255; Mohr/Spekman (1994), S. 148; Perks/Halliday (2003), S. 339; Inkpen (2001), S. 421 und die dort angegebene Literatur.

[227] Vgl. Büchel et al. (1997), S. 155, welche Vertrauen deshalb auch als „Basisfaktor" des Joint Venture Managements bezeichnen.

[228] Insbesondere kann Vertrauen aufwändige Kontrollmechanismen vereinfachen und somit Kontrollkosten einsparen. Vgl. bspw. Büchel et al. (1997), S. 166; Balling (1998), S. 122 und Inkpen (2000), S. 101.

[229] Vgl. Lorange/Roos (1991), S. 26; Spekman et al. (1996), S. 352.

[230] Vgl. Baird et al. (1990), S. 128.

[231] Vgl. Hoffmann/Schlosser (2001), S. 368.

dass Misstrauen zwischen den Kooperationspartnern sich signifikant negativ im Joint Venture Erfolg äußert.[232] Vertrauen als innere Einstellung, den Kooperationspartner für zuverlässig zu halten und seinen Worten und Versprechungen Glauben zu schenken, stellte sich auch bei Inkpen/Birkenshaw als erfolgswirksam heraus.[233]

- *Kommunikationsqualität*

Die Kommunikationsqualität wird ebenfalls in diversen Untersuchungen als erfolgskritischer Faktor in Kooperationen betont.[234] Aufgrund des inhärent hohen Kommunikationsbedarfs in Unternehmenskooperationen kommt dem formellen und informellen Informationsaustausch eine bedeutende Rolle zu. Thelen zufolge wirkt sich die Kommunikationshäufigkeit positiv auf den Erfolg eines Joint Ventures aus.[235] Inkpen/Birkenshaw ermittelten, dass extensive Kommunikation einen starken Einfluss auf die Zufriedenheit und den Erfolg eines Joint Ventures hatten.[236] Eine hohe Kommunikationsqualität und Informationsteilung war auch ein Merkmal erfolgreicher Kooperationsbeziehungen der Studie von Mohr/Spekman.[237] Im Zusammenhang des Erfolgsfaktors Kommunikation wird daher zunehmend auch der effektive Einsatz von Informations- und Kommunikationssystemen als erfolgsrelevant betrachtet.[238] Ohne effektive Kommunikation besteht nach Ansicht von Elmuti/Kathawala die Gefahr der Auflösung einer Kooperationsbeziehung:

"As with any relationship, communication is an essential attribute for the alliance to be successful. Without effective communication between partners, the alliance will inevitably dissolve as a result of doubt and mistrust which accompany any relationship which does not manifest good communication practices."[239]

Als Fazit bleibt festzustellen, dass sich die mit einem Vertrauensverhältnis und effektiver Kommunikation eng verbundene hohe Qualität persönlicher Austauschbeziehungen positiv auf den Kooperationserfolg auswirkt.

---

[232] Vgl. Eisele (1995), S. 168.

[233] Vgl. Inkpen/Birkenshaw (1994), S. 213.

[234] Vgl. u.a. Pausenberger/Nöcker (2000), S. 408 und Spekman et al. (1996), S. 349 sowie die in Tabelle 1 angegebenen Studien.

[235] Im Rahmen ihrer Diskriminanzanalyse fand Thelen heraus, dass die Kommunikationsintensität von allen Variablen am meisten zur Trennung in erfolgreich und weniger erfolgreich kooperierende Unternehmen beitrug. Vgl. Thelen (1993), S. 205ff.

[236] Vgl. Inkpen/Birkenshaw (1994), S. 210ff.

[237] Vgl. Mohr/Spekman (1994), S. 145.

[238] Vgl. u.a. Eisele (1995), S. 247 und 264; Royer (2000), S. 21 und die dort angegebene Literatur.

[239] Elmuti/Kathawala (2001), S. 215.

2.1.3.4 Gefährdungspotenziale von Unternehmenskooperationen

Betrachtet man die Ziele und Erfolgsfaktoren, die im bisherigen Verlauf der Arbeit beschrieben wurden und stellt zunächst die interkulturelle Problematik zurück,[240] ergeben sich eine Reihe von Gefährdungspotenzialen für Unternehmenskooperationen. Zum einen resultieren diese aus der Missachtung der im vorigen Abschnitt beschriebenen Erfolgsfaktoren. Darüber hinaus lassen sich jedoch noch wietere Risiken aufzeigen, welche im Folgenden kurz skizziert werden sollen.

Aus transaktionstheoretischen Überlegungen ergibt sich auf Grund der Opportunismus-Annahme die Gefahr, durch den Partner ausgenutzt zu werden.[241] Zur Reduzierung der Transaktionskosten in einer Kooperationsbeziehung ist es jedoch notwendig, ein vertrauensvolles Verhältnis zwischen den Partnern aufzubauen. Kooperationen sind deshalb durch die Gratwanderung zwischen Vertrauen und Misstrauen belastet und potenziell gefährdet.[242] Aus dem Ressourcenabhängigkeits-Ansatz lässt sich hingegen ableiten, dass ein ausgewogenes Macht- und Abhängigkeitsverhältnis notwendig ist. Deshalb stellen Machtkonflikte einen wesentlichen Gefährdungsfaktor für Kooperationen dar.[243] Darüber hinaus birgt die Beeinflussung der Ressourcen- und Umweltabhängigkeit durch Kooperationen und die daraus resultierende verstärkte Verkettung mit anderen Unternehmen Gefahren. Die teilweise Aufgabe strategischer Autonomie, der Einsatz von z.T. hoher Investitionen in Form von „sunk costs" und die potenziell unkontrollierte Informationsweitergabe an den Kooperationspartner führt zu Problemen strategischer Inflexibilität. Diese kann zu einer reduzierten Fähigkeit der Anpassung an sich verändernde Umweltgegebenheiten führen und gefährdet auf diesem Weg auch die Stabilität der Kooperationsbeziehung.[244]

Besondere Risiken ergeben sich in horizontalen Kooperationen, in denen Kooperationspartner derselben Wertschöpfungsstufe einer Branche miteinander kooperieren.[245] Da die beteiligten Partner außerhalb des Kooperationsfeldes Wettbewerber bleiben, entsteht eine *Simultanität von Kooperation und Konkurrenz*, die

---

240 Die interkulturelle Problematik in internationalen Unternehmenskooperationen und Rolle interkultureller Unterschiede der Kooperationspartner wird ausführlich in Abschnitt 2.3 dieser Arbeit dargestellt. Die an dieser Stelle aufgeführten Risiken und Gefährdungspotenziale stellen dabei die Grundlage für die Betrachtung aus einer kulturellen Perspektive dar.

241 Vgl. die Ausführungen zur Opportunismus-Annahme der Transaktionskostentheorie in Abschnitt 2.1.2.1.1.

242 Vgl. Loiselle (2000), S. 56.

243 Vgl. Tröndle (1987), S. 81ff.

244 Vgl. Bresser (1989), S. 551ff.; Lorange/Roos/Simcic Bronn (1992), S. 16.

245 Vgl. zur Systematisierung von Kooperationen Abschnitt 2.1.1.4.

ein besonderes Gefährdungspotenzial beinhaltet.[246] So wird dem Kooperations-partner durch die Zusammenarbeit oftmals Zugang zu spezifischen Kompetenzen, Technologien oder Fähigkeiten ermöglicht, wodurch die Gefahr besteht, eigene Vorteile zu verlieren, die Kompetenz des Partners zu stärken und damit strate-gische Wettbewerbsvorteile gegenüber einem Konkurrenten zu verlieren.[247] Ur-sache hierfür ist nicht notwendigerweise, dass der eine Partner die (Kern-)Kompe-tenzen des anderen opportunistisch ausbeutet. Durch die Zusammenarbeit ver-lieren die Unternehmen automatisch, auch bei lauteren Absichten des Partners, ge-wisse Vorteile durch *Lerneffekte* des Partners, ungewollte Informationsweitergabe oder die gemeinsame Nutzung von Ressourcen.[248] Erfolgreiche horizontale Ko-operationen führen somit immer auch zu der Stärkung eines Konkurrenten, der zumindest potenziell die Möglichkeit besitzt, die erworbene Stärke im zukünfti-gen Wettbewerb gegen den Kooperationspartner einzusetzen. Dabei kann schon das Kennenlernen und Vertrautwerden mit den Gewohnheiten des Managements im Rahmen einer Kooperation die Position des einen Partners zum Nachteil des anderen verbessern.[249]

Weitere Gefährdungspotenziale von Unternehmenskooperationen ergeben sich aus der teilweisen *Aufgabe der Selbstständigkeit* in Bezug auf Ressourcen und/oder Fähigkeiten. Somit besteht das Risiko, Kontrolle über einzelne Aktivitä-ten zu verlieren.[250] Werden die einem Partner übertragenen Aufgaben dann nicht optimal ausgeführt, können sich erhebliche finanzielle Risiken ergeben. Dabei muss der Grund nicht unbedingt im opportunistischen Verhalten des Partners lie-gen, sondern kann möglicherweise auch auf mangelnden Fähigkeiten beruhen.[251]

---

[246] Nach Bleeke/Ernst sind Kooperationen zwischen Wettbewerbern mit ähnlichen Kerngeschäf-ten, geografischen Märkten und funktionalen Fähigkeiten auf Grund von Spannungen und unausweichlichen Konflikten am ehesten zum Scheitern verurteilt. Vgl. Bleeke/Ernst (1995), S. 99ff. Grundsätzlich gilt jedoch für alle Kooperationsarten, dass sich auf Grund der Wah-rung der Selbstständigkeit der beteiligten Unternehmen und somit fortlaufenden Verfolgung einzelwirtschaftlicher Ziele der Kooperationspartner zumindest partielle Interessenkonflikte ergeben. Vgl. Schrader (1993), S. 223.

[247] Vgl. etwa Contractor/Lorange (1988), S. 8 und Hamel/Doz/Prahalad (1998), S. 11. Die Ge-fahr, eigene Vorteile an den Partner zu verlieren, ist besonders bei technologieorientierten Unternehmenskooperationen gegeben, in denen befürchtet wird, dass der eigene technolo-gische Vorteil an den Partner verloren wird. Vgl. Bleeke/Bull-Larsen/Ernst (1992), S. 113 und die Beschreibung des Beispiels Apple/Microsoft bei Norman (2001), S. 51.

[248] Die größte Gefahr der ungewollten Informationsweitergabe an den Kooperationspartner stellt nach Hamel/Doz/Prahalad die Weiterleitung von Kenntnissen auf operativer Ebene dar. Vgl. Hamel/Doz/Prahalad (1998), S. 12. Auf die Gefahren ungleicher Lerntempos in Partnerschaf-ten, in denen Lernziele im Vordergrund stehen wurde bereits in Abschnitt 2.1.3.2.1 hingewie-sen.

[249] Vgl. Hamel/Doz/Prahalad (1998), S. 12f.; Contractor/Lorange (1988), S. 9.

[250] Vgl. Lorange/Roos/Simcic Bronn (1992), S. 16.

[251] Vgl. Fleischer (1997), S. 244.

In diesem Zusammenhang kann es zusätzlich zum finanziellen Schaden zu einem erheblichen Imageverlust des betroffenen Partners kommen.[252]

Abhängigkeitsverhältnisse im Rahmen einer Kooperation können auch noch auf andere Art und Weise zu Risiken führen. Der überlegene Partner kann seine Position ausnutzen, indem er zusätzliche Forderungen an den Partner stellt und auch durchsetzt.[253] Bei unterschiedlich großen Kooperationspartnern ergibt sich zudem für den kleineren Partner das Risiko, von dem größeren Partner übernommen zu werden. Der größere Partner wählt hierbei die Form der Kooperation als ersten Schritt zur Akquisition, da er auf diesem Weg zumeist gute Einblicke in das Partnerunternehmen und sein Management bekommen kann und somit seine Übernahmeentscheidung auf der Basis detaillierterer Kenntnisse bzgl. der akquirierten Fähigkeiten und Synergieeffekte treffen kann.[254]

Ursächlich für Schwierigkeiten in Unternehmenskooperationen ist nicht selten auch das hohe Niveau an *strategischer Komplexität*.[255] Rasante Umweltveränderungen sowie steigende Umfeldunsicherheiten verlangen nach permanenter Überprüfung und Anpassung der Zielsetzungen und Aktivitäten in einer Kooperationsbeziehung. So verändern sich im Laufe der Zeit u.a. Industriestruktur, Umfeld, Wettbewerb, Technologien und Kundenbedürfnisse und somit auch die strategischen Motive der Partnerunternehmen. Die meisten Kooperationen müssen daher im Verlauf ihres Bestehen ihr Tätigkeitsspektrum variieren und flexibel auf die Umweltveränderungen eingehen. Strategische Inflexibilität wird somit zu einem bedeutenden Risikofaktor.[256]

Ein weiteres Gefährdungspotenzial erwächst aus den *erhöhten Koordinationsanforderungen* und der besonderen Belastung für die beteiligten Kooperationsmitarbeiter bzw. Kooperationsträger. Oftmals konfliktäre strategische Prioritäten und Ziele der Kooperationspartner führen zu beträchtlichen Herausforderungen an das Management der Kooperation. Aufgrund von Unterschieden im ökonomischen, rechtlichen und politischen Umfeld der Partnerunternehmen sowie Asymmetrien in Strukturen und operativen Praktiken und Prozessen ergibt sich eine hohe Komplexität der Integrationsaufgabe und ein beträchtliches Potenzial für Konflikte.[257]

---

[252] Vgl. z.B. Fleischer (1997), S. 245.

[253] Vgl. Fleischer (1997), S. 238. Beispielsweise kann der dominante Partner einen größeren Anteil am gemeinsamen Gewinn oder eine Ausweitung seines Kontrolleinflusses fordern bzw. mit dem Austreten aus der Kooperation drohen. Vgl. Gahl (1991), S. 62.

[254] Vgl. dazu z.B. Bleeke/Ernst (1995), S. 100; Fleischer (1997), S. 239.

[255] Vgl. Bresser (1989), S. 551f.

[256] Vgl. u.a. Bleeke/Ernst (1994), S. 42; Parkhe (1991), S. 589.

[257] Vgl. u.a. Pothukuchi et al. (2002), S. 259 und Zahra/Elhagrasey (1994), S. 90. Hinsichtlich der zu bewältigenden Integrationsleistung von Kooperationsmitarbeitern differenziert Kanter fünf Ebenen, nämlich die strategische, taktische, operative, interpersonale und kulturelle Integration. Vgl. Kanter (1994), S. 105ff.

Kooperationsmitarbeiter nehmen daher nicht selten die Funktion des Schnittstellenmanagements zwischen den beteiligten Unternehmen wahr und sind somit in einen fortlaufenden Prozess der Verhandlung und Konsensbildung eingebunden.[258]

Zudem führt der dualistische Charakter einer Kooperation, der darauf basiert, dass die Unternehmen einerseits Partner, andererseits zumindest Teilkonkurrenten sind, nicht selten zu erheblichen Rollenkonflikten.[259] Denn auf der einen Seite sind Kooperationsmitarbeiter darauf angewiesen, mit den Kooperationsträgern des Partnerunternehmens konstruktiv zusammenzuarbeiten und Ihnen ein Mindestmaß an Vertrauen entgegenzubringen.[260] Auf der anderen Seite müssen Kooperationsmitarbeiter jedoch auch das Risiko eines opportunistischen Verhaltens des Partners in ihre Handlungen einkalkulieren und deshalb zentrales eigenes Know-how außerhalb des Kooperationsbereichs schützen. Daher betrachten sich die Mitglieder der verschiedenen Unternehmen häufig mit Misstrauen und rechnen mit einem sogenannten Trittbrettverhalten des anderen Partners.[261] Kooperationsmitarbeiter stehen somit vor einem Dilemma: Sie haben die Aufgabe, ein kooperatives und vertrauensvolles Verhältnis mit den jeweiligen Partnern aufzubauen, müssen aber gleichzeitig das eigene Unternehmen vor Gefahren, die aus der Partnerschaft entstehen können, schützen.[262]

Erschwert wird die Situation auch noch dadurch, dass Kooperationsmitarbeiter die Anforderungen unterschiedlicher Parteien zu erfüllen haben. Die doppelte Zugehörigkeit zum Kooperationsprojekt auf der einen Seite und dem eigenen Unternehmen auf der anderen Seite führt nicht selten zu erheblichen *Loyalitätskonflikten* und im Extremfall zur Handlungsunfähigkeit.[263] Ist eine stärkere Loyalität gegenüber dem eigenen Unternehmen vorhanden - was in der Regel der Fall sein dürfte[264] - und sehr einseitig ausgeprägt, erschwert sie die Bildung von Vertrauen in erheblichem Ausmaß.

---

[258] Vgl. Bleicher (1992), S. 288.

[259] Vgl. Shenkar/Zeira (1992), S. 551 und Pothukuchi et al. (2002), S. 246.

[260] Vertrauen reduziert Koordinations- und Kontrollanstrengungen und ermöglicht einen offenen und effizienten Informationsaustausch. Zur Rolle von Vertrauen in Kooperationen vgl. auch Abschnitt 2.1.3.3.

[261] Vgl. Häusler/Hohn/Lütz (1992), S. 59.

[262] Vgl. Loiselle (2000), S. 59.

[263] Vgl. Lorange/Roos (1992b), S. 159. Zu einer Literaturübersicht bezüglich personalbedingter Probleme in internationalen Joint Venture vgl. Shenkar/Zeira (1987), S. 550.

[264] Eine stärkere Loyalität gegenüber dem eigenen Unternehmen ist u.a. dann notwendig, wenn entsandte Mitarbeiter nach einiger Zeit wieder in das Mutterunternehmen zurückkehren sollen. Vgl. u.a. Bleicher (1992), S. 279.

Bei der Betrachtung der bisher dargestellten Gefährdungspotenziale sind kulturelle Aspekte ausgeklammert worden. Werden diese berücksichtigt, verschärfen sich die Probleme in erheblichem Ausmaß, wie die nachfolgenden Abschnitte zeigen werden. Zunächst erfolgt jedoch eine kurze Einführung in die Kulturthematik im Management.

2.2 Kultur

Der Einfluss von Kultur in internationalen und damit grenzüberschreitenden Kooperationsbeziehungen ist insofern relevant, als dass Menschen unterschiedlicher Nationalität sowie kultureller Zugehörigkeit aufeinander treffen und miteinander interagieren. Kooperationsträger der jeweiligen Partnerunternehmen sind dabei durch ihre eigene jewielige Landes- und Unternehmenskultur geprägt, müssen sich aber in der Kooperation mit der anderskulturellen Prägung der Mitarbeiter des Partners auseinandersetzen. Für die Analyse des Einflusses von Kultur in internationalen Kooperationen erscheint es daher zunächst notwendig, die allgemeinen Grundlagen und Dimensionen des Phänomens „Kultur" an sich (Abschnitt 2.2.1) und seine Relevanz in Bezug auf das Verhalten und Handeln von Personen in einem betrieblichen Kontext (Abschnitt 2.2.2) darzustellen.

2.2.1 Allgemeine Grundlagen und Dimensionen von Kultur

Sowohl in der betrieblichen Praxis als auch in der betriebswirtschaftlichen Forschung wird der Begriff Kultur äußerst heterogen und mehrdeutig gebraucht. Aufgrund der leichten Erfahrbarkeit des Phänomens scheint jedermann zu wissen, was Kultur bedeutet, ohne jedoch ihren Inhalt und ihre Merkmale präzise beschreiben zu können. Die individuellen Vorstellungen von Kultur sind daher trotz der vermeintlichen Kenntnis des Phänomens erstaunlich verschieden.[265] Die 1970 getroffene Aussage von Ajiferuke/Boddewyn, dass Kultur ein Allzweckbegriff ist, der so viele Bedeutungen hat wie die Anzahl der Personen, die ihn verwenden,[266] scheint daher nichts von ihrer Gültigkeit eingebüßt zu haben. Auch in der Literatur wurde bisher kein einheitliches Verständnis des Phänomens oder eine einheitliche Verwendung des Begriffs Kultur gefunden. Sowohl in der Anthropologie als auch dem relativ jungen Forschungsfeld des interkulturellen Managements konkurrieren eine Vielfalt an Kulturverständnissen und -definitionen.[267] Daher wird das Konstrukt oftmals unpräzise, missbräuchlich und unreflektiert verwendet. Dies erschwert unzweifelhaft die Analyse des Einflusses von Kultur in internationalen Kooperationen als auch die daran anschließende Ableitung von Gestaltungsempfehlungen zum Management von Kulturunterschieden.

---

[265] Vgl. Schein (1987a), S. 5.

[266] Vgl. Ajiferuke/Boddewyn (1970), S. 154.

[267] Vgl. z.B. Mauritz (1996), S. 9; Perlitz (2000), S. 280; Dülfer (2001), S. 231.

Vor diesem Hintergrund ist es daher wichtig, das dieser Arbeit zu Grunde liegende Verständnis von Kultur darzustellen. Zu diesem Zweck werden in Abschnitt 2.2.1.1 zunächst die begrifflichen und konzeptionellen Grundlagen des Phänomens Kultur erarbeitet. Der nachfolgende Abschnitt 2.2.1.2 befasst sich mit Kulturdimensionen und ihren Ausprägungen, anhand derer Kulturen allgemein beschrieben und verglichen werden. Schließlich erfolgt in Abschnitt 2.2.1.3 eine gesonderte Betrachtung des Phänomens Unternehmenskultur, da es in der Vergangenheit eine hohe Aufmerksamkeit in der Literatur und Praxis erfahren hat und vermutet werden kann, dass auch sie einen wichtigen Einfluss auf internationale Kooperationsbeziehungen von Unternehmen ausübt.

2.2.1.1 Begriffliche und konzeptionelle Grundlagen

2.2.1.1.1 Begriffliche Herkunft und Systematisierungsansätze der Definitionsvielfalt

Ursprünglich leitet sich der Begriff Kultur aus den lateinischen Wörtern „colere" (bebauen, bestellen, pflegen) sowie „(agri-)cultura" (Landbau, Pflege des Körpers und des Geistes) ab. Er verweist damit auf die durch menschliche Tätigkeit geschaffenen und „kultivierten" Dinge und grenzt diese von den vorgegebenen natürlichen Bedingungen ab.[268] Diese begriffliche Herkunft führte lange Zeit dazu, dass der Kulturbegriff insbesondere in der französischen und deutschen Sprache mit dem der Zivilisation gleichgesetzt wurde und Konnotationen wie Bildung, Geschmack, Vornehmheit und Schöngeistigkeit implizierte.[269]

Die in dieser Arbeit verwendete Bedeutung des Begriffs Kultur hat ihren Ursprung jedoch in der Anthropologie.[270] Das anthropologische Verständnis des Begriffs Kultur umfasst sämtliche Formen sowie Denk- und Handlungsmuster des menschlichen Zusammenlebens in sozialen Gruppen und hat somit eine sehr weit gefasste Bedeutung. In diesem anthropologischen Sinne sind alle Menschen unabhängig von ihrem Bildungsgrad „kultiviert", solange sie in sozialen Gruppen aufgewachsen sind.[271] 1871 war es Tylor, der eine Begriffsdefinition fand, die auch heute noch als historische Basis des anthropologischen Kulturverständnisses gilt:[272]

---

[268] Vgl. ethymologische Ableitungen bei Ting-Toomey (1999), S. 9; Hasenstab (1999), S. 45; Jahoda (1996), S. 33; Dormayer/Kettern (1997), S. 50f.

[269] Vgl. u.a. Kluckhohn/Kelly (1972), S. 69; Jahoda (1996), S. 33 und Dormayer/Kettern (1997), S. 52.

[270] Die Wissenschaft der Anthropologie beschäftigt sich allgemein mit menschlichen Gesellschaften. Vgl. Hofstede (2001b), S. 4.

[271] Vgl. Vivelo (1981), S. 50.

[272] Vgl. zu dieser Einschätzung u.a. Hasenstab (1999), S. 45f.; Dülfer (2001), S. 231 und Adler (2002), S. 16.

„Culture or civilization, taken in its wide ethnographic sense, is that complex whole which includes knowledge, belief, art, morals, law, customs, and any other capabilities and habits acquired by man as a member of society."[273]

Auf der Grundlage dieser Definition entstanden in den Folgejahren eine große Menge an weiteren Kulturdefinitionen. Eine im Jahre 1952 von Kroeber/Kluckhohn durchgeführte Bestandsaufnahme ergab z.b. 164 verschiedene Begriffsauffassungen von Kultur.[274] Aus dieser Fülle von Definitionen haben die Autoren einen auch noch heute in der Literatur weitestgehend geteilten Bedeutungskern des anthropologischen Kulturkonzeptes abgeleitet:

„Culture consists of patterns, explicit and implicit, of and for behavior acquired and transmitted by symbols, constituting the distinctive achievement of human groups, including their embodiments in artifacts; the essential core of culture consists of traditional (i.e. historically derived and selected) ideas and especially their attached value; culture systems may, on the one hand, be considered as products of action, on the other as conditioning elements of further action."[275]

Zur Systematisierung der vielfältigen Kulturkonzepte bietet sich die Klassifizierung von Kluckhohn/Kelly an.[276] Sie unterscheiden zwei grundsätzlich verschiedene Zugänge zum Kulturbegriff: deskriptive und explizite Kulturkonzepte. Deskriptiv orientierte Kulturverständnisse enthalten als Kernelement kulturelles Verhalten bzw. Verhaltensergebnisse, fokussieren also die beobachtbaren, materiellen und sozialen Aspekte einer Kultur. Im Gegensatz dazu basieren explikativ orientierte Kulturverständnisse auf den Verhaltensursachen, also nicht direkt beobachtbaren Überzeugungen, Einstellungen, Werten und Normen.[277]

Diese Klassifizierung ist weitestgehend identisch mit der von Osgood, der zwischen „Perceptas" und „Konzeptas" unterscheidet.[278] Unter „Perceptas" versteht er wahrnehmbare, direkt beobachtbare materielle Objekte und soziale Interaktionen innerhalb einer Kultur, wie z.B. Kleidung, Architektur, Sprache, Sitten und Gebräuche,[279] während „Konzeptas" die in einer Gesellschaft im historischen Prozess entstandenen Grundannahmen im Sinne der kollektiv geteilten Einstellun-

---

[273] Tylor (1871), S. 1

[274] Vgl. Kroeber/Kluckhohn (1952), S. 43ff.

[275] Kroeber/Kluckhohn (1952), S. 180.

[276] Vgl. Kluckhohn/Kelly (1972). Siehe auch Dormayer/Kettern (1997), S. 56.

[277] Vgl. Kluckhohn/Kelly (1972), S. 73ff.

[278] Vgl. Osgood (1951), S. 209ff.

[279] Vgl. Osgood (1951), S. 210f.

gen, Werthaltungen und Verhaltensnormen umfasst.[280] Abbildung 7 zeigt eine Übersicht der in dieser Form klassifizierten Sichtweisen von Kultur.

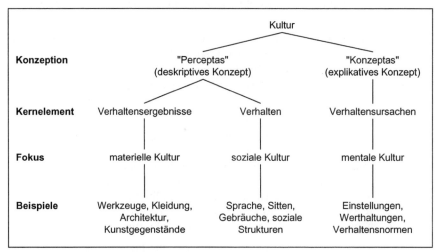

Quelle: In Anlehnung an Holzmüller (1995), S. 30. Vgl. auch Osgood (1951), S. 210ff.

Abbildung 7: Deskriptive und explikative Kulturkonzeptionen

Der überwiegende Teil der publizierten Kulturkonzepte in der interkulturellen Management- und Marketingforschung entspricht der „Konzeptas"-Sichtweise nach Osgood, bzw. einer explikativen Orientierung nach Kluckhohn/Kelly,[281] der aus dem Blickwinkel einer anwendungsbezogenen internationalen Managementforschung auch der Vorzug zu geben ist.[282] So bezieht sich auch Hofstedes Definition von Kultur als "the collective programming of the mind which distinguishes one group or category of people from another."[283] auf den ausschließlich geistigen und normativen Aspekt von Kultur. Sein in Analogie zur EDV definiertes Kulturkonzept („software of the mind") gehört zu den populärsten und meistbeachteten innerhalb der interkulturellen Managementforschung.[284] Dabei versteht Hofstede Kultur als ein explikatives Konstrukt, d.h. es ist „not directly accessible to observation but inferable from verbal statements and other behaviors."[285]

---

[280] Vgl. Osgood (1951), S. 212f.

[281] Diese Einschätzung wird u.a. von Pothukuchi et al. (2002), S. 244 geteilt.

[282] Vgl. Holzmüller (1995), S. 31 bzw. 38.

[283] Hofstede (1993a), S. 89.

[284] Vgl. zu einer solchen Einschätzung z.B. Perlitz (2000), S. 281; Lessmann (2000), S. 63 und Baca (1998), S. 132.

[285] Hofstede (1993a), S. 89.

Ausgehend von den bisher vorgestellten Kulturdefinitionen und einer explikativen Sichtweise folgend, sollen im folgenden Abschnitt die kennzeichnenden Merkmale von Kultur herausgearbeitet werden. Die Auswahl der Merkmale stützt sich dabei auf die in der Literatur diskutierten wesentlichen Bestimmungseigenschaften von Kultur. Mit ihrer Hilfe lässt sich im Anschluss das dieser Arbeit zu Grunde liegende Kulturverständnis ableiten.

2.2.1.1.2 Merkmale von Kultur

Trotz der in der Literatur zu findenden Vielfalt an Begriffsdefinitionen lassen sich dennoch einige Merkmale herausarbeiten, die den meisten Definitionen gemein sind und an dieser Stelle ausführlicher dargestellt werden sollen.

- *Kultur beinhaltet verhaltensprägende Grundannahmen, Werte und Normen*

Die in der interkulturellen Managementliteratur vorherrschende explikative Sichtweise von Kultur betrachtet Kultur als immaterielles Phänomen, welches die in einer Gesellschaft vorherrschenden Grundannahmen und kollektiv geteilten Werte, Einstellungen und Normen umfasst und verhaltensursächlich ist. Bittner/Reisch gehen demzufolge davon aus, dass die Gesamtheit der Werte und Normen einer Kultur soziales Verhalten beeinflusst. „Kulturen haben eine ‚immanente Logik': die Menschen verhalten sich in den verschiedenen Situationen nicht willkürlich, sondern entsprechend dieser Logik."[286] Adler zufolge kann der Einfluss von Kultur auf das Verhalten auch in einem Regelkreis dargestellt werden, der in Abbildung 8 veranschaulicht ist.

Kulturelle Grundannahmen beinhalten zumeist unbewusste fundamentale Annahmen der Mitglieder einer Kultur und kreisen um religiöse oder philosophische Fragen, wie z.B. der Herkunft der Menschheit oder der Konzeption von Zeit, Raum und Realität. Sie beeinflussen die Wahrnehmung, das Denken und die Gefühle der Mitglieder einer Kultur und bilden die Grundlage für Werte und Normen.[287] Als Werte wird die allgemeine, zumeist unbewusste Neigung bezeichnet, bestimmte Umstände anderen vorzuziehen.[288] Kulturelle Werte beziehen sich auf allgemeine Glaubensvorstellungen und bilden ein relativ zeitstabiles Wertgerüst, das gutes von schlechtem Verhalten unterscheidet bzw. generelle Überzeugungen über richtig/falsch, gerecht/ungerecht, normal/anormal, etc. ausdrückt.[289] Kulturelle Normen hingegen verweisen auf die geteilten Erwartungen einer Gruppe bzgl.

---

[286] Bittner/Reisch (1994), S. 31. Damit wird jedoch nicht impliziert, dass Verhalten einzig und allein durch Kultur geprägt wird.

[287] Vgl. Schein (1987a), S. 86 und Ting-Toomey (1999), S. 11, die den Begriff „culturally shared beliefs" für die fundamentalen Annahmen innerhalb einer Kultur verwendet.

[288] Vgl. Hofstede (2001b), S. 9.

[289] Vgl. Hofstede (1993b), S. 128; Adler (2002), S. 18; Hentze/Kammel (1994), S. 266 und Ting-Toomey (1999), S. 11.

angemessenem oder unangemessenem Verhalten in einer Situation. Sie haben den Charakter sozialer Konventionen.[290] Während kulturelle Grundannahmen und Werte zumeist unsichtbar bleiben, können Normen zumindest indirekt am Verhalten der Mitglieder einer Kultur beobachtet werden und manifestieren sich in Form von Gebräuchen und Sitten.[291]

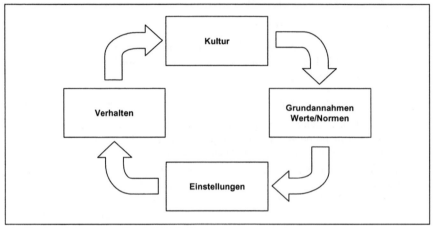

Quelle: In Anlehnung an Adler (2002), S. 17

Abbildung 8:   Regelkreis des Einflusses von Kultur auf das Verhalten

Grundannahmen, Werte und Normen bilden den Kern von Kultur. Als allgemeine mentale Orientierung beeinflussen sie die Einstellungen der Mitglieder einer Kultur im Sinne einer dauerhaft wertorientierten Wahrnehmungsorientierung oder Verhaltenstendenz gegenüber einem Bezugsobjekt oder einer Situation.[292] Die Einstellung einer Person prägt wiederum auch die Wahl des entsprechenden Verhaltens, das zumeist als Bezeichnung für jede menschliche Aktivität oder Reaktion verstanden wird.[293] Demnach beeinflusst Kultur über die Grundannahmen, Werte, Normen und Einstellungen jegliches Verhalten ihrer Mitglieder. Sie selektiert und prägt somit auch die Wahrnehmung, das Denken und die Gefühle der Menschen.[294] Der Kreislauf schließt sich dadurch, dass individuelles Verhalten

---

[290] Vgl. Adler (2002), S. 18f.

[291] Vgl. Ting-Toomey (1999), S. 11.

[292] Vgl. Adler (2002), S. 17.

[293] Zur Abgrenzung des Begriffs „Handeln" als spezifische Form des Verhaltens vgl. Thomas (1996), S. 115.

[294] Vgl. Thomas (1996), S. 112.

wiederum einen Einfluss auf die Kultur besitzt und sie somit zugleich Ausgangspunkt und Ergebnis menschlichen Handelns ist.

- *Kultur manifestiert sich in sichtbaren Artefakten*

Die explikativen Kulturkonzepte gehen davon aus, dass Kultur aus Verhaltensursachen gebildet wird und grundsätzlich nicht beobachtbar ist. Sichtbare Aspekte
menschlichen Verhaltens und dessen Ergebnisse, die sich in materiellen Objekten
und sozialen Interaktionen manifestieren, werden als kulturelle Artefakte verstanden. Kulturelle Artefakte stellen somit materielle Konkretisierungen einer Kultur
dar und zeichnen sich durch ihre unmittelbare Erfahr- und Beobachtbarkeit aus.[295]
Schein hat in seinem Drei-Ebenen Modell die kulturellen Artefakte als Ausdruck
von Kultur mit den Werten und Normen sowie den Grundannahmen einer Kultur
in Beziehung gesetzt (vgl. Abbildung 9).[296]

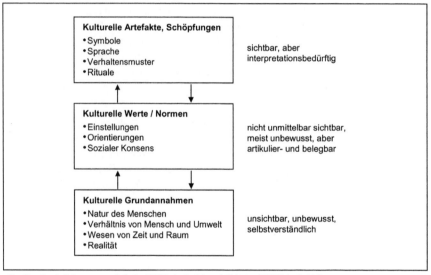

Quelle: In Anlehnung an Schein (1987a), S. 14 und Schein (1987b), S. 223

Abbildung 9: Kulturebenen-Modell von Schein

---

[295] Vgl. Heinen (1997), S. 25.

[296] Vgl. Schein (1984), S. 38. Zwar entwickelte Schein sein Modell ursprünglich in Bezug auf
Unternehmenskulturen, jedoch hat es auf Grund seiner Anwendbarkeit auf gesamtgesellschaft-
liche Phänomene breite Verwendung in der interkulturellen Managementforschung in Bezug
auf Landeskulturen gefunden. Vgl. u.a. Darstellungen bei Stahl (1998), S. 37f.; Weber et al.
(1998), S. 36 und Lessmann (2000), S. 62. Zudem verwendet Schein an anderer Stelle selber
sein Modell im landeskulturellen Kontext. Vgl. Schein (1987b), S. 222f.

Seiner Ansicht nach befindet sich die Essenz von Kultur auf der unteren Ebene der unsichtbaren und unbewussten Grundannahmen, die fundamentale Überzeugungen, Wahrnehmungen und Gefühle beinhalten.[297] Sie beeinflussen in erheblichem Maße die zweite Ebene der kulturellen Werte und Normen, die zwar ebenfalls weitestgehend unsichtbar und zumindest zum Teil unbewusst sind, aber im Gegensatz zu den Grundannahmen in direkter Weise das konkrete Verhalten in bestimmten Situation bestimmen. Aus diesem Grund gelten kulturelle Werte und Normen als bewusstseinsfähig, d.h. artikulier- und belegbar.[298] Kulturelle Artefakte hingegen zeichnen sich durch unmittelbare Erkennbarkeit aus. Sie umfassen menschliche Kreationen und Schöpfungen, wie z.b. Technologie, Kunst, Kleidung, Literatur, Kunst, Architektur, Sprache oder auch wahrnehmbare Verhaltensweisen wie Sitten, Traditionen und Bräuche. In ihnen manifestiert sich Kultur. Die Entschlüsselung ihrer eigentlichen Bedeutung ist jedoch nur möglich, wenn die darunter liegenden zumeist unsichtbaren Ebenen der Grundannahmen, Werte und Normen zur Interpretation hinzugezogen und berücksichtigt werden.[299] Kulturelle Artefakte können daher auch als Symbole, d.h. Zeichen mit Bedeutungsinhalt[300] gewertet werden, die zwar leicht zu erkennen sind, aber nur im Zusammenhang mit den darunterliegenden kulturellen Schichten interpretierbar sind. Außerhalb dieses Zusammenhangs können sie per se keinen Sinn vermitteln und sind daher in ihrer Bedeutung für den außenstehenden Beobachter a priori nicht zugänglich.[301]

Das Kulturphänomen wird deshalb auch oft mit einem Eisberg verglichen, dessen sichtbare Spitze die kulturellen Artefakte bilden.[302] Der größte Teil des Eisbergs bleibt jedoch unter dem Wasser verborgen und daher für den außenstehenden Beobachter unsichtbar. Er repräsentiert die den Artefakten zu Grunde liegenden und zumeist unbewussten Schichten von Kultur, die zum Verständnis der sichtbaren Artefakte erforderlich sind.[303]

---

[297] Vgl. Schein (1984), S. 37; Schein (1987c), S. 262ff. Vgl. übereinstimmend Weber et al. (1998), S. 37 und Hentze (1987), S. 173.

[298] Vgl. Schein (1987c), S. 262; Hofstede (1993a), S. 89.

[299] Nur die immateriellen Grundannahmen, Werte und Normen können daher Antworten auf das 'Warum' des Verhaltens und der Verhaltensergebnisse geben. Vgl. Schein (1987c), S. 262.

[300] Vgl. Ting-Toomey (1999), S. 11.

[301] Vgl. Dormayer/Kettern (1997), S. 55.

[302] Vgl. Darstellungen bei Stahl (1998), S. 38; Ting-Toomey (1999), S. 10 und Peill-Schroeder (1994), S. 8.

[303] Vgl. Ting-Toomey (1999), S. 10; Perlitz (2000), S. 281.

- *Kultur ist erlernt und nicht ererbt*

Kultur leitet sich aus dem sozialen Umfeld einer Person ab, nicht aus den Genen. Sie ist daher erlernt und nicht ererbt.[304] Dieser kulturelle Lernprozess wird auch als „Enkulturation" bezeichnet, der den zumeist unbewussten Erwerb und die Verfestigung der spezifischen Kulturmuster und -werte im Rahmen der Erziehung und frühkindlichen Konditionierung umfasst.[305] Im engen Zusammenhang zur Enkulturation steht der Begriff der „Sozialisation". Er kennzeichnet den Prozess der individuellen Anpassung an die erlernten Werte, Normen und Verhaltensweisen und beschreibt also die Aneignung von Verhaltensmustern für sozial erwartetes Rollenverhalten.[306] Anders als die Enkulturation kann Sozialisation jedoch auch noch im Erwachsenenalter erfolgen, z.B. im Rahmen der beruflichen Sozialisation.[307] Zur Verdeutlichung, dass Kultur erlernt ist, wird sie meist von der menschlichen Natur auf der einen Seite und der individuellen Persönlichkeit auf der anderen Seite abgegrenzt (vgl. Abbildung 10).

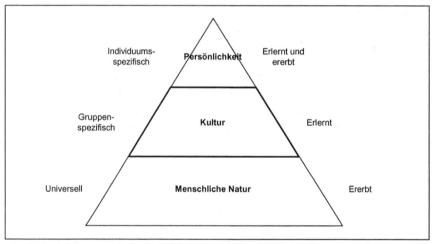

Quelle: In Anlehnung an Hofstede (2001), S. 5 und Keller (1982), S. 157

Abbildung 10: Abgrenzung von Kultur zur menschlichen Natur und individuellen Persönlichkeit

Die menschliche Natur stellt dabei die universelle Ebene dar, die allen Menschen gemein ist. Sie legt die physische und psychische Funktionsweise des Menschen

---

[304] Vgl. Kluckhohn/Kelly (1972), S. 70; Hofstede (2001b), S. 4f.; Perlitz (2000), S. 282.

[305] Vgl. Keller (1982), S. 144ff. und Kim (2002), S. 261.

[306] Vgl. Keller (1982), S. 144 sowie Hentze (1987), S. 173.

[307] Vgl. Stüdlein (1997), S. 28.

fest und umfasst Fähigkeiten wie das Empfinden von Angst, Zorn, Liebe, Freude und Traurigkeit oder das Verlangen nach Gemeinschaft mit anderen oder nach Spiel und Bewegung. Die Persönlichkeit eines Individuums hingegen ist einzigartig und beinhaltet Charakterzüge, welche teils erlernt und teils ererbt sind. Kultur als gruppenspezifisches Phänomen wird hingegen durch den Lernprozess der Enkulturation von einer Generation zur nächsten übertragen.[308]

- *Kultur ist ein kollektives Phänomen*

Kultur ist immer ein kollektives Phänomen, da sie mit den Menschen geteilt wird, die im selben sozialen Umfeld leben oder aufgewachsen sind. Dieses Merkmal von Kultur wird bereits in Hofstedes Kulturdefinition als „kollektive Programmierung des Geistes" deutlich. Seiner Ansicht nach ist daher Kultur für soziale Gruppen was Persönlichkeit für Individuen ist.[309]

Innerhalb einer sozialen Gruppe besteht jedoch immer auch kulturelle Diversität. Die kulturelle Orientierung einer sozialen Gruppe beschreibt die Annahmen, Werte, Normen, Einstellungen und Verhaltensweisen der meisten Mitglieder zur meisten Zeit, nicht diejenigen aller Mitglieder zu jeder Zeit.[310] Während sich die Mehrzahl der Mitglieder einer Kultur gemäß der kulturellen Norm verhält, sind unterschiedliche und von der Norm abweichende Verhaltensmuster möglich und denkbar. Es existiert daher auch innerhalb einer sozialen Gruppe keine kulturelle Homogenität, sondern individuelle Diversität und Werteheterogenität.[311]

> „Das Vorhandensein einer kulturellen Prägung impliziert hingegen keine Homogenität zwischen den verschiedenen Individuen, an dieser Stelle tritt die Variable der individuellen Aufnahme und Verarbeitung kultureller Orientierungsmuster in Erscheinung."[312]

Hinzu kommt, dass es innerhalb einer Kultur immer auch die Möglichkeit zum bewussten Non-Konformismus gibt, d.h. Mitglieder willentlich von der Norm abweichende Werte und Verhaltensweisen an den Tag legen.[313] Individuelle Abweichungen von der kulturellen Norm führen daher dazu, dass Kultur lediglich Aussagen über das von der Mehrheit geteilte Orientierungssystem und daraus abgeleitetes Verhalten ermöglicht, nicht jedoch Schlussfolgerungen über individuelles Verhalten. Ebenso wenig dürfen kulturelle Werte auf alle Mitglieder der

---

[308] Vgl. Hofstede (2001b), S. 5f. Die exakte Grenzziehung zwischen Kultur und menschlicher Natur bzw. zwischen Kultur und Persönlichkeit ist jedoch umstritten. Vgl. auch Hentze (1987), S. 180f.

[309] Vgl. Hofstede (2000), S. 25.

[310] Vgl. Adler (2002), S. 19.

[311] Vgl. u.a. Hentze/Kammel (1994), S. 266; Lane/DiStefano/Maznevski (2000), S. 28f.

[312] Litters (1995), S. 18.

[313] Vgl. Litters (1995), S. 19.

Kultur übertragen werden bzw. von den Verhaltensweisen einer Person auf die gesamte Gruppe geschlossen werden.[314]

- *Kultur ist dynamisch und unterliegt einem ständigen Wandel*

Entsprechend des in Abbildung 8 dargestellten Regelkreises ist Kultur zugleich Einflussgröße und Resultat menschlichen Verhaltens. Durch den Prozess der Enkulturation prägt Kultur über die in ihr vorherrschenden Annahmen, Werte, Normen und Einstellungen das Verhalten ihrer Mitglieder. Diese individuellen Verhaltensweisen wiederum beeinflussen und verändern Kultur und sorgen in einem evolutionären Prozess für eine Erneuerung des kulturellen Wertesystems und sichern somit die notwendige Anpassungsfähigkeit an sich verändernde Umweltbedingungen.[315] Kultur ist daher zugleich Produkt und Prozess und unterliegt einem ständigen evolutionären Wandel.[316] „We are the recipients and also the preservers of our culture via daily messages that we trade. However culture is not a static web. It is a dynamic, evolutionary process."[317] Obwohl Kulturen als Resultat eines langen Prozesses der Enkulturation und Sozialisation grundsätzlich sehr stabil und auf Kontinuität ausgerichtet sind,[318] verändern sie sich daher im Laufe der Zeit und sind trotz ihrer Stabilität kein statisches Gebilde sondern ein dynamisches Phänomen.

Zusammenfassend lässt sich also das dieser Arbeit zu Grunde liegende Kulturverständnis als

- *ein kollektives, immaterielles Phänomen,*

- *das die in einer sozialen Gruppe vorherrschenden und verhaltensprägenden Grundannahmen, Werte und Normen umfasst,*

- *im Rahmen eines Lernprozesses an die Mitglieder der Gruppe übertragen wird,*

- *sich in sichtbaren Artefakten manifestiert und*

- *im Laufe der Zeit einem ständigen Wandel unterliegt*

beschreiben. Auf die verschiedenen Funktionen von Kultur geht der nun folgende Abschnitt der Arbeit ein.

---

[314] Vgl. Demorgon/Molz (1996), S. 62f.; Lane/DiStefano/Maznevski (2000), S. 29; Adler (2002), S. 20.

[315] Vgl. Demorgon/Molz (1996), S. 48.

[316] Vgl. Lane/DiStefano/Maznevski (2000), S. 29; Perlitz (2000), S. 282.

[317] Ting-Toomey (1999), S. 23.

[318] Vgl. Lane/DiStefano/Maznevski (2000), S. 29.

2.2.1.1.3 Funktionen von Kultur

Kultur dient dazu, dem einzelnen ein Orientierungssystem und einen Bezugsrahmen zur Verfügung zu stellen, anhand derer eigene Erfahrungen und Verhaltenswiesen eingeteilt und organisiert werden können. Der kulturelle Rahmen setzt somit Standards für Wahrnehmung, Denken, Urteilen und Handeln.[319] Die Existenz und Bedeutung der Funktionen von Kultur ist ihren Mitgliedern jedoch zumeist unbewusst, da die verhaltensprägenden Grundannahmen, Werte und Normen unsichtbar sind und in der Regel bereits in der frühen Kindheit im Rahmen der Enkulturation und Sozialisation verinnerlicht werden.[320]

> „As cultural beings, we are like fish in an aquarium - who can live comfortably inside their aquatic milieu without realizing the importance of the water or the tank that surrounds them."[321]

Ting-Toomey identifiziert insgesamt fünf verschiedene spezifische Funktionen von Kultur[322] :

- Identitätsbereitstellungsfunktion
- Gruppenzugehörigkeitsfunktion
- Gruppenabgrenzungsfunktion
- Umweltanpassungsfunktion
- Kulturelle Kommunikationsfunktion

Ihrer Auffassung nach stellt Kultur eine eigene Identität bereit und bildet somit einen Referenzrahmen für fundamentale Fragen nach der eigenen Herkunft und den allgemeinen Sinnzusammenhängen (Identitätsbereitstellungsfunktion). Durch Kultur wird auch das Bedürfnis nach Gruppenzugehörigkeit befriedigt, die den Mitgliedern ein einheitliches Handeln und effizientes Arbeiten ermöglicht, da das eigene Verhalten nicht ständig begründet oder erklärt werden muss (Gruppenzugehörigkeitsfunktion). Kultur dient außerdem gegenüber anderen Gruppen als Abgrenzungsmechanismus, der die Interaktion mit fremdkulturellen Phänomen steuert (Gruppenabgrenzungsfunktion). Des Weiteren stellt Kultur als kollektiv geteilte kognitive Infrastruktur zudem einen effektiven Interpretations- und Problemlösungsmechanismus dar, um die komplexe Umwelt bewältigen und sich daran anpassen zu können (Umweltanpassungsfunktion). Schließlich hilft Kultur den Mitgliedern einer Gesellschaft bei der Kommunikation und Interaktion und stellt ihnen ein gemeinsames Orientierungssystem zur Verfügung, wie die Kom-

---

[319] Vgl. Perlitz (2000), S. 281.

[320] Vgl. Hofstede (2001b), S. 256f.

[321] Ting-Toomey (1999), S. vii.

[322] Vgl. Ting-Toomey (1999), S. 12ff.

munikation innerhalb der sozialen Gruppe effizient ablaufen kann (Kulturelle Kommunikationsfunktion).

„In sum, culture serves as the 'safety net' in which individuals seek to satisfy their needs for identity, inclusion, boundary regulation, adaptation, and communication coordination."[323]

2.2.1.1.4 Kulturebenen

Aus den vorherigen Ausführungen wurde deutlich, dass sich der Kulturbegriff ganz allgemein auf soziale Gruppen bezieht. Daher ist seine Anwendbarkeit auch unabhängig von der Art, Größe oder anderen Merkmalen für alle sozialen Gruppen gegeben, die ein gemeinsames Werte- und Normensystem teilen.[324] Dies können Nationen, ethnische Gruppen, Familien, Unternehmen oder jede andere Form sozialer Organisationen sein. Jeder Mensch gehört daher fast zwangsläufig zu einer ganzen Reihe verschiedener Gruppen, die auch als Sub- bzw. Teilkulturen bezeichnet werden können, und trägt verschiedene Ebenen der kulturellen Prägung in sich. Es wird daher in der Literatur z.T. auch von unterschiedlichen Kulturebenen gesprochen.[325]

Aus der Existenz von Teilkulturen ergibt sich die Frage nach geeigneten Untersuchungseinheiten von Kulturen. Dabei erfolgt innerhalb der interkulturellen Managementforschung die Abgrenzung von Kulturräumen zumeist anhand der Grenzen von Nationalstaaten. Diese oft aus forschungspraktischen Überlegungen heraus getroffene Abgrenzung birgt jedoch die Gefahr, zu vernachlässigen, dass National- bzw. Landeskulturen intern sehr heterogen sein können. Innerhalb eines Landes existieren zuweilen stark ausgeprägte Subkulturen einzelner Bevölkerungsgruppen, die sich hinsichtlich mehrerer Merkmale z.T. erheblich unterscheiden können. Die Verwendung des Kulturbegriffs auf die Bevölkerung eines Nationalstaates könnte demnach eine unzulässige Verallgemeinerung bedeuten.[326] Diesem Argument entgegenzusetzen ist allerdings, dass viele Staaten historisch entwickelte Einheiten mit Merkmalen einer dominanten Landessprache, gemeinsamen Massenmedien und einem einheitlichen Bildungs- und Politiksystem darstellen und somit ein hohes Maß an einheitlicher „mentaler Programmierung" bewirken. Selbst die Bewohner von Vielvölkerstaaten wie Belgien, Malaysia und Indonesien besitzen daher gemeinsame kulturelle Merkmale, die im Vergleich zu anderen Kulturen deutlich zu Tage treten.[327] Außerdem beeinflussen sich Kultur und Staat gegenseitig und sind daher eng miteinander verbunden. So wirkt z.B.

---

[323] Ting-Toomey (1999), S. 15.

[324] Vgl. Lane/DiStefano/Maznevski (2000), S. 31; Schein (1987a), S. 8.

[325] Vgl. u.a. Hofstede (2001b), S. 12.

[326] Vgl. Mauritz (1996), S. 61; Hofstede (1998), S. 481.

[327] Vgl. Hofstede (2001b), S. 15.

der Staat über das Bildungssystem auf die kollektive Vermittlung von Werten und Normen, die wiederum Einfluss auf die Politik und die Gestaltung des Staates nehmen.[328]

Aus diesen Gründen soll in Anlehnung an die Mehrzahl der Veröffentlichungen in der interkulturellen Managementforschung auch in dieser Arbeit die Gleichsetzung von Nation und Kultur legitimiert werden.[329] Eine solche Vorgehensweise erscheint unter Berücksichtigung des Forschungsgegenstandes internationaler Unternehmenskooperationen auch insofern berechtigt, als dass sich in der Praxis die grenzüberschreitenden Aktivitäten internationaler Unternehmen ebenfalls auf Nationalstaaten beziehen. Zu beachten ist jedoch, dass es sich dabei lediglich um eine nützliche und brauchbare Generalisierung handelt, d.h. dass auf das Phänomen von Subkulturen an geeigneter Stelle explizit hingewiesen werden soll.[330]

2.2.1.2 Dimensionen und Ausprägungen kultureller Unterschiede nach Hofstede

Um das letztlich schwer greifbare, weil immaterielle Phänomen Kultur zu erfassen und kulturelle Unterschiede zu beschreiben, existieren verschiedene Ansätze. Zumeist wird versucht, das Konstrukt Kultur in verschiedene Dimensionen aufzuspalten, die als Kriterien für die Beschreibung und den Vergleich einzelner Kulturen (und damit zumeist Länder[331]) dienen sollen. Unterschiedliche Ausprägungen dieser Kulturdimensionen erlauben es dann, kulturelle Unterschiede nicht nur zu beschreiben sondern auch zu klassifizieren.

Die meistbeachtete Untersuchung zu kulturellen Dimensionen in einem betrieblichen Umfeld stammt von Hofstede.[332] Er geht davon aus, dass der Zusammenhang zwischen Kultur und individuellem Arbeitsverhalten in arbeitsplatzbezogenen Werthaltungen ausgedrückt werden kann. Aus diesem Grund führte er eine schriftlichen Befragung von 116.000 IBM-Mitarbeitern aller Hierarchiestufen aus mehr als 50 Ländern zur Bedeutung und Form von Organisationsstrukturen, Führungsstilen, Kommunikationsmustern, Arbeitsmotivation, Status, sozialen Beziehungen, Konfliktverhalten und Entscheidungsprozessen durch. Auf Basis der Ant-

---

[328] Vgl. Holzmüller (1995), S. 24.

[329] Vgl. auch Stüdlein (1997), S. 37; Hasenstab (1999), S. 55; Hofstede (2001b), S. 16; Mauritz (1996), S. 61f.; Holzmüller (1995), S. 24f.; Krieger (2001), S. 84.

[330] Vgl. hierzu insbesondere die Ausführungen zu Unternehmenskulturen in Abschnitt 2.2.1.3 dieser Arbeit.

[331] Zur Problematik der Abgrenzung von Kulturen und Nationen vgl. die Diskussion im vorherigen Abschnitt.

[332] Vgl. Hofstede (1984, 1994, 2001a). Zur Einschätzung der herausragenden Bedeutung von Hofstedes Untersuchung innerhalb der interkulturellen Managementforschung vgl. u.a. Cray/ Mallory (1998), S. 49; Hasenstab (1999), S. 103; Brannen/Salk (2000), S. 454; Perlitz (2000), S. 282; Loiselle (2000), S. 76 und Baca (1998), S. 133.

worten leitete er im Rahmen einer faktoranalytischen Auswertung der Antworten zunächst vier unterschiedliche Kulturdimensionen ab, auf denen sich Angehörige verschiedener Kulturen in ihren Wertorientierungen unterscheiden.[333] Hofstedes Studie gehört also zu denjenigen Arbeiten der kulturvergleichenden Managementforschung, die auf der Werteebene und damit auf der mittleren Ebene des Kulturebenenkonzepts von Schein ansetzen. Obwohl der Zeitpunkt der Untersuchung bereits viele Jahre zurückliegt und die von ihm gewählte Methodik nicht ohne Kritik geblieben ist,[334] gelten Hofstedes Kulturdimensionen auch heute noch als valides Instrument, kulturelle Unterschiede zu beschreiben.[335] Ihre gesellschaftlichen und arbeitsplatzbezogenen Kennzeichen werden daher nachfolgend dargestellt.

- *Machtdistanz*

Die Kulturdimension „Machtdistanz" gibt Auskunft über das Ausmaß, zu dem die weniger mächtigen Mitglieder von Institutionen bzw. Organisationen eines Landes erwarten und akzeptieren, dass Macht ungleich verteilt ist. Machtdistanz wird also aus der Werthaltung der weniger mächtigen Mitglieder heraus erklärt, da die Ungleichheit von unten und nicht von oben bestimmt wird.[336]

Innerhalb einer Organisation kennzeichnet Machtdistanz die Abhängigkeit von Beziehungen und drückt die emotionale Distanz aus, die zwischen Mitarbeitern und Vorgesetzten herrscht. In Ländern mit geringerer Machtdistanz ist die Abhängigkeit des Mitarbeiters von seinem Vorgesetzten begrenzt und es wird eine konsultativer Stil bevorzugt. Die emotionale Distanz zwischen ihnen ist gering. Für den Mitarbeiter ist der Vorgesetzte fast immer ansprechbar und er traut sich, ihm zu widersprechen. Länder mit hoher Machtdistanz hingegen sind durch eine große Abhängigkeit des Mitarbeiters von seinem Vorgesetzten gekennzeichnet und es herrscht ein autokratischer oder patriarchalischer Stil vor. Die emotionale Distanz zwischen ihnen ist sehr groß und Mitarbeiter sprechen ihren Vorgesetzten nur sehr selten an bzw. widersprechen nur in Ausnahmefällen.[337] Abbildung 11

---

[333] Erst später wurde die 'konfuzianische Dynamik' als fünfte Dimension in einer neuen von chinesischen Studenten konzipierten und in nur 23 Ländern durchgeführten Studie ermittelt. Vgl. Hofstede (1994), S. 5. Sie wird im Rahmen dieser Arbeit im Anschluss an die ursprünglich identifizierten vier Kulturdimensionen verkürzt dargestellt.

[334] Für eine ausführliche Darstellung der in den letzten Jahren geäußerten Kritik vgl. u.a. Cray/ Mallory (1998), S. 52ff. Eine Stellungnahme von Hofstede zu den Kritikpunkten findet sich bei Hofstede (1998), S. 481.

[335] Vgl. zu dieser Einschätzung u.a. Weber et al. (1998), S. 55; Lessmann (2000), S. 85f.

[336] Vgl. Hofstede (2001b), S. 33. Nach Hofstede bilden die Institutionen Familie, Schule und die Gemeinschaft die Hauptelemente einer Gesellschaft. Unter Organisationen versteht er den Ort, wo die Leute arbeiten. Vgl. ebenda.

[337] Vgl. Hofstede (2001b), S. 32ff.

veranschaulicht beispielhaft einige gesellschaftliche und arbeitsplatzbezogene Kennzeichen von Gesellschaften mit geringer und mit großer Machtdistanz.[338]

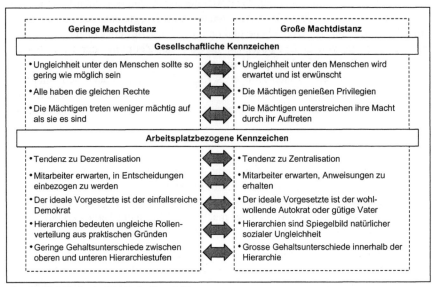

Geringe Machtdistanz	Große Machtdistanz
Gesellschaftliche Kennzeichen	
• Ungleichheit unter den Menschen sollte so gering wie möglich sein	• Ungleichheit unter den Menschen wird erwartet und ist erwünscht
• Alle haben die gleichen Rechte	• Die Mächtigen genießen Privilegien
• Die Mächtigen treten weniger mächtig auf als sie es sind	• Die Mächtigen unterstreichen ihre Macht durch ihr Auftreten
Arbeitsplatzbezogene Kennzeichen	
• Tendenz zu Dezentralisation	• Tendenz zu Zentralisation
• Mitarbeiter erwarten, in Entscheidungen einbezogen zu werden	• Mitarbeiter erwarten, Anweisungen zu erhalten
• Der ideale Vorgesetzte ist der einfallsreiche Demokrat	• Der ideale Vorgesetzte ist der wohlwollende Autokrat oder gütige Vater
• Hierarchien bedeuten ungleiche Rollenverteilung aus praktischen Gründen	• Hierarchien sind Spiegelbild natürlicher sozialer Ungleichheit
• Geringe Gehaltsunterschiede zwischen oberen und unteren Hierarchiestufen	• Grosse Gehaltsunterschiede innerhalb der Hierarchie

Quelle: Vgl. Hofstede (2001), S. 48 und 56

Abbildung 11: Kennzeichnende Unterschiede in der Dimension Machtdistanz

- *Individualismus vs. Kollektivismus*

Die Dimension Individualismus vs. Kollektivismus beschreibt das Ausmaß, in dem Individuen in soziale Gruppen integriert sind bzw. den Grad zu dem sich die Mitglieder einer Gesellschaft als Individuen oder als Teil der Gruppe verstehen.[339] In individualistischen Gesellschaften sind die Bindungen zwischen den Individuen locker und man erwartet von jedem, dass er für sich selbst und seine unmittelbare Familie sorgt. Kollektivismus hingegen beschreibt Gesellschaften, in denen die Menschen von Geburt an in starke, geschlossene Wir-Gruppen integriert sind, die sie ein Leben lang schützen und dafür bedingungslose Loyalität erwarten. Während in individualistischen Kulturen die Rechte des Einzelnen und Aspekte wie Privatleben, freie Meinungsäußerung und Selbstverwirklichung im Vordergrund

---

[338] Zu beachten ist dabei, dass Hofstede die aufgeführten Kennzeichen nicht als Ergebnis der empirischen Untersuchung identifizierte, sondern als Illustration der vorgefundenen Unterschiede beschreibt.

[339] Vgl. Hofstede (1994), S. 2.

stehen, legen kollektivistische Kulturen einen hohen Wert auf kollektivistische Interessen sowie das Streben und Bewahren von Harmonie.[340]

Auf den Arbeitsplatz bezogen lässt sich feststellen, dass in individualistischen Kulturen die Beziehung zwischen dem Arbeitgeber und Arbeitnehmer vor allem als ein geschäftlicher Vorgang auf dem „Arbeitsmarkt" begriffen wird, innerhalb dessen das individuelle Eigeninteresse des Arbeitnehmers und das Interesse des Arbeitgebers im Einklang stehen, d.h. ein wechselseitiger Nutzen existiert. In kollektivistischen Kulturen hingegen stellt ein Arbeitgeber niemals nur ein Individuum ein, sondern eine Person, die einer Wir-Gruppe angehört. Die Beziehung zwischen Arbeitgeber und Arbeitnehmer wird als moralische angesehen. Sie ähnelt einer familiären Beziehung mit beiderseitigen Verpflichtungen, d.h. Schutz und Loyalität.[341] Weitere Unterschiede gesellschaftlicher und arbeitsplatzbezogener Art sind der Abbildung 12 zu entnehmen.

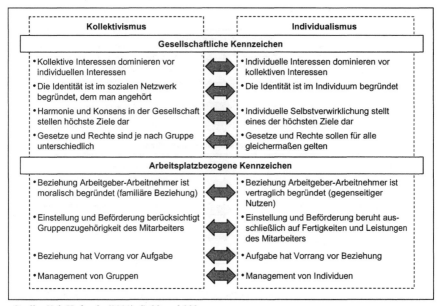

Quelle: Vgl. Hofstede (2001), S. 92 und 102

Abbildung 12: Kennzeichnende Unterschiede in der Dimension Kollektivismus vs. Individualismus

---

[340] Vgl. Hofstede (2001b), S. 66ff.
[341] Vgl. Hofstede (2001b), S. 86f.

- *Maskulinität vs. Femininität*

Die Dimension Maskulinität vs. Femininität kennzeichnet den Grad der Abgrenzung der Geschlechterrollen. In maskulinen Gesellschaften sind die Rollen von Frauen und Männern klar abgegrenzt: Männer haben bestimmt, hart und materiell zu sein, Frauen müssen bescheidener und sensibler sein sowie Wert auf Lebensqualität legen. In femininen Gesellschaften überschneiden sich die Rollen der Geschlechter: sowohl Frauen als auch Männer sollten bescheiden und feinfühlig sein und Wert auf Lebensqualität legen.[342]

Differenzen zwischen maskulinen und femininen Gesellschaften lassen sich auch am Arbeitsplatz beobachten. Abbildung 13 fasst die wesentlichen Unterschiede der Kulturdimension Maskulinität vs. Femininität bezogen auf die Gesellschaft und den Arbeitsplatz zusammen.

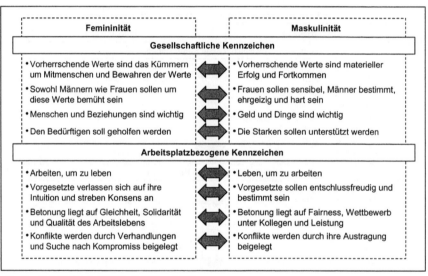

Quelle: Vgl. Hofstede (2001), S. 137 und 148

Abbildung 13: Kennzeichnende Unterschiede in der Dimension Maskulinität vs. Feminität

In der maskulinen Gesellschaft lautet die Arbeitsmoral eher „leben, um zu arbeiten", in einer femininen Gesellschaft dagegen eher „arbeiten, um zu leben". Während in maskulinen Kulturen betriebliche Konfliktsituationen idealerweise durch einen fairen Kampf beigelegt werden („Let the best man win"), werden in

---

[342] Vgl. Hofstede (2001b), S. 115

femininen Kulturen Konflikte idealerweise durch die Suche nach einem Kompromiss in Verhandlungen gelöst. Darüber hinaus honorieren Organisationen in femininen Kulturen den Menschen eher nach dem Prinzip der Gleichheit, d.h. je nach Bedürfnissen, während in maskulinen Gesellschaften die Honorierung nach dem Prinzip der Gerechtigkeit, d.h. nach Leistung, vorherrscht.[343]

- *Unsicherheitsvermeidung*

Hofstedes vierte Dimension Unsicherheitsvermeidung lässt sich definieren als Grad, indem sich Mitglieder einer Kultur durch ungewisse oder unbekannte Situationen bedroht fühlen.[344] Dieses Gefühl äußert sich u.a. in nervösem Stress und einem Bedürfnis nach Vorhersehbarkeit bzw. geschriebenen und ungeschriebenen Regeln. In Gesellschaften mit starker Tendenz zur Unsicherheitsvermeidung neigen die Menschen dazu, Unsicherheit durch Regelwerke, Normen, Rituale, feste Glaubenssätze oder technologische Lösungen zu „bekämpfen". In Gesellschaften mit schwacher Unsicherheitsvermeidung ist die subjektiv empfundene Bedrohung hingegen niedrig; unbekannte Situationen werde weniger als Gefahr sondern vielmehr als normale Erscheinung im Leben akzeptiert und hingenommen.[345]

Auf den Arbeitsplatz bezogen lässt sich feststellen, dass es in Gesellschaften mit starker Unsicherheitsvermeidung zahlreiche formelle Gesetze und informelle Regeln gibt, die sowohl die Rechte und Pflichten von Arbeitgebern und Arbeitnehmern festlegen als auch den Arbeitsablauf bestimmen. Zudem arbeiten die Menschen in diesen Ländern zumeist gerne hart oder sind zumindest gerne immer beschäftigt. In Gesellschaften mit schwacher Unsicherheitsvermeidung hingegen ist ein emotionaler Widerwillen gegen formelle Regeln zu beobachten, die nur in Fällen absoluter Notwendigkeit aufgestellt werden. Menschen in diesen Gesellschaften werden auch nicht von einem inneren Drang nach ständiger Aktivität geleitet, sondern entspannen sich gerne.[346] Einige andere unterschiedliche Kennzeichen von Gesellschaften mit starker und schwacher Unsicherheitsvermeidung sind in Abbildung 14 dargestellt.

---

[343] Vgl. Hofstede (2001b), S. 129ff.
[344] Vgl. Hofstede (2001b), S. 158.
[345] Vgl. Hofstede (2001b), S. 158ff.
[346] Vgl. Hofstede (2001b), S. 171ff.

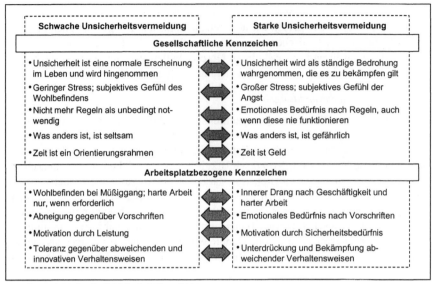

Quelle: Vgl. Hofstede (2001), S. 180 und 193

Abbildung 14: Kennzeichnende Unterschiede in der Dimension Unsicherheitsvermeidung

- *Konfuzianische Dynamik*

Die von Hofstede nachträglich hinzugefügte Dimension konfuzianische Dynamik
beschäftigt sich mit der Suche einer Gesellschaft nach Tugend, unabhängig von
der Frage nach Wahrheit. Die Dimension wird auch als langfristige vs. kurzfristige Orientierung bezeichnet und erhielt den Namenszusatz „konfuzianisch", weil
nahezu alle Werte an beiden Polen direkt aus den Lehren des Konfuzius stammen.
Zu den Werten, die mit langfristiger Orientierung einhergehen und damit eher auf
die Zukunft ausgerichtet bzw. dynamisch sind, zählen Fleiß, Ausdauer (Beharr-
lichkeit), Sparsamkeit und Schamgefühl. Werte, die mit kurzfristiger Orientierung
einhergehen und damit eher auf die Vergangenheit ausgerichtet bzw. statisch sind,
sind Standhaftigkeit und Festigkeit, Respekt vor der Tradition und Wahrung des
„Gesichts".[347]

Länderbezogene Ausprägungen der einzelnen Kulturdimensionen wurden in Form
eines Indexwertes gemessen und auf eine Skala zwischen 0 und ca. 100 transfor-
miert. Länder mit einem kleinen Indexwert zeigen demnach eine geringe Ausprä-

---

[347] Vgl. Hofstede (2001b), S. 234ff. Die Auswirkungen der Unterschiede auf den Arbeitsplatz
dieser Dimension sind noch nicht ausreichend erforscht, als dass eine den vorherigen Dimensionen entsprechende Ausführung oder Tabelle möglich wäre. Vgl. Hofstede (1994), S. 5f.

gung, große Indexwerte hingegen eine große Ausprägung der jeweiligen Dimension.[348] Abbildung 15 zeigt sowohl den Indexwert als auch den relativen Rangplatz ausgewählter Länder.

Land	Machtdistanz Index	Machtdistanz Rang	Individualismus Index	Individualismus Rang	Maskulinität Index	Maskulinität Rang	Unsicherheits- vermeidung Index	Unsicherheits- vermeidung Rang	Konfuzianische Dynamik Index	Konfuzianische Dynamik Rang
Frankreich	68	H	71	H	43	M	86	H	Keine Daten	
Deutschland	35	L	67	H	66	H	65	M	31	M
USA	40	L	91	H	62	H	46	L	29	L
Japan	54	M	46	M	95	H	92	H	80	H
Niederlande	38	L	80	H	14	L	53	M	44	M
UK	35	L	89	H	66	H	35	L	25	L
Hong Kong	68	H	25	L	57	H	29	L	96	H
Indonesien	78	H	14	L	46	M	48	L	Keine Daten	
Schweden	31	L	71	H	5	L	29	L	33	M
Indien	77	H	48	M	56	M	40	L	61	H

Quelle: In Anlehnung an Hofstede (1993), S. 91 und Hofstede (1994), S. 5
[H=oberes Drittel; M=mittleres Drittel; L=unteres Drittel aller ausgewerteten Länder]

Abbildung 15: Ausprägungen der Kulturdimensionen ausgewählter Länder

Neben dem Ansatz von Hofstede existieren nur wenige Forschungsarbeiten, die über anekdotische Einzelkulturbeschreibungen hinaus gehen und im Rahmen einer „strukturierten" und empirisch fundierten Kulturforschung klassifizierende Unterschiede zwischen Kulturen in Form von Dimensionen aufzeigen.[349] Als wietere klassifizierende Untersuchungen sind u.a. die von Hall/Hall, Triandis, Adler, Trompenaars und Hampden-Turner/Trompenaars zu nennen.[350] Sie weisen jedoch z.t. starke Überschneidungen und Redundanzen in Bezug auf die von Hofstede identifizierten Kulturdimensionen auf und werden an dieser Stelle nicht weiter erläutert.

2.2.1.3 Unternehmenskulturelle Besonderheiten

Da sich der Kulturbegriff ganz allgemein auf soziale Gruppen und nicht auf ein spezifisch abgegrenztes Kollektiv von Individuen bezieht, werden Personen im Rahmen eines Enkulturations- und/oder Sozialisationsprozesses nicht nur durch

---

[348] Vgl. Hofstede (1993b), S. 134.

[349] Vgl. zu dieser Einschätzung auch Hasenstab (1999), S. 98.

[350] Vgl. Hall/Hall (2000); Triandis (1983); Adler (2002); Trompenaars (1993) und Hampden-Turner/Trompenaars (2000).

das Aufwachsen in einer Gesellschaft kulturell geprägt. Als weiteres kulturelles Subsystem, das insbesondere das Verhalten von Mitarbeitern in Unternehmen beeinflusst, gilt die Unternehmenskultur, die seit den achtziger Jahren eine große Aufmerksamkeit in der betriebswirtschaftlichen Literatur erlangt hat.[351] Da zu vermuten ist, dass das Phänomen der Unternehmenskultur insbesondere im Rahmen der in dieser Arbeit untersuchten internationalen *Unternehmens*partnerschaften eine besondere Rolle spielt, erfolgt in diesem Abschnitt eine gesonderte Betrachtung.

2.2.1.3.1 Begriff und Definition der Unternehmenskultur

Der Begriff der Unternehmenskultur nimmt spätestens seit den Untersuchungen von Deal/Kennedy[352] oder Peters/Waterman[353] einen breiten Raum innerhalb der betriebswirtschaftlichen Literatur ein. Beide praxisorientierten Veröffentlichungen rückten erstmals die Bedeutung sogenannter weicher Faktoren wie die in einer Organisation vorherrschenden Ideologien und Werte für den Unternehmenserfolg in den Vordergrund und fanden einen großen Verbreitungsgrad. In Folge wurde das Phänomen der Unternehmenskultur zu einer regelrechten Modeerscheinung innerhalb der einschlägigen Literatur.[354]

Ergebnis der unzähligen Veröffentlichungen ist eine Vielzahl unterschiedlicher Begriffsverständnisse.[355] Trotz der weit gehenden Uneinigkeit über die Definition von Unternehmenskultur[356] ist als grundlegende Gemeinsamkeit der neueren Literaturbeiträge festzustellen, dass in Anlehnung an die anthropologische Sichtweise für gesellschaftliche Kulturen auch der Unternehmenskultur Elemente wie verhaltensprägende Grundannahmen, Werte und Normen zugeordnet werden.[357] Das Kollektiv der Mitglieder eines Unternehmens stellt dabei die relevante soziale Gruppe dar. In Analogie zum anthropologischen Kulturbegriff wird deshalb davon ausgegangen, dass jede Organisation für sich eine spezifische Kultur mit eigenen

---

[351] Auf die vielfältige Verbreitung des Phänomens der Unternehmenskultur in der Literatur seit Beginn der achtziger Jahre weisen u.a. Burgeois/Jemison (1984), S. 57; Dülfer (1991), S. 6f.; Heinen (1997), S. 2; Hofstede (1998), S. 479 und Ernst (2003), S. 23 hin.

[352] Vgl. Deal/Kennedy (1982).

[353] Vgl. Peters/Waterman (1982).

[354] Vgl. u.a. Schreyögg (1999), S. 436; Hofstede (2001b), S. 252. Heinen widerspricht der Auffassung von Unternehmenskultur als vorübergehender Modeerscheinung, spricht aber von einer „nicht selten an Euphorie grenzenden Begeisterung, mit der sich einige Theoretiker und viele Praktiker der Unternehmenskultur verschrieben haben". Heinen (1997), S. 3.

[355] Vgl. hierzu Büchel et al. (1997), S. 113 sowie Heinen (1997), S. 2 und 22, bei dem auch eine Übersicht der Ursprünge der Unternehmenskultur-Diskussion innerhalb der betriebswirtschaftlichen Literatur zu finden ist.

[356] Vgl. u.a. Graf (1998), S. 31 und Ernst (2003), S. 25.

[357] Vgl. u.a. Graf (1998), S. 31; Schreyögg (1999), S. 437f.; Ernst (2003), S. 25 und Knapp (2003), S. 111.

unverwechselbaren Vorstellungs- und Orientierungsmustern entwickelt, die das Verhalten der Mitglieder prägen.[358]

Auch die von Schreyögg genannten Kernelemente, die er mit dem Begriff der Unternehmens- bzw. Organisationskultur[359] in Verbindung bringt, reflektieren das Verständnis der Unternehmenskultur als spezifische Ausprägung des allgemeinen Kulturbegriffs. Nach Schreyögg ist Unternehmenskultur eine weit gehend unsichtbare Steuerungsgröße, bezieht sich auf gemeinsame Orientierungen, ist das Ergebnis eines Lernprozesses im Umgang mit der Umwelt, repräsentiert die „konzeptionelle Welt" der Organisationsmitglieder und wird nicht bewusst gelernt, sondern auf indirekte Weise in einem Sozialisationsprozess vermittelt.[360] Hofstede definiert schließlich Organisationskultur analog zur allgemeinen Kultur als „kollektive Programmierung des Geistes, die die Mitglieder einer Organisation von einer anderen unterscheidet."[361]

Zur Beschreibung des inneren Aufbaus einer Unternehmenskultur wird ebenso wie im Zusammenhang mit der Landeskultur das Ebenenmodell von Schein verwendet.[362] Die auf der untersten Ebene angesiedelten, unsichtbaren und zumeist unbewussten Grundannahmen über die Umwelt, Wirklichkeit, Wahrheit; Zeit und menschliche Beziehungen konkretisieren sich auf der zweiten Kulturebene in Normen und Standards, die z.B. Handlungsmaximen, ungeschriebene Verhaltensrichtlinien und Verbote enthalten und in vielen Unternehmen zu sogenannten Führungsgrundsätzen ausgebaut werden.[363] Schließlich bilden sich auf der dritten Ebene Symbolsysteme als Vermittlungs- und Deutungsmuster heraus. Zu diesen sichtbaren Artefakten gehört z.B. das Erzählen von Geschichten und Legenden aus der Gründerzeit, die Feiern und Riten in einem Unternehmen sowie Sprache, Kleidung und Umgangsformen in einer Organisation. Symbole im Unternehmen sind nach Ansicht von Schreyögg insbesondere wichtig, um die schwer fassbaren

---

[358] Vgl. z.B. Schreyögg (1993), S. 313; Hofstede (1985), S. 349; Heinen (1997), S. 25.

[359] In der Literatur wird der Begriff der Organisationskultur weitestgehend synonym mit dem der Unternehmenskultur verwendet. Vgl. u.a. Graf (1998), Büchel et al. (1997), S. 113; Schreyögg (1999), S. 436; Kasper/Holzmüller/Wilke (2003), S. 851 und Hofstede (2001b), S. 252f.

[360] Vgl. Schreyögg (1993), S. 313f.

[361] Hofstede (2001b), S. 253.

[362] Vgl. z.B. Hentze/Lindert (1992), S. 15; Büchel et al. (1997), S. 115; Schreyögg (1999), S. 440 und Kasper/Holzmüller/Wilke (2003), S. 854. Schein stellte sein Modell ursprünglich sogar im Hinblick auf Unternehmenskulturen auf und wendete es erst im zweiten Schritt auf Landeskulturen an. Vgl. hierzu auch Abschnitt 2.2.1.1.2.

[363] Sie stellen die „Verkehrsschilder" des Verhaltens innerhalb der Organisation dar. Vgl. Kasper/Holzmüller/Wilke (2003), S. 856. Hofstede weist darauf hin, dass die Verhaltensrichtlinien regelmäßig in erheblichem Umfang die Wertvorstellungen der Organisationsgründer reflektieren. Vgl. Hofstede (1985), S. 349f. und (1998), S. 483.

Annahmen und Verhaltensstandards zu veranschaulichen und an neue Mitglieder weiterzugeben.[364]

Ebenso wie Landeskulturen, sind Unternehmenskulturen jedoch im Allgemeinen keine in sich stimmige kohärente Gebilde, sondern enthalten wiederum diverse Subkulturen. Diese weisen eigene Orientierungsmuster auf und können durchaus in Teilen in Widerspruch zur Hauptkultur treten. Ausgangspunkt der Unternehmenssubkulturen sind dabei häufig die verschiedenen Funktionsbereiche (F&E, Produktion, Marketing, etc.) eines Unternehmens, die auf Grund der bestehenden Aufgabenspezialisierung eigene Überzeugungen und Handlungsmuster herausbilden.[365] Weitere Subkulturen entstehen oftmals in Auslandsniederlassungen, deren dort vorherrschende Vorstellungs- und Orientierungsmuster in der Regel eine Mischform aus der Unternehmenskultur der Zentrale und der nationalen Kultur der Tochtergesellschaft darstellen.[366]

2.2.1.3.2 Funktionen und Gestaltbarkeit von Unternehmenskulturen

Unternehmenskulturen als verhaltensprägende Werte- und Orientierungssysteme nehmen analog zu gesellschaftlichen Kulturen vielfältige Funktionen war.[367] Sie reduzieren zum einen die verschiedenen möglichen Sichtweisen und Interpretationen von Ereignissen und machen insofern das betriebliche Geschehen verständlicher und überschaubarer (Orientierungsfunktion). Zum anderen sorgt ein konsistentes Präferenzsystem und eine allseits akzeptierte Vision für die Organisation zu einer relativ raschen Entscheidungsfindung und -umsetzung (Koordinationsfunktion). Schließlich verringern verinnerlichte Orientierungsmuster den Kontrollaufwand (Kontrollfunktion) und lassen im Allgemeinen eine hohe Bereitschaft entstehen, sich für die Organisation zu engagieren und dies auch nach außen zu dokumentieren (Motivationsfunktion).[368]

Derartig positive Funktionen werden insbesondere für besonders stark ausgeprägte Unternehmenskulturen angenommen.[369] Starke Unternehmenskulturen, in denen klare Orientierungsmuster und Werthaltungen vorherrschen („Prägnanz"), die von einer hohen Anzahl Mitarbeiter geteilt wird („Verbreitungsgrad") und deren kulturelle Muster von den Mitgliedern internalisiert worden sind („Verankerungs-

---

[364] Vgl. Schreyögg (1999), S. 439ff.

[365] Vgl. Schreyögg (1999), S. 453f. Darüber hinaus können sich innerhalb eines Unternehmens abweichende Subkulturen auf Grund divisionaler, hierarchischer oder regionaler Unterschiede ihrer Mitglieder ergeben. Vgl. Heinen (1997), S. 27.

[366] Vgl. Hofstede (1985), S. 350; McCune (1999), S. 53.

[367] Vgl. Schreyögg (1993), S. 321.

[368] Vgl. im Hinblick auf die unterschiedlichen Funktionen, welche die Kultur für eine Organisation erfüllt auch Büchel et al. (1997), S. 119 und Graf (1998), S. 37ff.

[369] Vgl. Deal/Kennedy (1982), S. 195f. sowie Schreyögg (1993), S. 321.

tiefe"),[370] zeichnen sich nach heutiger Auffassung jedoch nicht nur durch die beschriebenen funktionalen Effekte aus, sondern entfalten eher ambivalente Wirkungen.[371] Denn entgegen der in den achtziger Jahren durch die Studien von Peters/Waterman und Deal/Kennedy ausgelösten Euphorie über die positiven Wirkungen von starken Unternehmenskulturen, sind in der jüngeren Vergangenheit auch einige ausgeprägt negativen Effekte zu Tage getreten. Starke Unternehmenskulturen tendieren mit ihren tief internalisierten Wertesystemen zur Abschließung und zum Aufbau von emotionalen Barrieren. Gefahren, neue Anforderungen und Chancen werden leicht übersehen, wenn sie nicht im Einklang mit den fest ritualisierten und einer emotionalen Bindung versehenen Vorgangsweisen und Denktraditionen stehen.[372] Ein Mangel an Flexibilität und der Verlust der Systemkompatibilität der Unternehmenskultur in Bezug auf die Unternehmenszielsetzung kann potenziell die Folge sein.[373] Wie im folgenden Verlauf der Arbeit noch ausführlich beschrieben werden wird, erfordern jedoch insbesondere Unternehmenskooperationen ein hohes Maß an Flexibilität, Offenheit und zumindest teilweiser Anpassung an die Orientierungsmuster und Verhaltensweisen des Partners. Hieraus wird deutlich, dass eine stark ausgeprägte Unternehmenskultur nicht per se erfolgswirksam ist, sondern ihre Vorteilhaftigkeit situationsabhängig beurteilt werden muss.

Darüber hinaus stellt sich die Frage, ob Unternehmenskulturen überhaupt bewusst gestaltbar sind. Einige Ansätze in der betriebswirtschaftlichen Literatur verstehen Unternehmenskultur als objektivistisch gestaltbare Variable im Gesamtkomplex einer Organisation.[374] Die auch als „Kulturingenieure"[375] bezeichneten Vertreter dieses Ansatzes gehen davon aus, dass Unternehmenskulturen ähnlich wie andere Führungsinstrumente gezielt eingesetzt und planmäßig verändert werden können.

Vor dem Hintergrund einer anthropologisch angelehnten Begriffsdefinition von Unternehmenskultur als kollektiv geteiltes Werte- und Orientierungssystem der Mitglieder eines Unternehmens ist die Vorstellung einer durch die Unternehmensführung weitestgehend planbaren Gestaltbarkeit der Werte und Normen jedoch

---

[370] Vgl. Dimensionen einer starken Organisationskultur bei Schreyögg (1999), S. 451ff. sowie Heinen (1997), S. 27f. und Graf (1998), S. 32.

[371] Vgl. u.a. Schreyögg (1999), S. 460 und Graf (1998), S. 33.

[372] Vgl. Schreyögg (1993), S. 321 und (1999), S. 464f.

[373] Vgl. Heinen (1997), S. 28; Kasper/Holzmüller/Wilke (2003), S. 866 sowie Schein (1987c), S. 267.

[374] Ein solches Verständnis findet sich in vielen Ansätzen der deutschen und amerikanischen Organisationslehre wieder. Vgl. Lysons (2000); Schulz/Hauck/Hauck (2001), sowie die bei Heinen (1997), S. 16 angegebene Literatur.

[375] Vgl. Schreyögg (1993), S. 322.

abzulehnen.[376] Während die sichtbaren symbolischen Ausdrucksformen in Gestalt täglicher Praktiken, wie Konventionen, Slogans und Gepflogenheiten relativ leicht durch organisatorische Struktur- und Prozessänderungen veränderbar sind, unterliegen die den Praktiken zu Grunde liegenden und für ihre Sinnhaltigkeit essenziellen Werte und Normen nur einer sehr begrenzten und langfristigen Gestaltbarkeit.[377] Unternehmenskultur wird im Rahmen des sogenannten „interpretativen" Ansatzes daher als Ideensystem betrachtet, welches in den Köpfen der Organisationsmitglieder existiert.[378] Aus diesem Grund kommt auch der Personalselektion der wohl größte Einfluss bei der aktiven Gestaltung und Steuerung von Unternehmenskulturen zu.[379]

Darüber hinaus können sich durch Interaktionsprozesse im Unternehmen wie auch durch Einflüsse des Unternehmensumfeldes auch ohne bewusstes Gestaltungsinteresse der Unternehmensführung Prozesse der Veränderung von Unternehmenskulturen ergeben. Als Subkulturen der sie umgebenden gesellschaftlichen Kultur werden Unternehmenskulturen in direkter Weise von dieser beeinflusst, ohne dass dieser Einfluss zu einer vollkommenen Gleichartigkeit von Unternehmenskulturen innerhalb einer Gesellschaft führen würde.[380] Umgekehrt tragen die Mitglieder von Unternehmenskulturen durch die Interaktion mit dem organisationalen Umfeld ihre kulturelle Prägung in andere gesellschaftliche Institutionen, so dass es i.d.R. zu erheblichen Wechselwirkungen kommen dürfte.[381]

Zusammengefasst ergibt sich damit, dass sich Unternehmenskulturen nicht exakt planbar gestalten lassen. Sie „sind keine wohlstrukturierten Gebilde, die Ausfluss klar geschnittener Strukturpläne wären, sondern symbolische Konstruktionen, die sich dem einfachen Schema von Ursache-Wirkungs-Beziehungen versagen."[382] Aus diesem Grund lassen sich Unternehmenskulturen zwar auf der Ebene der Verhaltensweisen und symbolischen Ausdrucksformen aktiv und bewusst von der Unternehmensleitung gestalten, sind jedoch zugleich auf Grund der zumeist

---

[376] Vgl. zu dieser Ansicht u.a. Hofstede (1994), S. 9 und Büchel et al. (1997), S. 113 sowie die Diskussion der Beeinflussung bzw. Steuerung von Kultur durch das Management bei Ernst (2003), S. 26f.

[377] Vgl. Karg/Lurse/Meister (2001), S. 41. Verhaltensprägende Werte bilden sich nach Ansicht von Hofstede überwiegend an anderen Orten der Sozialisation als dem Arbeitsplatz aus und werden in der Kindheit, insbesondere in der Familie und der Schule erworben. Vgl. Hofstede (2001b), S. 257 und 289.

[378] Vgl. Kasper/Holzmüller/Wilke (2003), S. 853.

[379] Vgl. Hofstede (2001b), S. 258.

[380] Dies zeigen z.B. die unterschiedlichen Unternehmenskulturtypen bei Deal/Kennedy (1982), S. 107ff.; Heinen (1997), S. 26ff.; Schreyögg (1993), S. 317f. und Hofstede (2001b), S. 265. Vgl. auch Übersichten verschiedener Typologisierungsansätze bei Lysons (2000), S. 2ff.

[381] Vgl. Hentze (1987), S. 173.

[382] Schreyögg (1999), S. 469.

bereits abgeschlossenen Prägung ihrer Mitglieder auf der Ebene der Grundannahmen und Werte zu einem großen Teil als nur bedingt steuerbares Ergebnis der Interaktion der Mitglieder einer Organisation anzusehen.[383]

Abgesehen von der Gestaltbarkeit von Unternehmenskulturen ergibt sich außerdem die Frage nach dem Verhältnis bzw. dem Beziehungszusammenhang zwischen Landes- und Unternehmenskultur in Bezug auf ihren Einfluss auf das Verhalten von Personen in Unternehmen. Die relative Bedeutung beider Einflüsse wird im folgenden Abschnitt näher beleuchtet.

2.2.1.3.3 Beziehungszusammenhang zwischen Landes- und Unternehmenskultur

Die in der betriebswirtschaftlichen Literatur diskutierte Frage nach dem Beziehungszusammenhang zwischen bzw. der relativen Bedeutung von Landes- und Unternehmenskultur für das Verhalten von Personen in Unternehmen konnte bisher nicht eindeutig beantwortet werden. Während weit gehend unstrittig ist, dass beide Einflussarten ihre Bedeutung haben, konnte insbesondere noch keine allseits anerkannte Antwort auf die Frage gefunden werden, ob die Kultur eines Unternehmens maßgeblich durch die jeweilige Landeskultur seiner Mitarbeiter beeinflusst wird oder ob nur ein geringer Einfluss stattfindet.[384]

Einige Autoren vertreten die Meinung, dass Einstellungen, Verhaltens- und Handlungsweisen von Menschen in Organisationen maßgeblich durch die Unternehmenskultur bedingt sind.[385] Vertreter dieser These bestreiten dabei zumeist nicht den generellen Beziehungszusammenhang zwischen Landes- und Unternehmenskultur, sehen aber in der Unternehmenskultur den gewichtigeren Einflussfaktor auf das Verhalten der Mitglieder. Ihrer Meinung nach können starke Unternehmenskulturen nationale Kulturunterschiede abschwächen bzw. modifizieren.[386] Unterstützt wird diese These ihrer Ansicht nach durch die große Variationsbreite von Unternehmenskulturen innerhalb eines Landes.[387]

Andere Meinungen gehen dagegen davon aus, dass die Unternehmenskultur in starkem Maße durch die sie umgebene Landeskultur geprägt ist und landeskulturelle Einflüsse auf das Verhalten in Unternehmen dominanter wirken als solche unternehmenskultureller Art.[388] Verschiedene Autoren geben dabei zu bedenken,

---

[383] Vgl. Loiselle (2000), S. 90.

[384] Vgl. Sewing (1996), S. 30.

[385] Vgl. u.a. Almeida/Grant/Phene (2002), S. 76 sowie die bei Meschi/Roger (1994), S. 198 angegebene Literatur.

[386] Vgl. Schein (1987a), S. xi. Auch die Untersuchungen von Peters/Waterman und Deal/Kennedy beruhen implizit auf dieser These. Vgl. Peters/Waterman (1982); Deal/Kennedy (1982).

[387] Vgl. Schreyögg (1999), S. 459.

[388] Vgl. etwa Hofstede et al. (1990), S. 311 und (2001b), S. 254ff.

dass Unternehmenskulturen ein Teil des nationalen Kulturumfeldes sind und sich daher nicht unabhängig davon entwickeln können.[389] So stellen z.B. Meschi/Roger in einer Untersuchung internationaler Joint Ventures in Ungarn fest, dass die unternehmenskulturellen Ausprägungen der von Ihnen befragten Joint Venture signifikant von der Nationalität des Partnerunternehmens abhängen und die Ausprägung diverser Dimensionen der sozialen Effektivität wie z.b. die Konfliktintensität durch das Ausmaß der landeskulturellen Distanz besser erklärt werden konnte als durch die unternehmenskulturelle Distanz der Joint Venture in ihrem Sample:[390] „The national cultural dimensions has a more important impact on the behavior of employees than that of purely organizational dimensions."[391]

Im Rahmen dieser Arbeit soll den Vertretern der These gefolgt werden, dass der Einfluss nationaler Kulturen gegenüber demjenigen der Unternehmenskultur dominant wirkt. Obwohl es notwendig und sinnvoll ist, den Einfluss der Unternehmenskultur auf die Einstellungen und das Verhalten von Organisationsmitgliedern anzuerkennen und an geeigneter Stelle zu berücksichtigen, sollen die landeskulturellen Einflüsse einer fokussierten Betrachtung im weiteren Verlauf der Arbeit unterzogen werden. Für eine solche Vorgehensweise sprechen u.a. die folgenden Gründe:

- Landeskulturelle Werte und Normen sind in der Regel stärker internalisiert als ihre unternehmenskulturellen Gegenstücke. Sie werden im Rahmen des Enkulturations- und Sozialisationsprozesses bereits in der Kindheit, insbesondere in der Familie und Schule verinnerlicht, so dass sich die Menschen ihrer kulturellen Prägung zumeist unbewusst sind. Ihre verhaltensprägende Wirkung bleibt damit zumeist unreflektiert.[392] Unternehmenskulturelle Werte werden hingegen wesentlich später durch Sozialisation am Arbeitsplatz erworben. Da die meisten Menschen erst als Erwachsene in das Berufsleben eintreten, ist davon auszugehen, dass ein Großteil der landeskulturellen Werte zu diesem Zeitpunkt bereits fest verankert ist. Ihre verhaltensrelevante Wirkung entfalten unternehmenskulturelle Werte und Normen daher auf Basis einer bewussten und reflektierten inneren Verpflichtung der Unternehmensmitglieder. Zudem ist die Mitgliedschaft zur sozialen Gruppe „Unternehmen" insofern temporär, als dass der Ein- und Austritt weit gehend selbstbestimmt erfolgen

---

[389] Vgl. z.B. Knapp (2003), S. 111; Bleicher (1992), S. 284; Hentze/Kammel (2000), S. 218 sowie Malekzadeh/Nahavandi (1998), S. 115f.

[390] Vgl. Meschi/Roger (1994), S. 206f.

[391] Meschi/Roger (1994), S. 211. [Schreibfehler in Originalquelle].

[392] Vgl. Hofstede (2001b), S. 257.

dürfte und sich die Mitgliedschaft auf die Arbeitszeit beschränkt, was ebenfalls für eine geringere Internalisierung spricht.[393]

- Landeskulturelle Werte und Normen zeigen sich weitaus beständiger und resistenter gegenüber Veränderungen. So schaffen es nach Hofstede selbst starke Unternehmenskulturen in multinationalen Unternehmen nicht, die landeskulturellen Unterschiede in den Werten und daraus resultierenden Verhaltensweisen zu nivellieren oder gar zu eliminieren.[394] Seiner Ansicht nach liegt der Kern einer Unternehmenskultur daher auch in der gemeinsamen Wahrnehmung täglicher Praktiken und nicht in dem Teilen gemeinsamer Werte.[395] Aus diesem Grund sind Unternehmenskulturen trotz aller Einschränkungen in einem größeren Ausmaß steuer- und gestaltbar, während landeskulturelle Einflüsse aus Sicht eines Unternehmens als gegeben akzeptiert werden müssen.[396] Analog konnte Laurent in seiner Studie nationaler Gruppen von Managern eines multinationalen US-Konzerns darlegen, dass auch eine gemeinsame Unternehmenskultur die landeskulturellen Grundannahmen und daraus resultierenden Wertgefüge nicht zu reduzieren vermochte.[397] Er zieht daraus den Schluss, dass Unternehmenskulturen nicht in der Lage sind, auf der Ebene der unbewussten und unsichtbaren Grundannahmen nationalkulturelle Prägungen zu beeinflussen, sondern diesbezüglich lediglich die jeweiligen landeskulturellen Annahmen reflektieren.[398]

- Der Einfluss landeskultureller Prägung verstärkt sich in Konfliktsituationen. Diverse Untersuchungen weisen darauf hin, dass Menschen insbesondere in Krisen-, Stress- und Unsicherheitssituationen auf ihre eigenen landeskulturellen Werte, Normen und somit auch Verhaltensweisen zurückfallen.[399] Dabei wird vermutet, dass sich für den Fall konfliktärer landes- und unternehmenskultureller Werte erstere über letztere hinwegsetzen.[400] Da während der Zusammenarbeit in internationalen Unternehmenskooperationen ebenfalls mit Unsicherheits- und Konfliktsituationen

---

[393] Vgl. Hofstede (1993a), S. 92; Hofstede (1994), S. 9; Hofstede (2001b), S. 256f.

[394] Vgl. Hofstede (2001b), S. 255.

[395] Vgl. Hofstede (1994), S. 9 und (2001), S. 256.

[396] Vgl. Hofstede (1993a), S. 92. Zur beschränkten Gestaltbarkeit der Unternehmenskultur vgl. vorherigen Abschnitt.

[397] Vgl. Laurent (1986), S. 95f. Stattdessen stellte er fest, dass sich tendenziell eine größere Divergenz der landeskulturellen Annahmen und Werte einstellte, d.h. z.B. Deutsche in amerikanischen Unternehmen noch „deutscher" werden.

[398] Vgl. Laurent (1986), S. 98f.

[399] Vgl. Klimecki/Probst (1993), S. 251 und die dort angegebene Literatur.

[400] Vgl. Mead (1998), S. 142.

auf Grund der zuvor beschriebenen Gefährdungspotenziale zu rechnen ist, macht es daher Sinn, im weiteren Verlauf der Arbeit sich auf den landeskulturellen Einfluss zu fokussieren.

2.2.2 Relevanz des Faktors Kultur im Management

Ziel der folgenden Ausführungen ist es, den Einfluss von Kultur auf das Verhalten und Handeln in Unternehmen darzustellen. Dabei wird zunächst die derzeit in der Literatur geführte Diskussion der Kulturfreiheit bzw. Kulturbedingtheit unternehmerischen Handelns wiedergegeben (Abschnitt 2.2.2.1). Im Anschluss erfolgt die Erläuterung der Problemfelder interkultureller Interaktionen (Abschnitt 2.2.2.2) sowie ihrer potenziellen Kommunikationsstörungen (Abschnitt 2.2.2.3). Interkulturelle Begegnungen im Unternehmensumfeld bergen jedoch nicht nur potenzielle Probleme sondern enthalten ebenso Synergiepotenziale, auf die in Abschnitt 2.2.2.4 hingewiesen werden soll.

2.2.2.1 Kulturneutralitäts- vs. Kulturgebundenheits-Diskussion

Innerhalb der internationalen Managementforschung ist in den letzten Jahren eine kontroverse Diskussion unter dem Begriff der „culture-free vs. culture-bound"-These um die Bedeutung von Kultur für Managementprozesse entbrannt, die bis heute noch nicht abgeschlossen ist.[401]

Die Universalisten als Vertreter der „culture-free" d.h. Kulturneutralitäts-These postulieren, dass Managementprinzipien universell, d.h. unabhängig vom kulturellen Umfeld und leicht transferierbar seien. Begründet wird die These mit dem Verweis auf die Logik der Industrialisierung, die nach Ansicht der Universalisten auf Grund ökonomischer Sachzwänge sowie identischer Aufgabenstellungen eine zwangsläufige Homogenisierung der Managementprinzipien und -prozesse bewirkt.[402] Ihrer Ansicht nach ist eine kulturelle Konvergenz feststellbar, bei der sich kulturelle Werte, Sitten und Verhaltensweisen langfristig aufeinander zu bewegen. Unterschiede im Managementverhalten werden daher auf den jeweiligen Entwicklungsstand bzw. Industrialisierungsgrad der einzelnen Länder zurückgeführt.[403] Als Schlussfolgerung dieser Ansicht käme Management also eine allgemeingültige Wirksamkeit und zumindest langfristig eine länderübergreifende Übertragbarkeit zu.

Im Gegensatz zu dieser Sichtweise gehen die Anhänger der „culture-bound", d.h. Kulturgebundenheits-These davon aus, dass unterschiedliche kulturelle Ausgangsbedingungen differenzierte und angepasste Anforderungen an das Management-

---

[401] Vgl. neuere Darstellungen bei Krieger (2001), S. 85ff.; Macharzina (1995), S. 271f.; Perlitz (2000), S. 293ff.; Cray/Mallory (1998), S. 23ff.

[402] Vgl. u.a. Child (1981), S. 308ff.

[403] Zu dieser Erkenntnis gelangt insbesondere die Studie von Harbison/Myers (1959).

verhalten stellen.[404] Ihrer Ansicht nach behalten Organisationen ihre kulturspezifischen Unterschiede in den Werthaltungen und Handlungen ihrer Mitglieder langfristig bei. Managementkonzepte sind dieser Sichtweise zufolge somit kulturabhängig und keinesfalls problemlos von einer Kultur auf eine andere zu übertragen. Dementsprechend werden die Verfechter dieser These auch als Kulturalisten bezeichnet.

Es erscheint fraglich ob die culture-free/culture-bound Diskussion zu Gunsten der einen oder anderen Seite beantwortbar ist, da beide Thesen durch eine Vielzahl von empirischen Untersuchungen untermauert worden sind.[405] Macharzina gibt jedoch zu bedenken, dass sich diejenigen empirischen Untersuchungen, welche eine Kulturunabhängigkeit, bzw. Konvergenz von Managementprozessen unterstützen, sich mehrheitlich auf technokratische bzw. strukturelle Aspekte der organisatorischen Gestaltung beziehen. Aus diesem Grund erscheint es fraglich, „ob es gerechtfertigt ist, die Kulturneutralitätsthese auch auf die ‚weichen Elemente' von Unternehmen und insb. den Bereich der personenorientierten Abstimmung sowie der Personalführung, aber auch auf das Feld des strategischen Managements zu übertragen."[406] Analog stellte Child in seiner Analyse interkulturell angelegter Studien fest, dass solche Untersuchungen, welche die Makroebene, d.h. bspw. das Rechnungswesen oder die Organisationsstruktur betrachteten, tendenziell zu konvergenztheoretischen Schlussfolgerungen kamen, während solche, die auf der Mikroebene, d.h. dem Verhalten und Führungsstils der Organisationsmitglieder ansetzten, eher divergente Tendenzen feststellten, die dazu führen, dass kulturelle Werte und Normen nicht homogener werden, sondern langfristig eher auseinander driften.[407]

Aufgrund dieser Einwände gegenüber beiden Thesen hat sich in der internationalen Managementforschung eine differenzierte Sichtweise ausgeprägt, die Management als kulturgebundenes Phänomen mit universellen Elementen ansieht. Dieser Argumentation nach, der auch in dieser Arbeit gefolgt werden soll, ist insbesondere im operativen Bereich von interkulturell ähnlichen Planungs- und Kontrollverfahren, Methoden der Arbeitsorganisation und Gestaltung von Technologieprozessen auszugehen, die sich universell im Zuge der Globalisierung bereits durchgesetzt haben oder zumindest langfristig konvergieren. Jedoch werden diese weit ge-

---

[404] Vgl. u.a. Scholz/Stein (2000), S. 197.

[405] Vgl. zu dieser Feststellung Macharzina (1995), S. 271. Dabei ist festzustellen, dass der Einfluss von Kultur in der internationalen Managementliteratur in den letzten Jahren im Zuge der zunehmenden Globalisierung verstärkt wahrgenommen und berücksichtigt wird. Vgl. Meissner (1997), S. 7f.; Cray/Mallory (1998), S. 47 und 49.

[406] Macharzina (1995), S. 271.

[407] Vgl. Child (1981), S. 323. Perlitz weist im Zuge der Universalisten-Kulturisten-Kontroverse ebenfalls darauf hin, dass der Grad der Kulturgebundenheit von Managementprozessen erheblich vom Untersuchungsgegenstand abhängt. Vgl. Perlitz (2000), S. 295.

hend allgemein gültigen Werte, Methoden und Prozesse oftmals mit kulturspezifischen Deutungsinhalten gefüllt, d.h. äußerst unterschiedlich interpretiert und angewendet.[408] Aus diesem Grund kann trotz einer festgestellten Ähnlichkeit der strukturellen Gestaltung nicht von einer universellen Bewertung dieser Strukturen oder einem kulturunabhängigen Management-Handeln ausgegangen werden.[409] Insbesondere die kulturvergleichenden Studien von Hofstede haben gezeigt, dass sich auf der Ebene der arbeitsplatzbezogenen Werte, Normen und Einstellungen zum Teil erhebliche Unterschiede zwischen den Kulturkreisen feststellen lassen und Kultur daher als substanzielle Einflussgröße betrieblicher Gestaltungsprozesse anzusehen ist.[410] Während technokratische Bereiche des Managements als weniger kulturell beeinflusst gelten, sind personen- und verhaltensbezogene Aspekte, wie Problemlösungsprozesse, Führungsstile, Motivation und Konflikthandhabung dem kulturellen Einfluss in besonderem Maße ausgesetzt.[411]

Kulturelle Unterschiede werden somit auch in der Zukunft unzweifelhaft noch eine bedeutsame Rolle für das Verhalten von Organisationsmitgliedern spielen.[412] Da kulturelle Phänomene erheblich die Verhaltenspräferenzen sowie Interpretationsprozesse der für Handlungen verantwortlichen Akteure beeinflussen,[413] weist Stüdlein folgerichtig darauf hin, dass kulturelle Unterschiede insbesondere dort eklatant zu Tage treten, wo das Management-Verhalten durch große Handlungsspielräume gekennzeichnet ist.[414] Dies dürfte in besonderem Maße auf die in dieser Arbeit betrachteten und an personen- und verhaltensbezogenen Aspekten reiche Management-Entscheidungen im Zusammenhang mit internationalen Unternehmenskooperationen zutreffen.

---

[408] Vgl. Klimecki/Probst (1993), S. 248.

[409] Vgl. u.a. Cray/Mallory (1998), S. 58; Macharzina (1995), S. 271 und Adler (2002), S. 66.

[410] Vgl. auch die Ausführungen in Abschnitt 2.2.1.2.

[411] Vgl. Kumar/Nti (1996), S. 7ff.; Thomas/Stumpf (2003), S. 80.

[412] Vgl. Hentze/Kammel (1994), S. 266; Meschi/Roger (1994), S. 198f.; Weber et al. (1998), S. 58.

[413] Vgl. Macharzina (1995), S. 269.

[414] Vgl. Stüdlein (1997), S. 45 sowie Peill-Schoeller (1994), S. 11, die folglich das interkulturelle Problempotenzial in Situationen mit ungenauen Arbeitsbeschreibungen und Anordnungen am höchsten ansieht.

2.2.2.2 Problemfelder interkultureller Interaktionen

Interkulturelle Interaktionen beschreiben das Aufeinandertreffen von Personen unterschiedlicher Kulturzugehörigkeit.[415] Im Vergleich zu intrakulturellen Interaktionen sind Interaktionspartner, die aus verschiedenen Kulturkreisen stammen, mit fremden Einstellungen, Sitten, Gebräuchen und Verhaltensweisen konfrontiert. Das führt dazu, dass die Einschätzung und Interpretation des unbekannten Verhaltens des Interaktionspartners erheblich erschwert werden und sich interkulturelle Interaktionen nach allen Erkenntnissen der Forschung durch eine höher Komplexität und ein erhebliches Potenzial an Missverständnissen, Schwierigkeiten und Konflikten auszeichnen.[416]

Interkulturelle Interaktionen können deshalb von dem Phänomen des Kulturschocks begleitet werden, welches zunächst von Oberg beschrieben wurde[417] und verstärkt Eingang in die interkulturelle Managementforschung gefunden hat.[418] Das Phänomen des Kulturschocks wird ausgelöst durch die Wahrnehmung der vielfältigen Unterschiede zu dem Fremden und dem Unvermögen, die in der sozialen Interaktion erlebten Zeichen und Symbole zu entschlüsseln. Dies führt zu einer erlebten Informationsüberlastung und oftmals damit einhergehender Orientierungslosigkeit. Weitere Folgen des Kulturschocks können Gefühle von Angst, Hilflosigkeit, Unsicherheit und Feindseligkeit gegenüber dem fremden Interaktionspartner und seiner Umgebung sein.[419]

Das Auftreten des Kulturschocks wird häufig im Rahmen eines U-Kurven Modells dargestellt, welches auch als Kurve der kulturellen Anpassung bezeichnet wird (vgl. Abbildung 16).[420] In diesem Modell werden positive und negative Gefühle entlang der vertikalen Achse aufgezeigt. Die horizontalen Achse gibt den Zeitverlauf wieder, dessen Dauer als stark variabel gilt.

---

[415] Dementsprechend befasst sich das *interkulturelle* Management mit der erfolgreichen Bewältigung kulturbedingter Managementprobleme in kulturellen Überschneidungssituationen bzw. interkulturellen Interaktionen, während bei der *kulturvergleichenden* Managementforschung die Entwicklung von Theorien und Modellen über den Einfluss kultureller Faktoren auf die Managementprozesse im Rahmen des Vergleichs verschiedener Kulturen im Zentrum steht. Vgl. Perlitz (2000), S. 298 und Hasenstab (1999), S. 70ff.

[416] Vgl. u.a. Kim (1991), S. 266; Engelmeyer (1998), S. 396; Adler (2002), S. 74ff.; Knapp (2003), S. 112f. und Thomas/Hagemann/Stumpf (2003), S. 239f.

[417] Vgl. Oberg (1960).

[418] Vgl. u.a. Beschreibungen des Phänomens bei Gertsen (1990), S. 342; Meissner (1997), S. 4f.; Hofstede (2001b), S. 294ff.; Meschi/Roger (1994), S. 199.

[419] Vgl. Hofstede (2001b), S. 294f.

[420] Vgl. Hofstede (2001b), S. 295.

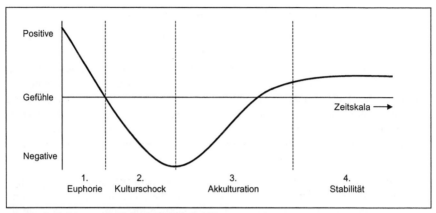

Quelle: In Anlehnung an Hofstede (2001), S. 295

Abbildung 16: Kurve der kulturellen Anpassung

Diesem Modell zufolge ist die interkulturelle Interaktion zunächst durch eine Phase der Euphorie und Faszination geprägt. Das erlebte Fremde wird zunächst neugierig aufgenommen. Diese Phase wird durch die Zeit des kulturellen Schocks abgelöst, in der Interaktionsprobleme offenkundig werden. Frustration über das Erkennen der Unzulänglichkeit des eigenen Verhaltens in der fremdkulturellen Umgebung führen zu den beschriebenen negativen Gefühlen der Angst und Hilflosigkeit. Überwunden wird der Kulturschock durch den Prozess der Anpassung an die fremdkulturelle Umgebung, der als „Akkulturation" bezeichnet wird. In dieser Phase wird kontinuierlich Wissen über die fremde Kultur angesammelt, welches die Fähigkeit zur effektiven Kommunikation und Interaktion steigert und das Selbstvertrauen wachsen lässt. Phase 4 ist dann die schließlich gewonnene, mentale Stabilität.[421]

Der Kulturschock ist vergleichbar mit den von anderen Autoren verwendeten Begriffen des Akkulturationsstresses bzw. Akkulturationskonflikts. Nach Bittner/ Reisch liegen die Ursachen für Akkulturationskonflikte in einer zweifachen Überforderung der beteiligten Personen:[422] Zum einen führt die Summe kleinerer und

---

[421] Problematisch an diesem Modell ist die stark idealisierte Darstellung des Anpassungsverlaufs. Es kann bei weitem nicht davon ausgegangen werden, dass alle Menschen in allen interkulturellen Interaktionen in gleicher Weise reagieren. Insbesondere reagieren nicht alle Personen zunächst positiv euphorisch und mit Neugierde auf eine fremde Umgebung, sondern empfinden von Beginn an Unsicherheit und Hilflosigkeit. Umgekehrt ist es auch möglich, dass überhaupt keine Phase des kulturellen Schocks als Reaktion auf die neue Umgebung erlebt wird. Es erscheint daher notwendig, das Modell jeweils im Hinblick auf die spezifische Anpassungssituation zu differenzieren. Vgl. Loiselle (2000), S. 108.

[422] Vgl. Bittner/Reisch (1994), S. 31f.

größerer Unterschiede immer wieder zu einer Enttäuschung der Erwartungen und somit zu verstärkter Verunsicherung. Es wächst die Überzeugung, nicht verstanden zu werden, was z.t. aggressive oder regressive Reaktionen zur Folge hat, die ihrerseits wiederum Unverständnis und Ablehnung beim Interaktionspartner hervorrufen. Eine weitere Überforderung erwächst nach Meinung der Autoren aus der Konfrontation mit Verhalten oder Verhaltenserwartungen, die dem eigenen moralischen Bewusstsein, d.h. den verinnerlichten Werten zutiefst widersprechen. Solche Konfliktsituationen sind vor allem im Rahmen der Interaktion mit Personen zu erwarten, deren kulturelle Orientierung sich stark von der eigenen unterscheidet. Vom deutschen Standpunkt aus betrachtet handelt es sich hierbei vor allem um die Zusammenarbeit mit Angehörigen der Länder des arabischen Raumes, Afrikas, Asiens und Lateinamerikas. „Das Gefühl moralisch-kultureller Überlegenheit wird hier schnell zur Akkulturationsbarriere, die Verstehen verhindert und Kooperation verunmöglicht."[423]

Akkulturationskonflikte sind nur sehr schwer vermeidbar, da sie trotz oder sogar z.t. wegen gut gemeinter Intentionen und Absichten der Interaktionspartner auftreten. Sie resultieren sehr oft aus Missverständnissen, die entstehen, wenn sich Interaktionspartner aus der Sichtweise ihrer kultureller Normen jeweils angemessen und effektiv verhalten, die Verhaltensweise aber aus Sicht der anderen Kultur für unangemessen oder ineffektiv gehalten wird. So wird z.B. direkter Augenkontakt während einer Konversation in westlichen Kulturen im Allgemeinen als Zeichen von Respekt und Aufmerksamkeit gewertet. In Thailand hingegen wird direkter Augenkontakt eher mit Respektlosigkeit und Missachtung in Verbindung gebracht.[424] Trotz gutgemeinter Intention wäre daher ein solches Verhalten eines Deutschen in Thailand unangemessen und somit extrem ineffektiv. Ting-Toomey führt ein Großteil der Probleme in interkulturellen Interaktionen daher auf sogenannte „well-meaning clashes" zurück.

„The term 'well-meaning' is used because no one in the intercultural encounter intentionally behaves obnoxiously or unpleasantly. Individuals are trying to be well mannered or pleasant in accordance with the politeness norms of their own culture."[425]

2.2.2.3 Interkulturelle Kommunikationsstörungen

Interkulturelle Interaktionen sind immer mit kommunikativen Prozessen verbunden. Kommunikation stellt dabei den Austausch von Informationen bzw. Bedeutungsinhalten im Rahmen bewusster aber auch unbewusster Prozesse dar und besteht sowohl aus verbalen als auch nonverbalen Mitteilungen der Kommuni-

---

[423] Bittner/Reisch (1994), S. 32.

[424] Vgl. Ting-Toomey (1999), S. 22f.

[425] Ting-Toomey (1999), S. 23.

kationspartner.[426] Hierzu zählen neben der Sprache auch die Gestik, die Mimik und jede anderen Schriftformen oder Zeichen. Damit umfasst Kommunikation jegliches Verhalten, das ein Mensch wahrnimmt und interpretiert. Sie ist interkultureller Natur, wenn der Transfer einer Nachricht von einem Sender zu einem Empfänger zwischen Personen unterschiedlicher Zugehörigkeit erfolgt.[427]

Im Kommunikationsprozess wird auf der Seite des Senders von Informationen das Kombinieren verschiedener Symbole als Ausdruck der eigenen Gefühle und Meinungen als Codierung bezeichnet. Ihm gegenüber steht der Vorgang der Wahrnehmung und Interpretation des Bedeutungsinhalts der Information durch den Empfänger der Botschaft, was gemeinhin Decodierung genannt wird.[428] Codierung und Decodierung erfolgt dabei zwangsläufig immer auf der Basis des jeweiligen Wissens- und Erfahrungsschatzes der Kommunikationspartner und somit in Abhängigkeit ihres kulturellen Hintergrunds. Deshalb ist die Gefahr kommunikativer Störungen in interkulturellen Interaktionen größer als in intrakulturellen, da sowohl die Art und Weise als auch der Bedeutungsinhalt des kommunikativen Verhaltens in erheblichem Ausmaß variieren kann.[429] Im Folgenden werden verschiedene Formen interkultureller Kommunikationsstörungen dargestellt, die in Anlehnung an Hentze/Kammel[430] in vier Kategorien klassifiziert werden können (vgl. Abbildung 17).

---

[426] Vgl. Adler (2002), S. 74 und Knapp (2003), S. 114ff. Dabei wird der Anteil der nonverbalen Kommunikation auf über 50 Prozent geschätzt. Vgl. Mead (1996), S. 144 und Trompenaars (1993), S. 69.

[427] Vgl. Adler (2002), S. 75.

[428] Vgl. Adler (2002), S. 75; Ting-Toomey (1999), S. 22.

[429] Vgl. Griffith/Harvey (2001), S. 88. Hinzu kommt, dass in interkulturellen Interaktionen in der Regel zumindest eine der beteiligten Person in einer Fremdsprache kommuniziert. Aufgrund kulturspezifischer Bedeutungsinhalte sowie einer meist nicht gegebenen Übersetzungsäquivalenz abstrakter Begriffe wird die Kommunikation auch trotz guter Fremdsprachenkenntnisse anfällig für Missverständnisse. Vgl. Adler (2002), S. 77ff.; Litters (1995), S. 35; Knapp (2003), S. 114.

[430] Vgl. Hentze/Kammel (1994), S. 268.

Negierung kultureller Unterschiede	• Zeichen und Symbole einer Nachricht werden vor dem jeweiligen kulturellen Hintergrund interpretiert • Unterschiede im Denken, Erleben und Verhalten werden als nicht kulturbedingt begriffen
Wahrnehmungsverzerrungen	• Wahrnehmung ist erlernt und kulturell beeinflusst • Realität wird aufgrund genereller, kulturspezifische "Wahrnehmungsfilter" unterschiedlich interpretiert
Kategorisierung/ Stereotypisierung	• Unbewusster Rückgriff auf bekannte, eigenkulturelle Interpretationsschemata birgt Gefahr der Fehlinterpretation • Angehörigen bestimmter Länder bzw. Kulturen werden vorschnelle, einfache Merkmale und Attribute zugeordnet
Ethnozentrische Überheblichkeit	• Personen tendieren dazu, ihre eigenen Wertvorstellungen denen anderer Kulturen als überlegen anzusehen • Fremdes, unbekanntes Verhalten wird als minderwertig beurteilt

Quelle: Vgl. Hentze/Kammel (1994), S. 268

Abbildung 17: Kategorien interkultureller Kommunikationsstörungen

- *Negierung kultureller Unterschiede*

Kommunikationsstörungen resultieren allgemein aus der unterschiedlichen Interpretation der gesendeten Zeichen und Symbole. Da das Verständnis von Zeichen dem Einfluss der unterschiedlichsten Faktoren wie dem persönlichen Empfinden und der Aufmerksamkeit der Kommunikationspartner ausgesetzt ist, ist auch zwischen Mitgliedern derselben Kultur keine störungsfreie Kommunikation garantiert.[431] Jedoch gelingt die Verständigung zumeist recht gut, da die gesendeten Symbole zumindest in ihrer kulturellen Bedeutung richtig interpretiert werden. In interkulturellen Interaktionen können jedoch die übertragenen Worte oder nonverbalen Nachrichten für den Empfänger eine völlig andere Bedeutung haben. Da der Empfänger die erhaltenen Zeichen und Symbole vor einem anderen kulturellen Hintergrund interpretiert, kann er zumeist weder die Gründe für ihre Auswahl verstehen, noch ihre vom Sender intendierte Bedeutung erkennen. Auf der anderen Seite kann es für den Sender unverständlich sein, warum seine Nachricht oder sein Verhalten anders als von ihm intendiert interpretiert wurde.[432]

Da Menschen in interkulturellen Situationen dazu neigen, Nachrichten vor dem Hintergrund ihres eigenkulturellen Wissens- und Erfahrungshintergrundes zu interpretieren und somit kulturelle Unterschiede zu negieren, kommt es zwangs-

---

[431] Vgl. Litters (1995), S. 32.
[432] Vgl. Mead (1996), S. 124 und Adler (2002), S. 75.

läufig zu Kommunikationsstörungen in Form des Nichtverstehens oder interkulturellen Missverständnissen.[433]

- *Wahrnehmungsverzerrungen*

Wahrnehmung ist der Prozess, mit dem jeder Mensch die aus seiner Umwelt erhaltenen Reize selektiert, organisiert und auswertet. Da Menschen ständig mit mehr Umweltreizen konfrontiert werden als sie zu der gegebenen Zeit verarbeiten können, werden nur diejenigen Eindrücke wahrgenommen, die ihnen sinnvoll erscheinen. Die Entscheidung über die Sinnhaftigkeit eines Umweltreizes ist erlernt und wird daher vor dem jeweiligen kulturellen Hintergrund getroffen. Kultur beeinflusst somit die Art und das Ausmaß, wie ihre Mitglieder ihre Umwelt wahrnehmen, in erheblichem Maße.[434]

Innerhalb einer Kommunikation laufen Wahrnehmungsmuster zumeist unbewusst ab. Kulturell determinierte Wahrnehmungsfilter[435] sorgen im Sinne eines Schutzmechanismusses vor Informationsüberlastung dafür, dass bestimmte Kommunikationsmerkmale gar nicht erst wahrgenommen werden. Im interkulturellen Kontext kann dies aber dazu führen, dass gesendete Nachrichten nicht beim Empfänger ankommen, da sie auf Basis der erlernten Wahrnehmungsfilter ausselektiert wurden. Es kommt zu Wahrnehmungsverzerrungen.

- *Kategorisierung und Stereotypisierung*

Um einzelne Wahrnehmungen nicht jedes Mal von neuem deuten zu müssen, neigen Menschen dazu, wahrgenommene Eindrücke in bekannte mentale Kategorien einzuordnen.[436] Aufgrund der Komplexität der Umwelt ist ein Individuum darauf angewiesen, Kategorien zu bilden, um die Umwelt zu strukturieren und überschaubar zu machen. Dieser Prozess der Kategorisierung im Sinne des Rückgriffs auf bekannte Interpretationsschemata erfolgt auf der Basis bisherigen Erfahrungen und ist stark kulturell beeinflusst. Da die Kategorisierung an sich jedoch zumeist unbewusst abläuft, sind sich Menschen auch ihrer kulturellen Prägung meist nicht bewusst. Wird in interkulturellen Interaktionen auf eigenkulturelle Kategorisierungsmuster zur Einordnung von – korrekt oder inkorrekt wahrgenommenen Eindrücken – zurückgegriffen, kann es zu daher Fehlinterpretationen und erheblichen Missverständnissen kommen. Die mangelnde Übereinstimmung von Situationsdeutungen auf Grund unterschiedlicher Kategorisierungen muss dabei erst durch

---

[433] Beim *Nichtverstehen* wird die Kommunikationsabsicht des Gegenübers nicht erkannt; *Missverständnisse* hingegen stellen unterschiedliche Interpretationen der gesendeten Nachricht dar. Vgl. Bartholy (1992), S. 177ff.

[434] Vgl. Adler (2002), S. 77f.

[435] Vgl. Hentze/Kammel (1994), S. 268.

[436] Vgl. Adler (2002), S. 80.

eine Bewusstmachung und anschließende Anpassung der Schemata überwunden werden.[437]

Analog zum Prozess der Kategorisierung provozieren interkulturelle Interaktionen die Stereotypisierung als natürlichen Mechanismus zur Komplexitätsreduktion.[438] Eine potenzielle Quelle für Kommunikationsstörungen stellen Stereotypen grundsätzlich deshalb dar, weil die Interaktionspartner das Verhalten ihres Gegenübers nicht individuell, sondern im Sinne eines „Schablonendenkens" bewerten. Stereotypen können somit zu Wahrnehmungsverzerrungen führen. Außerdem besteht die Gefahr des Aufbaus von Barrieren und psychischer Distanz zu der mit Stereotypen belegten fremden Gruppe, weil Menschen im Allgemeinen dazu tendieren, der eigenen Gruppe positivere und der fremden negativere Attribute zuzuschreiben.[439]

Aus Angst davor, in Stereotypen zu verfallen oder Vorurteilen aufzusitzen, vermeiden es Manager oftmals, überhaupt Generalisierungen vorzunehmen. Aus ihrem Blickwinkel sind alle Menschen gleich und sollten auch gleich behandelt werden. Eine solche Haltung ist der Verständigung jedoch eher hinderlich und kann im Extremfall zur Handlungsunfähigkeit führen. Akkurate kulturelle Generalisationen helfen nämlich dabei, ein tieferes Verständnis von Kulturen zu erlangen. Sie führen dazu, dass Verhalten und Denkweisen besser und schneller eingeordnet werden können und Aktionen miteinander in Beziehung gesetzt werden können.[440] Wichtig dabei ist jedoch das Bewusstsein, dass diese Generalisierungen nicht für alle Mitglieder einer Kultur zutreffen und immer nur eine Tendenz innerhalb der Kultur wiedergeben können. Daher ist eine gewisse Offenheit und Bereitschaft, bereits gebildete Generalisierungen wieder zu verwerfen oder anzupassen, Voraussetzung dafür, ein Verständnis mit dem Kommunikationspartner zu schaffen.[441]

---

[437] Adler/Graham weisen in diesem Zusammenhang darauf hin, dass Missverständnisse auf der nonverbalen Ebene der Gedankenstrukturen nur selten sichtbar oder bewusst gemacht werden und deshalb auch im Gegensatz zu Missverständnissen auf der Sprachebene nur schwer zu korrigieren sind. Vgl. Adler/Graham (1989), S. 519.

[438] Vgl. Scholz/Stein (2000), S. 196. Stereotype sind solche mentalen Kategorien, welche das vorhandene Wissen sowie die Erfahrungen und Erwartungen an eine bestimmte Gruppe von Menschen organisieren. Sie drücken verallgemeinerte und oftmals ungenaue Vorstellungen über eine bestimmte ethnische oder nationale Gruppe von Menschen aus. Vgl. Adler (2002), S. 81 und Ting-Toomey (1999), S. 149.

[439] Vgl. Hentze/Kammel (1994), S. 268.

[440] Vgl. u.a. Adler (2002), S. 81.

[441] Vgl. Bennett (2001), S. 211.

- *Ethnozentrische Überheblichkeit*

Der Begriff der Ethnozentrik beschreibt die Tendenz, eigenkulturelle Werte und Normen gegenüber denen anderer Kulturen als überlegen anzusehen.[442] Diese Tendenz geht dabei meist mit einem Gefühl der Bedrohung für das eigene Weltbild und der Erwartung einher, dass sich anderskulturell geprägte Menschen an die eigenen Wertvorstellungen und daraus resultierenden Verhaltensweisen anzupassen haben. Wird dieser Erwartung nicht nachgekommen, ist zumeist Ablehnung und Abwehrverhalten die Folge.[443] Innerhalb interkultureller Kommunikationssituationen wirkt sich eine ethnozentrische Einstellung insofern hinderlich aus, als dass fremde Einstellungen und Verhaltensweisen vorschnell als unnatürlich und minderwertig interpretiert werden. Sie verhindert eine Hinterfragung bzw. Relativierung des eigenen Standpunktes.

Ein sehr anschauliches Ablaufmodell der Grundprobleme interkultureller Kommunikation findet sich bei Helmolt/Müller, welche die zuvor beschriebenen Kommunikationsstörungen bzw. -probleme in einem „typischen" zeitlichen Ablauf zusammenfassen (vgl. Abbildung 18).[444]

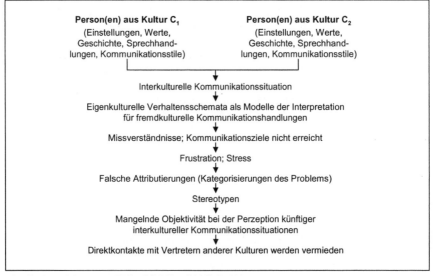

Quelle: In Anlehnung an Helmolt/Müller (1993), S. 528

Abbildung 18: Ablaufmodell der Grundprobleme interkultureller Kommunikation

---

[442] Vgl. Ting-Toomey (1999), S. 157 und Adler (2002), S. 14f.

[443] Vgl. z.B. Bennett (2001), S. 218f.

[444] Vgl. Helmolt/Müller (1993), S. 528.

2.2.2.4 Synergiepotenziale interkultureller Zusammenarbeit

Trotz der zweifelsohne gegebenen und im vorigen Abschnitt geschilderten Problempotenziale interkultureller Interaktionen betonen verschiedene Forschungsbeiträge die Synergiepotenziale interkultureller Zusammenarbeit.[445] Dabei wird unter Synergie allgemein der Effekt verstanden, bei dem durch das Zusammenwirken bisher unverbundener Teile eine größere Wirkung realisiert wird als mit den einzelnen Elementen im getrennten Zustand.[446] Bezogen auf die Zusammenarbeit von Personen entstehen somit immer dann Synergieeffekte, wenn die gemeinsame Leistung von zwei oder mehr Individuen oder Gruppen größer ist als der kombinierte Output ihrer getrennten Arbeit.[447]

Kultur ist eine mögliche Quelle von Synergie, da angenommen werden kann, dass aus der Zusammenarbeit von Menschen mit unterschiedlichen kulturellen Erfahrungshintergründen und somit aus der Zusammenführung verschiedener Sicht- und Vorgehensweisen bessere Problemlösungen zu erzielen sind als dies im intrakulturellen Kontext möglich wäre.[448] Interkulturelle Teams haben demnach die Möglichkeit, sich auf Grund der inhärenten Heterogenität der Perspektiven und verschiedenartigen Interpretationsansätze gegenseitig zu „bestäuben"[449] und somit eine steigende Kreativität, Flexibilität und Problemlösungsfähigkeit an den Tag zu legen, die innerhalb einer Kultur nicht möglich erscheinen.

In der Regel entfaltet sich im Rahmen der interkulturellen Zusammenarbeit das Synergiepotenzial jedoch nicht automatisch, sondern die unterschiedlichen kulturellen Wissens- und Erfahrungsintergründe stellen zugleich ein – in den vorigen Abschnitten dargelegtes – Konfliktpotenzial dar. Das spiegelt sich auch in dem Ergebnis einer Untersuchung bzgl. der Produktivität kulturell heterogener Teams von Adler wider.[450] Sie fand heraus, dass multikulturelle Teams auf Grund der Heterogenität ihrer Perspektiven und verringertem Gruppendenken das Potenzial besitzen, eine höhere Produktivität zu erreichen als vergleichbare kulturell homogene Gruppen. Aufgrund der erhöhten Komplexität für den Prozess, das vorhandene Potenzial zu realisieren, überwiegen diese Produktivitätsvorteile jedoch nur

---

[445] Vgl. u.a. Adler (2002), S. 105ff.; Bittner/Reisch (1994), S. 28f.; Hasenstab (1999), S. 124ff.; Lane/DiStefano/Maznevski (2000), S. 25.

[446] Vgl. Stüdlein (1997), S. 145.

[447] Vgl. u.a. Mead (1998), S. 14.

[448] Vgl. Harris/Moran (1996), S. 95; Bittner/Reisch (1994), S. 28; Adler (2002), S. 116 und Holtbrügge/Puck (2003), S. 46f.

[449] Vgl. Solomon (1998), S. 13.

[450] Vgl. Adler (2002), S. 141ff. Ihre Beschreibung positiver und negativer Auswirkungen gilt als der bisher umfangreichste Versuch der theoretischen Beschäftigung mit kulturellen Synergien im Managementkontext. Vgl. Hasenstab (1999), S. 126.

dann die aus der Komplexität resultierenden Prozessverluste, wenn der Teamprozess adäquat gestaltet und unterstützt wird.[451]

Adlers Ergebnissen zufolge tendieren multikulturelle Teams dazu, eine geringere Produktivität aufzuweisen, wenn sie an Routineaufgaben arbeiten und kulturellen Unterschieden zwischen ihren Mitgliedern wenig Beachtung geschenkt wird. Bei kreativen Aufgaben und entsprechender Beachtung des Einflusses von Kultur hingegen ist eine größere Produktivität als bei monokulturellen Teams zu erwarten.[452] Abbildung 19 stellt zusammenfassend die aus der kulturellen Andersartigkeit resultierenden Vorteile in der Zusammenarbeit von Teams ihren Nachteilen gegenüber.[453]

Aus kultureller Andersartigkeit resultierende Vorteile in der Zusammenarbeit	Aus kultureller Andersartigkeit resultierende Nachteile in der Zusammenarbeit
• Steigende Zahl von Meinungen - Perspektivenvielfalt - Größere Offenheit gegenüber neuen Ideen - Verschiedenartige Interpretationsansätze • Steigende Zahl von Alternativen - Steigende Kreativität - Steigende Flexibilität - Steigende Problemlösungsfähigkeit	• Ansteigende Unterschiedlichkeiten - Ambiguitäten - Komplexität - Konfusion • Schwere Konsensfindung - Fehlkommunikation - Schwierigkeiten bei Zustimmungserhalt • Schwere Handlungskoordination - Schwierigkeiten bei Zustimmung zu bestimmten Handlungen

Quelle: In Anlehnung an Adler (2002), S. 109 und Hasenstab (1999), S. 127

Abbildung 19: Vor- und Nachteile kulturbedingter Andersartigkeit in der Zusammenarbeit von Teams

Internationale Unternehmenskooperationen sind oftmals mit der Zielsetzung verbunden, Synergieeffekte aus der interkulturellen Zusammenarbeit zu realisieren. Als mögliche Form kulturell heterogener Teams stellen sie potenziell geeignete Instrumente zur Generierung kreativer Strategien und Lösungsalternativen dar.[454] Sie auch tatsächlich zu realisieren ist jedoch kein leichtes Unterfangen. Wesentliche Voraussetzung für die Realisierung synergetischer Formen der Kooperation ist die Überwindung kulturell bedingter Konflikte, die eine effiziente Zusammen-

---

[451] Vgl. Adler (2002), S. 147f.

[452] Vgl. Adler (2002), S. 149f. sowie die Ausführungen von Holtbrügge/Puck (2003), S. 47f.

[453] Vgl. zu den Nachteilen kultureller Andersartigkeit in der Zusammenarbeit die Ausführungen in Abschnitt 2.2.2.2 und 2.2.2.3 sowie eine Übersicht möglicher Produktivitätsverluste in interkulturellen Teams bei Stüdlein (1997), S. 111f.

[454] Vgl. Stüdlein (1997), S. 147.

arbeit verhindern. Der nachfolgende Abschnitt geht deshalb zunächst auf die spezifischen Ursachen der Komplexität und daraus resultierenden Problempotenziale interkultureller Kooperationsbeziehungen sowie ihrer Relevanz für den Kooperationserfolg ein, bevor in Kapitel 3 die Konzeption einer interkulturellen Kooperationskompetenz zu ihrer Begegnung aufgezeigt wird.

2.3 Einfluss des Phänomens Kultur in internationalen Unternehmenskooperationen

Nach Darstellung der theoretischen Grundlagen im Bereich der Kooperations- und interkulturellen Managementforschung, wendet sich der folgende Abschnitt der Verknüpfung beider Forschungsansätze und der Forschungsfragestellung nach dem Einfluss des Phänomens Kultur in internationalen Unternehmenskooperationen zu.

Hierzu erfolgt zunächst die Darstellung der Folgen grundlegender kulturbedingter Unterschiede in internationalen Unternehmenskooperationen in Abschnitt 2.3.1. Im Anschluss werden die spezifischen Ursachen der erhöhten Komplexität und Konfliktpotenziale interkultureller Kooperationsbeziehungen thematisiert (Abschnitt 2.3.2). Schließlich wird auf die Relevanz des Faktors Kultur für den Kooperationserfolg eingegangen (Abschnitt 2.3.3).

2.3.1 Folgen grundlegender kulturbedingter Unterschiede in internationalen Unternehmenskooperationen

Der nachstehende Abschnitt zeigt die Folgen der grundlegenden kulturbedingten Unterschiede der Kooperationspartner in internationalen Unternehmenskooperationen auf. Hierzu wird zunächst die unterschiedliche Prägung der Kooperationspartner in Bezug auf ihre Annahmen, Werte und Normen thematisiert, welche zu einer erheblichen Akzentuierung der zuvor beschriebenen Gefährdungspotenziale führt (Abschnitt 2.3.1.1). Im Anschluss erfolgt die Darlegung der Auswirkungen kulturbedingter Unterschiede anhand der zuvor vorgestellten Kulturdimensionen von Hofstede (Abschnitt 2.3.1.2). Schließlich werden als Fazit die erhöhten Konfliktpotenziale und die inhärente Komplexität interkultureller Kooperationsbeziehungen aufgezeigt (Abschnitt 2.3.1.3).

2.3.1.1 Auswirkungen unterschiedlicher Annahmen, Werte und Normen der Kooperationspartner

Die Ausführungen zum Beziehungszusammenhang zwischen Landes- und Unternehmenskultur und zu der Frage, inwieweit landeskulturelle Werte und Normen das Verhalten von Personen in Organisationen und ihre Unternehmenskultur beeinflussen,[455] machen deutlich, dass Unterschiede zwischen den Partnerunterneh-

---

[455] Vgl. Abschnitt 2.2.1.3.3 dieser Arbeit.

men in Bezug auf ihre strategischen Ausrichtungen, organisationalen Strukturen und operativen Prozesse zu einem wesentlichen Ausmaß auf den Einfluss der jeweiligen Landeskultur zurückzuführen sind.[456] „National cultures are the foundation of values, aspirations, and modes of operation of companies participating in the IJV."[457]

Die Annahme von Universalität bzw. einer weltweit einheitlich gültigen ökonomischen Rationalität wirtschaftlichen Handelns ist damit nicht möglich. Vielmehr sind die Kooperationspartner mit Unterschieden in ihren grundlegenden Annahmen, Werten und Normen konfrontiert, welche ihr Denken, ihre strategischen Ziele und ihr ökonomisches Handeln leiten:[458]

> "Values and behavioral differences between culturally distant partners influence interpretation and response to strategic and management issues, compounding transactional difficulties in international joint ventures."[459]

Demzufolge unterscheidet sich auch ihre Wahrnehmung, Interpretation und Bewertung von Ereignissen in der Kooperationsumwelt. Da die zu Grunde liegenden Unterschiede auf Grund ihrer Verankerung im Unterbewusstsein durchweg versteckt auftreten, d.h. zumeist weder bewusst angewendet noch in der Interaktion thematisiert werden, wird die Zusammenarbeit und die gemeinsame Steuerung der Kooperationsaktivitäten erheblich erschwert. Anhand dieser Unterschiede zwischen den Partnern wird auch deutlich, dass die Beurteilung ökonomisch relevanter Sachverhalte und das darauf basierende Verhalten des Partnerunternehmens und seiner Kooperationsträger vor dem alleinigen Hintergrund der eigenkulturellen Prägung zu Missverständnissen und Fehlinterpretationen führen kann. Ohne kulturelle Kenntnis des Partners wird daher ein tiefergehendes Verständnis und eine akkurate Einschätzung seines Verhaltens erschwert bzw. unmöglich gemacht.[460]

2.3.1.2 Auswirkungen unterschiedlicher Ausprägungen in den Kulturdimensionen

Für die Betrachtung der Auswirkungen der kulturellen Unterschiede der Kooperationspartner können auch die Kulturdimensionen von Hofstede herangezogen werden.[461] Unterschiedliche Ausprägungen der Partner in den Dimensionen Machtdistanz, Individualismus vs. Kollektivismus, Maskulinität vs. Feminität, Unsicher-

---

[456] Vgl. auch Parkhe (1991), S. 580 und Adler (2002), S. 18.

[457] Zahra/Elhagrasey (1994), S. 90.

[458] Vgl. Stüdlein (1997), S. 120 und Fedor/Werther (1996), S. 42.

[459] Pothukuchi et al. (2002), S. 245.

[460] Vgl. Stüdlein (1997), S. 120.

[461] Vgl. die Beschreibung der kulturellen Dimensionen in Abschnitt 2.2.1.2 dieser Arbeit.

heitsvermeidung und konfuzianischer Dynamik bringen unterschiedliche Werthaltungen der Kooperationsträger mit sich, die sich in diversen Kooperationsbereichen auswirken. Tabelle 2 gibt einen Überblick über die kooperationsrelevanten Unterschiede und möglichen Auswirkungsbereiche in internationalen Partnerschaften.

Eine empirische Studie von Barkema/Vermeulen zeigt, dass insbesondere Unterschiede in den kulturellen Dimensionen Unsicherheitsvermeidung und Konfuzianische Dynamik einen statistisch messbaren Effekt auf die Stabilität von Joint Ventures haben.[462] Unterscheiden sich die Partner in diesen beiden Dimensionen, sinkt ihren Ergebnissen nach die Lebensdauer eines Joint Ventures. Die Effekte der Dimensionen Maskulinität, Machtdistanz und Individualismus fielen dagegen deutlich geringer aus oder waren statistisch nicht signifikant.[463] Barkema/Vermeulen führen dies auf den besonderen Einfluss der Dimensionen Unsicherheitsvermeidung und Konfuzianische Dynamik auf die unterschiedliche Wahrnehmung externer Umweltfaktoren als Chancen oder Gefahren zurück, was bei unterschiedlicher Bewertung zu erheblichen Konflikten führt. Kulturelle Unterschiede die sich aus den Dimensionen Machtdistanz, Individualismus und Maskulinität ergeben, können ihrer Ansicht nach hingegen besser kontrolliert werden, weil sie sich vor allem in der unterschiedlichen Einstellung zur Personalführung und zum Personalmanagement widerspiegeln und diese Aspekte in expliziten Regelungen vorab geklärt werden können.[464]

---

[462] Vgl. Barkema/Vermeulen (1997), S. 855. Ausgewertet wurden 828 Auslandsmarkteintritte – im Wesentlichen Joint Ventures – niederländischer Großunternehmen im Zeitraum zwischen 1966 und 1994.

[463] Vgl. Barkema/Vermeulen (1997), S. 855f. und 859.

[464] Vgl. Barkema/Vermeulen (1997), S. 859.

Dimension	Ausprägung	Kooperationsrelevante Unterschiede	Auswirkungs-bereich
Macht-distanz	*niedrig*	• Wenig Hierarchien • Beteiligung der Mitarbeiter an der Entscheidungsfindung	• Kooperations-struktur • Entscheidungs-findung • Kommunikation • Personalführung
	hoch	• Klare hierarchische Ebenen • Top-down Kommunikation	
Individuali-smus vs. Kollektivis-mus	*individua-listisch*	• Hohe Eigeninitiative und Eigenverantwortung • Individuelle Entscheidungen	• Kooperations-struktur • Entscheidungs-prozesse • Teamverhalten
	kollekti-vistisch	• Fokussierung der Gruppe • Kollektive Entscheidungen	
Maskulini-tät vs. Feminität	*maskulin*	• Hohe Bedeutung von Macht, Wachstum und Profiten • Fokus auf Leistung	• Kontrollsysteme • Vergütungs-systeme • Personalmanage-ment
	feminin	• Hohe Bedeutung von koopera-tivem Verhalten • Fokus auf Arbeitszufriedenheit	
Unsicher-heitsver-meidung	*niedrig*	• Hohe Risikobereitschaft • Förderung von Wandel, Flexi-bilität und Innovationen • Hohe Konflikttoleranz	• Kooperationsver-handlung und -vertrag • Planungs- und Kontrollsysteme • Wahrnehmung veränderter Rah-menbedingungen • Konflikthand-habung
	hoch	• Unsicherheitsreduktion durch Regeln und Vereinbarungen • Resistenz gegenüber Wandel • Konfliktvermeidung	
Konfuzia-nische Dynamik	*langfristige Orientierung*	• Fokussierung auf langfristige Ziele und Beziehungen • Suche nach nachhaltigen Investitionen	• Kooperationsziel-setzung und -planung • Kooperations-struktur • Reaktion auf Ko-operationsumwelt
	kurzfristige Orientierung	• Fokussierung auf kurzfristige Ziele und Resultate • Suche nach schnellen Erfolgen	

Quelle: In Anlehnung an Parkhe (1991), S. 594ff. und Stüdlein (1997), S. 231. Vgl. auch die Aus-führungen von Büchel et al. (1997), S. 122ff. und Barkema/Vermeulen (1997), S. 847ff.

Tabelle 2:   Kooperationsrelevante Unterschiede in den Dimensionen von Hofstede

2.3.1.3 Fazit: Erhöhte Komplexität interkultureller Kooperationsbeziehungen

Interkulturelle Kooperationsbeziehungen sind von dem Aufeinandertreffen verschiedener Orientierungen, Wertvorstellungen und sich daraus ergebenden Verhaltensweisen gekennzeichnet. Dabei ist zu berücksichtigen, dass kulturelle Probleme nicht nur im internationalen Kontext zwischen Partnerunternehmen unterschiedlicher nationaler Herkunft auftreten können, sondern auch unternehmenskulturell bedingt sind.[465] Unterschiede zwischen den Partnern in ihren organisationalen Strukturen, strategischen Prioritäten, Lerngeschwindigkeiten, Managementpraktiken und Geschäftsprozessen verkomplizieren als solche bereits die Koordination der Kooperationsaktivitäten und führen zu besonderen Gefährdungspotenzialen.[466] Die landeskulturellen Unterschiede in internationalen Unternehmenskooperationen vermehren und verstärken jedoch diese Gefährdungen, da die wahrgenommenen Unterschiede nicht nur tendenziell größer und grundlegender sind als in nationalen Kooperationen, sondern auch als ineffizient und hinderlich für die Zusammenarbeit empfunden werden.[467] Kulturell geprägte Ansichten und Wünsche des ausländischen Partners erscheinen daher oftmals als unbegreiflich und fremdartig. Schließlich führen mögliche Sprachbarrieren dazu, dass die Zusammenarbeit durch einen geringeren kommunikativen Austausch zusätzlich behindert wird.[468]

Aus den Ausführungen wird deutlich, dass die Zusammenarbeit in internationalen und damit kulturübergreifenden Unternehmenskooperationen durch eine erhöhte Komplexität gekennzeichnet ist und kulturelle Unterschiede zwischen den Partnern eine zusätzliche Quelle von Problemen und Konflikten beinhalten. Im folgenden Abschnitt werden daher spezifische Problemfelder und die Ursachen dieser Konfliktpotenziale dargestellt.

2.3.2 Spezifische Problemfelder und Ursachen der Konfliktpotenziale interkultureller Kooperationsbeziehungen

In der Literatur wird nur vereinzelt auf die spezifischen Problemfelder und Ursachen der aus den kulturbedingten Unterschieden erwachsenden Konfliktpotenziale in internationalen Unternehmenskooperationen eingegangen.[469] Zumeist begnügen sich die Beiträge auf die Darstellung von Schwierigkeiten, welche sich

---

[465] Vgl. z.B. Loiselle (2000), S. 61 und die Ausführungen zum Einfluss der Unternehmenskultur auf das Verhalten von Organisationsmitgliedern in Abschnitt 2.2.1.3.

[466] Vgl. Abschnitt 2.1.3.4 dieser Arbeit.

[467] Vgl. Stüdlein (1997), S. 121.

[468] Vgl. Loiselle (2000), S. 61.

[469] Vgl. zu dieser Ansicht u.a. Lane/Beamish (1990), S. 90; Brannen/Salk (2000), S. 454; Kumar/Nti (1996), S. 6.

aus dem Zusammenprall unterschiedlicher Unternehmenskulturen ergeben. Es sollen daher an dieser Stelle spezifische Problemfelder aufgezeigt werden, welche sich zu einem großen Teil auf landeskulturelle Unterschiede zwischen den Partnern bzw. Schwierigkeiten des interkulturellen Verstehens und Verständnisses zurückführen lassen bzw. durch diese akzentuiert werden. Die Interdependenzen zwischen den hiermit im Zusammenhang stehenden Aspekten sowie der vielfältige Einfluss von Kultur auf dieselben erschwert dabei eine getrennte Darstellung. Die im folgenden Abschnitt explizit dargelegten Bereiche der besonderen Konfliktpotenzialursachen interkultureller Kooperationen sind deshalb im Sinne einer für diese Arbeit sinnvollen analytischen Trennung der Aspekte zu verstehen.

2.3.2.1 Unterschiedliche Kommunikationspräferenzen der Partner

Wie bereits dargestellt werden interkulturelle Interaktionen durch erhebliche Kommunikationsstörungen behindert.[470] Effektive Kommunikationsprozesse über die Organisationsgrenzen der Partnerunternehmen hinweg gelten jedoch als eine der wichtigsten Erfolgsvoraussetzungen, um die Vorteile einer internationalen Kooperation nutzen zu können.[471] Kommunikationsstörungen zwischen den Partnern zählen daher auch zu den am häufigsten genannten Gründen für das Scheitern interkultureller Kooperationen.[472]

Vor dem Hintergrund, dass die interorganisationale Kommunikation bereits im intrakulturellen Kontext auf Grund unternehmensspezifischer Unterschiede komplex und schwierig ist, liegt es auf der Hand, dass sie durch eine kulturell bedingte Verschiedenartigkeit der Kommunikationspräferenzen weiter erschwert wird und sich diese Unterschiede in mehrfacher Hinsicht problematisch auswirken können. In diesem Zusammenhang führt Stüdlein drei kommunikationsrelevante, kulturbedingte Unterschiede zwischen den Partnerunternehmen auf.[473]

Zum einen können unterschiedliche *Formen der Kommunikation* präferiert werden. Dabei ist zwischen der personenorientierten Kommunikationsform, die den Informationsaustausch mittels persönlicher Kontakte der Kooperationsträger beschreibt und der technokratischen Kommunikationsform zu unterscheiden, im Rahmen derer Informationen mittels formalisierter Berichte und Dokumente übermittelt werden. Aufgrund der je nach kultureller Prägung unterschiedlichen, situationsspezifischen Akzeptanz der Kommunikationsformen kann zudem die

---

[470] Vgl. die Ausführungen in Abschnitt 2.2.2.3.

[471] Vgl. die Ausführungen in Abschnitt 2.1.3.3 sowie Parkhe (1991), S. 586; Uber-Grosse (2000), S. 309; Krieger (2001), S. 248 und Griffith/Harvey (2001), S. 88, die zugleich einen Mangel an Forschung zur Rolle interkultureller Kommunikation in der Entwicklung von Austauschbeziehungen beim Aufbau interorganisationaler Kooperationen beklagen.

[472] Vgl. Beamer (1998), S. 54.

[473] Vgl. Stüdlein (1997), S. 117.

vom Partner gewählte Kommunikationsform vor dem eigenen kulturellen Hintergrund als unakzeptabel bewertet werden und zu erheblichen Konflikten führen [474]

Kulturell beeinflusste Unterschiede im *Kommunikationsstil* beziehen sich auf die Wahl der Mittel für die persönliche bzw. formalisierte Kommunikation sowie ihre Ausgestaltung. „Während die Amerikaner durch zahlengefüllte Memos und Positionenpapiere miteinander kommunizieren, finden es Japaner eher lächerlich, dass Führungskräfte in nebeneinanderliegenden Büros eine schriftliche Kommunikation pflegen."[475] Unterschiedliche Kommunikationsstile können somit leicht zu Unverständnis sowie Fehlinterpretationen führen, wenn der kulturelle Kontext der Situation nicht beachtet wird.

Kulturell bedingte Unterschiede in der *Kommunikationspolitik* manifestieren sich schließlich z.B. in der Offenlegung von Informationen und der Art der Informationsabgabe. Beispielsweise berichten amerikanische Unternehmen i.d.R. sehr offen und umfassend über alle Daten und Fakten, vernachlässigen aber im Gegensatz zu japanischen Unternehmen die emotionale Seite, d.h. das „Wie" der Informationsabgabe.[476] Auch dieser Aspekt des unterschiedlichen Kommunikationsverhaltens von Partnerunternehmen ist nicht ausschließlich in internationalen Partnerschaften zu beobachten, wird jedoch im interkulturellen Kontext verstärkt.

2.3.2.2 Akkulturationskonflikte der Kooperationsträger

Problemfelder interkultureller Interaktionen und die daraus resultierenden Akkulturationskonflikte, z.B. in Form eines Kulturschocks, wurden bereits in Abschnitt 2.2.2.2 thematisiert. Die dort beschriebenen Prozesse sind auch bei Kooperationsträgern in internationalen Unternehmenskooperationen wie z.B. den von Meschi/ Roger untersuchten internationalen Joint Ventures zu beobachten:

„The stress and anxiety caused by the shock of the crossing of different cultures in the international joint venture lead to a number of unproductive employee behaviors that reduce the overall effectiveness of the firm."[477]

Als Konsequenz eines solchen Kulturschocks ist eine sinkende Moral, Loyalität, Commitment und Vertrauen der Kooperationsträger zu erwarten. In Folge entstehen immense – wenngleich auch oft erst verspätet erkennbare – Kosten für die Kooperation in Form von sinkender Produktivität, Abwanderung von Arbeitneh-

---

[474] Vgl. Stüdlein (1997), S. 117.

[475] Walsh (1991), S. 16.

[476] Vgl. Stüdlein (1997), S. 117.

[477] Meschi/Roger (1994), S. 200. Nach deren Ansicht wird das Ausmaß des Schocks durch eine hohe kulturelle Distanz besonders augenfällig: „The larger the cultural distance between the partners of the international joint ventures is, the more evident the organizational effects of such a shock become." Meschi/Roger (1994), S. 199.

mern und einem Verlust an Möglichkeiten, die auf Grund nicht bewältigter kultureller Unterschiede auftreten.[478]

Akkulturationskonflikte zwischen den Kooperationsträgern der Partnerunternehmen können jedoch auch in anderen Formen als einem Kulturschock auftreten. Kooperationsträger tendieren nämlich dazu, ihre eigene – durch die Landeskultur geprägte – Unternehmenskultur und sich daraus ergebenden Werte für die besseren und erfolgreicheren zu halten.[479] Dementsprechend entwickeln viele Mitarbeiter Mechanismen zur Wahrnehmung und Beurteilung fremder Kulturen, die einer Stereotypenbildung gleichen. Stereotypisierung dient ihnen dabei zur Reduktion von Komplexität und Verhaltensunsicherheit, die aus dem infrage stellen bisher vermeintlich universell gültiger Symbole, Rituale und Weltverständnisse resultiert. Durch diese Mechanismen der Stereotypenbildung wird die Wahrnehmung des fremden Verhaltens stark vereinfacht und somit handhabbarer, aber auch drastisch verkürzt. Einmal entstandene und verfestigte Deutungs- und Handlungsmuster werden dabei mit der Zeit so stark verinnerlicht, dass die Kooperationsträger sich ihrer nicht mehr bewusst sind.[480] Ein dauerhaft unbewusstes und vereinfachtes Wirklichkeits- und Partnerverständnis ist die Folge, welches auf Grund seiner Ungenauigkeit Konflikte leichter entstehen und auf Grund seiner Unbewusstheit sie auch erschwert bewältigen lässt.

Zudem weisen Brannen/Salk darauf hin, dass Kooperationsträger in internationalen Joint Ventures dazu neigen, auch oberflächliche und individuell unterschiedliche Verhaltensweisen auf die verschiedenen kulturellen Identitäten zurückzuführen.[481] Als Folge daraus besteht die Gefahr, dass kulturelle Unterschiede über Gebühr akzentuiert, in ihrer Bedeutung überhöht werden und somit zusätzliche Konfliktpotenziale entstehen.[482]

---

[478] Vgl. Meschi/Roger (1994), S. 200, die auch auf die z.t. drastischen Auswirkungen eines Kulturschocks in Kooperationen hinweisen: "During the process of combining the partners in an international joint venture, the "cross-culture" and resultant shock for employees created by living in a different organizational and national world can destroy the entire social structure of the newly formed company." Meschi/Roger (1994), S. 211.

[479] Vgl. Büchel et al. (1997), S. 116.

[480] Vgl. Büchel et al. (1997), S. 117.

[481] Vgl. Brannen/Salk (2000), S. 465ff. Vgl. auch Knapp (2003), S. 126f. zu einer Beschreibung „pseudo-interkultureller" Probleme im Kontext von Organisationsveränderungen nach internationalen M&As bei denen Aspekte der interkulturellen Kommunikation als Sündenbock für andere Probleme vorgeschoben werden.

[482] Erschwerend kommt hinzu, dass Konfliktlösungsmethoden ebenfalls nicht ohne weiteres von einem kulturellen Umfeld auf das andere übertragen werden können. Vgl. Pothukuchi et al. (2002), S. 246.

2.3.2.3 Erschwerter Vertrauensaufbau zwischen den Partnern

Vertrauen kommt eine große Bedeutung in Kooperationen zu.[483] Mangel an gegenseitigem Vertrauen wirkt sich negativ auf die Kooperationsbereitschaft der Partner und die Kommunikation zwischen ihnen aus und ist nicht selten ursächlich für das Scheitern von Partnerschaften.[484] Vertrauen kann jedoch nicht durch detaillierte Vertragswerke aufgebaut werden, sondern muss über einen längeren Zeitraum und durch das Verhalten der beteiligten Personen generiert werden.[485] Die Bildung von Vertrauen ist dabei wesentlich von der Effektivität der gemeinsamen Entscheidungsfindung, Koordination und Kommunikation, der Intensität der Kommunikation, gegenseitigem Respekt sowie einem ausgeprägten Kooperationsverhalten aller Beteiligten abhängig.[486]

Aus den genannten Aspekten, von denen die Bildung von Vertrauen wesentlich abhängt, wird deutlich, dass Kulturunterschiede zwischen den Partnern eine bedeutende Barriere für den Aufbau von Vertrauen darstellen. Da gegenseitiges Verständnis eine essenzielle Voraussetzung für Vertrauen ist,[487] bewirken die in Abschnitt 2.2.2.2 und 2.2.2.3 beschriebenen Probleme des interkulturellen Verstehens und potenziellen Kommunikationsstörungen einen erheblich erschwerten und verzögerten Aufbau von Vertrauen in internationalen Unternehmenskooperationen.

> „Trust is particularly fragile in international alliances because risk and uncertainty involved in a domestic alliance are heightened in the alliance context by cross-national differences between partner firms with respect to culture, law, politics, and trade policy."[488]

Es verwundert daher nicht die Feststellung von Buckley/Casson, dass Vertrauen zwischen Mitgliedern der gleichen kulturellen Gruppe in der Regel stärker ausgeprägt ist als zwischen Mitgliedern unterschiedlicher kultureller Zugehörigkeit.[489] Diese Tatsache wiegt jedoch umso schwerer, als dass gerade in interkulturellen Kooperationsbeziehungen Vertrauen besonders wichtig ist, weil die Verhaltens-

---

[483] Vgl. die Ausführungen in Abschnitt 2.1.3.3.

[484] Vgl. Lorange/Roos (1991), S. 26; Spekman et al. (1996), S. 352; Inkpen (2001), S. 416.

[485] Vgl. Büchel et al. (1997), S. 169; Dyer/Chu (2000), S. 262. „Mistrust is always more likely at early stages of relationships." Kanter/Corn (1994), S. 18.

[486] Vgl. Kanter/Corn (1994), S. 16 und Büchel et al. (1997), S. 168ff.

[487] Kanter spricht von einem von einem „Teufelskreis", der durch gegenseitiges Unverständnis ausgelöst und verstärkt wird. „Because of their differences, outsiders are the most suspect – a fact that only increases mistrust." Kanter (1994), S. 105.

[488] Inkpen (2001), S. 421.

[489] Vgl. Buckley/Casson (1988), S. 50 und zudem Gulati (1995), S. 95.

weisen des Partners nicht immer vollständig interpretiert und verstanden werden können.[490]

Inkpen beschreibt eindringlich den schwierigen Aufbau und die zugleich hohe Bedeutung von Vertrauen in kulturübergreifenden Kooperationen:

> „For example, in new alliances between firms without any common cultural background or prior interactions, the basis for trust may be absent when the alliance is formed. In this case, the partners may have no choice but to rely extensively on contracts and monitoring. As interactions increase and attachment develops, trust may increase, at which point monitoring may no longer be necessary. When negotiating and managing alliances, managers must recognize the important role that trust plays, and will continue to play, if the joint venture is to be successful. They must also recognize that as trust increases, governance will become easier and less reliant on strict contractual details."[491]

Darüber hinaus wird der Vertrauensaufbau in interkulturellen Interaktionen nicht nur auf Grund des hohen Potenzials für Missverständnisse zwischen den Partnern erschwert, sondern auch deshalb, weil Vertrauen in hohem Maße kulturspezifisch ist.[492] Jede Kultur hat ihre eigenen Kriterien für Vertrauenswürdigkeit und es bestehen Unterschiede in dem Zeitpunkt, wann in einer Beziehung mit welchen inhaltlichen Schwerpunkten Vertrauen aufgebaut wird.[493] Zudem unterscheidet sich je nach kultureller Prägung und Präferenzen die Vertrauensneigung, d.h. die Art und Weise bzw. die Prozesse, durch die Vertrauen erweckt, ausgedrückt und aufrechterhalten wird.[494]

---

[490] Vgl. u.a. Child (1998), S. 249ff.; Stüdlein (1997), S. 142; Mockler (1999), S. 81f.; Fedor/Werther (1996), S. 49; Inkpen (2001), S. 421.

[491] Inkpen (2000), S. 102.

[492] Vgl. u.a. Doney/Cannon/Mullen (1998), S. 601; Dyer/Chu (2000), S. 279 und Johnson/Cullen (2002), S. 347ff.

[493] Vgl. Übersichten bei Johnson/Cullen (2002), S. 349ff. und Stüdlein (1997), S. 141 und das von ihr geschilderte Beispiel, dass in Frankreich Vertrauen durch den Aufbau einer persönlichen Beziehung und durch Sympathie geschaffen wird, in Deutschland hingegen eher auf der Qualität der Arbeit und der Berechenbarkeit des Handelns basiert.

[494] Vgl. insb. Doney/Cannon/Mullen (1998), S. 607ff., welche den Einfluss von Hofstedes Kulturdimensionen auf Vertrauensbildungsprozesse analysieren und auf die Notwendigkeit wieterer Forschungsbemühungen hinweisen: „Similarly, as firms become more involved in cross-national strategic alliances, where trust is a key to success, we see a growing need to understand how culture and trust interact." Doney/Cannon/Mullen (1998), S. 617.

2.3.2.4 Unterschätzung der Kulturthematik im Management

Eine weitere Ursache für die in internationalen Unternehmenskooperationen auftretenden kulturellen Konflikte ist in der mangelnden Sensibilität des Managements für den Faktor Kultur und Unterschätzung der Bedeutung der Kulturthematik innerhalb des Kooperationsmanagements zu sehen. Diverse Autoren berichten von einem mangelndem Problembewusstsein hinsichtlich der interkulturellen Dimension der Zusammenarbeit.[495] Entscheidungsträger sind sich oftmals zu wenig der Implikationen und Konsequenzen bewusst, eine interkulturelle Kooperation einzugehen und damit mit einem Partner mit anderen Annahmen, Werten, Normen sowie anderen Wahrnehmungs-, Denk-, Einstellungs- und Verhaltensmustern zusammenzuarbeiten.[496]

„Although it has become a cliché to say that managers in today's competitive environment must have a cross cultural perspective, we continue to be surprised at how many firms involved in international joint ventures are inadequately prepared to deal with national culture issues."[497]

Die Ursache hierfür ist nach Ansicht von Stüdlein u.a. in der Dominanz nicht-sensibilisierter Funktionsbereiche und ihrer Entscheidungsträger zu sehen.[498] In der Regel sind nämlich die Bereiche Strategie und Finanzen für die Entscheidung und Planung internationaler Kooperationsbeziehungen verantwortlich − „Funktionen in denen wenig Bewusstsein für kulturelle Aspekte herrscht bzw. diesen eine geringe Bedeutung eingeräumt wird."[499] Entscheidungsträger aus dem Personalwesen, welche eher für den Faktor Kultur sensibilisiert sein dürften, werden tendenziell jedoch erst zu einem späten Zeitpunkt, zu Beginn der operativen Zusammenarbeit in den Prozess einbezogen. Dementsprechend werden kulturelle Differenzen und daraus resultierende Konfliktpotenziale im Vorfeld der Kooperation nur selten antizipiert. Vielmehr werden sie den Beteiligten erst zu Beginn der operativen Zusammenarbeit auf unerwartete Weise bewusst: „Operational and cultural differences emerge after collaboration is under way. They often come as a surprise to those who created the alliance."[500]

---

[495] Vgl. u.a. Kanter (1994), S. 104; Bittner/Reisch (1994), S. 114f.; Inkpen/Li (1999), S. 41; Fedor/Werther (1996), S. 39; Loiselle (2000), S. 16.

[496] Vgl. Stüdlein (1997), S. 75.

[497] Inkpen/Li (1999), S. 41.

[498] Vgl. Stüdlein (1997), S. 77.

[499] Stüdlein (1997), S. 77 mit Rekurs auf die von ihr durchgeführten Experteninterviews mit interkulturellen Beratern.

[500] Kanter (1994), S. 104. Hinzu kommt, dass die Überbrückung kultureller Unterschiede in einer internationalen Kooperation Zeit, Energie und Aufmerksamkeit erfordert − Dinge, die nur allzu oft lieber in die Begegnung der marktlichen Herausforderungen gesteckt wird und nicht in das Management der Partnerbeziehung. Vgl. Fedor/Werther (1996), S. 42.

Nach Ergebnissen der Untersuchung von Richter scheint insbesondere in Deutschland eine mangelnde Sensibilität für die Kulturthematik im Zusammenhang mit Kooperationen vorzuherrschen.[501] Er beschreibt in seiner Studie deutsch-japanischer Allianzen, dass deutsche Firmen ihre Partner vor allem nach strategischen und ressourcen-orientierten Gesichtspunkten auswählen und auch auf diese Bereiche den Schwerpunkt bei den Kooperationsverhandlungen legen. Japanische Unternehmen hingegen achten seiner Meinung nach verstärkt auf die kulturelle Ausrichtung des Allianzpartners. Die Unterschätzung der Wichtigkeit eines kulturellen Fits durch deutsche Unternehmen ist zum einen isoliert betrachtet negativ, weil die kulturelle Komponente anerkanntermaßen eine große Rolle beim Erreichen der Kooperationsziele spielt. Zum anderen zeigt die Untersuchung aber auch dass andere Kulturkreise der Kulturthematik eine wesentliche größere Rolle zumessen, so dass die Nichtbeachtung von kulturellen Unterschieden bei deutschen Unternehmen zu Irritationen beim ausländischen Partner führen kann.[502]

2.3.3 Relevanz kultureller Unterschiede für den Kooperationserfolg

Konnten im bisherigen Verlauf der Arbeit die Probleme von Kooperationspartnern mit der interkulturellen Dimension der Zusammenarbeit und die ihnen zu Grunde liegenden Ursachen aufgezeigt werden, wird im Folgenden die Relevanz kultureller Unterschiede für den Kooperationserfolg diskutiert.

2.3.3.1 Kulturunterschiede als Grund für das Scheitern von Kooperationen

Die bisherigen Ausführungen haben verdeutlicht, dass kulturellen Unterschieden im Rahmen internationaler Unternehmenskooperationen eine zentrale Bedeutung als komplexitätserhöhender Faktor und Konfliktpotenzial zukommt. Komplexer und problembehafteter wird die Zusammenarbeit zwischen den Kooperationspartnern auf Grund des hohen Potenzials für interkulturelle Kommunikationsstörungen, Akkulturationskonflikte der Kooperationsträger, einem erschwerten Vertrauensaufbau und der Unterschätzung des Kulturphänomens im Management. Diese Problemfelder führen zu Reibungsverlusten und vermindern letztlich die Effektivität der Zusammenarbeit. Produktivitätsverluste in Teamsituationen und eine Beeinträchtigung des Führungsvermögens der Vorgesetzten in Führungssituationen sind die Folge. Zugleich sinkt auf Mitarbeiterebene die Motivation, Leistungsbereitschaft, die Identifikation mit den Kooperationszielen und das Vertrauen in die Führung.[503]

---

[501] Vgl. Richter (1996), S. 98ff.

[502] Vgl. Richter (1996), S. 99.

[503] Vgl. Stüdlein (1997), S. 143f.

Vor diesem Hintergrund können kulturelle Unterschiede zwischen den Partnern gesamthaft als Barriere für den Erfolg internationaler Unternehmenskooperationen gesehen werden.[504] Dementsprechend wird auch in der neueren Literatur vermehrt die Auffassung vertreten, dass das Scheitern zahlreicher internationaler Unternehmenskooperationen – teilweise oder hauptsächlich – auf kulturelle Unterschiede zwischen den Partnern und ihre Vernachlässigung in der Gestaltung der Kooperation zurückzuführen ist.[505] Literaturbeiträge schätzen den Anteil gescheiterter Kooperationsbeziehungen auf Grund kultureller Probleme sogar auf über 50 Prozent.[506]

Der Fall AT&T – Olivetti wird in der Literatur als Paradebeispiel für das Scheitern einer Kooperation auf Grund von Kulturunterschieden aufgeführt.[507] Im Jahre 1983 schlossen der US-Telekommunikationskonzern AT&T und der italienische Computerhersteller Olivetti eine strategische Allianz mit Kapitalbeteiligung. Nach Ansicht aller Experten ergänzten sich die Unternehmen aus strategischer und ökonomischer Sicht sowie in ihrem Stärken- und Schwächenprofil hervorragend.[508] Doch bereits nach kurzer Zeit traten die ersten Spannungen auf, welche auf die unterschiedlichen Kulturen zurückgeführt werden konnten. Da zur Überbrückung der Unterschiede zwischen den Partnern wenig getan wurde, kam es nach zwei Jahren zu einer fundamentalen Vertrauenskrise und im Jahre 1989 zu einer endgültigen formalen Trennung.[509] AT&T Group Executive Robert Kravner konstatierte anschließend:

> „I don't think that we or Olivetti spent enough time understanding behavior patterns. We knew that culture was different but we never really penetrated. We would get angry and they would get upset."[510]

Neben diesem prominenten Beispiel lassen sich unzählige weitere internationale Unternehmenskooperationen finden, deren Scheitern in der Literatur auf die unge-

---

[504] Vgl. u.a. Lorange/Roos/Simcic Bronn (1992), S. 15; Fedor/Werther (1996), S. 41; Meschi/ Roger (1994), S. 197 und Tayeb (2001), S. 140. "Certainly, cultural diversity adds to the difficulty of international alliance management." Inkpen (2000), S. 106.

[505] Vgl. Zahra/Elhagrasey (1994), S. 85; Pothukuchi et al. (2002), S. 244; Faulkner/de Rond (2000), S. 29; Hébert/Beamish (2002), S. 88; Mockler (1999), S. 201; Gordon/Salganik (2001), S. 73; Fedor/Werther (1996), S. 39 und Brannen/Salk (2000), S. 452.

[506] Vgl. z.B. Pothukuchi et al. (2002), S. 244 ; Geringer/Hebert (1991), S. 250; Zahra/Elhagrasey (1994), S. 83; Elmuti/Kathawala (2001), S. 206 und Büchel et al. (1997), S. 122.

[507] Vgl. u.a. Cascio/Serapio (1991), S. 67f.; Stüdlein (1997), S. 83; Reardon/Spekman (1994), S. 72; Zahra/Elhagrasey (1994), S. 90; Parkhe (1991), S. 585; Fedor/Werther (1996), S. 42f.

[508] Vgl. u.a. die Darstellung bei Backhaus/Piltz (1991), S. 8.

[509] Vgl. Fedor/Werther (1996), S. 42f. und Reardon/Spekman (1994), S. 73f., welche v.a. die zu geringe Erfahrung von AT&T im Management einer internationalen Beziehung als Kern der Probleme ansehen.

[510] Kravner zitiert in Cascio/Serapio (1991), S. 67f. und Parkhe (1991), S. 585.

nügende Berücksichtigung kultureller Unterschiede zurückgeführt wird.[511] Darüber hinaus existieren diverse empirische Studien, in denen eine geringere Überlebens- bzw. Erfolgswahrscheinlichkeit von internationalen Joint Venture festgestellt wurde, wenn die kulturelle Distanz der Partnerunternehmen besonders groß war.[512]

> "The presence of parent firms from different countries has been described as a source of disagreement and conflict in IJVs, and a factor in their frequent failure and performance problems."[513]

Breuer/Barmeyer veranschaulichen anhand einer „negativen Synergiespirale" die Probleme, welche in einem Durchsetzen des Mächtigeren oder Abbruch münden und letztendlich zu einer „K.O.-Operation" führen (vgl. Abbildung 20).[514]

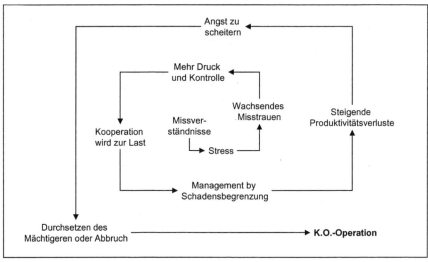

Quelle: In Anlehnung an Breuer/Barmeyer (1998), S. 183

Abbildung 20: „Negative Synergiespirale" einer interkulturellen Kooperation

---

[511] Vgl. u.a. die Kooperationsbeispiele „Volvo-Renault" bei Stüdlein (1997), S. 86 und Wederspahn (2002), S. 68; „Daimler Benz-Mitsubishi" bei Parkhe (1991), S. 579; „Dunlop-Pirelli" bei Bronder/Pritzl (1992), S. 38 und Bartlett/Goshal (1998), S. 411; „Asahi-Samsung-Corning" bei Griffith/Harvey (2001), S. 89; „Knight Ridder-China Times" bei Fedor/Werther (1996), S. 49; „Bridgestone-Firestone" bei Fedor/Werther (1996), S. 39; „Colgate Palmolive-KAO" bei Fedor/Werther (1996), S. 41f.

[512] Vgl. z.B. Kogut (1988) ; Barkema et al. (1997); Li/Guisinger (1991); Barkema/Vermeulen (1997) und Meschi/Roger (1994).

[513] Hebert/Beamish (2002), S. 88.

[514] Vgl. Breuer/Barmeyer (1998), S. 183.

An dieser Stelle sei jedoch angemerkt, dass der Faktor Kultur nicht allein und *ausschließlich* für die Konflikte in und das Scheitern von internationalen Unternehmenskooperationen verantwortlich gemacht werden darf. Ausschlaggebend ist vielmehr seine mangelnde Berücksichtigung bzw. eine unzureichende Kompetenz der beteiligten Partnerunternehmen und ihrer Kooperationsträger, worauf im wieteren Verlauf der Arbeit noch eingangen wird. Darüber hinaus spielen auch individuelle und umfeldbezogene Faktoren eine wesentliche Rolle, so dass der kulturelle Einfluss nicht *per se* als ursächlich für das Scheitern von internationalen Unternehmenskooperationen beurteilt werden kann.

2.3.3.2 Kulturunterschiede als potenzielle Synergiequelle in Kooperationen

Bereits in Abschnitt 2.2.2.4 wurde darauf hingewiesen, dass sich aus der interkulturellen Zusammenarbeit Synergiepotenziale ergeben. Kulturelle Unterschiede können auch in internationalen Kooperationsbeziehungen potenzielle Synergiequellen erschließen, auf die u.a. Hofstede hinweist:

> „Joint Ventures können sogar bisher unbekannte und kreative kulturelle Charakterzüge entwickeln, die eine Synergie zwischen den kulturellen Elementen bilden, die jeder Partner in das Unternehmen miteinbringt."[515]

Verschiedenartige, aus der jeweiligen kulturellen Prägung hervorgerufene Einstellungen und Werte der Kooperationspartner können nach Ansicht von Pothukuchi et al. die Zusammenarbeit auch insofern positiv beeinflussen, als dass die besonderen Herausforderungen einer interkulturellen Beziehung zu erhöter Kommunikation und besonderer Sensibilität für die Ziele des Partners führen können.[516] Almeida et al. sehen insbesondere im Hinblick auf die Lernbereitschaft der Partner mögliche Vorteile: „The differences in culture between countries can increase the incentives or the motivation to learn, especially through cross-border alliances."[517] Da manche Lernpotenziale auf Grund ihrer Einbettung in den lokalen und oftmals firmenspezifischen Kontext nicht durch ausländische Direktinvestitionen angezapft werden können, sind Allianzen oftmals der einzig verfügbare Mechanismus zur Generierung spezifischen Wissens. Kulturelle Unterschiede und die Andersartigkeit des Partners können dabei die Motivation zum Lernen erheblich erhöhen.[518]

Kulturelle Unterschiede stellen somit zwar eine potenzielle Barriere für den Erfolg internationaler Unternehmenskooperationen dar, können aber gleichzeitig

[515] Hofstede (2001b), S. 325.

[516] Vgl. Pothukuchi et al. (2002), S. 259.

[517] Almeida/Grant/Phene (2002), S. 72.

[518] Vgl. Almeida/Grant/Phene (2002), S. 73.

auch einen wesentlichen Beitrag zum Erfolg der Partnerschaft leisten, wenn es den Partnern gelingt, Synergien zu realisieren. Kulturelle Synergien entfalten sich jedoch nicht zwangsläufig aus der Zusammenarbeit von Unternehmen oder Personen unterschiedlicher kultureller Herkunft.[519]

> "Synergieeffekte ergeben sich nicht automatisch durch die Kooperation als solche, sondern hängen von der *Qualität* des Zusammenwirkens ab. Viele der stolz auf Pressekonferenzen verkündeten Allianzen scheitern kläglich, weil zwar alle Fakten für die Zusammenarbeit sprachen, aber die emotionale und zwischenmenschliche Basis nicht stimmt."[520]

Eine wesentliche Voraussetzung für die Realisierung von Synergiepotenzialen und synergetischer Formen der Kooperation ist daher die Überwindung interkulturell bedingter Missverständnisse, Kommunikationsstörungen und persönlicher Konflikte.[521]

2.3.4 Fazit: Interkulturelle Fähigkeiten als Erfolgsfaktor in internationalen Kooperationen

Fasst man die bisherigen Ausführungen zur Relevanz des Faktors Kultur in internationalen Unternehmenskooperationen zusammen, ist festzustellen, dass kulturelle Unterschiede ein erhebliches Konfliktpotenzial aufweisen und ihre mangelnde Berücksichtigung im Laufe der Zusammenarbeit eine Gefährdung des Kooperationserfolgs darstellt. Die Vernachlässigung der interkulturellen Dimension einer solchen Kooperationsbeziehung verhindert zudem die Ausschöpfung von Synergiepotenzialen, die sich aus den kulturellen Unterschieden der Partner ergeben und welche den Erfolg einer Kooperation vergrößern können.

Vor diesem Hintergrund überrascht es, dass die Berücksichtigung des Faktors Kultur in internationalen Kooperationen in Literatur und Praxis weit gehend unterlassen bzw. seine Bedeutung unterschätzt wird.[522] Lediglich in vereinzelten neueren Literaturbeiträgen zu internationalen Kooperationen findet sich vermehrt der Hinweis, dass

- ein Bewusstsein über und Verständnis kultureller Faktoren,

- die Sensibilität für Kulturunterschiede und

- die Fähigkeiten der Partner zur kulturellen Integration, bzw. Überbrückung der Unterschiede

---

[519] Vgl. Bittner/Reisch (1994), S. 28.

[520] Breuer/Barmeyer (1998), S. 186.

[521] Vgl. Stüdlein (1997), S. 167.

[522] Vgl. die Ausführungen in Abschnitt 2.3.2.4.

eine Erfolgsvoraussetzung darstellen.[523]

So stellen z.B. Pothukuchi et al. in ihrer Untersuchung von 127 indischen Joint Ventures mit ausländischen Partnern fest, dass der Grad kultureller Unterschiedlichkeit allein nicht ausschlaggebend für den Erfolg bzw. die Zufriedenheit der Partner mit den Joint Venture Ergebnissen ist.[524] Vielmehr kommt es darauf an, in welcher Form die unterschiedliche kulturelle Prägung der Partner in der Planung und Gestaltung einer Kooperation berücksichtigt wird.

„The partners who make conscientious efforts to explore integrative solutions, namely those that are sensitive to and compatible with different cultures, are more likely to be effective in solving cultural conflicts and maintaining positive relationships."[525]

Ziel dieser Arbeit ist es daher, die notwendigen Fähigkeiten der Partnerunternehmen und ihrer Kooperationsmitarbeiter zu identifizieren, um interkulturelle Austauschbeziehungen in internationalen Unternehmenskooperationen erfolgreich planen und gestalten zu können. Zu diesem Zweck wird im folgenden Kapitel ein Erklärungsmodell der interkulturellen Kooperationskompetenz entwickelt, welches im Anschluss empirisch validiert werden soll.

---

[523] Vgl. Fedor/Werther (1996), S. 44ff.; Inkpen/Li (1999), S. 42; Mockler (1999), S. 82; Loiselle (2000), S. 133ff.; Tayeb (2001), S. 128ff.; Buckley/Glaister/Husan (2002), S. 114ff.

[524] Vgl. Pothukuchi et al. (2002), S. 258ff. Darüber hinaus konnte auch für den angrenzenden Bereich der Akquisitionen die These, dass eine größere kulturelle Distanz in einer geringeren Performance resultiert, nicht bestätigt werden. Stattdessen stellte sich in einer Studie von 400 grenzüberschreitenden Akquisitionen die effektive Handhabung nationaler kultureller Differenzen als kritischer Erfolgsfaktor heraus. Hierzu zählt die erfolgreiche Kommunikation und Artikulation gemeinsamer Werte sowie die Entwicklung und Koordination der entscheidenden Personen, effektiv über Grenzen hinweg zu arbeiten. Vgl. Morosini (2000), S. 219.

[525] Pothukuchi et al. (2002), S. 261.

3 ENTWICKLUNG EINES ERKLÄRUNGSMODELLS DER INTERKULTURELLEN KOOPERATIONSKOMPETENZ

Im vorherigen Abschnitt wurde herausgearbeitet, dass internationale Unternehmenskooperationen vor komplexen kulturellen Herausforderungen stehen. Eine angemessene und effektive Gestaltung ihrer Interaktionsbeziehungen verlangt von beiden Partnern, die sich aus den kulturellen Unterschieden ergebende Komplexität wahrzunehmen, zu akzeptieren und eine gemeinsame kulturelle Perspektive zu entwickeln. Das vorliegende Kapitel versucht daher ein Erklärungsmodell aufzustellen, welches die notwendigen Kompetenzen der Partner beschreibt, um die Austauschbeziehungen kulturübergreifender Kooperationen angemessen und effektiv gestalten zu können. Zudem sollen Kontextfaktoren aufgezeigt werden, welche die Ausbildung der zuvor identifizierten Kompetenzen fördern.

Zu Beginn dieses Kapitels wird auf die konzeptionellen Ansätze der angrenzenden Forschungsbereiche der individuellen interkulturellen Kompetenz sowie der Kooperationskompetenz eingegangen (Abschnitt 3.1). Darauf aufbauend erfolgt zunächst die Konzeption eines Konstrukts der interkulturellen Kooperationskompetenz (Abschnitt 3.2), bevor ihr Einfluss auf die Angemessenheit und Effektivität der Interaktionsbeziehungen auf der Basis theoretischer Ableitungen und Ergebnisse empirischer Studien in einem Erklärungsmodell dargestellt und hypothesenartig formuliert wird (Abschnitt 3.3). Weitere Hypothesen bezüglich des Einflusses von Kontextfaktoren auf die Dimensionen der interkulturellen Kooperationskompetenz ergänzen das Erklärungsmodell und werden in Abschnitt 3.4 aufgestellt. Schließlich erfolgt die zusammenfassende Darstellung und kritische Reflektion des zusammengesetzten Modells (Abschnitt 3.5), welches dann als Bezugsrahmen des nachfolgenden Kapitels dient – einer empirischen Konfrontation der Hypothesen mit der Realität internationaler Unternehmenskooperationen.

3.1 Konzeptionelle Ansätze verwandter Forschungsbereiche

Die Herleitung eines ganzheitlichen Konstrukts, welches die notwendigen Fähigkeiten von Partnerunternehmen unterschiedlicher kultureller Herkunft[526] zur effektiven und angemessenen Gestaltung von Interaktionsbeziehungen in Kooperationen beschreibt, ist in der Literatur bis dato nicht erfolgt. Zumeist bleibt es bei der Beschreibung von Kultur- und Zielkonflikten.[527] Insbesondere ist festzustellen, dass in der Regel keine differenzierte Auseinandersetzung mit den notwendi-

---

[526] Der Forschungsfragestellung entsprechend ist an dieser Stelle insbesondere die unterschiedliche *landes*kulturelle Herkunft von Interesse, da davon auszugehen ist, dass jede Form der Kooperation zweier Unternehmen *unternehmens*kulturelle Unterschiede beinhaltet.

[527] Dies kritisieren z.B. auch Stüdlein (1997), S. 9 und Loiselle (2000), S. 15.

gen Fähigkeiten und Kompetenzen innerhalb einer internationalen Unternehmenspartnerschaft erfolgt.[528] An dieser Stelle setzt die vorliegende Arbeit an und versucht, ein Konstrukt der interkulturellen Kooperationskompetenz zu entwickeln, um es im Rahmen einer Fallstudienuntersuchung bezüglich seiner Relevanz für die Beziehungen in einer Kooperation empirisch zu überprüfen.

Ansätze für die Entwicklung eines solchen Konstrukts lassen sich in den sowohl begrifflich als auch thematisch verwandten Bereichen der (auf der individuellen Ebene ansetzenden) interkulturellen Kompetenzforschung sowie der (auf der individuellen *und* organisationalen Ebene ansetzenden) Kooperationskompetenzforschung finden. Sie werden im Folgenden einzeln dargestellt und ihre Anwendbarkeit auf die Zielsetzung dieser Arbeit geprüft.

3.1.1 Ansätze der individuellen, interkulturellen Kompetenzforschung

Das Forschungsgebiet der interkulturellen Kompetenz im Kontext des internationalen Managements ist – insbesondere in Deutschland – noch relativ jung.[529] Es beinhaltet jedoch Ansätze aus anderen Forschungsdisziplinen (wie z.B. der Sozial- und Kommunikationswissenschaft, der Psychologie oder Anthropologie), in denen unter den Begriffen der „Kommunikationskompetenz" oder „sozialen Kompetenz" bereits seit den fünfziger Jahren Fähigkeiten zur erfolgreichen Anpassung in interkulturellen Kontexten untersucht wurden.[530] Die zunehmende Internationalisierung und Globalisierung der Wirtschaft sowie der damit einhergehende Bedeutungszuwachs des Faktors Kultur und seiner Berücksichtigung im internationalen Management[531] haben jedoch dazu geführt, dass die Fähigkeiten von Mitarbeitern zur erfolgreichen Interaktion mit fremdkulturell geprägten Personen und Situationen auch in der Literatur verstärkt Beachtung gefunden haben.[532] Während zu Beginn der Auseinandersetzung nach Ansicht von Müller/Gelbrich kaum mehr als ein „Agenda Setting"[533] betrieben wurde bzw. sich die Diskussion in der anekdotischen Beschreibung von Verhaltensanweisungen in Form von „Do's" und „Don'ts" für einzelne Kulturen erschöpfte,[534] kam es in den vergangenen Jahren verstärkt zu einer systematischen Auseinandersetzung mit

---

[528] Vgl. auch die Ausführungen in Abschnitt 1.2.

[529] Vgl. Fritz/Möllenberg/Werner (1999), S. 14.

[530] Vgl. u.a. Müller/Gelbrich (1999), S. 4ff. sowie Fritz/Möllenberg/Werner (1999), S. 13.

[531] Vgl. hierzu auch Abschnitt 2.2.1 dieser Arbeit.

[532] Vgl. z.B. Müller/Gelbrich (2001), S. 247, die trotz der deutlich gestiegenen Aufmerksamkeit der interkulturellen Kompetenz jedoch immer noch von einer „Randerscheinung betriebswirtschaftlicher Forschung" ausgehen.

[533] Müller/Gelbrich (2001), S. 246.

[534] Vgl. Fritz/Möllenberg/Werner (1999), S. 14f.

dem Begriff und Konstrukt der interkulturellen Kompetenz.[535] Darüber hinaus wird auch in der Praxis immer öfter von Mitarbeitern interkulturelle Kompetenz als besondere Form der sozialen Kompetenz gefordert.[536] Neuere Beiträge sprechen in diesem Zusammenhang sogar von einem „Schlüsselfaktor für den Erfolg auf Auslandsmärkten"[537].

Aufgrund der in der Literatur uneinheitlichen Verwendung des Begriffs der interkulturellen Kompetenz erfolgt zunächst eine Begriffsklärung, bevor einzelne Modelle und Erklärungsansätze sowie die aus heutiger Sicht vorherrschenden Strukturdimensionen des Konstrukts vorgestellt werden. Schließlich wird die Anwendbarkeit des Forschungsansatzes auf die in dieser Arbeit relevante Situation internationaler Unternehmenskooperationen diskutiert.

3.1.1.1 Begriff der interkulturellen Kompetenz

Bis heute wird mit dem Begriff der interkulturellen Kompetenz in der Literatur kein einheitlicher Bedeutungsinhalt verbunden. Es existiert deshalb eine Vielzahl an unterschiedlichen Definitionen, Konzepten und Modellen.[538] Jedoch kristallisieren sich in der Literatur zunehmend sowohl die *Effektivität* als auch die *Angemessenheit* des Handelns als wesentliche Merkmale heraus.

> Nach derzeitigem Forschungsstand lässt sich interkulturelle Kompetenz daher als Fähigkeit bezeichnen, mit Angehörigen anderer Kulturen effektiv und angemessen zu interagieren.[539]

Effektives Verhalten beinhaltet dabei, ein gestecktes Ziel zu erreichen, ein gewünschtes Ergebnis zu erzielen bzw. Arbeitsaufgaben erfolgreich wahrzunehmen. Angemessenes Verhalten äußert sich hingegen in der Fähigkeit, den beziehungsbezogenen Anforderungen oder Erwartungen der Interaktionsteilnehmer gerecht zu werden bzw. kulturellen Erwartungen und Regeln zu entsprechen.[540]

---

[535] Besonders hervorzuheben sind in diesem Zusammenhang die Arbeiten von Chen/Starosta (1996); Müller/Gelbrich (1999) und Fritz/Möllenberg/Werner (1999).

[536] Vgl. z.B. Ingelfinger (1995); Caligiuri/Di Santo (2001) und Eder (1996).

[537] Fritz (2001), S. 87.

[538] Vgl. z.B. die Forschungsberichtsübersicht von Dinges/Baldwin (1996) sowie die Bestätigung des Befundes einer uneinheitlichen Begriffsverwendung bei Stüdlein (1997), S. 153; Bolten (1999), S. 65; Müller/Gelbrich (1999), S. 2 und Fritz (2001), S. 94.

[539] Vgl. z.B. Müller/Gelbrich (1999), S. 32; Fritz (2001), S. 94 sowie Fritz/Möllenberg (2003), S. 297.

[540] Vgl. zur Verwendung des Effektivitäts- und Angemessenheitskriteriums u.a. Müller/Gelbrich (2001), S. 247; Fritz/Möllenberg/Werner (1999), S. 16; Chen/Starosta (1996), S. 356ff.; Stüdlein (1997), S. 153ff.; Wiseman (2002), S. 209f.; Imahori/Lanigan (1989), S. 272; Ting-Toomey (1999), S. 262ff.; Lustig/Koester (1999), S. 67f.

Eng verbunden mit der interkulturellen Kompetenz ist der Begriff der interkulturellen Kommunikationskompetenz. In der angelsächsischen Literatur eine breite Verwendung findend, weist er auf die kommunikationswissenschaftlichen Ursprünge des Forschungsgebiets hin.[541] Nach Ansicht von Fritz/Möllenberg/Werner beinhaltet der Begriff der interkulturellen Kommunikationskompetenz jedoch grundsätzlich dasselbe wie die interkulturelle Kompetenz, nämlich „die Befähigung von Personen unterschiedlicher Kulturzugehörigkeit zum Umgang miteinander."[542] Eine synonyme Verwendung beider Begriffe erscheint außerdem deshalb zulässig, weil interkulturelle Interaktionen immer mit kommunikativen Prozessen verbunden sind und somit ihrem Wesen nach nichts anderes als die Kommunikation zwischen Angehörigen verschiedener Kulturen darstellen.[543]

3.1.1.2 Erklärungsansätze und Modelle der interkulturellen Kompetenz

Zur interkulturellen Kompetenz existieren in der Literatur zahlreiche Erklärungsmodelle. Sie lassen sich nach Müller/Gelbrich in drei verschiedene Gruppen von Ansätzen klassifizieren:[544]

- Deskriptive Ansätze

- Partielle Ansätze

- Integrative Ansätze

Deskriptive Ansätze wurden zumeist von amerikanischen Sozialwissenschaftlern seit Anfang der fünfziger Jahre entwickelt und konzentrieren sich auf die Beschreibung von Problemen beim Arbeiten im Ausland.[545] Vorrangiges Erkenntnisziel dieser Ansätze ist es, Eigenschaften und Fähigkeiten im Ausland anpassungsfähiger Angehöriger bestimmter Berufsgruppen zu entdecken und zu beschreiben. Aufgrund ihrer fehlenden theoretischen Basis und ihres explorativen Charakters, der sich in der ex-post Identifikation und bloßen Beschreibung von Eigenschaften und Fähigkeiten zur erfolgreichen Anpassung der untersuchten

---

[541] Vgl. Müller/Gelbrich (1999), S. 34 sowie die Verwendung des Begriffs der „intercultural communication competence" u.a. bei Chen/Starosta (1996); Imahori/Lanigan (1989); Wiseman (2002).

[542] Fritz/Möllenberg/Werner (1999), S. 14.

[543] Vgl. zu dieser Ansicht u.a. Knapp (2003), S. 110 sowie die Ausführungen zur interkulturellen Kommunikation in Abschnitt 2.2.2.3 dieser Arbeit.

[544] Vgl. Müller/Gelbrich (1999), S. 12ff. und (2001), S. 247ff. sowie leicht abweichende Klassifizierungen der Ansätze bei Fritz/Möllenberg/Werner (1999), S. 18ff.; Gertsen (1990), S. 343ff. und Chen/Starosta (1996), S. 361.

[545] Aus diesem Grund werden die Untersuchungen auch Overseasmanship-Ansätze genannt. Vgl. z.B. Müller/Gelbrich (2001), S. 248.

Personen äußert, eignen sich deskriptive Ansätze aus heutiger Sicht jedoch nicht dazu, interkulturelle Kompetenz und ihre Bestandteile umfassend zu erklären.[546]

Partielle Erklärungsansätze sind in verschiedenen Wissenschaftsgebieten verankert und haben im Gegensatz zu den beschreibenden Ansätzen neben der Deskription auch die Explikation interkultureller Kompetenz als Forschungsziel. Sie basieren jeweils auf einer bestimmten theoretischen Basis und betrachten interkulturelle Kompetenz als multifaktorielles aber eindimensionales Konstrukt.[547] Dabei wird interkulturelle Kompetenz je nach Ansatz entweder als kognitives, affektives oder konatives, d.h. verhaltensbezogenes Konstrukt interpretiert und anhand unterschiedlicher Außenkriterien wie z.B. dem Grad der Anpassung, Zufriedenheit, Effektivität oder Angemessenheit evaluiert. *Kognitive Ansätze* stellen dabei die Wissensdimension in den Vordergrund und konzentrieren sich auf das Bewusstsein einer kulturellen Prägung der Werte und Verhaltenswiesen. Vertreter der *affektiven Ansätze* hingegen betrachten die Motivation bzw. Einstellung einer Person als maßgeblich. Schließlich wird interkulturelle Kompetenz im Rahmen *konativer Ansätze* als ein Set an Verhaltensweisen bzw. Fähigkeiten verstanden, welches u.a. Flexibilität, Einfühlungsvermögen oder Interaktionsmanagement umfasst.[548]

Integrative Ansätze gehen davon aus, dass interkulturelle Kompetenz nicht aus einer der bei den partiellen Erklärungsansätzen fokussierten Strukturdimensionen besteht, sondern vielmehr eine Kombination der verschiedenen Dimensionen darstellt.[549] Dies wird u.a. damit begründet, dass in Untersuchungen der partiellen Ansätze jede einzelne Strukturdimension für sich genommen einen signifikanten Einfluss auf die interkulturelle Kompetenz ausübt.[550] Als Außenkriterien dienen dabei Effektivität und Angemessenheit, auf die sich nach Ansicht der Vertreter integrativer Ansätze die Vielfalt der in partiellen Erklärungsansätzen verwendeten Erfolgskriterien reduzieren lassen.[551] Abbildung 21 stellt in vereinfachter Form das in integrativen Ansätzen verwendete Modell der interkulturellen Kompetenz als Kombination der in partiellen Erklärungsansätzen identifizierten Strukturdimensionen dar.

---

[546] Vgl. Müller/Gelbrich (1999), S. 15.

[547] Vgl. Müller/Gelbrich (1999), S. 16ff.

[548] Vgl. Müller/Gelbrich (1999), S. 19ff.

[549] Vgl. neben Müller/Gelbrich (1999), S. 35 u.a. auch Imahori/Lanigan (1989), S. 272; Gertsen (1990), S. 346; Chen/Starosta (1996), S. 362ff.; Ting-Toomey (1999), S. 265ff.

[550] Vgl. z.B. Imahori/Lanigan (1989), S. 273.

[551] Vgl. Imahori/Lanigan (1989), S. 272; Chen/Starosta (1996), S. 356ff.; Müller/Gelbrich (1999), S. 32 und die in Fußnote 540 angegebenen Quellen.

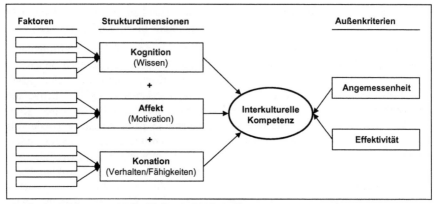

Quelle: In Anlehnung an Müller/Gelbrich (1999), S. 35

Abbildung 21: Erklärungsmodell integrativer Ansätze zur interkulturellen Kompetenz

Insgesamt zeigt sich in der Literatur zwar eine noch recht heterogene Konzeptualisierung interkultureller Kompetenz,[552] jedoch stellen Bergemann/Sourisseaux fest, dass „mittlerweile eine umfassende empirische Befundlage entstanden ist, die interkulturelle Kompetenz als mehrdimensionales Konstrukt beschreibt."[553] Deskriptive oder partielle Erklärungsansätze finden daher kaum noch Anwendung. Obwohl auch das – teilweise als Synthesemodell bezeichnete – Erklärungsmodell der integrativen, mehrdimensionalen Ansätze nicht ohne Kritik in der Literatur geblieben ist,[554] stellt es dennoch eine anerkannte Synthese der bisherigen Erkenntnisse sowie eine erprobte Basis diverser Anwendungen und Weiterentwicklungsbemühungen dar.[555] Aus diesem Grund werden die drei Strukturdimensionen des integrativen Ansatzes und ihre dazugehörigen Eigenschaften und Fertigkeiten im folgenden Abschnitt näher beschrieben.

---

[552] Diese Aussage gilt insbesondere im Hinblick auf die den Strukturdimensionen zu Grunde liegenden Faktoren. Vgl. Bergemann/Bergemann (2003), S. 311 sowie die Ausführungen im nachfolgenden Abschnitt.

[553] Bergemann/Sourisseaux (2003), S. 210.

[554] Insbesondere wird die unzureichende Operationalisierung und geringe Berücksichtigung von Situationsfaktoren kritisiert. Vgl. Müller/Gelbrich (2001), S. 264.

[555] Vgl. z.B. die Verwendung kognitiver, affektiver und konativer Strukturdimensionen der interkulturellen Kompetenz bei Cui/Awa (1992), S. 314; Chen/Starosta (1996), S. 362ff.; Ting-Toomey (1999), S. 266; Fritz/Möllenberg (1999), S. 20; Bolten (1999), S. 65f.; Lustig/Koester (1999), S. 69ff.; Fritz (2001), S. 95; Müller/Gelbrich (2001), S. 256; Bennett (2001), S. 207f. und Graf (2003), S. 26f.

3.1.1.3 Strukturdimensionen interkultureller Kompetenz

Nach Ansicht der integrativen Ansätze kann die interkulturelle Kompetenz einer Person durch drei interdependente Dimensionen konzeptualisiert werden: eine kognitive („interkulturelles Bewusstsein"), eine affektive („interkulturelle Sensibilität") und eine verhaltensbezogene, konative („interkulturelle Gewandtheit") Dimension. Dabei muss an dieser Stelle jedoch darauf hingewiesen werden, dass – im Gegensatz zu den Strukturdimensionen – in der Literatur bisher keine Einigung bezüglich der ihnen zuzuordnenden Faktoren bzw. Teilfertigkeiten erzielt werden konnte.[556] Die folgende Übersicht konzentriert sich daher auf diejenigen Elemente der Dimensionen, über die ein weitestgehender Konsens in der interkulturellen Kompetenzliteratur besteht.

Die kognitive Dimension des **interkulturellen Bewusstseins** beinhaltet „die Fähigkeit einer Person, andere Kulturen verstehen und erklären zu können".[557] Sie umfasst neben Wissen und Kenntnissen über andere Kulturen bzw. über die spezifische Kultur des Interaktionspartners, auch ein Verständnis des Phänomens „Kultur" sowie Kenntnisse über die eigene Kultur.[558] Das Wissen über die generelle Art und Wirkungsweise von Kultur, d.h. der kulturellen Beeinflussung des Verhaltens von Einzelpersonen, steht dabei im Mittelpunkt und dient der Entwicklung eines Bewusstseins für kulturelle Unterschiede und vor allem für die kulturelle Prägung des eigenen Verhaltens.[559] Erst durch ein solches interkulturelles Bewusstsein lassen sich überhaupt Interaktionserfahrungen aus ihrem jeweiligen Kontext heraus verstehen, anderskulturelle Verhaltensweisen nicht nur in vereinzelten, aus der Erfahrung bekannten Situationen akkurat interpretieren und erste Orientierungshilfen für neuartige Situationen ableiten.[560] Auf die Kommunikationssituation bezogen beinhaltet kognitive Kommunikationskompetenz nach Kim die Fähigkeit, den verbalen und nonverbalen Zeichen eine richtige Bedeutung zuzuordnen bzw. die Botschaft eines fremdkulturellen Senders dekodieren zu können.[561] Demnach lässt sich kulturelle Kompetenz nicht auf sichtbares Verhalten reduzieren, sondern beinhaltet auch, dass Verhalten des Interaktionspartners angemessen zu deuten und sowohl dessen als auch die eigene Kulturgebundenheit zu erkennen.[562]

---

[556] Vgl. Bergemann/Bergemann (2003), S. 311; Fritz (2001), S. 94 und Bolten (1999), S. 65.

[557] Fritz/Möllenberg (1999), S. 3.

[558] Vgl. u.a. Bolten (1999), S. 66; Müller/Gelbrich (1999), S. 27; Stüdlein (1997), S. 158.

[559] Vgl. Lustig/Koester (1999), S. 69f. und Loiselle (2000), S. 135.

[560] Vgl. Stüdlein (1997), S. 157 sowie die konzeptionelle Herleitung der kognitiven Dimension bei Chen/Starosta (1996), S. 364f.

[561] Vgl. Kim (1991), S. 269.

[562] Vgl. Müller/Gelbrich (1999), S. 27.

Die affektive Dimension der **interkulturellen Sensibilität** enthält das emotionale Bedürfnis einer Person, andere zu akzeptieren bzw. wertzuschätzen. Sie umfasst Eigenschaften und Teilfertigkeiten wie Selbstwertgefühl, Aufgeschlossenheit, Unvoreingenommenheit und Einfühlungsvermögen.[563] Sind diese Persönlichkeitsmerkmale und Einstellungen bei der betrachteten Person nicht ausgeprägt, wird ein „Aufeinanderzubewegen" und „Sich-Einlassen" erschwert. Ohne Aufgeschlossenheit und ein Interesse an anderen Kulturen ist daher eine mangelhafte Einsicht in fremdkulturelle Zusammenhänge sowie eher mühselige und weniger ergiebige Interaktion mit dem Partner zu erwarten.[564] Offenheit und Unvoreingenommenheit hingegen fördern die grundsätzliche Bereitschaft, sich auf ungewohnte Verhaltensweisen einzulassen und kulturelle Unterschiede wahrzunehmen.[565] Chen/Starosta umschreiben die affektive Dimension der interkulturellen Kompetenz daher als „positive emotion that enables individuals to be sensitive enough to acknowledge and respect cultural differences."[566]

Die konative Dimension der **interkulturellen Gewandtheit** beschreibt schließlich die Fähigkeit, angemessenes und effektives Kommunikations- bzw. Interaktionsverhalten zu zeigen. Sie beinhaltet verbale und nonverbale Kommunikationsfähigkeiten, wie z.B. das Beherrschen der fremden Sprache sowie das Initiieren, Steuern und Beenden einer Interaktion. Weiterhin werden Empathie, Selbstenthüllung sowie Flexibilität im Sinne eines breiten verfügbaren Verhaltensrepertoires zur interkulturellen Gewandtheit gezählt.[567] Die verhaltensbezogene Dimension berücksichtigt somit die Tatsache, dass die kognitive und affektive Dimension zwar notwendige, aber keine hinreichenden Dimensionen interkultureller Kompetenz darstellen. Ohne die adäquate Umsetzung in Verhaltensweisen und Handlungen bleibt das Wissen und Verständnis sowie die Einstellungen und Eigenschaften der Person daher ungeeignet, um interkulturell erfolgreich agieren zu können.[568]

Im Folgenden erfolgt eine überblicksartige Zusammenfassung der den einzelnen Dimensionen zuzurechnenden Fähigkeiten bzw. Teilkompetenzen. Dabei ist auch an dieser Stelle zu beachten, dass keine absolute Trennschärfe zwischen den

---

[563] Vgl. Fritz/Möllenberg (1999), S. 4; Müller/Gelbrich (2001), S. 266.

[564] Vgl. Dülfer (2001), S. 537

[565] Vgl. Loiselle (2000), S. 139.

[566] Chen/Starosta (1996), S. 364.

[567] Vgl. u.a. Chen/Starosta (1996), S. 367ff.; Fritz/Möllenberg/Werner (1999), S. 21. Darüber hinaus sind nach Ansicht von Stüdlein das wertfreie Erkennen kultureller Unterschiede, eine vorsichtige Interpretation und Bewertung von fremdem Verhalten sowie die effektive Verwendung von Stereotypen Teilkompetenzen, die zur Verhinderung interkultureller Kommunikationsstörungen geeignet sind und somit ebenfalls zur interkulturellen Gewandtheit gezählt werden können. Vgl. Stüdlein (1997), S. 160ff.

[568] Vgl. Gertsen (1990), S. 345 und Bolten (1999), S. 66.

Dimensionen existiert und einzelne Faktoren u.U. in unterschiedlichen Literatur-beiträgen verschiedenen Dimensionen zugeordnet werden.[569] Darüber hinaus ist davon auszugehen, dass in Abhängigkeit der Situation und des spezifischen inter-kulturellen Kontexts, die genannten Teilkompetenzen ein unterschiedliches Ge-wicht haben dürften.[570] Dennoch hat sich in den vergangenen Jahren im Rahmen der integrativen Ansätze eine weit gehend deckungsgleiche Zuordnung und Struk-turierung der Teilkompetenzen ergeben, welche in Tabelle 3 wiedergegeben wird.

Interkulturelle Kompetenz		
Interkulturelles Bewusstsein (Kognitive Dimension)	**Interkulturelle Sensibilität** (Affektive Dimension)	**Interkulturelle Gewandtheit** (Konative Dimension)
• Kulturelles Bewusstsein • Selbst-Bewusstsein • Wissen über die Kultur • Wertschätzung des Selbst • Realistische Erwartungen	• Selbstwertgefühl • Aufgeschlossenheit • Unvoreingenommen-heit • Offenheit • Einfühlungsvermögen	• Kommunikationsfertig-keiten • Interaktions-management • Respekt • Flexibilität • Angemessene Selbst-enthüllung

Quelle: Vgl. die Darstellungen des Erkenntnisstands bei Bolten (1999), S. 66 und Müller/Gelbrich (2001), S. 266

Tabelle 3:   Strukturierung interkultureller Kompetenz

3.1.1.4 Anwendbarkeit auf die Situation internationaler Unternehmenskooperationen

Nach der in den vorherigen Abschnitten erfolgten Darstellung des Forschungs-stands im Bereich der interkulturellen Kompetenz bleibt zu prüfen, inwiefern die dort identifizierten und beschriebenen Fähigkeiten für den in dieser Arbeit unter-suchten Kontext internationaler Unternehmenskooperationen Anwendung finden können oder entsprechend modifiziert werden müssen. Dies ist insbesondere vor

---

[569] Dies dürfte vor allem auf Grund unterschiedlicher Operationalisierungen der Fall sein. Vgl. hierzu auch Müller/Gelbrich (1999), S. 39f.

[570] Vgl. Bolten (1999), S. 65 sowie Fritz/Möllenberg/Werner (1999), S. 27f. Auf die Berücksich-tigung des in dieser Arbeit besonders relevanten Kontextes von Unternehmenskooperationen wird ausführlich im nächsten Abschnitt dieser Arbeit einzugehen sein.

dem Hintergrund relevant, dass die Mehrzahl der vorgestellten Ansätze zur interkulturellen Kompetenz zumindest implizit von den notwendigen Fähigkeiten zur effektiven und angemessenen Interaktion *im Rahmen einer Auslandsentsendung* ausgehen.[571] Interkulturelle Interaktionen in Kooperationsbeziehungen sind jedoch keinesfalls notwendigerweise mit einer Auslandsentsendung der beteiligten Kooperationsträger verbunden.[572] Darüber hinaus wird in der Literatur betont, dass die relevanten Teilkompetenzen in besonderem Maße situations- bzw. kontextabhängig sind.[573] Es ist daher davon auszugehen, dass eine Person nicht in jeder Situation gleich kompetent auftreten wird bzw. sich die Gewichtung der in einer Kooperationsbeziehung notwendigen Teilkompetenzen von denen im Rahmen einer Auslandsentsendung unterscheiden.[574]

Neuere Ansätze der interkulturellen Kompetenzforschung berücksichtigen daher neben den Personenvariablen auch interagierende Situationsfaktoren und werden auch Interaktionsmodelle genannt. Sie erweitern die drei Dimensionen der integrativen Ansätze um die relevanten Einflüsse, die außerhalb der betrachteten Person anzusiedeln sind.[575] Zielsetzung dabei ist die Entwicklung geeigneter Situationstypologien, welche Dimensionen wie z.B. Situationsklima (freundlich vs. feindlich), Konkurrenzsituation (kompetitiv vs. kooperativ) und Aufgaben- vs. Beziehungsorientierung umfassen.[576] Die Ergebnisse der Studien lassen nach Ansicht von Fritz/Möllenberg/Werner noch keine abschließende Bewertung hinsichtlich geeigneter Dimensionen zu, sprechen aber generell für die Einbeziehung situativer Faktoren bei der Beurteilung des Vorliegens interkultureller Kompetenz.[577] Im Hinblick auf die dieser Arbeit zu Grunde liegende Fragestellung der notwendigen Fähigkeiten zur effektiven und angemessenen Gestaltung von interkulturellen Kooperationsbeziehungen soll daher an dieser Stelle auf die besonderen Anforderungen an die beteiligten Individuen in internationalen und somit interkulturellen Unternehmenskooperationen eingegangen werden.

Zum einen sind Interaktionssituationen in internationalen Partnerbeziehungen dadurch gekennzeichnet, dass kulturelle Unterschiede nicht nur landes- sondern auch unternehmenskultureller Art anzutreffen sind. Stehen die jeweils unterschiedlichen Kulturen der Partnerorganisationen in Konflikt miteinander, führt

---

[571] Vgl. z.B. Cui/Awa (1992), S. 314f. und Müller/Gelbrich (2001), die gemäß dem Titel ihres Beitrags „interkulturelle Kompetenz als neuartige Anforderung an Entsandte" untersuchen.

[572] Außerhalb von Joint Ventures ist der Auslandsaufenthalt der Kooperationsträger i.d.R. auf Reisetätigkeiten beschränkt.

[573] Vgl. u.a. Fritz/Möllenberg (2003), S. 297.

[574] Vgl. Müller/Gelbrich (1999), S. 41f.; Fritz/Möllenberg/Werner (1999), S. 26.

[575] Vgl. u.a. Fritz/Möllenberg/Werner (1999), S. 22f.; Bergemann/Bergemann (2003), S. 310 sowie die dort angegebene Literatur.

[576] Vgl. Fritz/Möllenberg/Werner (1999), S. 22f. und die dort vorgestellten Einzelstudien.

[577] Vgl. Fritz/Möllenberg/Werner (1999), S. 23f.

dies i.d.R. deshalb zunächst zu erheblichen Konflikten und Irritationen auf Seiten der Kooperationsträger.[578] Obgleich Loiselle anmerkt, dass es für den Umgang mit der Andersartigkeit der Kooperationsträger des Partnerunternehmens zunächst irrelevant ist, ob die erfahrenen Unterschiede unternehmens- oder landeskulturellen Ursprungs sind,[579] so hat das Fortbestehen der unterschiedlichen Organisationen der Mutterunternehmen ihrer Ansicht nach dennoch Einfluss auf die Interaktionen innerhalb der Kooperation. Denn für die Kooperationsträger einer Partnerbeziehung ergibt sich – sowohl auf Grund kultureller Unterschiede als auch ökonomischer Interessendiversität – häufig ein Konflikt zwischen den Vorgaben der jeweiligen Mutterunternehmen sowie den situativen Zwängen der Kooperation.[580] Mitarbeiter in Kooperationen müssen daher in ganz besonders schneller und sensibler Weise in der Lage sein, zwischen situationsspezifischen Anpassungsnotwendigkeiten und dem Festhalten an Prozessen, Strukturen und Verhaltensweisen, welche von den Mutterunternehmen erwartet werden, zu entscheiden.[581] Anpassungsbewegungen an die Kultur eines fremdkulturellen Interaktionspartners gestalten sich daher nicht immer unproblematisch. Eine übertriebene Anpassung kann eine zu starke Abwendung von der eigenen Kultur nach sich ziehen und dabei zu Orientierungslosigkeit und Handlungsunfähigkeit führen. Während sich dieser Effekt bei Auslandsentsendungen potenziell bei der Rückkehr ins eigene Land einstellt, können die Auswirkungen in Kooperationen in Form von Konflikten und Identitätsproblemen bereits im Rahmen des Kontakts mit der eigenen Mutterfirma offensichtlich werden.[582] Eine starke Anpassung an die andere Kultur könnte daher Vorwürfe und Misstrauen bei den an der Kooperation unbeteiligten Mitarbeitern ohne Interaktion mit dem Partnerunternehmen hervorrufen. Auf der anderen Seite fordert die interkulturelle Zusammenarbeit mit dem Partner eine zumindest teilweise Loslösung von den eigenen kulturellen Prägungen.[583] Kooperationsträger stehen daher vor einem Dilemma, welches in seiner spezifischen Form weder bei Auslandsentsendungen noch bei kulturüber-

---

[578] Vgl. u.a. Perlitz (1997), S. 453; Loiselle (2000), S. 97; Hentze/Kammel (2000), S. 222 und Pothukuchi et al. (2002), S. 245ff.

[579] Vgl. Loiselle (2000), S. 97. Obwohl beide Kulturphänomene nicht als identisch gesehen werden können, wirken sie dennoch insofern in ähnlicher Weise, als dass sie bei den beteiligten Individuen zu unterschiedlichen Deutungsmustern führen, welche die Wahrnehmung, das Denken und das Verhalten beeinflussen. Zudem wurde bereits in Abschnitt 2.2.1.3.3 auf den engen Beziehungszusammenhang zwischen Unternehmens- und Landeskultur hingewiesen.

[580] Vgl. Shenkar/Zeira (1992), S. 551. Hieraus können z.T. erhebliche Rollenkonflikte entstehen: "Because priorities and expectations of their parent firms may be different, managers of joint ventures are prone to role conflict." Pothukuchi et al. (2002), S. 246.

[581] Vgl. Loiselle (2000), S. 105.

[582] Vgl. diesbezüglich z.B. Hofstede (1991), S. 267 und Moosmüller (1996), S. 284.

[583] Vgl. hierzu z.B. Loiselle (2000), S. 110 sowie Abschnitt 2.2.2.2 dieser Arbeit.

greifenden Unternehmenszusammenschlüssen[584] auftreten und im Rahmen notwendiger Fähigkeiten zu beachten sein dürfte.

Als weitere Situationsmerkmale der individuellen Kompetenzanforderungen bei internationalen Unternehmenskooperationen sind die hohe Beziehungsorientierung und die partiell konkurrierenden Zielsetzungen der Partnerunternehmen zu nennen.[585] Das – meist erfolgsrelevante[586] – Ziel der Erreichung einer hohen Beziehungsqualität zwischen den Kooperationsträgern beider Partner und die damit einhergehende Beziehungsorientierung der Interaktion führen i.d.R. zu einer kontinuierlichen Zusammenarbeit über einen längeren Zeitraum und lassen konkrete Sachziele in den Hintergrund treten. Im Gegensatz zu Situationen wie internationale Einkaufs- oder Verkaufsverhandlungen, in denen meist klar definierte Aufgaben über einen relativ kurzen Zeitraum zu erfüllen sind, dürfte die Interaktion der Kooperationsträger in den allermeisten Kooperationen so beziehungsintensiv und langfristig sein, dass nicht nur ein Verständnis für die fremdkulturellen Sichtweisen und Verhaltensweisen entwickelt werden muss, sondern auch gemeinsam neue Wege der Bewältigung anstehender Aufgaben und Formen des Umgangs gesucht werden müssen.[587]

Darüber hinaus spielen die z.T. divergierenden Zielsetzungen der Partnerunternehmen insofern eine Rolle, als dass in Kooperationsbeziehungen immer die Gefahr besteht, einen (potenziellen) Konkurrenten zu fördern. Vorsicht, Misstrauen und Loyalitätskonflikte auf Seiten der Kooperationsträger behindern daher das wechselseitige Verständnis und die interkulturelle Interaktion.[588] Daraus ergibt sich als besondere Kompetenzanforderung, dass Kooperationsträger durch antizipatorisches Denken Kompromisse zwischen den verschiedenen Zielen der Partner finden und durch Offenheit und zuverlässiges Handeln Vertrauen erwecken müssen.[589]

Die skizzierten Situationsmerkmale internationaler Unternehmenskooperationen machen deutlich, dass die Berücksichtigung situativer Elemente großen Einfluss auf die Konzeption einer interkulturellen Kooperationskompetenz hat. Aus diesem Grund sind die in erster Linie eigenschaftstheoretisch orientierten und Situations-

---

[584] Unternehmenszusammenschlüsse bzw. M&As haben i.d.R. im Gegensatz zu Kooperationen die Verschmelzung der Unternehmenskulturen zu einer alle Bereiche des Unternehmens umfassenden Identität als Zielsetzung.

[585] Vgl. hierzu auch den Typologisierungsansatz der Situationsfaktoren interkultureller Kompetenz bei Fritz/Möllenberg/Werner (1999), S. 27f.

[586] Vgl. die Ausführungen zur Erfolgsrelevanz hoher Beziehungsqualität in internationalen Unternehmenskooperationen in Abschnitt 2.1.3.3 dieser Arbeit.

[587] Vgl. Loiselle (2000), S. 112.

[588] Vgl. Loiselle (2000), S. 134.

[589] Vgl. zu den besonderen Anforderungen an Kooperationsträger u.a. Schaan/Beamish (1988), S. 283f. und Buckley/Glaister/Husan (2002), S. 114ff.

merkmale vernachlässigenden Forschungsansätze der interkulturellen Kompetenz allein nicht ausreichend, eine befriedigende theoretische Basis für die Aufstellung eines Erklärungsmodells und Ableitung von Hypothesen darzustellen.[590] Um den Einfluss kooperationsspezifischer Situationsmerkmale auf die notwendigen Fähigkeiten in kulturübergreifenden Kooperationsbeziehungen näher zu beleuchten, wird daher im folgenden Abschnitt auf die Ansätze der Kooperationskompetenzforschung eingegangen, welche sich mit den Fähigkeiten von Unternehmen zur erfolgreichen Gestaltung von Unternehmenspartnerschaften beschäftigt und neben individuellen auch organisationale Merkmale umfasst.

3.1.2 Ansätze der Kooperationskompetenzforschung

Die in Abschnitt 2.1.2 beschriebenen Triebkräfte zur verstärkten Bildung von Kooperationsbeziehungen haben dazu geführt, dass der Fähigkeit von Unternehmen, Partnerschaften eingehen und gestalten zu können, eine wachsende Bedeutung zukommt. Nach Ansicht von Kanter weist die Kooperationsfähigkeit von Unternehmen eine wettbewerbsrelevante Komponente auf:

> „Whatever the duration and objectives of business alliances, being a good partner has become a key corporate asset. I call it a company's collaborative advantage. In the global economy, a well-developed ability to create and sustain fruitful collaborations gives companies a significant competitive leg up."[591]

Es ist daher nicht verwunderlich, dass sich in der Vergangenheit einige Forschungsansätze mit den notwendigen Fähigkeiten bzw. Kompetenzen von Unternehmen befassen, Kooperationen erfolgreich gestalten zu können. Obwohl die Forschungsbeiträge in den meisten Fällen nicht explizit auf *internationale* Unternehmenspartnerschaften eingehen, besitzen sie dennoch eine hohe Relevanz für die vorliegende Forschungsfrage, da sie in jedem Fall unternehmenskulturelle Unterschiede der Partnerorganisationen berücksichtigen. Es wird im Folgenden zunächst auf den Begriff der Kooperationskompetenz eingegangen, bevor die in den Literaturbeiträgen explizierten Dimensionen der Kooperationskompetenz vorgestellt und ihre Übertragbarkeit auf den internationalen Kontext geprüft werden.

3.1.2.1 Begriff der Kooperationskompetenz

Analog zur interkulturellen Kompetenz wird auch der Begriff der Kooperationskompetenz in der Literatur nicht einheitlich verwendet. Zudem existieren eine Reihe von weiteren Begriffen, deren Gebrauch im Zusammenhang mit der Fähig-

---

[590] Vgl. zur Kritik der ungenügenden Berücksichtigung situativer Einflüsse der eigenschaftstheoretischen Konzepte u.a. Fritz/Möllenberg/Werner (1999), S. 26; Müller/Gelbrich (2001), S. 261f. und Bergemann/Bergemann (2003), S. 310.

[591] Kanter (1994), S. 96.

keit von Unternehmen zur Realisierung erfolgreicher Partnerschaften stehen. Nach Ansicht von Wührer kann mit internationaler Kooperationsfähigkeit die „grundsätzliche Eigenschaft eines Unternehmens bezeichnet werden, eine Kooperation eingehen zu können"[592]. Vizjak beschäftigt sich in seinem Beitrag mit den Voraussetzungen zur Formierung von Unternehmenskooperationen und bezeichnet ein Unternehmen dann als kooperationsfähig, wenn „[...] seine Basisorganisation die für gemeinsame Zielbildungsprozesse der strategischen Partner notwendige Flexibilität aufweist"[593]. Hillig hingegen versteht unter Kooperationskompetenz das „Set" an Fähigkeiten, welche „es Unternehmen ermöglichen, Wandelprozesse durch und in Kooperationen besser zu bewältigen"[594]. Sivadas/Dwyer verwenden den Begriff „cooperative competency" als „ability of interacting units (within or across firms) to adjust mutually"[595] und schließen somit die Fähigkeiten des Partners in ihre Begriffsdefinition mit ein. Spekman/Isabella/MacAvoy gehen schließlich in ihrem Beitrag über „Alliance competence" explizit auf die individuelle und organisatorische Komponente ein, indem sie definieren: „Alliance competence is partly a function of individual skills and capabilities and firm-level attributes that enhance, encourage, and support alliance-like thinking and behavior throughout the firm"[596] Aus der Auswahl der vorgestellten Begriffsverwendungen wird deutlich, dass das Konstrukt der Kooperationskompetenz in der Literatur unterschiedlich konzeptualisiert wird. Weit gehende Einigkeit besteht jedoch darin, dass Kooperationskompetenz sowohl individuelle Fähigkeiten der Kooperationsträger als auch organisationale Fähigkeiten bzw. Merkmale der Partnerunternehmen umfasst.[597]

Äußerst unterschiedlich wird hingegen die Betrachtungsebene der Kooperationskompetenz diskutiert. Spekman/Isabella/MacAvoy konzipieren ihr mehrdimensionales Konstrukt der „Alliance competence" als Fähigkeit *eines* Unternehmens und wählen somit als Betrachtungsebene das einzelne Unternehmen.[598] Wührer hingegen meint, dass Kooperationsfähigkeit nur dann erfüllt ist, wenn beide Partnerunternehmen die postulierten Kompetenzen erfüllen.

---

[592] Wührer (1995), S. 82.

[593] Vizjak (1990), S. 181.

[594] Hillig (1997), S. 207.

[595] Sivadas/Dwyer (2000), S. 33.

[596] Spekman/Isabella/MacAvoy (2000), S. iix.

[597] Vgl. z.B. Hillig (1997), S. 101f.; Spekman/Isabella/MacAvoy (2000), S. viii; Löwe/Klüber (2000), S. 20. Wührer konstatiert: „Die Kooperationsfähigkeit ist ein mehrdimensionales Konstrukt mit prozesshaftem Charakter. Potenzielle Einflussgrößen können mit *organisationalen und personenspezifischen* Merkmalen identifiziert werden." Wührer (1995), S. 82, Hervorhebung durch Verfasser.

[598] Vgl. Spekman/Isabella/MacAvoy (2000), S. iix.

143

„Hinzuweisen ist nochmals darauf, dass die Kooperationsfähigkeit eine reziproke Eigenschaft ist, die notwendigerweise auch vom Partner zu erfüllen ist, um die Voraussetzungen für einen Erfolg gemeinsamer Vorhaben schaffen zu können."[599]

Andere Autoren weisen auf eine Dualität von Kooperationskompetenz hin. Hillig z.b. unterscheidet zwischen Fähigkeiten *der* Kooperation und Fähigkeiten *für die* Kooperation.[600] Aus seiner Sicht enthält Kooperationskompetenz daher sowohl Fähigkeiten auf *Kooperationsebene*, die von den beteiligten Unternehmen und ihren Kooperationsträgern im jeweiligen spezifischen Kooperationsfall zu erbringen sind, als auch Fähigkeiten auf *Partnerebene*, die von den Partnerunternehmen unabhängig von der spezifischen Kooperationsbeziehung zu beurteilen sind.[601] Analog dazu können nach Amelingmeyer/Specht kooperationsübergreifende und kooperationsspezifische Elemente einer von Ihnen untersuchten wissensorientierten Kooperationskompetenz unterschieden werden.[602]

Als Fazit der Gegenüberstellung der in der Literatur unterschiedlich verwendeten Betrachtungsebenen bleibt für die vorliegende Arbeit festzuhalten, dass Kooperationskompetenz analog zur individuellen interkulturellen Kompetenz nicht situationsunabhängig beurteilt werden kann.[603] Wenngleich es einige Kompetenzen geben mag, die es Unternehmen unabhängig vom Partner in genereller Art und Weise erleichtern, Kooperationen erfolgreich zu gestalten, so ist dennoch Sivadas/Dwyer zuzustimmen, nach deren Ansicht Kooperationskompetenz als *Fähigkeit von interagierenden Partnern* zu konzeptionieren ist. Sie findet folglich ihren Ausdruck nicht in einzelnen Unternehmen, sondern in einer dyadischen Partnerschaft, d.h. das Ausmaß an Kooperationskompetenz kann nur innerhalb einer solchen Beziehung beurteilt werden.[604] Dementsprechend soll Kooperationskompetenz als die in einer spezifischen Kooperationsbeziehung vorhandenen individuellen und organisatorischen Fähigkeiten der beteiligten Partnerunternehmen und ihrer Kooperationsträger verstanden werden. Es handelt sich dabei um eine notwendige aber nicht hinreichende Bedingung zur zielorientierten Gestaltung von Kooperationsbeziehungen.[605] Die Kooperationsfähigkeit ist somit eine jener Einflussgrößen (neben z.B. Umweltbedingungen und Kooperationsziel-

---

[599] Wührer (1995), S. 83.

[600] Vgl. Hillig (1997), S. 182.

[601] Vgl. Hillig (1997), S. 209.

[602] Vgl. Amelingmeyer/Specht (2000), S. 330, die entsprechend ihrer Forschungszielsetzung die wissensorientierte Kooperationskompetenz als Fähigkeit zur Gestaltung der Wissensprozesse auf unterschiedlichen Ebenen bezeichnen. Vgl. Ebenda.

[603] Vgl. zur Situationsabhängigkeit interkultureller Kompetenz die Ausführungen in Abschnitt 3.1.1.4 dieser Arbeit.

[604] Vgl. Sivadas/Dwyer (2000), S. 34.

[605] Vgl. Wührer (1995), S. 82.

setzung), welche die Basis für den Kooperationserfolg legt. Die in der Literatur unter diesem Konstrukt zusammengefassten Elemente bzw. Dimensionen werden im folgenden Abschnitt vorgestellt.

3.1.2.2 Elemente und Dimensionen der Kooperationskompetenz

Nach Ansicht von Sivadas/Dwyer manifestiert sich Kooperationskompetenz in dem effektiven Austausch von Informationen (Kommunikation), der Verhandlung und Gestaltung von Aktivitäten und Rollen (Koordination) sowie in der Ausbildung von Vertrauen.[606] Ihrer Auffassung nach kann Kooperationskompetenz daher als Variable zweiter Ordnung aus den Einzelvariablen Kommunikation, Koordination und Vertrauen zusammengesetzt werden.[607]

Andere Autoren konzipieren Kooperationskompetenz jedoch gänzlich anders. So setzt sie sich z.B. nach Ansicht von Amelingmeyer/Specht zusammen aus den drei Teilkomponenten eines Bewusstseins für die eigenen Stärken und Schwächen, der Fähigkeit gemeinsam mit dem jeweiligen Kooperationspartner zu zweckmäßigen Vereinbarungen zu gelangen sowie der Fähigkeit, die Durchführung der Kooperation effektiv und effizient zu gestalten.[608] Hillig hingegen expliziert in seinem Beitrag auf Basis des Ressourcenbasierten Ansatzes sowie seiner empirischen Untersuchung Selbstorganisationsfähigkeit, Beobachtungsfähigkeit, Shared Understanding-Fähigkeit, Vertrauensfähigkeit sowie Konfliktfähigkeit als Set an notwendigen organisationalen Fähigkeiten, wobei er einschränkend anführt, dass dies kein endgültiges Set von Soll-Fähigkeiten beinhaltet.[609] Schließlich definieren Spekman/Isabella/MacAvoy anhand ihrer Literaturauswertung fünf Kategorien einer „alliance competence": Know-how und Wissen, Unterstützende Prozesse und Strukturen, Kooperations-Mindset, kompetente Humanressourcen sowie Lernbereitschaft.[610]

Versucht man, die in den Literaturbeiträgen explizierten Elemente einer Kooperationskompetenz zu strukturieren, fällt auf, dass sehr unterschiedliche Dimensionen genannt werden und zumeist keine erkennbare Struktur vorhanden ist.[611] Zum anderen ist jedoch bemerkenswert, dass – analog zur individuellen Kompetenz – kognitive, affektive und konative Strukturdimensionen zu erkennen sind. Als *kognitive Bewusstseinselemente* lassen sich z.B. Know-how/Wissen, das Bewusst-

---

[606] Vgl. Sivadas/Dwyer (2000), S. 33f. welche den Begriff der „cooperative competency" verwenden.

[607] Vgl. Sivadas/Dwyer (2000), S. 37ff.

[608] Vgl. Amelingmeyer/Specht (2000), S. 330.

[609] Vgl. Hillig (1997), S. 2 und 208.

[610] Vgl. Spekman/Isabella/MacAvoy (2000), S. 211f.

[611] Nach Ansicht von Hillig ist das Konstrukt der Kooperationskompetenz bisher auch wenig diskutiert und konzeptioniert worden. Vgl. Hillig (1997), S. 102.

sein für eigene Stärken und Schwächen und Beobachtungsfähigkeit einordnen. Letzteres versteht Hillig als Fähigkeit zur umfassenden Wahrnehmung der Partnerstrukturen bzw. der Dynamik der Kooperation.[612] Elemente, die zu einer *affektiven Einstellungsdimension* gezählt werden können, umfassen ein Kooperations-Mindset, Lernbereitschaft, Shared-Understanding Fähigkeit sowie Vertrauensfähigkeit. Diese Fähigkeiten sind insofern einer affektiven Strukturdimension zuzurechnen, als dass sie in erster Linie die Denk- und Werthaltung der Partnerorganisationen und ihrer Mitglieder betreffen sowie die notwendige offene und unvoreingenommene Einstellung gegenüber dem Kooperationspartner fördern. Schließlich können Koordinations-, Kommunikations- und Konfliktfähigkeiten sowie unterstützende Prozesse und Strukturen eindeutig zur dritten, *konativen Verhaltensdimension* zugeordnet werden. Sie ermöglichen den Kooperationspartnern, die Elemente der Bewusstseins- und Einstellungskomponente in sichtbare Handlungen und Verhaltensweisen umzusetzen. Tabelle 4 zeigt eine Übersicht der in dieser Form strukturierten Dimensionen der Kooperationskompetenz.[613]

Kooperationskompetenz		
Kognitive Bewusstseinsdimension	**Affektive Einstellungsdimension**	**Konative Verhaltensdimension**
• Know-how/Wissen • Bewusstsein für eigene Stärken und Schwächen • Beobachtungsfähigkeit	• Kooperations-Mindset • Lernbereitschaft • Shared-Understanding Fähigkeit • Vertrauensfähigkeit	• Koordinationsfähigkeit • Kommunikationsfähigkeit • Konfliktfähigkeit • Unterstützende Prozesse und Strukturen

Quelle: Vgl. zu den einzelnen Elementen Hillig (1997), S. 184ff.; Sivadas/Dwyer (2000), S. 32f.; Amelingmeyer/Specht (2000), S. 330; Spekman/Isabella/MacAvoy (2000), S. 211f.

Tabelle 4:   Strukturierungsdimensionen der Kooperationskompetenz

3.1.2.3 Übertragbarkeit auf den interkulturellen Kontext

Fraglich ist, inwieweit bei der Konzeptualisierung einer *interkulturellen* Kooperationskompetenz auf ein letztlich in intranationalen Partnerschaften hergeleitetes

---

[612] Vgl. Erläuterungen zur Dimension der „Beobachtungsfähigkeit" bei Hillig (1997), S. 190.

[613] Zur Übertragung affektiver, kognitiver und konativer Strukturdimensionen auf organisatorische Phänomene vgl. u.a. eine ähnliche Aufsplittung im Zusammenhang mit Unternehmenszusammenschlüssen bei Schubbe (1999), S. 11.

Konstrukt zurückgegriffen werden kann. Oder anders gefragt: Unterscheiden sich die in internationalen Kooperationen notwendigen Fähigkeiten zur Gestaltung effektiver und angemessener Beziehungen von denen in nationalen Partnerschaften und wenn ja, worin?

Anhaltspunkte ergeben sich z.b. im Zusammenhang der analogen Frage, ob sich notwendige interkulturelle Kompetenzen zur Gestaltung effektiver und angemessener Interaktionsbeziehungen bei Auslandsaufenthalten von grundsätzlichen interpersonalen Kompetenzen unterscheiden. Wenngleich die Frage nicht abschließend beantwortet sein dürfte,[614] so hat sich in neueren Beiträgen der Literatur dennoch die Überzeugung durchgesetzt, dass die Unterschiede nicht struktureller, sondern lediglich gradueller Natur sind.[615] Interkulturelle Situationen erfordern demnach keine völlig anderen Fähigkeiten und Fertigkeiten, sondern sie sind als Spezialfall zu sehen, in denen ein größerer Fremdheitsgrad die interkulturelle Begegnungen erschwert und der situative Kontext stärker berücksichtigt werden muss.[616] Dies gilt insbesondere vor dem Hintergrund, als dass die im Zusammenhang mit effektiven und angemessenen Beziehungen eine Rolle spielenden Konstrukte wie Kommunikation, Koordination und Vertrauen in hohem Maße kulturabhängig sein dürften und deshalb im interkulturellen Kontext durch die verschiedenartige kulturelle Prägung der Partner erschwert werden. Daher müssen bei der Konzeption der interkulturellen Kooperationskompetenz insbesondere die Fähigkeiten berücksichtigt werden, die eine kulturübergreifende Kommunikation, Koordination und Vertrauensbildung ermöglichen bzw. fördern.

3.1.3 Kritische Stellungnahme zur Anwendbarkeit der ausgewählten Forschungsansätze

Die beiden vorigen Abschnitte haben gezeigt, dass sowohl die interkulturelle Kompetenzforschung als auch die Ansätze der Kooperationskompetenzforschung zwar Hinweise auf die in internationalen Unternehmenskooperationen benötigten Fähigkeiten zur erfolgreichen Gestaltung interkultureller Interaktionen geben, jedoch nicht in der Lage sind, den besonderen Merkmalen kulturübergreifender Kooperationsbeziehungen gerecht zu werden. Während sich die Forschungsansätze zur interkulturellen Kompetenz ausschließlich mit den individuellen Fähigkeiten von Interaktionspartnern beschäftigen und dabei die spezifischen Merkmale einer Kooperationssituation weitestgehend unberücksichtigt lassen,[617] beziehen die Ansätze der Kooperationskompetenz die Besonderheiten des Aufeinander-

---

[614] Vgl. eine umfassende Diskussion dieser Frage bei Müller/Gelbrich (1999), S. 36ff.

[615] Vgl. Loiselle (2000), S. 133.

[616] Vgl. Fritz/Möllenberg/Werner (1999), S. 16f.; Müller/Gelbrich (1999), S. 37; Loiselle (2000), S. 134.

[617] Vgl. die Darlegung der spezifischen Situationsmerkmale einer Kooperation in Abschnitt 3.1.1.4 dieser Arbeit.

treffens von Partnerunternehmen und Kooperationsträgern unterschiedlicher kultureller Prägung in nur ungenügendem Maße ein. Beiden Forschungsansätzen gemein ist jedoch eine dreidimensionale Strukturierung, welche auch für das Konstrukt der interkulturellen Kooperationskompetenz Anwendung finden soll.[618] Als Betrachtungsebene wird analog der Konzeption der Kooperationskompetenz die Kooperationsbeziehung gewählt, d.h. es wird davon ausgegangen, dass das Maß an interkultureller Kooperationskompetenz die Eigenschaft einer spezifischen Kooperationsbeziehung ist und nicht unabhängig vom Partnerunternehmen beurteilt werden kann.

3.2 Konzeption einer interkulturellen Kooperationskompetenz

Aufbauend auf die Erkenntnisse der beiden zuvor beschriebenen und diskutierten Forschungsansätze erfolgt in diesem Abschnitt eine Konzeption der interkulturellen Kooperationskompetenz. Hierfür wird zunächst eine Begriffsdefinition abgeleitet und die Wahl der Erfolgskriterien begründet, bevor die einzelnen Dimensionen detailliert dargestellt werden.

3.2.1 Ableitung einer Begriffsdefinition und Wahl der Erfolgskriterien

Der in Abschnitt 2.3 beschriebene Einfluss des Faktors Kultur in internationalen Unternehmenskooperationen verdeutlicht, dass seine Nichtberücksichtigung erhebliche Auswirkungen auf die Interaktionsbeziehungen der beteiligten Kooperationsträger haben kann und somit ein hohes Gefährdungspotenzial für die Stabilität und den Erfolg einer kulturübergreifenden Partnerschaft birgt. An beide Partner werden daher besondere Anforderungen hinsichtlich spezifischer interkultureller Fähigkeiten gestellt.[619]

Ausgehend von dem derzeitigen Stand der interkulturellen Kompetenzforschung und der Kooperationskompetenzforschung wird im Rahmen dieser Arbeit interkulturelle Kooperationskompetenz daher verstanden als *die in einer internationalen Kooperationsbeziehung vorhandenen Fähigkeiten der beteiligten Partnerunternehmen und ihrer Kooperationsträger zur Gestaltung angemessener und effektiver interkultureller Interaktionen.*

Die Wahl der Erfolgskriterien Angemessenheit und Effektivität erfolgt dabei in Anlehnung an die integrativen Ansätze der interkulturellen Kompetenzforschung.

---

[618] Vgl. auch die Verwendung kognitiver, affektiver und konativer Strukturelemente im Kontext von Kooperationen bei Stüdlein (1997), S. 152ff.; Loiselle (2000), S. 133ff. und Griffith/Harvey (2001), S. 96.

[619] Wie die Diskussion zur Betrachtungsebene der Kooperationskompetenz in Abschnitt 3.1.2.1 gezeigt hat, müssen diese Fähigkeiten notwendigerweise von *beiden* Partnern erfüllt werden.

Wie dargestellt, wird dort in Bezug auf den Erfolg einer Auslandsentsendung Angemessenheit als beziehungsbezogenes Kriterium verstanden, den Anforderungen der Interaktionspartner gerecht zu werden. Effektivität bezeichnet das aufgabenabhängige Kriterium, die gesteckten Ziele zu erreichen.[620] Aufgrund der Komplexität des Einflusses interkultureller Kompetenz auf den Auslandserfolg wird dabei für eine differenzierte Konzeptualisierung und insbesondere den Einsatz *beider* Erfolgsmaße plädiert.[621] Da sich der Einfluss der interkulturellen Kooperationskompetenz der Partnerunternehmen und ihrer Kooperationsträger auf die Interaktionsbeziehungen in internationalen Kooperationen ebenfalls komplex gestaltet, werden auch in dieser Arbeit beide Kriterien der Angemessenheit und Effektivität verwendet und im Folgenden auf die betrachtete Kooperationssituation übertragen.

Das beziehungsbezogene Kriterium der **Angemessenheit** gibt die Qualität und Stabilität der Austauschbeziehungen zwischen den Partnerunternehmen an und beschreibt somit den momentanen Zustand der Kooperationsbeziehung. Angemessene Interaktionen beinhalten dabei nicht nur das Befolgen adäquater Umgangsregeln und die Erfüllung kultureller Erwartungen innerhalb der Partnerschaft[622] sondern sind durch ein hohes Maß an Informationsaustausch, Vertrauen sowie Verständnis für die Ziele und das Verhalten des Partners gekennzeichnet.[623] Das Erfolgskriterium der **Effektivität** hingegen beschreibt das bisherige Resultat einer Kooperationsbeziehung und umfasst das Erreichen der Kooperationszielsetzungen bzw. Erfüllung der Aufgabenstellung. Es ist daher dem Konstrukt des Kooperationserfolgs gleichzusetzen, welches bereits in Abschnitt 2.1.3.1 eingehend dargestellt wurde. Dem Verständnis dieser Arbeit nach verlaufen Interaktionsbeziehungen in internationalen Kooperationen also immer dann angemessen, wenn eine hohe Beziehungsqualität und -stabilität vorliegt und immer dann effektiv, wenn die Kooperation einen hohen Zielerreichungsgrad aufweist (vgl. Abbildung 22).

---

[620] Vgl. u.a. Ting-Toomey (1999), S. 48ff. und Müller/Gelbrich (1999), S. 32 und die Ausführungen in Abschnitt 3.1.1. Spitzberg/Cupach weisen in diesem Zusammenhang darauf hin, dass wenngleich die Konzepte der Effektivität und Angemessenheit korrelierend sein dürften, angemessenes Verhalten keine Garantie für Effektivität darstellt und effektives Verhalten keine Angemessenheit garantiert. Vgl. Spitzberg/Cupach (1989), S. 21.

[621] Vgl. Chen/Starosta (1996), S. 371; Müller/Gelbrich (1999), S. 33 und 66; Fritz/Möllenberg/Werner (1999), S. 29f.

[622] Vgl. auch die Konzeptionierung des Angemessenheits-Kriteriums bei Müller/Gelbrich (1999), S. 32.

[623] Vgl. z.B. das Erfolgskriterium der „relationship quality" bei Griffith/Harvey (2001), S. 94.

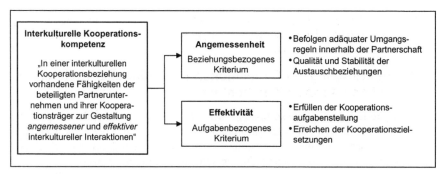

Abbildung 22: Erfolgskriterien der interkulturellen Kooperationskompetenz

Bevor eine detailliertere Konzeption der Dimensionen interkultureller Kooperationskompetenz dargestellt wird, soll zum einen an dieser Stelle darauf hingewiesen werden, dass – im Gegensatz zu z.t. abweichenden Darstellungen in der Literatur[624] – im Rahmen dieser Arbeit effektives Verhalten als Erreichungsgrad vorgegebener Ziele beschrieben wird.[625] Es erfolgt somit keine Betrachtung der Effizienz, welche als „Relation von Zielbeitrag zu dazu benötigten Ressourcen"[626] verstanden wird.

Zum anderen ist gesondert zu erwähnen, dass das Konstrukt der interkulturellen Kooperationskompetenz auf einer kulturübergreifenden Ebene und nicht in Bezug auf spezielle Länder bzw. Regionen konzeptioniert wird. Die Arbeit folgt damit einer etischen bzw. kulturübergreifenden Sichtweise.[627] Unabhängig von der spezifischen Kultur des Kooperationspartners wird davon ausgegangen, dass es für die Partner innerhalb einer internationalen Kooperationsbeziehung darauf ankommt, sich des Einflusses von Kultur bewusst zu sein, ihn wahrzunehmen, Kulturunterschiede zu akzeptieren und wertzuschätzen sowie die Fähigkeit zu besitzen, das eigene Verhalten angemessen anzupassen. Hieraus ergibt sich auch die zuvor beschriebene Anlehnung an die drei Dimensionen des individuellen interkulturellen Kompetenzbegriffs im Sinne eines interkulturellen Bewusstseins, einer interkulturellen Sensibilität und interkulturellen Gewandtheit. Da diese im Zusammenhang der Auslandsentsendung entwickelten Dimensionen jedoch wie zuvor beschrieben auf den Kontext internationaler Unternehmenskooperationen anzu-

---

[624] Vgl. vor allem Staehle (1999), S. 444 und die dort angegebene Literatur, die den Grad der Zielerreichung im Zusammenhang von Effizienzansätzen diskutieren.

[625] Vgl. auch Fritz/Möllenberg/Werner (1999), S. 29.

[626] Hentze/Heinecke/Kammel (2001), S. 461.

[627] Vgl. hierzu auch die Darstellung emischer und etischer Vorgehensweisen bei Holzmüller (1995), S. 54ff. sowie die Ausführungen zu den Besonderheiten interkultureller Forschung in Abschnitt 4.2.4 dieser Arbeit.

passen sind, erfolgt im folgenden Abschnitt die detaillierte Beschreibung und Ableitung der einzelnen Dimensionen einer in dieser Weise verstandenen interkulturellen Kooperationskompetenz.

3.2.2 Übertragung der Dimensionen interkultureller Kompetenz auf den Kooperationskontext

Interkulturelle Kooperationskompetenz wird in dieser Arbeit in Anlehnung an die Forschungsergebnisse zur interkulturellen Kompetenz und Kooperationskompetenz als Konstrukt aus drei Dimensionen konzeptioniert: Interkulturelles Bewusstsein (kognitive, wissensbezogene Dimension), interkulturelle Sensibilität (affektive, motivationsbezogene Dimension) und interkulturelle Integrationsfähigkeiten (konative, verhaltensbezogene Dimension).

Die folgenden Ausführungen beschreiben zunächst die einzelnen Strukturdimensionen und die in ihnen enthaltenen Teilfertigkeiten. Im Anschluss erfolgt in Abschnitt 3.3 die Darlegung ihres Einflusses auf die Interaktionsbeziehungen innerhalb einer internationalen Unternehmenskooperation.

3.2.2.1 Interkulturelles Bewusstsein als kognitive, wissensbezogene Dimension

Interkulturelles Bewusstsein als kognitive, wissensbezogene Dimension der interkulturellen Kooperationskompetenz beinhaltet die Fähigkeit der Kooperationspartner, die kulturellen Merkmale der eigenen und fremden Kultur zu erkennen, zu verstehen und zu erklären. Es beschreibt die Gesamtheit der Kenntnisse der Kooperationspartner in Bezug auf das Sachgebiet der Kultur[628] und bildet somit das kognitive Verständnis und Wissen der Kooperationspartner, um Austauschbeziehungen innerhalb einer interkulturellen Kooperationsbeziehung effektiv und angemessen gestalten zu können. Der kognitiven Bewusstseinsdimension kommt im Rahmen interkultureller Interaktionen eine entscheidende Bedeutung zu, da die affektiven und konativen Bestandteile der interkulturellen Kooperationskompetenz auf ihr aufbauen.[629] Parkhe konstatiert hierzu im Kontext interkultureller Kooperationen: "Effective handling of such cultural differences must begin with developing an understanding of the other's modes of thinking and behaving."[630]

Interkulturelles Bewusstsein wurde lange Zeit lediglich mit den Kenntnissen der fremden Kultur gleichgesetzt.[631] Es umfasst jedoch neben dem Wissen über die kulturelle Prägung des Kooperationspartners (*Kulturelles Wissen*), auch ein generelles Bewusstsein bzw. Verständnis für das Phänomen „Kultur" (*Kulturelles*

---

[628] Vgl. hierzu auch Loiselle (2000), S. 134.

[629] Vgl. Ting-Toomey (1999), S. 50.

[630] Parkhe (1991), S. 585.

[631] Vgl. Bolten (1999), S. 66.

151

Bewusstsein) sowie das Bewusstsein der eigenen Kulturprägung bzw. eigenkulturellen Prozesse (*Kulturelle Selbstbewusstheit*). Eine zusammenfassende Übersicht der kognitiven, wissensbezogenen Dimension findet sich in Abbildung 23.

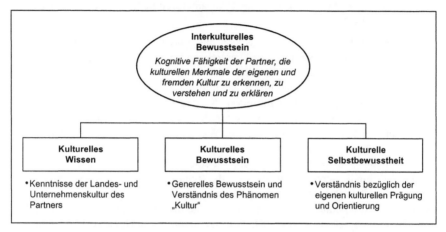

Abbildung 23: Elemente der kognitiven, wissensbezogenen Dimension interkultureller Kooperationskompetenz

Kulturelles Wissen beinhaltet Einsichten in die konkreten kulturellen Ausprägungen des Kooperationspartners, insbesondere in die, welche dem Verhalten der Kooperationsträger des Partners zu Grunde liegen. Hierzu zählen in erster Linie Kenntnisse der Landeskultur des Partnerunternehmens in Form der kulturellen Werte und Einstellungen. Kulturkenntnisse dieser Art helfen den beteiligten Mitarbeitern, die Signale des Partners in Interaktionssituationen differenzierter wahrzunehmen und beobachtetes Verhalten kompetenter zu interpretieren.[632] Darüber hinaus ermöglichen konkrete Kenntnisse über das Herkunftsland des Partners, wie etwa politische, wirtschaftliche und gesellschaftliche Zusammenhänge, kulturell bedingte Wertvorstellungen und Verhaltensmuster in einen Gesamtkontext zu stellen und vor diesem Hintergrund zu beurteilen.[633] Da davon auszugehen ist, dass jede Organisation für sich eine spezifische (Sub-)Kultur mit eigenen unverwechselbaren Orientierungsmustern entwickelt, die das Verhalten ihrer Mitglieder prägen,[634] zählen Kenntnisse der Unternehmenskultur des Kooperationspartners in Form dort vorherrschender Werte, Traditionen und Verhaltensmuster ebenfalls zu

---

[632] Vgl. Eder (1996), S. 412 sowie Abschnitt 2.2.1.1.2 dieser Arbeit zur verhaltensprägenden Wirkung kultureller Einstellungen und Werte.

[633] Vgl. hierzu z.B. Loiselle (2000), S. 135.

[634] Zum Einfluss der Unternehmenskultur auf das Verhalten der Mitglieder einer Organisation vgl. Abschnitt 2.2.1.3.

dem kulturellen Wissen, welches das Verständnis innerhalb einer Kooperation fördert.[635] Kenntnisse der unternehmensspezifischen Orientierungsmuster helfen zudem, die konkrete Erwartungshaltung und Zielsetzung des Partnerunternehmens innerhalb der Kooperationsbeziehung zu interpretieren, da auch sie kulturell beeinflusst sind.[636]

Bittner/Reisch betonen jedoch, dass sich die Wissenskomponente des interkulturellen Bewusstseins nicht auf oberflächliche und punktuelle Kenntnisse einzelner Artefakte der Partnerkultur und ihrer Mitglieder beschränken darf.[637] Vielmehr besteht sie darin, dass die sich hinter den kulturellen Unterschieden verbergenden, ungleichen gesellschaftlich-kulturellen Konzepte und Vorstellungen erkannt sowie die Grundmuster der fremdkulturellen Denk- und Verhaltensweisen erschlossen werden. Adäquates kulturelles Wissen manifestiert sich also darin, dass eine Person auf Grund systematisch analysierter Informationen in der Lage ist, die einzelnen „Regeln" der fremden Kultur zu einer inneren Logik zusammenzufügen und daraus ein besseres Verständnis für die fremdkulturellen Verhaltensweisen zu entwickeln.[638] Wesentlich effektiver als das Lernen isolierter kultureller Fakten ist somit die Aneignung von Kenntnissen allgemeiner Ausprägungen kultureller Orientierungen, z.B. in Form der Kulturdimensionen von Hofstede wie sie in Abschnitt 2.2.1.2 beschrieben wurden. Sie mindern die Gefahr, sehr konkrete Erwartungshaltungen in Bezug auf das kulturelle Verhalten des Interaktionspartners aufzubauen und es fälschlicherweise als komplett definierbar und antizipierbar einzuschätzen. Übergeneralisierungen in Form stereotyper Sichtweisen und vorurteilsbehafteter Vertrautheit wären die Folge einer solchen Erwartungshaltung.[639] Kulturelles Wissen muss daher auch die Einsicht der Möglichkeit inter- und intraindividueller Abweichungen der kulturellen Ausprägungen vom Standard sowie eine gewisse kognitive Flexibilität beinhalten.[640]

Kulturelles Bewusstsein als weiterer Bestandteil der kognitiven Dimension interkultureller Kooperationskompetenz umfasst Kenntnisse der Kooperationspartner in Bezug auf die generelle Wirkungsweise von Kulturen und Besonderheiten interkultureller Interaktionen. Hierzu zählt insbesondere das Verständnis der kulturellen Beeinflussung der menschlichen Wahrnehmungsmuster, Einstellungen

---

[635] Vgl. z.B. Buckley/Glaister/Husan (2002), S. 123.

[636] Vgl. u.a. Adler (2002), S. 18; Fedor/Werther (1996), S. 42.

[637] Vgl. Bittner/Reisch (1994), S. 31.

[638] Haben die Kooperationsträger das logische Konzept der anderen Kultur erkannt und verstanden, werden Verhaltensweisen trotz individueller Unterschiede zwar nicht vollständig vorhersehbar, aber berechenbarer, so dass es gelingen kann, sich darauf einzustellen und damit umgehen zu können. Vgl. Bittner/Reisch (1994), S. 31.

[639] Vgl. Thomas (1993), S. 271f.

[640] Vgl. Thomas (1993), S. 278.

und Handlungsweisen.[641] Es ermöglicht den Kooperationsträgern, eigene Wertvorstellungen und eigenes Verhalten als kulturell geprägt und damit in interkulturellen Interaktionen als nur bedingt vom Partner nachvollziehbar zu verstehen. Wissen um die Kulturabhängigkeit menschlichen Verhaltens stellt damit eine wichtige Voraussetzung für die Vermeidung ethnozentrischer Denk- und Verhaltensweisen dar.[642] Denn erst durch das Bewusstsein für kulturelle Phänomene lassen sich Interaktionserfahrungen mit Kooperationsträgern des Partners aus ihrem jeweiligen Kontext heraus verstehen, anderskulturelles Verhalten auch außerhalb bestimmter, bereits bekannter Situationen akkurat interpretieren und erste Vorhersagen für neuartige Situationen ableiten.[643] Das Wissen um die inhärente Komplexität und potenziellen Missverständnisse, die mit internationalen und somit kulturübergreifenden Kooperationen einhergehen, erleichtert somit den Partnern, nicht nur generelle Problemfelder zu ermitteln und sie richtig einzuschätzen, sondern sich auch konkret auf mögliche Konflikte vorzubereiten.

Kulturelle Selbstbewusstheit bezeichnet schließlich das Verständnis der Kooperationspartner bzgl. ihrer eigenen Kultur bzw. kulturellen Orientierung. Sie beinhaltet bei den Kooperationsträgern die Einsicht, dass Kultur die eigene Wahrnehmung bestimmt, was man selber als relevant und sinnvoll betrachtet und damit das Bewusstsein für die Relativität der eigenen Annahmen, Werte, Denkstrukturen, Einstellungen und Verhaltensweisen.[644] Ohne das Bewusstsein der eigenen kulturellen Prägung ist nach Ansicht von Hofstede ein akkurater Vergleich der Kulturen sowie ein Verständnis der von Kulturunterschieden ausgelösten Komplexität in internationalen Partnerschaften nicht möglich.[645] Kulturelle Selbstbewusstheit ist demnach eine der Grundlagen für die Akzeptanz und das Verständnis der fremden Kultur des Partnerunternehmens und seiner Kooperationsträger.

Kulturelle Selbstbewusstheit kann nur durch intensive Auseinandersetzung mit den eigenkulturellen Annahmen, Werten, Normen und Symbolen erreicht werden. Dabei besteht das größte Hindernis in den im Unterbewusstsein verankerten eigenen Annahmen und Denkstrukturen, die als selbstverständlich erachtet und in der Regel nicht explizit verbalisiert werden. Nur durch eine Bewusstseins- und Wahrnehmungssensibilisierung, während der sich die Kooperationsträger über die „Selbstverständlichkeit" ihrer Kultur klar werden, kann ein besseres Verständnis der eigenen Kultur gelingen.[646]

---

[641] Vgl. Stüdlein (1997), S. 157 und Luchtenberg (1998), S. 42 sowie die Ausführungen zur kulturellen Beeinflussung menschlichen Verhaltens in Abschnitt 2.2.1.1.2.

[642] Vgl. Loiselle (2000), S. 135.

[643] Vgl. Stüdlein (1997), S. 157.

[644] Vgl. Stüdlein (1997), S. 197; Bittner/Reisch (1994), S. 15.

[645] Vgl. Hofstede (1993b), S. 145.

[646] Vgl. Stüdlein (1997), S. 197f.

3.2.2.2 Interkulturelle Sensibilität als affektive, motivationsbezogene Dimension

Kognitives kulturelles Wissen und daraus resultierendes kulturelles (Selbst-)Bewusstsein allein reicht zur erfolgreichen Zusammenarbeit in interkulturellen Kooperationsbeziehungen nicht aus. Zwar ermöglicht die zuvor dargestellte kognitive Dimension eine Einsicht in kulturelle Zusammenhänge und erlaubt daher, reflektiert Entscheidungen für Handlungsalternativen zu treffen. Sie ist jedoch keine Garantie dafür, dass die Partner ausreichend motiviert sind, die Existenz kultureller Unterschiede in der Interaktion überhaupt wahrzunehmen.[647]

"While the mindset and skillset of intercultural competence are necessary, they are insufficient to engender competence without intercultural sensitivity. This kind of sensitivity is not simply a positive attitude toward cultural difference or a desire to relate well to others. Rather, it is the ability to *experience cultural differences*."[648]

Ohne die Bereitschaft bzw. Motivation, die kulturellen Unterschiede zum Kooperationspartner wahrzunehmen, sie zu akzeptieren und letztlich als Quelle potenzieller Synergien wertzuschätzen, kann daher keine aktive Umsetzung der kulturellen Erkenntnisse in konkrete Verhaltensweisen erfolgen. Die affektive Dimension der interkulturellen Kooperationskompetenz umfasst somit die Eigenschaften *Aufgeschlossenheit* (zur Wahrnehmung der fremdkulturellen Prägung des Partners), *Unvoreingenommenheit* (zur Akzeptanz kultureller Unterschiede) sowie *kulturelles Synergiestreben* (zur Wertschätzung und Ausnutzung potenzieller Vorteile der Unterschiede). Diese Elemente beschreiben dabei sowohl Persönlichkeitsmerkmale der beteiligten Kooperationsträger als auch die sich in der Kooperationsbeziehung manifestierende Mentalität insgesamt.[649] Sie werden in Abbildung 24 zusammenfassend dargestellt und im Folgenden weiter ausgeführt.

---

[647] Vgl. Knapp (2003), S. 127.

[648] Bennett (2001), S. 217f. Hervorhebung im Original.

[649] Zur Frage inwiefern nicht nur Individuen sondern auch Organisationen in Partnerschaften affektive Merkmale zurechenbar sind, vgl. u.a. Bennett (2001), S. 219ff, welcher sein Entwicklungsmodell interkultureller Sensitivität explizit auch auf Organisationen überträgt.

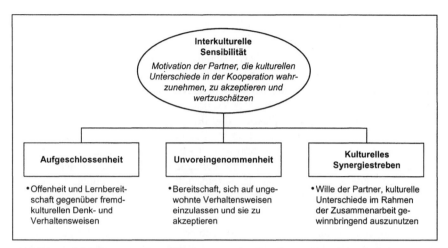

Abbildung 24: Elemente der affektiven, motivationsbezogenen Dimension
interkultureller Kooperationskompetenz

Aufgeschlossenheit umfasst dabei sowohl die allgemeine Offenheit als auch die
Lernbereitschaft der Kooperationspartner, ungewohnte Denk- und Verhaltenswiesen verstehen und daraus lernen zu wollen. Sie beinhaltet also eine im positiven
Sinne verstandene Neugier am Kooperationspartner und seiner kulturellen Prägung. Offenheit und Interesse an fremden Kulturen fördern dabei grundsätzlich
die Bereitschaft, sich auf ungewohnte Verhaltensweisen einzulassen und die
Andersartigkeit der Umwelt wahrzunehmen und zu verstehen.[650] Sie sorgen dafür,
dass die Konfrontation mit fremden Ideen, Werten und Handlungsweisen innerhalb der Kooperationsbeziehung nicht als Bedrohung, sondern als Chance betrachtet wird, sich neue Perspektiven zu erschließen, von denen aus bestehende
Strukturen und Prozesse hinterfragt und alternative Lösungen erkannt werden
können. Die Aufgeschlossenheit gegenüber Neuem bedeutet aus diesem Blickwinkel also vor allem, lernbereit und lernfähig zu sein.[651] Personen ohne Aufgeschlossenheit und positive Neugier erwarten und präferieren hingegen Verhält-
nisse, die den ihnen gewohnten ähneln. Entsprechend oft mangelt es ihnen an Einsicht in fremdkulturelle Zusammenhänge. Mangelnde Toleranz und geringere
Hochachtung gegenüber fremden Kulturen sind oftmals die Folge.[652] Innerhalb
einer Kooperationsbeziehung ist daher damit zu rechnen, dass ohne eigenes Interesse und Motivation zum intensiven Kennenlernen des fremdkulturellen Partners

---

[650] Vgl. Luchtenberg (1994), S. 412.

[651] Vgl. u.a. Eisele (1995), S. 250.

[652] Vgl. Dülfer (2001), S. 537ff.

eine Integration erschwert und die Zusammenarbeit insgesamt als eher beschwerlich und aufwändig betrachtet wird.[653]

Unvoreingenommenheit beinhaltet die Bereitschaft der Kooperationspartner, kulturelle Unterschiede nicht nur wahrzunehmen und verstehen zu wollen, sondern sich auf ungewohnte Verhaltensweisen einzulassen und sie auch zu akzeptieren. Sie ist somit eng verbunden mit einer Vorurteilsfreiheit und Toleranz gegenüber anderskulturellen Interaktionspartnern und ihren Denk- und Verhaltensweisen.[654] Gerade bei der intensiven Interaktion im Rahmen einer Kooperation ist davon auszugehen, dass sich Missverständnisse und Konflikte nicht gänzlich vermeiden lassen. Deshalb ist es wichtig, einerseits Toleranz gegenüber den Fehlern anderer zu zeigen, andererseits aber auch die Bereitschaft zu besitzen, eigene Fehler einzugestehen. Hierfür ist jedoch die Loslösung von alten Vororientierungen und Überzeugungen erforderlich.[655]

Unvoreingenommenheit ist nicht zuletzt auch eine wichtige Voraussetzung für ein hohes Maß an Empathie zwischen den Kooperationsträgern. Empathie bezeichnet dabei generell die Fähigkeit, sich in Denkweisen, Motive und Gefühle anderer Personen und damit in ihre Standpunkte und ihr Verhalten einzudenken und einzufühlen.[656] Bezogen auf die Situation in internationalen Kooperationssituationen ist ein hohes Empathievermögen mit der Bereitschaft verbunden, sich in die Lage des Kooperationspartners hineinzuversetzen und seine – kulturell geprägten – Zielsetzungen und Einstellungen nachzuvollziehen.[657] Ein solcher Perspektivenwechsel ermöglicht z.B. die Betrachtung von Konflikten innerhalb einer Kooperationsbeziehung aus den verschiedenen Standpunkten der kulturellen und organisatorischen Prägung der Partner und hilft, potenzielle und bisher noch nicht ausgebrochene Konflikte rechtzeitig zu identifizieren.

Kulturelles Synergiestreben innerhalb einer internationalen Unternehmenskooperation als drittes Element der interkulturellen Sensibilität ist eng mit den beiden vorgenannten Begriffen der Aufgeschlossenheit und Unvoreingenommenheit verbunden. Kulturelle Synergie kann dabei als dynamischer Prozess verstanden werden, der zwischen Angehörigen unterschiedlicher Kulturen durch gemeinsames Handeln, Adaption und Lernen mit der Zielsetzung des Erreichens integrierter Lösungen zu Stande kommt.[658]

---

[653] Vgl. Loiselle (2000), S. 139.

[654] Vgl. Dülfer (2001), S. 538. Vorurteilsfreiheit gegenüber anderen Meinungen, Einstellungen und Handlungsmustern, insbesondere fremdkultureller Prägung wird auch oft als Polyzentrismus und somit Gegensatz zum Ethnozentrismus bezeichnet. Vgl. u.a. Stahl (1998), S. 113.

[655] Vgl. Stüdlein (1997), S. 155.

[656] Vgl. Stüdlein (1997), S. 155.

[657] Vgl. Ertel/Weiss/Visioni (2001), S. 61.

[658] Vgl. Harris/Moran (1996), S. 95 und die Ausführungen in Abschnitt 2.2.2.4 dieser Arbeit.

Im Kontext internationaler Kooperationen stellt kulturelles Synergiestreben den Willlen beider Kooperationspartner dar, kulturelle Unterschiede im Rahmen der Zusammenarbeit auszunutzen und mit ihrer Hilfe neue, innovative Umgangsformen und bessere Problemlösungen zu finden. Die Tatsache der unterschiedlichen kulturellen Prägung und Problemherangehensweisen der Partnerunternehmens und Kooperationsträger werden somit nicht nur als erschwerend und komplexitätserhöhend begriffen – was sie zweifelsohne sind – sondern auch als Chance und Quelle von Synergiepotenzialen. Kulturübergreifende Kooperationsbeziehungen stellen nämlich potenziell geeignete Instrumente zur Generierung kreativer Strategien und Lösungsalternativen dar.[659] Lorange/Roos/ Simcic Bronn fordern daher für interkulturelle Allianzen einen Perspektivenwechsel: "While one should always be sensitive to the differences in cultures, they should be seen as supporting the intent of the alliance and not hindering it."[660]

3.2.2.3 Interkulturelle Integrationsfähigkeiten als konative, verhaltensbezogene Dimension

Das Bewusstsein und die Sensibilität der Kooperationspartner für kulturelle Unterschiede sind zwar notwendige aber keine hinreichenden Dimensionen interkultureller Kooperationskompetenz. Reichhaltige kulturelle Kenntnisse resultieren ebenso wenig wie die Bereitschaft, die anderskulturelle Prägung des Kooperationspartners wahrzunehmen, zu akzeptieren und wertzuschätzen automatisch in der Fähigkeit, diese innerhalb der Partnerschaft auch adäquat in Verhalten und Handlungen umsetzen zu können.[661] Die verhaltensbezogene Dimension der interkulturellen Kooperationsfähigkeit umfasst daher die operativen Fähigkeiten der Kooperationspartner, auch unter den erschwerten Bedingungen des kulturellen Einflusses angemessene und effektive Umgangsformen zu entwickeln und eine Integration der Denk- und Verhaltensweisen zu erreichen. "Skills refer to the actual operational abilities to perform those behaviors that are considered appropriate and effective in a given cultural situation."[662]

Kulturelle Integration stellt dabei die Form der Akkulturation in Unternehmenskooperationen dar, in der nicht nur ein Verständnis für die jeweiligen Sichtweisen und Wertstrukturen des Partners entwickelt, sondern gemeinsam neue Wege der Bewältigung anstehender Aufgaben, d.h. neue Methoden und Formen der Zusammenarbeit gefunden werden.[663] Interkulturelle Integrationsfähigkeiten als dritte Dimension der interkulturellen Kooperationskompetenz umfassen daher das Ver-

---

[659] Vgl. Stüdlein (1997), S. 147 und Hofstede (2001b), S. 325.

[660] Lorange/Roos/Simcic Bronn (1992), S. 16.

[661] Vgl. Bittner (2002), S. 764.

[662] Ting-Toomey (1999), S. 50.

[663] Vgl. Loiselle (2000), S. 112.

158

mögen der Kooperationspartner, die Kommunikation zu fördern (**Kommuni-kationsfähigkeit**), Konflikte zu bewältigen (**Konfliktfähigkeit**) und Koordina-tions- sowie kulturelle Integrationsmaßnahmen durchzuführen (**Koordinations-fähigkeit**). Sie werden zusammenfassend in Abbildung 25 dargestellt.

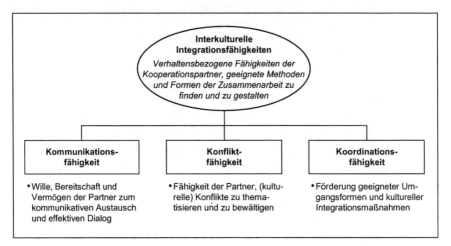

Abbildung 25: Elemente der konativen, verhaltensbezogenen Dimension
interkultureller Kooperationskompetenz

Kommunikationsfähigkeit beinhaltet den Willen, die Bereitschaft und das Ver-mögen der Kooperationspartner zum effektiven Dialog und zur Initiierung eines reflexiven und kommunikativen Austausches. Zentrale Bedeutung kommt dabei auf der individuellen Ebene u.a. der Fähigkeit des aktiven Zuhörens zu, welches z.B. Nachfragen beinhaltet.[664] Es signalisiert nicht nur Aufmerksamkeit und Interesse, sondern dient auch als Feedbackmechanismus bzgl. des wechselseitigen Verständnisses.[665] Generell beugt die Möglichkeit des Einsatzes direkten Feed-backs Konflikten und Missverständnissen vor und dient somit einer besseren Kommunikation und Verständigung unter den Kooperationspartnern.[666]

Abseits der individuellen Fähigkeiten der Kooperationsträger, kommt den Kom-munikationsfähigkeiten auf organisatorischer Ebene ebenfalls eine hohe Bedeu-tung zu. Bronder kommt im Rahmen seiner Untersuchung strategischer Allianzen zu dem Ergebnis, dass Kommunikationsmanagement eine entscheidende Rolle für den Erfolg einer Kooperation spielt. Er schreibt dem Kommunikationsmanage-

---

[664] Vgl. z.B. Bittner/Reisch (1994), S. 15; Loiselle (2000), S. 140 und Stüdlein (1997), S. 160 so-wie die dort angegebene Literatur.

[665] Vgl. z.B. Bittner/Reisch (1994), S. 15.

[666] Vgl. Loiselle (2000), S. 140.

ment dabei eine Steuerungsfunktion (Anweisung und Feedback), Informationsfunktion (Reduktion der Ungewissheit), Sozialisierungsfunktion (Vermittlung eines Wir-Gefühls) und Koordinationsfunktion (Abstimmung, Verdeutlichen von Abhängigkeiten) zu.[667] Aufgrund des in interkulturellen Kooperationen festzustellenden und in Abschnitt 2.3.2 beschriebenen erhöhten Unsicherheitsgefühls und Abstimmungsbedarfs, erhalten die von Bronder postulierten Funktionen des Kommunikationsmanagements sogar eine noch größere Bedeutung. Aus diesem Grund sollte die Kommunikation zwischen den Partnern generell möglichst häufig stattfinden,[668] auf unterschiedlichen Ebenen erfolgen[669] und sich dabei nicht nur auf den formellen sondern auch auf den informellen Bereich erstrecken.[670] Erfolgt im Rahmen dieser Kommunikation auch eine Thematisierung kultureller Unterschiede im Sinne einer Metakommunikation und die gemeinsame Analyse der vorherrschenden Kommunikationsprozesse, wird zudem ein Austausch über zukünftige Deutungsmuster und Verhaltensweisen ermöglicht und somit die Wahrscheinlichkeit eines verbesserten Verständnisses zwischen den Kooperationspartnern erhöht.[671]

Als *Konfliktfähigkeit* wird die Fähigkeit der Kooperationsträger bezeichnet, Konflikte lösen aber auch aushalten zu können, ohne sie zu verdrängen. Unter dem Begriff des Konflikts können dabei Widersprüche und Spannungsfelder verstanden werden, die zwischen den Partnerunternehmen bzw. den Kooperationsträgern auftreten.[672] Im allgemeinen tendieren Organisationen dazu, eine Konfliktvermeidungsstrategie zu verfolgen.[673] Ein hoher Strukturierungsgrad, welcher meist eine Differenzierung von Aufgaben, die Aufteilung von Verantwortung und die Regelung von Abläufen beinhaltet, soll Konflikte und Reibungen vermeiden und einen effizienten Ablauf ermöglichen. Diese Mechanismen werden jedoch in Kooperationsbeziehungen generell und in kulturübergreifenden Kooperationen in besonderem Maße zunächst grundsätzlich infrage gestellt. Aufgrund ihrer unterschiedlichen Wahrnehmungsmuster werden nämlich Personen unterschiedlicher Kulturzugehörigkeit auch unterschiedliche Vorstellungen davon haben, wann ein Kon-

---

[667] Vgl. Bronder (1993), S. 116.

[668] Vgl. zu dem Aspekt der Häufigkeit der Kommunikation als erfolgsrelevantem Aspekt z.B. Thelen (1993), S. 191 und Littler/Leverick (1995), S. 64.

[669] „Furthermore, bridging the culture gap between GSA partners may be facilitated by effective communication at all interfacing levels." Parkhe (1991), S. 586.

[670] Vgl. zur Bedeutung der informellen Kommunikation im Rahmen von Kooperationen z.B. Baird et al. (1990), S. 129.

[671] Vgl. Engelmeyer (1998), S. 405.

[672] Vgl. u.a. Balling (1998), S. 132. Auf Grund der bestehenden Dependenzen sind Konflikte ein natürlicher Teil von Kooperationsbeziehungen. Vgl. Büchel (2003b), S. 596.

[673] Vgl. Hillig (1997), S. 204.

flikt vorliegt, was er bedeutet und wie er zu lösen ist.[674] Konfliktfähigkeit ist daher zunächst eng mit einer Thematisierungsfähigkeit verbunden, die eine Diskussion über die auftretenden Konflikte innerhalb der Partnerschaft zulässt und dabei ausdrücklich auch kulturelle Aspekte berücksichtigt.[675] In einem zweiten Schritt sollten Partner dann nach Ansicht von Kieser/Kubicek eine „echte Problemlösung" anstreben, d.h. mit dem Partner gemeinsam das Problem analysieren, das Spektrum möglicher Problemlösungsalternativen ausloten und bewerten sowie sich auf ein zu realisierendes Konzept einigen.[676] Die „echte Problemlösung" ist jedoch in der Praxis vielfach nur schwer zu erreichen, da sie viel Zeit, die Überwindung von Kommunikationsbarrieren und ein Zurückstellen des Machtstrebens erfordert.[677] Allerdings sollten die Partner Bedingungen bzw. Organisationsmaßnahmen vereinbaren, die dazu führen, dass möglichst viele Elemente der „echten Problemlösung" Berücksichtigung finden.[678]

Koordinationsfähigkeit beinhaltet schließlich das Vermögen der Kooperationspartner, für die Zusammenarbeit geeignete Umgangsformen zu finden und kulturelle Integrationsmaßnahmen durchzuführen. Hierbei ist besonders wichtig, dass die Kooperationspartner sich aktiv um die Verbesserung der Integration und Koordination bemühen und sich nicht erst bei auftretenden Problemen darum bemühen. Inkpen/Li sehen dementsprechend die Initiierung antizipatorischer Maßnahmen als erfolgskritisch an: "Rather than react to cross-cultural issues, firms should try to anticipate and head off problems before they occur."[679] Mögliche Instrumente, die den Kooperationspartnern dabei zur Verfügung stehen, sind u.a. begleitendes gemeinsames Training der Kooperationsträger, Teamlernen, kulturelle Synergiezirkel sowie weitere Maßnahmen zur Förderung einer gemeinsamen Kooperations- bzw. Allianzkultur.[680]

---

[674] Vgl. Bittner/Reisch (1994), S. 15.

[675] Vgl. zum Zusammenhang zwischen Konflikt- und Thematisierungsfähigkeit in Kooperationen z.B. Hillig (1997), S. 207.

[676] Vgl. Kieser/Kubicek (1992), S. 397. Sie führen insgesamt vier Strategien zur Handhabung von Konflikten aus: die Mobilisierung von Macht, Rückzug und Isolation, Kompromiss und „echte Problemlösung". Dabei messen sie der „echten Problemlösung" den höchsten Wirkungsgrad zu. Vgl. Ebenda, S. 396f.

[677] Vgl. Kieser/Kubicek (1992), S. 395.

[678] Im interkulturellen Kontext findet sich eine Bestätigung der Wirksamkeit von Organisationsmaßnahmen zur Konfliktbewältigung bei Stahl. Er befragte Expatriates nach ihren Problembewältigungsstrategien während ihrer Auslandsentsendung und stellte fest, dass die Einführung von Regeln bzw. das Ergreifen von Organisationsmaßnahmen sich als erfolgreichste aller Strategien herausstellte. Vgl. Stahl (1998), S. 201ff.

[679] Inkpen/Li (1999), S. 42.

[680] Vgl. hierzu insbesondere die Ausführungen zum Management von Kulturunterschieden in der Phase der Integration bei Stüdlein (1997), S. 317ff.

3.3 Entwicklung der Hypothesen bezüglich des Einflusses interkultureller Kooperationskompetenz auf die Effektivität und Angemessenheit der Interaktionsbeziehungen

Der vorige Abschnitt hat gezeigt, dass sich die dreidimensionale Struktur der interkulturellen Kompetenz sehr gut auf kulturübergreifende Kooperationssituationen übertragen lässt. Im Folgenden wird versucht, den Einfluss der Dimensionen interkultureller Kooperationskompetenz auf die in Abschnitt 3.2.1 identifizierten Erfolgskriterien der Angemessenheit und Effektivität der Interaktionsbeziehungen herzuleiten (vgl. Abbildung 26).

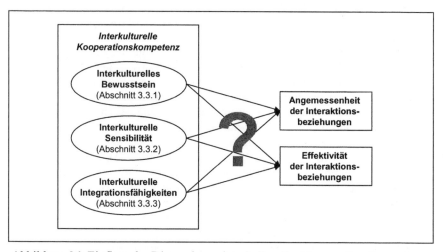

Abbildung 26: Einfluss der Dimensionen interkultureller Kooperationskompetenz auf die Erfolgskriterien der Angemessenheit und Effektivität der Interaktionsbeziehungen

3.3.1 Einfluss des interkulturellen Bewusstseins

Interkulturelles Bewusstsein wurde im vorigen Abschnitt als kognitive Fähigkeit der Kooperationspartner definiert, die kulturellen Merkmale der eigenen und fremden Kultur zu erkennen, zu verstehen und zu erklären. Es umfasst neben dem kulturellem Wissen auch Kenntnisse der Kooperationsträger in Bezug auf die generelle Wirkungsweise des Phänomens Kultur sowie ein Verständnis der eigenkulturellen Prägung. Um die in dieser Arbeit vertretene These zu untermauern, dass derartiges interkulturelles Bewusstsein die Etablierung angemessener und effektiver Interaktionsbeziehungen in internationalen Kooperationen fördert, werden im Folgenden sowohl theoretische als auch empirische Forschungsergebnisse dargestellt.

3.3.1.1 Theoretische Überlegungen

Der Einfluss des interkulturellen Bewusstseins auf die Angemessenheit und Effektivität der Interaktionsbeziehungen lässt sich zunächst aus transaktionskostentheoretischer Sicht begründen. Kulturelles Wissen über das Partnerunternehmen und seine Kooperationsträger bzw. Kenntnisse über kulturtypische Verhaltensweisen des Partners verringern die Unsicherheit über zukünftige Handlungen und somit Transaktionskosten. Aufgrund der Opportunismusannahme der Transaktionskostentheorie werden Transaktionskosten innerhalb einer Unternehmenspartnerschaft nämlich in hohem Maße vom Grad der wahrgenommenen Unsicherheit über zukünftiges opportunistisches Verhalten des Kooperationspartners und daraus resultierenden Kosten in Form von Absicherungs- und Kontrollaufwendungen beeinflusst.[681] Wie in den vorigen Abschnitten dargelegt, wird im interkulturellen Kontext insbesondere die Interpretation von Verhandlungsweisen eines fremdkulturellen Interaktionspartners erschwert. Als Folge daraus besteht in internationalen Kooperationen generell eine erhöhte Schwierigkeit, die Handlungen des Partners adäquat zu interpretieren. Weiterhin besteht die Gefahr, Verhaltensweisen unbegründet als opportunistisch wahrzunehmen.[682] Auch das führt zu steigender Absicherung und damit erhöhten Transaktionskosten. Kulturelle Kenntnisse erleichtern jedoch die Antizipation zukünftiger Aktionen des Partners sowie deren Interpretation und führen in der Regel zu einer Verringerung der als notwendig empfundenen Absicherung vor opportunistischen Handlungen und zu einer Steigerung des Vertrauens.[683] Aufgrund dieser vertrauenssteigernden Wirkung führt erhöhtes kulturelles Wissen und Bewusstsein innerhalb einer Kooperationsbeziehung demnach dazu, dass die Koordination erleichtert, bürokratische Komplexität verringert und letztlich auch Transaktionskosten minimiert werden können.[684] Geringere Transaktionskosten wiederum lassen eine höhere Wahrscheinlichkeit des Erreichens der Kooperationszielsetzungen erwarten und sind demnach mit einer höheren Effektivität der Interaktionsbeziehungen verbunden.[685]

---

[681] Vgl. u.a. Parkhe (1993b), S. 802 sowie die Ausführungen zur Transaktionskostentheorie in Abschnitt 2.1.2.1.1 dieser Arbeit.

[682] Parkhe stellt dabei die Hypothese auf, dass der Grad der Wahrnehmung des Partnerverhaltens als opportunistisch negativ mit dem Unternehmenserfolg korreliert. Vgl. Parkhe (1993b), S. 803.

[683] Vgl. Parkhe (1993b), S. 803; Gulati (1995), S. 94.

[684] Vgl. Ring/Van de Ven (1994), S. 101; Park/Ungson (1997), S. 294. "Through extended exchange relationships, enhanced cultural understanding also improves the overall cultural interaction." Griffith/Harvey (2001), S. 95.

[685] Vgl. die Ausführungen zu den in Abschnitt 3.2.1 konzeptionierten Erfolgskriterien der Angemessenheit und Effektivität der Interaktionsbeziehungen.

Zudem wird nach Ansicht der transaktionstheoretisch geprägten Analyse von Griffith/Harvey auch die Beziehungsqualität, d.h. ein Maß der Angemessenheit der Interaktionsbeziehungen zwischen den Kooperationspartnern verbessert: „With respect to intercultural relationships, cultural understanding at a national and organizational level is a key driver of relationship quality."[686]

Die These dass Kenntnisse über die Kultur der Kooperationsträger des Partnerunternehmens die persönliche Zusammenarbeit fördern, wird darüber hinaus auch durch sozialpsychologische Ansätze wie den der Attributionsforschung gestützt.[687] Thomas weist in diesem Zusammenhang darauf hin, dass soziale Ereignisse und interaktive Handlungsprozesse besser verstehbar, vorhersehbar und damit auch zielgerichteter beeinflussbar werden, wenn Handelnde eine zutreffende Vorstellung davon haben, warum bestimmte Ereignisse und Verhaltensweisen in der sozialen Umwelt so und nicht anders ablaufen (Kausalattribution) und warum Interaktionspartner bestimmte Ziele verfolgen (Finalattribution).[688] Interkulturelles Bewusstsein bzw. Wissen ermöglicht den Kooperationsträgern, kulturell bedingte Wertvorstellungen, Zielsetzungen und Verhaltensmuster des Kooperationspartners in einen Gesamtkontext zu stellen und somit besser zu verstehen.

> "Just as knowledge about the strategy and objectives of potential partners are critical, so is knowledge about the partner's national culture if the proposed joint venture is international."[689]

Kulturelles Wissen stellt also eine wesentliche Voraussetzung für die korrekte Interpretation fremdkulturellen Verhaltens des Partners und damit einen erfolgskritischen Faktor in internationalen Kooperationsbeziehungen auch aus spieltheoretischer Sicht dar. Denn nach Ansicht von Parkhe bedarf es für den Erfolg einer Kooperation – und damit letztlich dem Erreichen der Kooperationszielsetzungen, d.h. Effektivität der Interaktionsbeziehungen – einer hohen Verhaltenstransparenz, so dass sich die Unternehmen im Sinne der „Tit for Tat"-Strategie an das Verhalten des Partners anpassen kann.[690] Steigt die Verständlichkeit des Verhaltens, werden zudem Defektionsversuche unwahrscheinlicher[691] und die Stabilität der Kooperationsbeziehung – als Maß der Angemessenheit – steigt.

Schließlich weist Thomas an anderer Stelle darauf hin, dass Kenntnisse der Kultur des Interaktionspartners helfen, sogenannte mögliche Assimilations-Kontrast-

---

[686] Griffith/Harvey (2001), S. 95.

[687] Zu den Ansätzen der Attributionsforschung vgl. u.a. Heider (1977) und Kelley/Michela (1980).

[688] Vgl. Thomas (1996), S. 117.

[689] Inkpen/Li (1999), S. 42.

[690] Vgl. Parkhe (1993b), S. 801 und die Ausführungen zur Spieltheorie in Abschnitt 2.1.2.1.2 dieser Arbeit.

[691] Vgl. Schwerk (2000), S. 112.

Effekte zu minimieren. Wird nämlich vertrautes Verhalten in einer Situation erwartet und werden stattdessen fremde Einstellungen und Handlungsweisen erfahren, erhöht sich für die Interaktionspartner der empfundene Bedrohungs- und Fremdheitsgrad. Durch den wahrgenommenen Kontrast wirkt das erlebte Verhalten des Interaktionspartners fremder und somit unverständlicher als es tatsächlich ist.[692] Dies gilt insbesondere für Mitarbeiter in Unternehmenskooperationen, da hier der Bedrohungsgrad durch die potenziell divergierenden Zielsetzungen der Partnerunternehmen und der Fremdheitsgrad durch die unterschiedliche unternehmenskulturelle Prägung noch verstärkt wird. Mangelhaftes kulturelles Wissen und daraus resultierende unrealistische Vertrautheits- und Fremdwahrnehmungen können somit die Urteils- und Handlungsfähigkeit der Kooperationsträger erheblich beeinträchtigen und damit die Angemessenheit und Effektivität der Interaktionsbeziehungen dramatisch verringern.

3.3.1.2 Empirische Hinweise

Auch aus den Ergebnissen empirischer Untersuchungen der letzten Jahre lassen sich Hinweise auf den positiven Einfluss eines interkulturellen Bewusstseins auf die Angemessenheit und Effektivität der Austauschbeziehungen in internationalen Unternehmenskooperationen finden. Im Rahmen einer Studie internationaler Joint Venture von britischen Unternehmen ermittelten Buckley/Glaister/Husan[693] kulturelles Wissen als notwendige Bedingung für eine effektive, interkulturelle Unternehmenspartnerschaft: „An effective international relationship was seen as requiring knowledge and empathy for another country's culture and traditions."[694]

Aus ihrer Befragung von 60 Joint Venture Managern geht hervor, dass interkulturelles Bewusstsein und die Anerkennung kultureller Unterschiede die Verständigung zwischen den Partnern erheblich erleichtern und Missverständnisse vermindern kann:

> "There was clear evidence in the data that partner managers need to have an understanding of the different cultures or they need to be able to pick up these differences relatively quickly. Managers who were not alert to cultural differences risked making the presumption that both sides had the same understanding of a particular issue, when that might not be the case."[695]

Ein weiteres Beispiel für die positive Wirkung interkulturellen Bewusstseins auf die Interaktionsbeziehungen findet sich bei Cascio/Serapio.[696] Ihren Ausführun-

---

[692] Vgl. Thomas (1993), S. 271.

[693] Vgl. Buckley/Glaister/Husan (2002).

[694] Buckley/Glaister/Husan (2002), S. 123.

[695] Buckley/Glaister/Husan (2002), S. 123.

[696] Vgl. Cascio/Serapio (1991).

gen zufolge führte die Durchführung eines Programms bei Corning, Inc. zur Entwicklung kultureller Kenntnisse und zur Vertrautmachung mit den kulturellen Eigenheiten von Kooperationspartnern zu einer drastischen Reduzierung der personellen Fluktuationsrate und insgesamt stabileren Kooperationsbeziehungen, d.h. angemesseneren Interaktionsbeziehungen.[697]

3.3.1.3 Zusammenfassung

Insgesamt lässt sich der Einfluss eines interkulturellen Bewusstseins auf die Angemessenheit und Effektivität der Interaktionsbeziehungen in internationalen Unternehmenskooperationen sowohl theoretisch auf Basis der Transaktionskosten- und Spieltheorie sowie sozialpsychologischer Ansätze als auch vorhandener empirischer Ergebnisse begründen. Zusammenfassend wird daher in dieser Arbeit die Hypothese aufgestellt, dass die Interaktionsbeziehungen internationaler Partnerschaften dann angemessener verlaufen werden, d.h. eine hohe Qualität und Stabilität der Austauschbeziehungen vorliegen wird, wenn auch ein hohes Maß an interkulturellem Bewusstsein, d.h. kulturellem Wissen, Bewusstsein und Selbst-Bewusstheit besteht.

Hypothese 1a:	Je höher das interkulturelle Bewusstsein in einer Kooperation, desto eher verlaufen die Interaktionsbeziehungen angemessen.

Darüber hinaus lassen die theoretischen Überlegungen und empirischen Ergebnisse vermuten, dass interkulturelles Bewusstsein nicht nur die Angemessenheit der Interaktionsbeziehungen, sondern auch ihre Effektivität in Form der Erreichung der Kooperationszielsetzung positiv beeinflusst.

Hypothese 1b:	Je höher das interkulturelle Bewusstsein in einer Kooperation, desto eher verlaufen die Interaktionsbeziehungen effektiv.

3.3.2 Einfluss der interkulturellen Sensibilität

Interkulturelle Sensibilität beinhaltet die Bereitschaft der Kooperationspartner, die kulturellen Unterschiede in der Kooperation wahrzunehmen, zu akzeptieren und wertzuschätzen. Sie manifestiert sich in einem hohen Maß an Aufgeschlossenheit, Unvoreingenommenheit und kulturellem Synergiestreben. Analog zum interkulturellen Bewusstsein werden im Folgenden auch für diese Dimension theoretische Überlegungen und empirische Ergebnisse angeführt, um die Annahme des Ein-

---

[697] Vgl. Cascio/Serapio (1991), S. 69.

flusses interkultureller Sensibilität auf die Angemessenheit und Effektivität der Interaktionsbeziehungen zu stützen.

3.3.2.1 Theoretische Überlegungen

Aus spieltheoretischer Sicht führt eine hohe Offenheit und damit verbundene Verhaltenstransparenz der Kooperationspartner zu größerem Vertrauen und einer stabileren Kooperationsbeziehung. Sind die Signale bzw. Verhaltenabsichten der Partnerunternehmen jedoch nicht transparent, nimmt die Gefahr des Opportunismus zu und Defektionsversuche werden wahrscheinlicher, was die Stabilität sinken lässt.[698] Zur Wahrnehmung dieser Signale ist eine offene Interaktion innerhalb der Kooperationsbeziehung unabdingbar, denn auf Grund der erhöhten Unsicherheitssituation und oftmals divergierenden Zielsetzungen der Partnerunternehmen müssen Kooperationspartner besonders sensibel und aufgeschlossen für die Signale aus den jeweiligen Partnerunternehmen sein, um ihr eigenes Verhalten und die operative Umsetzung der Kooperationsstrategie hieran ausrichten zu können.[699] Das damit ausgedrückte Bemühen um ein besseres Verständnis lässt angemessenere Interaktionsbeziehungen erwarten, in dem es hilft, ein Vertrauensverhältnis aufzubauen und die Kooperation zu festigen.[700] Auch hohe Lernbereitschaft erscheint für die langfristige Zielerreichung einer Kooperation notwendig, weil sich die äußeren Rahmenbedingungen einer Kooperation ändern und auch der bestmögliche Ressourcen-, Strategie- und Kulturfit zu Beginn einer Kooperation nicht dauerhaft ist. Kooperationen entwickeln sich daher vom Ausgangsstadium zu komplexeren Formen der Zusammenarbeit. Bei dieser Entwicklung muss immer wieder von neuem ein „Fit" erzielt werden, damit die Kooperation nicht auseinander bricht. Eine hohe Lernbereitschaft und eine damit einhergehende Reaktion auf sich ändernde Zustände und Hinterfragung existierender Normen und Werte ist daher für die erfolgreiche Fortentwicklung von Kooperationen unerlässlich.[701]

Transaktionskostenmindernd wirkt interkulturelle Sensibilität insofern, als dass die Akzeptanz anderskultureller Denk- und Verhaltensweisen der Kooperationsträger des Partners es ermöglicht, Konflikte zu entschärfen und auf kulturelle Unterschiede im Verhalten einzugehen. Werden Konflikte innerhalb einer Kooperationsbeziehung aus den verschiedenen Standpunkten der kulturellen und organisatorischen Prägung der Partner heraus betrachtet, können potenzielle und bisher noch nicht ausgebrochene Konflikte rechtzeitig identifiziert und die Be-

---

[698] Vgl. Parkhe (1993b), S. 800f. und Schwerk (2000), S. 112 sowie die Ausführungen zur Spieltheorie in Abschnitt 2.1.2.1.2 dieser Arbeit.

[699] Vgl. u.a. Axelrod (1991), S. 18 und Schaan/Beamish (1988), S. 284.

[700] Vgl. Loiselle (2000), S. 150.

[701] Vgl. Richter (1996), S. 97, der den Prozess der Hinterfragung als „institutionelles Lernen" begreift.

ziehungsqualität positiv beeinflusst werden. Das führt nicht nur dazu, dass Transaktionskosten in Form eines erhöhten Kommunikationsbedarfes vermindert werden, sondern bewirkt auch eine höhere Bereitschaft, sich auf andere Verfahrensweisen in der operativen Umsetzung der Kooperationszielsetzung einzulassen und die 'Not-Invented-Here' Problematik zu entschärfen.[702] Nicht nur effizientere sondern vor allem auch innovativere Problemlösungsmöglichkeiten auf dem Weg zur Zielerreichung dürften die Folge sein. Bronder/Pritzl betrachten die Akzeptanz der Kultur des Partners daher als besonders erfolgskritisch:

"Die Bereitschaft beider Partner, die unternehmenspolitisch und örtlich gewachsene Kultur des anderen zu akzeptieren, entscheidet darüber, ob eine Zusammenarbeit erfolgreich und dauerhaft wird."[703]

3.3.2.2 Empirische Hinweise

Eisele fand in seiner empirischen kausalanalytischen Untersuchung der Erfolgsfaktoren internationaler Joint Venture heraus, dass ein hoher Grad der Aufgeschlossenheit gegenüber neuen Werten, Kulturen und Ideen den Joint Venture Erfolg ganz entscheidend fördert. Ist hingegen die Bereitschaft der Partner, voneinander zu lernen und aufeinander zu zu gehen gering ausgeprägt, erhöht sich die Misserfolgswahrscheinlichkeit in hohem Maße.[704] Auf die große Bedeutung einer hohen Offenheit und Transparenz innerhalb einer Kooperationsbeziehung weisen auch Büchel et al. in ihrer Studie zum Joint Venture Management hin.[705] Ihrer Untersuchung zufolge sollte im Umgang der Partner eine offene Kommunikation gefördert werden, wodurch der Bildung von Misstrauen und Argwohn – und damit der Erosion der Beziehungsqualität – schon im Vorfeld entgegengewirkt werden kann. Sie zeigen weiter, dass in einem Umfeld offener und durchschaubarer Lern- und Kommunikationsprozesse gemeinsame Erfahrungen und Aushandlungsprozesse zur Normalität werden und somit wesentlich zu einem erfolgreichen kulturbewussten Joint Venture Management beitragen.[706]

Auf die Rolle der Akzeptanz kultureller Unterschiede im Rahmen internationaler Joint Venture gehen Buckley/Glaister/Husan in ihrer Untersuchung ein. Ihre Interviewergebnisse sprechen ebenfalls dafür, dass die Akzeptanz unterschiedlicher kultureller Prägungen innerhalb einer Kooperationsbeziehung zu einer höheren Produktivität führen.

"Dealings between partners from different countries are made easier and more productive where there is an acceptance of cultural issues,

---

[702] Vgl. Loiselle (2000), S. 150.

[703] Bronder/Pritzl (1998), S. 32.

[704] Vgl. Eisele (1995), S. 265.

[705] Vgl. Büchel et al. (1997).

[706] Vgl. Büchel et al. (1997), S. 134f.

and a recognition that cultural issues such as language and national work routines affect interfirm collaborative activity."[707]

Auch die Ergebnisse der Studie von Cyr/Schneider konnten die bedeutende Rolle einer hohen kulturellen Sensitivität der Kooperationspartner für die Angemessenheit der Interaktionsbeziehungen bestätigen. In ihrer Untersuchung der Bedingungen für organisationales Lernen in Joint Ventures und damit verbundenen stabilitätsfördernden Effekte wurde dieser Faktor als einer der wichtigsten im Rahmen der von Ihnen durchgeführten 60 Interviews in Ost-West Joint Ventures genannt.[708] Johnson et al. stellten außerdem in ihrer Untersuchung US-Japanischer strategischer Allianzen einen erheblichen Einfluss kultureller Sensibilität auf die Bildung von Vertrauen fest.[709]

Pothukuchi et al. weisen schließlich in der Diskussion ihrer Ergebnisse einer Studie indischer Joint Venture mit ausländischen Partnern darauf hin, dass Joint Venture, in denen eine hohe Sensibilität gegenüber landes- und unternehmenskulturellen Unterschieden besteht, eine höhere Effektivität bei der Konfliktlösung und Erhaltung positiver Beziehungen aufweisen.

> "The partners who make conscientious efforts to explore integrative solutions, namely those that are sensitive to and compatible with different cultures are more likely to be effective in solving cultural conflicts and maintaining positive relationships."[710]

Notwendige Voraussetzung hierzu ist ihren Schlussfolgerungen zufolge auch eine hohe Offenheit unter den Kooperationspartnern, da nur in diesem Fall mögliche Synergieeffekte genutzt und Missverständnisse vermindert werden können.

3.3.2.3 Zusammenfassung

Spiel- und transaktionstheoretische Überlegungen sowie Ergebnisse empirischer Studien zeigen, dass interkulturelle Sensibilität zu verbessertem Vertrauen, verstärkten personellen Beziehungen und gesteigerter Stabilität der Kooperation führt und somit das Angemessenheitskriterium positiv beeinflusst wird.

Hypothese 2a:	Je höher die interkulturelle Sensibilität in einer Kooperation, desto eher verlaufen die Interaktionsbeziehungen angemessen.

---

[707] Buckley/Glaister/Husan (2002), S. 123.

[708] Vgl. Cyr/Schneider (1996), S. 217.

[709] Vgl. Johnson et al. (1996), S. 985f. und 995.

[710] Pothukuchi et al. (2002), S. 261.

Darüber hinaus ist zu erwarten, dass auf Grund der potenziell produktivitätssteigernden Wirkung der interkulturellen Sensibilität auch das Effektivitätskriterium positiv beeinflusst wird und sich somit eher ein Kooperationserfolg einstellen wird, als in Partnerschaften mit geringer interkultureller Sensibilität.

Hypothese 2b:	Je höher die interkulturelle Sensibilität in einer Kooperation, desto eher verlaufen die Interaktionsbeziehungen effektiv.

3.3.3 Einfluss der interkulturellen Integrationsfähigkeiten

Interkulturelle Integrationsfähigkeiten bilden die verhaltensbezogene Dimension der interkulturellen Kooperationskompetenz. Sie umfasst die Kommunikations-, Konflikt- und Koordinationsfähigkeit der Kooperationspartner, auch unter den schwierigen Bedingungen kultureller Unterschiede angemessene und effektive Interaktionsbeziehungen auszubilden. Analog zur Vorgehensweise bei der kognitiven und affektiven Dimension wird der Einfluss dieser Fähigkeiten im Folgenden anhand theoretischer Überlegungen und Ergebnisse empirischer Studien hergeleitet.

3.3.3.1 Theoretische Überlegungen

Im interkulturellen Zusammenhang sind Kooperationspartner auf Grund eines hohen Informations-, Kommunikations- und Abstimmungsbedarfs in Folge divergierender kultureller Wertvorstellungen mit erhöhten Transaktionskosten konfrontiert. Die Erlangung von Kenntnissen bezüglich der Intention bzw. des Verhaltens des Partners sowie ein erhöhter Kommunikationsbedarf auf Grund potenzieller kultureller Missverständnisse sind in der Regel zunächst mit erheblich erhöhten Transaktionskosten verbunden. Kommunikations-, Konflikt- und Koordinationsfähigkeiten können hingegen dazu beitragen, die Transaktionskosten innerhalb einer Kooperation zu begrenzen, indem die Art der Kommunikation und die Verhaltensweisen der Partner zu einer Minderung der wahrgenommenen Opportunismusgefahr bei dem jeweiligen anderen Partner führt.[711] Insbesondere informelle Kommunikation zwischen den Kooperationsträgern bildet einen zentralen Erfolgsfaktor, um Missverständnisse auszuräumen, eine fortlaufende Abstimmung zu gewährleisten sowie ein Vertrauensverhältnis aufzubauen und somit Transaktionskosten in Form von Abstimmungs- und Kontrollkosten zu mindern.[712]

---

[711] Vgl. Parkhe (1997), S. 802.

[712] Vgl. z.B. Balling (1998), S. 123. Levinson/Asahi weisen in diesem Zusammenhang darauf hin, dass Telefonkonferenzen zwar ein wichtiges Kommunikationsmittel in Kooperationen darstellen, persönliche Treffen und informelle Kommunikation jedoch nicht ersetzen können. Vgl. Levinson/Asahi (1995), S. 58.

„Meet often and informally"[713] empfehlen daher auch Lorange/Roos/Simcic Bronn. Arino/Torre/Ring bestätigen den Einfluss häufiger und transparenter Kommunikation auf die Beziehungsqualität:

> „Cultural differences can be formidable obstacles to effective communication, especially in cross-border alliances. Frequent and transparent exchanges, not limited to alliance issues, are essential ingredients to enriching the reservoir of relational quality."[714]

Aus spieltheoretischen Überlegungen ergibt sich, dass sich sowohl intensive Kommunikation als auch ein effektives Konfliktmanagement positiv auf die Kooperationsbereitschaft der Partner auswirkt. Axelrod postuliert demnach eine hohe Interaktionshäufigkeit und Verständlichkeit des Verhaltens als stabilitätsfördernden Faktor einer Kooperationsbeziehung.[715] Darüber hinaus schließt er aus seinen spieltheoretischen Untersuchungen, dass es wichtig ist, „in einer Umgebung Echo-Effekte zu minimieren, in der beide Seiten über Macht verfügen."[716] Wenn ein einzelnes unkooperatives Verhalten bzw. eine Konfliktsituation eine lange Kette wechselseitiger Vorwürfe in Gang setzen kann, dann leiden beide Partner darunter. Auch Parkhe fordert aus spieltheoretischer Sicht „frequent interactions", um die Reziprozität der Kooperation zu steigern und die Robustheit der Beziehung zu stärken.[717]

> "Therefore, continuous communication patterns between partners have the potential to create more consistent communication environments, which increase communication effectiveness and efficiency, task interaction, cultural empathy, social interaction, and mutually agreed-on adaptation to communication interactions and thus results in enhanced relationship quality."[718]

Kommunikationsfähigkeit im Sinne des Vermögens der Kooperationspartner zum kontinuierlichen kommunikativen Austausch und Dialog sollte sich daher ebenfalls positiv auf die Beziehungsqualität und Stabilität der Partnerschaft und somit auf das Kriterium der Angemessenheit auswirken.

3.3.3.2 Empirische Ergebnisse

In ihrer Untersuchung internationaler Joint Venture in Indien stellten Pothukuchi et al. fest, dass die Kontaktfrequenz zwischen den Unternehmenspartnern einen

---

[713] Lorange/Roos/Simcic Bronn (1992), S. 17.

[714] Arino/Torre/Ring (2001), S. 126.

[715] Vgl. Axelrod (1991), S. 18.

[716] Axelrod (1991), S. 34.

[717] Vgl. Parkhe (1993b), S. 801.

[718] Griffith/Harvey (2001), S. 98f.

stark positiven Effekt auf die Zufriedenheit, Effizienz und Wettbewerbsfähigkeit der Kooperationsbeziehung hatte.[719] Ihrer Ansicht nach sendet die Fähigkeit zur Initiierung häufiger Kontakte und intensiver Kommunikation zwischen den Kooperationsträgern das wichtige Signal eines hohen Engagements der Unternehmenspartner und wirkt sich dadurch auch auf die von Ihnen untersuchte Zufriedenheit der Kooperationspartner mit dem Erreichungsgrad der Joint Venture Ziele aus. Positive Effekte aus der kulturellen Unterschiedlichkeit der Kooperationspartner sind den Ergebnissen der Studie zufolge nur dann zu erreichen, wenn die Partner es verstehen, die Zusammenarbeit auf die Basis gegenseitiger Anpassung, Respekt und Koordination zu stellen.[720]

Die Ergebnisse der Studie von Büchel et al. zum Joint Venture Management unterstützen ebenfalls die Bedeutung direkter Kommunikation für die Integration der Partnerkulturen. Ihrer Ansicht nach sind insbesondere in den Anfangsstadien eines Joint Ventures ein gezieltes „management by wandering around" und eine „Politik der offenen Tür" wichtige Punkte zur Entstehung einer eigenständigen Identität des Joint Ventures[721] und damit zur Begründung einer hohen Beziehungsqualität. Darüber hinaus halten Bücher et al. es für unerlässlich, frühzeitig Konfliktlösungsmechanismen zu errichten, die es den Partnern ermöglichen, Konflikte bereits auf einer möglichst niedrigen Eskalationsstufe zu identifizieren und zu kanalisieren. Ihrer Ansicht nach behindern Konflikte „die Entstehung von Normen, fairen Austauschbeziehungen und gegenseitigem Vertrauen, das für eine andauernde Beziehung notwendig ist"[722] und stehen somit einer hohen Beziehungsqualität und Stabilität entgegen. Da eskalierende Konflikte auch die Zielerreichung in Kooperationen behindern, steigert Konfliktfähigkeit somit sowohl die Angemessenheit als auch die Effektivität der Interaktionsbeziehungen. Ideal wäre es nach Büchel et al. daher, Mechanismen der Konflikthandhabung bereits im Kooperationsvertrag zu thematisieren.[723] Auch Eisele folgert im Rahmen seiner Untersuchung internationaler Joint Venture, dass Konflikte im Rahmen von Kooperationen zumeist ein notwendiges Übel darstellen und die Kooperationspartner daher gut beraten sind, ein leistungsfähiges Konfliktmanagement aufzu-

---

[719] Vgl. Pothukuchi et al. (2002), S. 253. Vgl. hierzu auch die Ergebnisse einer Studie internationaler Joint Ventures von Eisele. Nur durch eine hohe Interaktionsfrequenz und durch ständige Kommunikation der gegenseitigen Bedeutung füreinander ist seiner Ansicht nach „der Aufbau einer reibungslos funktionierenden Schnittstelle zwischen den Partnern sowie die Schaffung einer Beziehung des Vertrauens und Verstehens möglich." Eisele (1995), S. 173.

[720] Vgl. Pothukuchi et al. (2002), S. 261. Ganz ähnliche Ergebnisse erzielten Aulakh/Kotabe/Sahay in ihrer Untersuchung internationaler strategischer Allianzen von US-amerikanischen Unternehmen. Vgl. Aulakh/Kotabe/Sahay (1996), S. 1024ff.

[721] Vgl. Büchel et al. (1997), S. 119.

[722] Büchel et al. (1997), S. 176.

[723] Vgl. Büchel et al. (1997), S. 176 sowie die Ausführungen zum Einfluss kulturbezogener Kooperationsvorbereitung in nachfolgendem Abschnitt 3.4.1 dieser Arbeit.

bauen, welches einerseits auf eine präventive, andererseits aber auch auf eine kurative Konflikthandhabung ausgerichtet ist.[724] Anderenfalls verringert sich Eiseles Hypothesen zufolge der am Zielerreichungsgrad gemessene Erfolg der Kooperationsbeziehung.[725]

Den Zusammenhang zwischen der Konfliktfähigkeit und der Effektivität der Beziehungen bestätigende Ergebnisse lassen sich bei Bucklin/Sengupta in ihrer Untersuchung horizontaler Marketingkooperationen finden. Die von ihnen aufgestellte Hypothese „The less conflict between firms in a co-marketing alliance, the greater the effectiveness of the relationship" hält der anschließenden empirischen Überprüfung überzeugend stand.[726]

Beamer untersuchte die Effekte unterschiedlicher kultureller Hintergründe in internationalen Joint Ventures in China und kam bei der Diskussion der Ergebnisse ihrer Interviews ebenfalls zu dem Schluss, dass Konflikt- und Kommunikationsfähigkeiten eine entscheidende Rolle für den Erfolg oder Misserfolg eines Joint Ventures spielen.[727]

„Cross-cultural management and communication conflicts appear to be the norm rather than the exception in international joint ventures throughout the world. In fact, the successful joint venture may be one that manages cross-cultural communication effectively."[728]

Darüber hinaus beschreibt Beamer, dass in den von ihr untersuchten Joint Ventures kulturellen Integrationsmaßnahmen in Form bewusstseinsbildender Diskussionen der Partner über potenzielle kulturelle Probleme und Konfliktsituationen eine große Bedeutung für die Kooperationsbeziehung – und somit der Angemessenheit der Interaktionsbeziehungen – zugemessen wurde.[729]

3.3.3.3 Zusammenfassung

Auch für den Einfluss interkultureller Integrationsfähigkeiten der beiden Kooperationspartner auf die Beziehungsqualität einer internationalen Partnerschaft lassen sich sowohl aus spiel- und transaktionstheoretischer als auch empirischer Perspektive Argumente finden, die vermuten lassen, dass das Vertrauen und die Stabilität in einer Kooperationsbeziehung gesteigert und somit das Kriterium der Ange-

---

[724] Vgl. Eisele (1995), S. 249 mit Rekurs auf Bronder (1993), S. 110.

[725] Seinen kausalanalytischen Ergebnissen zufolge fällt der Zusammenhang jedoch relativ schwach aus. Vgl. Eisele (1995), S. 264.

[726] Vgl. Bucklin/Sengupta (1993), S. 34 und 42. Herterich weist in diesem Zusammenhang darauf hin, dass kulturelle Unterschiede zwischen den Partnern an sich noch keinen Grund für Konflikte darstellen. „Entscheidend ist die Art, mit ihnen umzugehen." Herterich (2003), S. 56.

[727] Vgl. Beamer (1998), S. 58.

[728] Beamer (1998), S. 54.

[729] Vgl. Beamer (1998), S. 58.

messenheit positiv beeinflusst werden kann. Es lässt sich daher folgende Hypothese formulieren:

Hypothese 3a: Je höher die interkulturellen Integrationsfähigkeiten in einer Kooperation, desto eher verlaufen die Interaktionsbeziehungen angemessen.

Darüber hinaus dürfte auch das Effektivitätskriterium positiv beeinflusst werden, da zuvor aufgezeigt wurde, dass Kommunikations-, Konflikt- und Koordinationsfähigkeiten der Partnerunternehmen dazu beitragen, dass das Erreichen der Kooperationszielsetzungen u.a. auf Grund transaktionskostenmindernder Effekte eher gelingen dürfte als in Kooperationsbeziehungen ohne interkulturelle Integrationsfähigkeiten. Daraus leitet sich folgende Hypothese ab:

Hypothese 3b: Je höher die interkulturellen Integrationsfähigkeiten in einer Kooperation, desto eher verlaufen die Interaktionsbeziehungen effektiv.

3.4 Entwicklung der Hypothesen bezüglich der situativen Kontextfaktoren interkultureller Kooperationskompetenz

Zur Beantwortung der in Abschnitt 1.3 formulierten Fragestellung, durch welche Einflussfaktoren die Ausbildung interkultureller Kooperationskompetenz gefördert bzw. beeinflusst wird, sollen innerhalb dieser Arbeit auch Situations- bzw. Kontextfaktoren, d.h. Merkmale, welche die relevante Situation der Kooperation beschreiben, untersucht werden. Unter einer Situation ist dabei die zu einem bestimmten Zeitpunkt gegebene Gesamtheit der (erklärungs-) relevanten Einflussfaktoren zu verstehen.[730] Diese können für die dieser Arbeit zu Grunde liegenden internationalen Unternehmenspartnerschaften in drei Kategorien unterteilt werden.[731] Zum einen kann die Ausprägung interkultureller Kooperationskompetenz potenziell von der Ausprägung der externen Umweltsituation der Kooperation abhängen. Zum anderen können Merkmale der beiden Partner-Unternehmen, welche unabhängig von der konkreten Kooperationsbeziehung Bestand haben, einen Einfluss besitzen. Schließlich beeinflusst die konkrete Kooperationssituation selbst, welche sich aus der Interaktion der Partnerunternehmen ergibt, die Dimensionen der interkulturellen Kooperationskompetenz.

Im Rahmen der dieser Arbeit zu Grunde liegenden Untersuchung können aus forschungsökonomischen Gründen unmöglich sämtliche potenziell relevante Ein-

---

[730] Vgl. Eisele (1995), S. 51.

[731] Vgl. zu dieser Art der Kategorisierung auch Eisele (1995), S. 51ff.

174

flussfaktoren auf die interkulturelle Kooperationskompetenz berücksichtigt werden. Aus diesem Grund wird eine Auswahl getroffen, die auf Grund der praxeologischen Ausrichtung der Arbeit, d.h. praxisbezogenen Zielsetzung der Identifikation von Gestaltungshinweisen, keine Umweltfaktoren berücksichtigt. Stattdessen sollen auf Grund ihrer sich aus den in Abschnitt 3.1 vorgestellten Forschungsansätzen ergebenden Bedeutung, die *Internationalität der Partnerunternehmen*, die *strategische Bedeutung der Kooperationsbeziehung* sowie die *kulturbezogene Ausrichtung der Kooperationsvorbereitung* auf ihren interkulturellen Kooperationskompetenzeinfluss hin untersucht werden (vgl. Abbildung 27). Ihr vermuteter Einfluss auf die interkulturelle Kooperationskompetenz wird im Folgenden beschrieben und die damit verbundenen Hypothesen entwickelt.

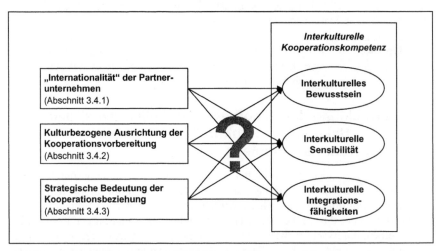

Abbildung 27: Einfluss ausgewählter Kontextfaktoren auf die Dimensionen der interkulturellen Kooperationskompetenz

3.4.1 „Internationalität" der Partnerunternehmen

Unter „Internationalität" soll im Rahmen dieser Arbeit der Grad der Auslandsorientierung der Partnerunternehmen bzw. ihrer Unternehmenskulturen verstanden werden. Die Internationalität eines Unternehmens wird dabei nicht ausschließlich anhand von Struktur- oder Leistungskriterien (z.B. Anzahl der ausländischen Niederlassungen, Umsatz und Kapitaleinsatz im Ausland, Anzahl ausländischer Mitarbeiter) festgelegt, sondern hängt stark von der in der Unternehmenskultur zum Ausdruck kommenden Grundhaltung bzw. Orientierung des Managements bezüglich des Umgangs mit Kulturunterschieden im Rahmen der Gründung und Führung von Auslandsniederlassungen und im Bereich des Personalmanagements ab.[732] Internationale Unternehmenskulturen zeichnen sich dabei durch Akzeptanz und Respekt gegenüber fremden Kulturen und den kulturellen Gegebenheiten anderer Länder, eine hohe Diversitätstoleranz und eine hohe Lernbereitschaft von fremdkulturellen Partnern aus.[733] Darüber hinaus gehen sie meist mit dem Einsatz internationaler Personalentwicklungsinstrumente wie z.b. Auslandseinsätzen, internationalen Trainee- und Job-Rotation-Programmen, interkulturellem Training sowie der Bildung internationaler Teams und Arbeitsgruppen einher.[734]

Besitzen die beteiligten Partnerunternehmen Merkmale einer internationalen Unternehmenskultur, dürfte das einen großen Einfluss auf die Fähigkeiten sowie Kenntnisse, Einstellungen und Verhaltensweisen der Kooperationsträger haben und somit für die vorliegende Untersuchung relevant sein.[735] Im Folgenden werden daher ihr Einfluss auf die Dimensionen der interkulturellen Kooperationskompetenz dargelegt und Hypothesen formuliert.

3.4.1.1 Einfluss auf das interkulturelle Bewusstsein

Eine hoher Grad der Auslandsorientierung beider Partnerunternehmen ist mit weit reichenden Erfahrungen der Organisationen im Umgang mit ausländischen Unternehmen verbunden. Aufgrund der in der Regel hohen Interdependenz mit fremdkulturellen Geschäftspartnern und diversen vorherigen Auslandskontakten und – aufenthalten der Kooperationsträger ist daher mit einer höheren Wahrscheinlichkeit der Kenntnis und des Bewusstseins für kulturelle Konzepte und der besonde-

---

[732] Vgl. zustimmend z.B. Stüdlein (1997), S. 204. In der Literatur erfolgt die Kategorisierung zumeist anhand der von Perlmutter entwickelten und von diversen Autoren aufgegriffenen Internationalisierungsstrategie-Matrix, welche aus dem Grad globaler Integration sowie dem Ausmaß lokaler Anpassung gebildet wird und zwischen internationalen, globalen, multinationalen und transnationalen Strategien unterscheidet. Vgl. Perlmutter (1969), S. 11ff. und u.a. Schöllhammer (1994), S. 9; Perlitz (2000), S. 137ff. Dieser Ansatz ist jedoch ausschließlich auf bereits international tätige Unternehmen anwendbar. Vgl. Schilo-Silbermann (1995), S. 39. Da im Rahmen der dieser Arbeit zu Grunde liegenden Untersuchung jedoch auch Kooperationspartner ohne ausländische Niederlassung und mit Konzentration ihrer Geschäftstätigkeit auf dem heimischen Markt betrachtet werden, erscheint dieser Ansatz für die vorliegende Untersuchung ungeeignet.

[733] Vgl. Stüdlein (1997), S. 221.

[734] Zu den Instrumenten internationaler Personalentwicklung vgl. u.a. Weber et al. (1998), S. 163ff.; Bittner/Reisch (1994), S. 17; Kammel (1994), S. 605ff. und Herterich (2003), S. 57.

[735] Die Relevanz der Unternehmenskultur für die Ausprägung von Kompetenzen der Mitarbeiter wird u.a. aus einer Untersuchung von Graf deutlich. Sie stellte im Rahmen ihrer Untersuchung sozialer Kompetenzen von Mitarbeitern deutscher und US-amerikanischer Versicherungsunternehmen fest, dass die Firma, für die ein Individuum arbeitet, die einflussreichste Variable auf die Ausprägung der evaluierten sozialen Kompetenzen darstellte. Als Ursache für dieses Ergebnis nahm sie an, dass voneinander abweichende Prozesse der organisationalen Sozialisation, z.B. durch eine gezielt vermittelte Unternehmenskultur, zu unterschiedlichen sozialen Verhaltensweisen führen. Vgl. Graf (2002), S. 385ff.

ren Komplexität interkultureller Interaktionen zu rechnen.[736] Liegen hingegen keine oder wenig Erfahrungen im Umgang mit kulturellen Unterschieden vor, ist davon auszugehen, dass nicht nur das generelle Kulturbewusstsein, sondern auch das Verständnis bzgl. der eigenen Kultur und kulturellen Orientierung unterentwickelt ist. Kulturelles Selbst-Bewusstsein ist schließlich oftmals erst und generell besser in der Konfrontation mit anderskulturellen Werten und Verhaltensweisen erfahrbar.[737]

Eine Untersuchung internationaler Joint Venture von Zeira/Shenkar zeigte, dass die Zusammenarbeit der Partnerunternehmen von den befragten Managern als wesentlich leichter empfunden wurde, wenn beide Partner eine internationale Unternehmenskultur aufwiesen, auch wenn sich diese in ihren sonstigen Merkmalen unterschieden.

> „Parents who lack an international culture, and the IJV is their first international operation, find it hard to understand the sometimes subtle differences between running a uninational organization and a multinational one."[738]

Schließlich führen internationale Unternehmenskulturen dazu, dass die Mitarbeiter einer solchen Organisation den kulturellen Einfluss im Umgang mit fremdkulturellen Interaktionspartnern leichter erkennen und als solche verstehen können, da sie regelmäßig damit konfrontiert werden. Es wird daher folgende Hypothese aufgestellt:

Hypothese 4a:	Je internationaler die Partnerunternehmen ausgerichtet sind, desto eher ist in der Kooperation ein hohes interkulturelles Bewusstsein ausgeprägt.

3.4.1.2 Einfluss auf die interkulturelle Sensibilität

Neben dem kognitiven Einfluss hat die Internationalität der Unternehmenskulturen auch großen Einfluss auf die affektive Dimension der interkulturellen Kooperationskompetenz im Sinne der Bereitschaft der Kooperationspartner, kulturelle Unterschiede in der Kooperation wahrzunehmen, zu akzeptieren und wertzuschätzen. Die Ausrichtung der Unternehmenskultur an einer „Diversitätspolitik" zählt nach Ansicht von Uber-Grosse zu den Grundbausteinen einer positiven Einstellung gegenüber kulturellen Unterschieden und der Erlangung kulturellem Verständnis:

---

[736] Vgl. Stüdlein (1997), S. 211.

[737] Vgl. Stüdlein (1997), S. 198 und die von ihr angeführten und interviewten Experten.

[738] Zeira/Shenkar (1990), S. 16.

„The corporate culture and *diversity policy* affect the companies'
globalization efforts. The company can encourage cross-cultural
understanding and positive attitudes toward cultural differences by a
strong corporate policy on diversity. If the corporate culture clearly
values and rewards diversity, employees are more likely to have an
open mind toward cultural differences, more awareness of those
differences, and tolerance for them. Cultural understanding derives
more from a mindset than a knowledge base or list of facts about a
country."[739]

Die oftmals mit einer geringen Auslandsorientierung verbundene ethnozentrische
Grundhaltung einer Organisation gilt indes als äußerst hinderlich für die Akzeptanz von Kulturunterschieden in Kooperationen. Mit ihr geht nämlich tendenziell
die Ablehnung fremder Methoden, die Tendenz zu einseitigen Kommunikations-
weisen sowie eine mangelnde Sensibilität für kulturelle Diversität einher.[740]
Loiselle fordert daher, dass die Unternehmenskulturen der Partnerorganisationen
kulturelle Vielfalt schätzen und ein Klima der Offenheit schaffen müssen. Ist dies
nicht der Fall, dürften sie der in internationalen Kooperationen „notwendigen kulturellen Offenheit und Flexibilität im Wege stehen und eine Neuorientierung der
Joint Venture-Mitglieder verhindern"[741].

Es kann somit angenommen werden, dass auch die interkulturelle Sensibilität von
einer hohen Internationalität der Partnerunternehmen positiv beeinflusst wird.

Hypothese 4b:	Je internationaler die Partnerunternehmen ausgerichtet sind, desto eher ist in der Kooperation eine hohe interkulturelle Sensibilität ausgeprägt.

3.4.1.3 Einfluss auf die interkulturellen Integrationsfähigkeiten

Die jeweiligen Unternehmenskulturen der Partner bringen wertbasierte Unterschiede in Bezug auf Führung, Entscheidungsfindung und/oder zwischenmensch-
liche Interaktionen mit sich, die z.T. zu erheblichen Konflikten führen können.[742]
Die Ergebnisse der bereits im vorigen Abschnitt erwähnten Studie von Zeira/
Shenkar zeigen jedoch, dass die „Internationalität", bzw. „Diversitätstoleranz" der

---

[739] Uber-Grosse (2000), S. 322, Hervorhebung vom Verfasser.

[740] Vgl. Loiselle (2000), S. 215; Stüdlein (1997), S. 206.

[741] Loiselle (2000), S. 215.

[742] Vgl. Loiselle (2000), S. 97; Perlitz (1997), S. 453; Hentze/Kammel (2000), S. 222.

Unternehmenskulturen die Fähigkeit der Partnerunternehmen fördert, diese Konflikte erfolgreich zu bewältigen.[743]

> „They [die befragten Joint Venture Manager - Anmerkung des Verfassers] concluded that it is easier to formulate policies and solve problems when all parents of the venture have an international corporate culture, based on their history of international operation, even if the cultures differ in certain aspects."[744]

Ein solches Ergebnis kann insoweit wenig überraschen, als dass Loiselle darauf hinweist, dass stark international geprägte Unternehmen interkulturell kompetentere Mitarbeiter anziehen.[745] Personen mit interkulturellen Fähigkeiten und Erfahrungen dürften sich nämlich bei der Wahl ihres Arbeitsplatzes eher für Organisationen mit einer interkulturell aufgeschlossenen und diversen Unternehmenskultur inklusive der i.d.R. damit einher gehenden Personalentwicklungsmöglichkeiten entscheiden als für streng national orientierte Unternehmen. Als Konsequenz daraus werden in Unternehmen mit internationaler Unternehmenskultur auch die an einer Kooperation beteiligten Mitarbeiter eher in der Lage sein, die in einer Partnerschaft notwendigen Kommunikations-, Konflikt- und Koordinationsfähigkeiten positiv zu beeinflussen. Fritz/Möllenberg/Werner verweisen in diesem Zusammenhang darauf, dass die Prägung der Unternehmenskultur den Stellenwert der interkulturellen Kompetenz von Mitarbeitern in internationalen Unternehmen bestimmt, d.h. interkulturelle Kompetenz in ethnozentrischen Unternehmen als weniger wichtig erachtet wird.[746] Daher dürfte auch aus diesem Grund das Ausmaß interkultureller Integrationsfähigkeiten in Kooperationsbeziehungen stärker ausgeprägt sein, wenn beide Partnerunternehmen eine hohe Internationalität ihrer Unternehmenskulturen aufweisen. Die in diesem Zusammenhang stehende Hypothese lautet daher:

Hypothese 4c: Je internationaler die Partnerunternehmen ausgerichtet sind, desto eher sind in der Kooperation hohe interkulturelle Integrationsfähigkeiten ausgeprägt.

---

[743] Vgl. Zeira/Shenkar (1990), S. 16. Unterstützt wird die Bedeutung der Diversitätstoleranz einer Unternehmenskultur zur Förderung interkulturell kompetenter Mitarbeiter auch von Bennett, der seine Ausführungen mit dem Fazit schließt: „The goal for organizations is to create a *climate of respect for diversity.*" [Hervorhebungen im Original] Bennett (2001), S. 210.

[744] Zeira/Shenkar (1990), S. 16.

[745] Vgl. Loiselle (2000), S. 216.

[746] Vgl. Fritz/Möllenberg/Werner (1999), S. 11.

3.4.2 Kulturbezogene Kooperationsvorbereitung

Unter kulturbezogener Kooperationsvorbereitung ist die frühzeitige Berücksichtigung des Faktors Kultur vor Beginn der eigentlichen operativen Zusammenarbeit der Partnerunternehmen zu verstehen. Hierzu gehört insbesondere die kulturbewusste Gestaltung der Kooperationsphasen der Partnerevaluation, Partnerwahl und Vertragsverhandlung sowie die Berücksichtigung kultureller Aspekte bei der Auswahl und Vorbereitung der Kooperationsträger.[747]

Generell wird der Phase der **Partnerevaluation und Partnerwahl** grundlegende Bedeutung für den weiteren Verlauf einer Kooperationsbeziehung zugerechnet. Die Auswahl des „richtigen" Partners zählt zu den Basisentscheidungen einer Kooperation und zu den wichtigsten und bedeutendsten Aufgaben innerhalb des Kooperationsprozesses.[748] Kulturelle Aspekte bleiben dabei in der Regel jedoch unberücksichtigt, da sich das Management der Partnerunternehmen auf strategische und ökonomische Entscheidungskriterien bei der Partnerwahl konzentriert:[749] „The cultural aspects of cooperative strategy are therefore crucial, yet often neglected by would-be partners in the selection and negotiation stages of their relationship."[750] Der Grund hierfür dürfte in der weit verbreiteten Auffassung liegen, dass kulturelle Faktoren nur eine untergeordnete Rolle in Kooperationen spielen.[751] Obwohl die Wahl eines geeigneten Partners grundsätzlich auf der Basis strategischer und ökonomischer Kriterien erfolgen muss, wurde im bisherigen Verlauf dieser Arbeit jedoch deutlich, dass kulturelle Unterschiede der Kooperationspartner einen großen Einfluss auf den Erfolg einer Kooperation haben können. In der Literatur mehren sich daher die Stimmen, welche den Partnern potenzieller Kooperationen empfehlen, neben den strategischen, gesetzlichen und finanziellen Rahmenbedingungen unbedingt auch die kulturellen Aspekte in die

---

[747] Wenngleich die Selektion und Vorbereitung der Kooperationsträger in anderen Literaturbeiträgen z.T. bereits zur Phase der Integration gezählt werden (vgl. u.a. Stüdlein (1997), S. 317) werden sie an dieser Stelle zur Kooperationsvorbereitung gezählt, da diese Aktivitäten i.d.R. *vor* Beginn der operativen Zusammenarbeit durchgeführt werden.

[748] Vgl. u.a. Littler/Leverick (1995), S. 61; Richter (1996), S. 95; Lane/Beamish (1990), S. 93; Perlitz (1997), S. 452; Elmuti/Kathawala (2001), S. 214; Geringer (1991), S. 42; Mockler (1999), S. 81 und Nielsen (2003), S. 302. Jagoda weist in seinen Ausführungen darauf hin, dass etwa die Hälfte der vom Scheitern einer Kooperation betroffenen Unternehmen im nachhinein davon überzeugt sind, bereits bei der Partnerselektion entscheidende Fehler begangen zu haben. Vgl. Jagoda (1990), S. 13f.

[749] Vgl. Stüdlein (1997), S. 225 und Ertel/Weiss/Visioni (2001), S. 34.

[750] Faulkner/de Rond (2000), S. 29.

[751] Vgl. hierzu auch die Ausführungen zur generell zu beobachtenden Unterschätzung der Kulturproblematik in Abschnitt 2.3.2.4 dieser Arbeit.

Planung mit einzubeziehen.[752] Hierzu zählt z.B. laut Stüdlein die Betrachtung der Landes- und Unternehmenskulturen potenzieller Partner, eine Abschätzung potenzieller Problem- und Konfliktpotenziale und eine Analyse des kulturellen Fits.[753]

Auch im Rahmen der **Verhandlungsphase** einer Kooperation werden kulturelle Aspekte in der Praxis nur selten berücksichtigt.[754] Dabei entscheidet sie nicht nur über die Realisation einer Kooperation, sondern gilt auch als Grundstein für die nachfolgende Zusammenarbeit, indem die Struktur und Form sowie die grundsätzliche Vorgehensweise festgelegt werden.[755] Da der Erfolg einer internationalen Verhandlung - neben anderen Faktoren - von der Berücksichtigung des Faktors Kultur determiniert wird,[756] muss es das Ziel einer interkulturell kompetenten Verhandlung sein, zum einen kulturbedingte Missverständnisse und Störungen im Verhandlungsprozess zu minimieren[757] und zum anderen durch Thematisierung der kulturellen Integration optimale Voraussetzungen für die Kooperation zu schaffen.[758] Eine Vernachlässigung kultureller Unterschiede während der Phase der Verhandlung führt dagegen nicht selten zu substanziellen Kommunikationsproblemen und negativen Auswirkungen auf die Beziehung und das Vertrauen der (potenziellen) Kooperationspartner.[759]

Als zusätzliche Elemente einer kulturbezogenen Kooperationsvorbereitung sind die Berücksichtigung kultureller Aspekte bei der Auswahl und Vorbereitung der Kooperationsträger zu nennen. Dabei stellen Cascio/Serapio fest, dass solche kulturellen Personalmanagement- bzw. Human Resource Management-Aspekte in der Praxis meist erst nach dem operativen Beginn der Kooperation berücksichtigt werden, was sie jedoch stark kritisieren:

---

[752] Vgl. u.a. Parkhe (1991), S. 596; Kanter (1995), S. 36; Fedor/Werther (1996), S. 43f. und 48; Mockler (1999), S. 79ff. und Ertel/Weiss/Visioni (2001), S. 34. Stüdlein spricht in diesem Zusammenhang z.B. von einer „notwendigen und wertvollen Komplementierung der strategisch-ökonomischen Beurteilungspunkte". Vgl. Stüdlein (1997), S. 226.

[753] Vgl. Stüdlein (1997), S. 268.

[754] Vgl. z.B. Stüdlein (1997), S. 269 und Inkpen/Li, die in diesem Zusammenhang anmerken: "Based on our research and discussions with many joint venture managers, too many firms jump into joint venture negotiations without adequate planning." Inkpen/Li (1999), S. 44.

[755] Vgl. Stüdlein (1997), S. 270 und Holtbrügge (2003), S. 882f.

[756] Vgl. Adler/Graham (1989), S. 531; Tung (1991), S. 37.

[757] Eine kulturelle Vorbereitung führt der empirischen Untersuchung interkultureller Verhandlungssituationen US-amerikanischer Firmen von Gulbro/Herbig zufolge zu einer geringeren Wahrscheinlichkeit des Scheiterns der Verhandlungen. Vgl. Gulbro/Herbig (1996), S. 240. Ihr plakativer Gestaltungshinweis lautet daher „Prepare, prepare, prepare - especially culturally." Ebenda, S. 239.

[758] Vgl. Stüdlein (1997), S. 279.

[759] Vgl. Adler/Graham (1989), S. 519; Mockler (1999), S. 81f.

„Unfortunately, HRM or people-related issues in international cooperative ventures are all too often addressed only after the venture has already been formed. [...] addressing HRM issues later on is a mistake."[760]

Die **Selektion der Kooperationsträger**, welche die operative Zusammenarbeit übernehmen und mit dem Partnerunternehmen interagieren stellt dabei nach Ansicht von Inkpen/Li einen besonders wichtigen Faktor im Rahmen des Personalmanagements internationaler Kooperationen dar. "Given the importance of interpersonal relationships, the individuals who will be involved in joint venture negotiations should be chosen carefully."[761]

Bei den dabei angewandten Auswahlkriterien wird in der Unternehmenspraxis das Hauptaugenmerk jedoch fast ausschließlich auf fachliche Kompetenzen gerichtet, wie etwa auf technische Fähigkeiten, Kenntnis der Produkte oder ein grundsätzliches Verständnis für die eigene Organisation.[762] Soziale und interkulturelle Fähigkeiten der Kooperationsträger zur konstruktiven und kooperativen Interaktion mit Mitgliedern des fremdkulturellen Partnerunternehmens und Kultur spielen dagegen zumeist nur eine untergeordnete Rolle. Auf Basis einer Analyse von Human Resource Aspekten in internationalen Allianzen halten Cascio/Serapio dieses Vorgehen in der Praxis jedoch für einen Fehler:

„[...] international alliances should be at least as concerned with preparing new employees to deal with the social context of their jobs and to cope with the insecurities and frustrations of a new learning situation as they are with developing the technical skills that employees need to perform their jobs effectively."[763]

Auch Beamer stellt im Rahmen ihrer Studie internationaler Joint Venture in China die Bedeutung interkultureller Selektionskriterien für die Auswahl von Kooperationsträgern fest: "Partners in a joint venture in China can start off on the right foot by selecting personnel who are sensitive to and knowledgeable about cultural differences."[764]

Schließlich umfasst die kulturbezogene Kooperationsvorbereitung als letztes Element die Berücksichtigung kultureller Aspekte bei der **Vorbereitung der Kooperationsträger**. Dabei geht es im Rahmen interkulturellen Trainings um die Vermittlung von Kenntnissen und Fähigkeiten zum angemessenen und effektiven

---

[760] Cascio/Serapio (1991), S. 73.

[761] Inkpen/Li (1999), S. 40. Vgl. zur Bedeutung der Selektion von Kooperationsträgern auch Geringer/Frayne (2000), S. 115.

[762] Vgl. Loiselle (2000), S. 180 sowie die dort angegebene Literatur.

[763] Cascio/Serapio (1991), S. 70.

[764] Beamer (1998), S. 58.

Umgang mit den Kooperationsträgern des Partnerunternehmens.[765] Ohne an dieser Stelle auf die zahlreichen Klassifikationen interkultureller Trainingsformen eingehen zu können,[766] lassen sich die verschiedenen Ansätze jedoch u.a. nach kulturspezifischem (culture-specific) und allgemeinem (culture-general) Training unterteilen.[767] Im Rahmen eines kulturspezifischen Trainings lernen die Kooperationsträger über die kulturellen Grundannahmen, Werte, Einstellungen und Normen sowie die daraus resultierenden Verhaltensweisen der Mitglieder der spezifischen Kultur des Partnerunternehmens, während im Rahmen eines allgemeinen Trainings den Teilnehmern ein generelles Verständnis des Kulturkonzepts und der kulturellen Prägung menschlicher Wahrnehmungs- und Verhaltensregeln vermittelt wird.[768]

Im Folgenden wird der Einfluss der soeben beschriebenen Elemente einer kulturbezogenen Kulturvorbereitung auf die Bewusstseins-, Sensibilitäts- und Integrationsfähigkeitsdimension der interkulturellen Kooperationskompetenz beschrieben.

3.4.2.1 Einfluss auf das interkulturelle Bewusstsein

Eine Berücksichtigung des Faktors Kultur bereits vor Beginn der eigentlichen Kooperationsbeziehung ermöglicht den Kooperationspartnern die – kulturell determinierten – Ziele, Interessen und Arbeitsweisen des Partners zu interpretieren, potenzielle Probleme besser einzuschätzen und somit das kulturelle Bewusstsein der Kooperationsträger zu schärfen.[769] Bei der Evaluierung der landes- und unternehmenskulturellen Prägung potenzieller Partner können die Unternehmen dabei auf mehrere Quellen zurückgreifen. Denkbar ist z.B. eine Betrachtung der Ausprägungen der Hofstede'schen Dimensionen der Landeskultur[770] des potenziellen Partners oder eine Analyse der Unternehmenskultur anhand von Geschäftsberichten, Internetrecherchen, Leitbildern und Firmengeschichtsdarstellungen.[771] Der Vergleich der landes- und unternehmenskulturellen Merkmale des potenziellen Partners mit den eigenen Ausprägungen dürfte dabei sowohl zu einem Kenntnis-

---

[765] Vgl. Stüdlein (1997), S. 317.

[766] Vgl. hierzu z.B. die Klassifizierungsansätze bei Stüdlein (1997), S. 318 und die dort angegebene Literatur.

[767] Vgl. u.a. Gertsen (1990), S. 353f.; Kammel (1994), S. 607; Thomas/Hagemann/Stumpf (2003), S. 249.

[768] Vgl. Stüdlein (1997), S. 319.

[769] Vgl. Stüdlein (1997), S. 228.

[770] Vgl. die Ausführungen zu Hofstedes Kulturdimensionen in Abschnitt 2.2.1.2 dieser Arbeit.

[771] Nach Ansicht der regelmäßig in der Literatur und auch in dieser Arbeit vertretenden Position lassen diese Mittel zwar keine abschließende Beurteilung oder Klassifizierung einer Unternehmenskultur zu, gewähren aber dennoch einen hilfreichen Einblick in die vorherrschenden Werte und Normen. Vgl. u.a. Stüdlein (1997), S. 233 und Ernst (2003), S. 23.

gewinn bzgl. der Kultur des Partners als auch der Steigerung eines kulturellen (Selbst-)Bewusstseins und somit zu einer Förderung aller Elemente der interkulturellen Bewusstseinsdimension der interkulturellen Kooperationskompetenz führen. In ähnlicher Weise fördert die Thematisierung kultureller Faktoren während der Verhandlungsphase das Verständnis für und Wissen über die Kultur des Partners. Die Reflektion und Antizipation des kulturellen Beziehungsaspekts während der Erörterung des Kooperationsabkommens führt dazu, dass nicht nur die kulturellen Merkmale des Partners eher erkannt und verstanden werden, sondern auch ein tieferes Bewusstsein für die eigene kulturelle Prägung entwickelt wird. Hinzu kommt der Einfluss eines vorbereitenden interkulturellen Trainings der Kooperationsträger, welches ebenfalls bewusstseinsbildend wirken dürfte[772] und kulturelles Wissen und Verständnis fördert.[773] Es kann daher folgende Hypothese formuliert werden:

Hypothese 5a:	Findet eine kulturbezogene Kooperationsvorbereitung der Partnerunternehmen statt, ist in der Kooperation eher ein hohes interkulturelles Bewusstsein ausgeprägt.

3.4.2.2 Einfluss auf die interkulturelle Sensibilität

Neben der kognitiven Bewusstseinsdimension interkultureller Kooperationskompetenz dürfte die kulturbezogene Kooperationsvorbereitung auch Einfluss auf die affektive Sensibilitätskomponente haben. Die Bereitschaft der Kooperationspartner, die kulturellen Unterschiede in der Partnerschaft wahrzunehmen, zu akzeptieren und wertzuschätzen wird nämlich durch die Berücksichtigung des Faktors Kultur bei der Auswahl und Vorbereitung der Kooperationsträger insofern gefördert, als dass in solcher Weise selektierte und trainierte Kooperationsmitarbeiter ein höheres Maß an Offenheit, Empathie und Toleranz mitbringen und einen geringeren Grad an Ethnozentrismus aufwiesen dürften. Diese Persönlichkeitsmerkmale bzw. Einstellungen der beteiligten Individuen helfen jedoch wiederum, die in Abschnitt 3.2.2.2 identifizierten Elemente Aufgeschlossenheit, Unvoreingenommenheit und kulturelles Synergiestreben der interkulturellen Sensibilität auch für die Kooperationsbeziehung insgesamt zu begünstigen. Beamer sieht die Vorbereitung von Mitarbeitern internationaler Joint Ventures mittels interkulturellen Trainings daher zwar nicht als Allheilmittel jeglicher Differenzen, aber als sensibilitätserhöhende Maßnahme.

---

[772] Nicht in allen Formen interkulturellen Trainings wird dabei die Bewusstseinsdimension interkultureller Kompetenz fokussiert. Alternative Ansätze stellen affektiv orientierte bzw. verhaltensorientierte Trainings dar. Vgl. Stüdlein (1997), S. 319. Es ist jedoch davon auszugehen, dass auch bei diesen Formen ansatzweise ein generelles Bewusstsein für die Besonderheiten bzw. Problempotenziale interkultureller Interaktionen vermittelt wird.

[773] Vgl. Parkhe (1991), S. 586.

"Though these measures will not close all cultural gaps in joint ventures, they should help make joint-venture managers more sensitive to the role such differences play in the day-to-day operation of their companies."[774]

Es erfolgt daher die Formulierung folgender Hypothese:

Hypothese 5b:	Findet eine kulturbezogene Kooperationsvorbereitung der Partnerunternehmen statt, ist in der Kooperation eher eine hohe interkulturelle Sensibilität ausgeprägt.

3.4.2.3 Einfluss auf die interkulturellen Integrationsfähigkeiten

Eine Berücksichtigung des Faktors Kultur bei der Kooperationsvorbereitung hat neben den beschriebenen kognitiven und affektiven Auswirkungen auch Einfluss auf die verhaltensorientierten Integrationsfähigkeiten der Partnerunternehmen. Die Thematisierung und Einbeziehung kultureller Aspekte in den frühen Phasen der Kooperation liefert nämlich nach Ansicht von Stüdlein wichtige Anhaltspunkte für die Gestaltung notwendiger Integrations- und Konfliktbewältigungsmaßnahmen.[775] Ertel/Weiss/Visioni betonen zudem in ihrer Studie zur erfolgreichen Gestaltung strategischer Allianzen, dass auch für den Fall, dass aus strategischer Sicht lediglich ein einziges Unternehmen für die Partnerschaft infrage kommt, eine Vorab-Analyse des kulturellen Beziehungsfits im Rahmen der Partnerwahl eine hohe Bedeutung für die spätere Zusammenarbeit besitzt:

„Indeed, relationship fit data is likely more important when partners have little choice about with which organization they will partner. Information about differences in cultures, operating styles and alliance experience provides an important platform for new partners to use as they plan their relationship and agree to how they will work together in light of their differences."[776]

Werden auch während der Verhandlungsphase die kulturelle Konstellation der Kooperationsbeziehung und die sich daraus ergebenden Konfliktpotenziale berücksichtigt, ist eher damit zu rechnen, dass Mechanismen der kulturellen Konflikthandhabung installiert werden.[777] Geschieht dies nicht, besteht die Gefahr, dass Integrations- und Interaktionsprobleme erheblich unterschätzt und ent-

---

[774] Beamer (1998), S. 58.

[775] Vgl. Stüdlein (1997), S. 187ff.

[776] Ertel/Weiss/Visioni (2001), S. 38.

[777] Vgl. zur Bedeutung der Thematisierung von kulturellen Konfliktbewältigungsstrategien u.a. Büchel et al. (1997), S. 176.

sprechende Vorbereitungs- und Integrationsmaßnahmen unterlassen werden.[778] Auch die Kommunikationsfähigkeit der Kooperationspartner dürfte in diesen Fällen geringer ausfallen, da die in Abschnitt 2.2.2.3 beschriebenen interkulturellen Kommunikationsstörungen innerhalb der Kooperationsbeziehung verzögert erkannt werden und somit das Vermögen der Partner zum effektiven kommunikativen Austausch behindert wird.[779] Darüber hinaus ist relativ offensichtlich, dass die Anwendung interkultureller Selektionskriterien bei der Auswahl der Kooperationsträger dafür sorgen dürfte, dass Kommunikationsfähigkeiten sowie der Wille der beteiligten Personen zur Ergreifung und Durchführung aus ihrer Sicht notwendiger kultureller Integrationsmaßnahmen ebenfalls zunehmen. Schließlich stellt Müdlein fest, dass vorbereitende kulturbezogene Trainings zwar interkulturelle Konflikte und Missverständnisse nicht vollständig verhindern können, aber sie eine wesentliche Voraussetzung zur Sicherung der Effektivität internationaler Allianzen darstellen.[780] Aus diesem Grund wird auch für die dritte, verhaltensbezogene Dimension der interkulturellen Kooperationskompetenz ein positiver Einfluss kulturbezogener Kooperationsvorbereitung in Form der folgenden Hypothese vermutet:

Hypothese 5c:	Findet eine kulturbezogene Kooperationsvorbereitung der Partnerunternehmen statt, sind in der Kooperation eher hohe interkulturelle Integrationsfähigkeiten ausgeprägt.

3.4.3 Strategische Bedeutung der Kooperation

Die strategische Bedeutung der Kooperationsbeziehung ist ein Maß des Stellenwerts, den die Partnerunternehmen der Partnerschaft bzw. deren Ergebnissen beimessen. Ist die strategische Bedeutung hoch, trägt die Partnerschaft einen wesentlichen Teil zum Erfolg der Unternehmensstrategie beider Partner bei. Ein Scheitern der Zusammenarbeit wäre demnach i.d.R. für beide Unternehmen mit hohen Risiken verbunden sein. Es besteht dann eine hohe gegenseitige Abhängigkeit.[781]

---

[778] Vgl. Stüdlein (1997), S. 227. Gulbro/Helbig weisen darauf hin, dass in interkulturellen Verhandlungssituationen generell ein hohes Potenzial für Missverständnisse liegt. Ein kulturell bedingter unterschiedlicher Fokus in den Verhandlungen („Americans negotiate a contract, Japanese negotiate a relationship") kann dabei zu unterschiedlichen Erwartungshaltungen der Partner im weiteren Verlauf der Beziehung und zu weiteren Konflikten führen. Vgl. Gulbro/ Herbig (1996), S. 236.

[779] Vgl. z.B. die Anmerkungen von Mockler zum Einfluss der Verhandlungssituation auf die Kommunikation innerhalb einer multinationalen strategischen Allianz. Vgl. Mockler (1999), S. 81f.

[780] Vgl. Stüdlein (1997), S. 326.

[781] Vgl. Royer (2000), S. 139f.

Berührt die Kooperation hingegen für einen Partner nur ein Randgeschäft, wird dieser Partner mit einem eher geringen Engagement seinen Interessen nachgehen und ein nur geringes Maß an Abhängigkeit empfinden.[782] Auf die Rolle einer symmetrisch hohen strategischen Bedeutung und des eng damit verbundenen Begriffs des „Commitments" der Partnerunternehmen für den Erfolg internationaler Partnerschaften wurde bereits in Abschnitt 2.1.3.2 dieser Arbeit hingewiesen. Im Folgenden werden zusätzlich Hypothesen aufgestellt, nach denen eine hohe strategische Bedeutung einer Kooperationsbeziehung insbesondere auch die Dimensionen interkultureller Kooperationskompetenz positiv beeinflusst.

3.4.3.1 Einfluss auf das interkulturelle Bewusstsein

Kommt der Kooperation im Rahmen der Gesamtstrategie der Partnerunternehmen eine hohe Bedeutung zu, nimmt naturgemäß auch die Aufmerksamkeit des Managements der Partnerunternehmen zu.[783] Im Zuge dessen ist dabei auch zu erwarten, dass die Bemühungen der Kenntnisgewinnung über die Merkmale und Zielsetzungen des Partners stärker ausgeprägt ist und somit – zumindest indirekt – das kulturelle Umfeld des Partnerunternehmens, welches diese Merkmale und Ziele prägt, eher analysiert wird. Hinzu kommt, dass das Management der Partnerunternehmen bei strategisch bedeutenden Kooperationsbeziehungen dazu tendiert, erfahrene Kooperationsmitarbeiter zu benennen, welche sich bereits in anderweitigen Geschäftsbeziehungen mit dem Kooperationspartner oder anderen internationalen Partnerschaften bewährt haben. Solche Kooperationsträger dürften auf Grund ihrer Erfahrungen ein größer ausgeprägtes Wissen und Bewusstsein für die generelle Wirkungsweise von Kultur und den Besonderheiten interkultureller Interaktionen besitzen und somit für ein höheres interkulturelles Bewusstsein in der Partnerschaft sorgen. Darüber hinaus besteht die Vermutung, dass die Wahrnehmung kultureller Verhaltensweisen des Partners in strategisch bedeutenden Kooperationen weniger vorschnell und intensiver erfolgt als in solchen Beziehungen, deren Scheitern keine gravierenden Auswirkungen auf die Gesamtstrategie beider Partnerunternehmen hat. Es wird daher folgende Hypothese aufgestellt:

Hypothese 6a:	Je höher die strategische Bedeutung der Kooperationsbeziehung ist, desto eher ist in der Kooperation ein hohes interkulturelles Bewusstsein ausgeprägt.

---

[782] Vgl. Royer (2000), S. 140.

[783] Vgl. u.a. die Anführung eines solchen Zusammenhangs für Auslandsniederlassungen bei Griffith/Harvey (2001), S. 90

3.4.3.2 Einfluss auf die interkulturelle Sensibilität

Kooperationen, die für die beide Partner eine große Bedeutung haben, sind wie zuvor beschrieben, in der Regel durch ein größeres Engagement und Top-Management Interesse der Partnerunternehmen gekennzeichnet. Damit einhergehend stehen die Leistungen der Kooperationsträger unter einer stärkeren Beobachtung des Managements der Mutterunternehmen. Damit steigt aber auch die Wahrscheinlichkeit, dass den Problemen der Kooperationsmitarbeiter wie auch ihren Anregungen und Erfahrungen mehr Beachtung geschenkt wird. Eine hohe strategische Bedeutung fördert daher nach den Ergebnissen der Untersuchung von Zeira/Shenkar die Moral und Motivation der Kooperationsträger in internationalen Joint Ventures.[784] Als weitere affektive Einstellungsmerkmale dürfte sich dabei auch die von Zeira/Shenkar nicht untersuchte Aufgeschlossenheit und Unvoreingenommenheit der Kooperationsträger erhöhen, da bei hoher Motivation die Bereitschaft der Kooperationsträger, vom fremdkulturellen Verhalten des Partners zu lernen und sich darauf einzulassen steigen dürfte. Daher ist bei strategisch bedeutenden Kooperationsbeziehungen mit tendenziell höherer Aufgeschlossenheit und Unvoreingenommenheit der Partner zu rechnen, was die Formulierung folgender Hypothese rechtfertigt:

Hypothese 6b:	Je höher die strategische Bedeutung der Kooperationsbeziehung ist, desto eher ist in der Kooperation eine hohe interkulturelle Sensibilität ausgeprägt.

3.4.3.3 Einfluss auf die interkulturellen Integrationsfähigkeiten

Eine hohe strategische Bedeutung der Kooperation lässt, wie beschrieben, nicht nur die Steigerung der kognitiven und affektiven Dimension der interkulturellen Kooperationskompetenz erwarten. Außerdem dürften Partnerunternehmen am ehesten in strategisch bedeutsamen Kooperationen die notwendigen zeitlichen und finanziellen Ressourcen zur Umsetzung eines Managements von Kulturunterschieden und somit Durchführung gemeinsamer kultureller Integrationsmaßnahmen zur Verfügung stellen.[785] Darüber hinaus ist damit zu rechnen, dass die Kommunikations- und Konfliktfähigkeiten innerhalb einer Kooperationsbeziehung mit hoher strategischer Bedeutung insofern stärker ausgeprägt sind, als dass der höhere Erfolgsdruck und das damit einhergehende Engagement des Top-Managements einen Einigungsdruck erzeugt, der zuweilen die Thematisierung und Bewältigung kultureller Probleme erzwingt. Konflikte können somit weniger lange unter der Oberfläche „köcheln" und der Wille der Partner zum effektiven

---

[784] Vgl. Zeira/Shenkar (1990), S. 12.

[785] Vgl. Stüdlein (1997), S. 177; Mockler (1999), S. 141.

188

Dialog miteinander dürfte steigen. Es wird daher im Rahmen der nachfolgenden Fallstudienuntersuchung folgende Hypothese geprüft:

Hypothese 6c:	Je höher die strategische Bedeutung der Kooperationsbeziehung ist, desto eher sind in der Kooperation hohe interkulturelle Integrationsfähigkeiten ausgeprägt.

3.5 Zusammenfassende Darstellung und kritische Reflektion des entwickelten Erklärungsmodells

Das Erklärungsmodell einer interkulturellen Kooperationskompetenz zur Gestaltung angemessener und effektiver Interaktionsbeziehungen in internationalen Unternehmenskooperationen, ergänzt um die in dieser Arbeit aufgezeigten Kontextfaktoren wird in Abbildung 28 aufgezeigt. Anhand der Pfeile werden die in den vorigen Abschnitten aufgestellten Hypothesen zu den Beziehungen zwischen den einzelnen Modellvariablen deutlich.

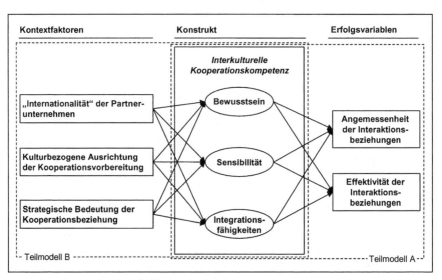

Abbildung 28: Forschungsleitendes Erklärungsmodell der interkulturellen Kooperationskompetenz

Zur späteren empirischen Überprüfung wird das Erklärungsmodell in zwei Teile geteilt: Teilmodell A umfasst die in Abschnitt 3.3 aufgestellten Hypothesen zum Einfluss der Dimensionen interkultureller Kooperationskompetenz auf die Erfolgsvariablen der Angemessenheit und Effektivität. Teilmodell B stellt die Hypothesen zum Einfluss der Kontextfaktoren auf das Konstrukt der interkulturellen Kooperationskompetenz und seine Dimensionen dar, welche in Abschnitt 3.4 hergeleitet wurden.

Das abgebildete Modell baut auf bestehenden Forschungsergebnissen interkultureller Kompetenzansätze sowie theoretischer und empirischer Kooperationserfolgsfaktorenforschung auf. Es wurden die dreidimensionale Struktur des individuellen interkulturellen Kompetenzkonstrukts und die Anwendung des Angemessenheits- und Effektivitätskriteriums übernommen und auf die Situation internationaler Unternehmenskooperationen übertragen. Sämtliche zwischen diesen Variablen in Form von Hypothesen aufgezeigten Beziehungen wurden dabei auf Basis organisationstheoretischer Überlegungen sowie bestehender empirischer Erkenntnisse der Kompetenz- und Kooperationsforschung fundiert. Darüber hinaus wurden Kontextfaktoren aufgezeigt, welche wiederum die Dimensionen interkultureller Kooperationskompetenz beeinflussen. Ihr postulierter Einfluss beruht dabei auf Grund der fehlenden theoretischen Basis ebenfalls auf bestehenden empirischen Erkenntnissen sowie auf Plausibilitätsüberlegungen.

Durch diese Vorgehensweise entstand ein Erklärungsmodell, das ein integratives Gerüst zur Erklärung angemessener und effektiver Interaktionsbeziehungen in internationalen Kooperationen bildet und bestehende Erkenntnisse auf diesem Gebiet aufgreift und miteinander verbindet. Die Leistung des Modells besteht somit in der Verknüpfung bestehender Forschungsansätze sowie der Fundierung der einzelnen Elemente und ihrer Beziehungen auf Grund theoretischer Herleitung, Plausibilitätsüberlegungen und bestehenden empirischen Erkenntnissen. Das in Abbildung 28 gezeigte Erklärungsmodell bietet damit eine fundierte Basis zur empirischen Überprüfung im Rahmen einer Fallstudienanalyse.[786]

Eine Kritik an diesem Modell muss sich an einer Bewertung der zu Grunde liegenden Konstrukte und der zur Erklärung herangezogenen Überlegungen orientieren. Hinsichtlich der Konzeption der interkulturellen Kooperationskompetenz als dreidimensionales Konstrukt lehnt sich diese Arbeit dabei an die integrativen Ansätze der individuellen interkulturellen Kompetenzforschung an. Obgleich die Anwendbarkeit einer solchen Konzeption durch die Ergebnisse der Kooperationskompetenzforschung gestützt werden kann,[787] steht eine empirische Überprüfung ihrer Gültigkeit noch aus. Ein weiterer Schwachpunkt der Fundierung des Erklärungsmodells liegt darin, dass sich große Teile der Kooperationsliteratur nicht explizit auf internationale Unternehmenskooperationen beziehen, sondern auf Kooperationen im Allgemeinen bzw. auf spezielle Formen wie z.B. Joint Ventures. Auch die herangezogenen theoretischen Erklärungsansätze können die zu untersuchenden Beziehungen jeweils nur teilweise erfassen. Einzelne Theorien können dabei weder das komplexe Phänomen der Kooperation noch das der

---

[786] Vgl. zur Begründung des Einsatzes einer Fallstudienuntersuchung Abschnitt 4.2 dieser Arbeit.

[787] Vgl. die Ausführungen in Abschnitt 3.1.2 dieser Arbeit.

Kultur erklären.[788] Es wurde daher zur Explikation des Einflusses der interkulturellen Kooperationskompetenzdimensionen auf die Interaktionsbeziehungen versucht, verschiedene Theorien mit unterschiedlichen Blickwinkeln zur Hypothesenentwicklung heranzuziehen.

Zusammenfassend besitzt das entwickelte Erklärungsmodell der interkulturellen Kooperationskompetenz zur angemessenen und effektiven Gestaltung der Interaktionsbeziehungen in internationalen Unternehmenskooperationen ein breites Fundament. Es baut auf die Ergebnisse der individuellen Kompetenzforschung auf, bezieht die Ergebnisse theoretischer und empirischer Kooperationsforschung mit ein und versucht auf diese Weise die Wirkung und Einflussfaktoren interkultureller Kooperationskompetenz zu erklären.

---

[788] Vgl. hierzu auch Royer (2000), S. 111.

4 FORSCHUNGSMETHODE ZUR EMPIRISCHEN ÜBER-PRÜFUNG DES ENTWICKELTEN ERKLÄRUNGS-MODELLS

Im Folgenden wird die Forschungmethode und Vorgehensweise zur empirischen Überprüfung des im vorigen Kapitels entwickelten Erklärungsmodells interkultureller Kooperationskompetenz dargestellt. Hierzu ist zunächst eine Variablen-operationalisierung notwendig (Abschnitt 4.1). Im Anschluß daran wird die Fallstudienmethodik als geeignete Foschungsstrategie vorgestellt und begründet (Abschnitt 4.2) sowie das in der empirischen Untersuchung angewendete Fallstudiendesign beschrieben (Abschnitt 4.3). Das Kapitel endet schließlich mit einer zusammenfassenden Diskussion und Darstellung der methodischen Vorgehensweise (Abschnitt 4.4).

4.1 Operationalisierung der Variablen

Zur Operationalisierung der theoretisch hergeleiteten Variablen müssen geeignete Indikatoren zu ihrer Messung ausgewählt werden.[789] Unter einer Operationalisierung ist dabei die „Angabe [...] derjenigen Forschungs*operationen* zu verstehen, mit deren Hilfe entscheidbar wird, ob und in welchem Ausmaß der mit dem Begriff bezeichnete Sachverhalt in der Realität vorliegt."[790] Insbesondere die Dimensionen der interkulturellen Kooperationskompetenz – Bewusstsein, Sensibilität und Integrationsfähigkeiten – stellen dabei komplexe theoretische Konstrukte dar, die nicht in der dargestellten Form gemessen werden können und daher operationalisiert werden müssen. Die in der Untersuchung gewählten Erfolgsvariablen und Kontextfaktoren sind zwar im Allgemeinen weniger komplex, jedoch ist auch hier eine direkte empirische Abfrage ihrer Ausprägungen nicht möglich. Zur Verbindung der theoretischen und empirischen Ebene der Untersuchung müssen daher Indikatoren gefunden werden. Diese den Variablen zugeordneten Indikatoren können dabei keine vollständige Beschreibung des theoretischen Konstrukts darstellen, sondern begründen die Vermutung eines Zusammenhangs zwischen den verschiedenen Begriffen.[791] Möglichkeiten der Erfassung der einzelnen Variablen des Erklärungsmodells werden in den folgenden Abschnitten aufgezeigt (Abschnitte 4.1.1 bis 4.1.3). Im Anschluss erfolgt eine Diskussion zur Gewichtung der operationalisierten Konzepte (Abschnitt 4.1.4).

---

[789] Vgl. Friedrichs (1990), S. 73ff.

[790] Kromrey (1998), S. 178. Hervorhebung im Original.

[791] Vgl. Kromrey (1998), S. 90.

4.1.1 Operationalisierung der Erfolgsvariablen

Wie bereits im Abschnitt 3.2.1 dieser Arbeit dargelegt, finden in Anlehnung an die interkulturelle Kompetenzforschung die Erfolgskriterien der „Angemessenheit" und „Effektivität" Anwendung. Beide Kriterien werden im Folgenden operationalisiert.

4.1.1.1 Angemessenheit

Unter dem beziehungsbezogenen Kriterium der Angemessenheit von Interaktionsbeziehungen wird im Rahmen dieser Arbeit die *Qualität und Stabilität der Austauschbeziehungen* zwischen den Partnerunternehmen verstanden. Im Rahmen der empirischen Untersuchung wird deshalb versucht, den Zustand der personellen Beziehungen innerhalb der Partnerschaft zu ermitteln. Die Art der Messung wird im Folgenden spezifiziert.

Stabile Partnerschaften mit einer hohen Beziehungsqualität zwischen den Kooperationsträgern sind vor allem durch ein hohes Maß an Vertrauen, effektiver Verständigung und einem Konsens bzgl. der Aufgaben und Zielsetzungen innerhalb der Kooperationsbeziehung gekennzeichnet.[792] Vertrauen zwischen den Partnern wird dabei in der gesamten Kooperationsliteratur als eines der wichtigsten Kriterien zur Beurteilung der Stabilität einer Kooperationsbeziehung bezeichnet.[793] Ist das persönliche Verhältnis der Kooperationsträger einer Partnerschaft von einer hohen Beziehungsqualität gekennzeichnet, reduziert sich die Unsicherheit zwischen den Partnern und es entsteht gegenseitiges Vertrauen, dem anderen auch kritische Informationen mitzuteilen. Der Grad des Vertrauens beim Informationsaustausch zwischen den Partnerunternehmen bildet daher einen Teilbereich der Messung der Angemessenheit im Rahmen dieser Arbeit. Effektive Verständigung wird im Rahmen dieser Arbeit als weiteres Kennzeichen von Partnerschaften mit hoher Beziehungsqualität verstanden. Liegt innerhalb der Partnerschaft eine hohe Kommunikationsqualität vor, d.h. erfolgt die Verständigung zwischen den Kooperationsträgern effektiv, werden die Austauschbeziehungen gestärkt und auf Grund der durch den Austausch von Informationen gewonnenen Sicherheit stabilisiert. Angesichts dieses Zusammenhanges wird auch die Effektivität der Verständigung zwischen den Partnerunternehmen zur Operationalisierung herangezogen. Außerdem wird das Ausmaß eines gemeinsamen Verständnisses der Kooperationszielsetzungen zwischen den Partnern erfragt. Ein einheitliches Verständnis über die gemeinsamen aber auch evtl. divergierenden Zielsetzungen innerhalb der Kooperation erleichtert die Koordination, verringert Ungewissheiten

---

[792] Vgl. hierzu u.a. Sivadas/Dwyer (2000), S. 33; Inkpen/Birkenshaw (1994), S. 202ff. und Griffith/Harvey (2001), S. 94.

[793] Vgl. u.a. Whipple/Frankel (2000), S. 23; Lane/Beamish (1990), S. 98; Spekman et al. (1996), S. 351; Lorange/Roos/Simcic Bronn (1992), S. 16; Endress (1991), S. 13; Child (1998), S. 242; Das/Teng (2001), S. 255; Inkpen (2001), S. 421.

bzgl. der gegenseitigen Erwartungshaltung und führt zu erhöhter Handlungssicherheit.[794] Im Ergebnis sind deutlich stabilere Austauschbeziehungen zwischen den Partnern zu erwarten.

Ein weiterer relevanter Aspekt hinsichtlich der Qualität und Stabilität der Austauschbeziehungen in internationalen Kooperationen liegt in der Häufigkeit und dem Ausmaß von Zielkonflikten zwischen den Partnern. Kontinuierliche Konflikte bezüglich der Kooperationszielsetzung und ihrer Umsetzung verhindern den Aufbau von Vertrauen, verursachen Reibereien und erschweren somit den Aufbau intensiver personeller Beziehungen zwischen den Kooperationsträgern.[795] Darüber hinaus dürfte das Ausmaß der auftretenden Zielkonflikte als Indikator der Stabilität einer Partnerschaft gelten und somit ebenfalls zur Operationalisierung im Rahmen der empirischen Untersuchung verwendet werden.

Schließlich erfolgt die direkte Abfrage der Stabilität der Kooperationsbeziehung als Indikator für das Angemessenheitskriterium der Interaktionsbeziehungen. Alle zur Messung des Konstrukts heranzuziehenden Aspekte gehen aus Tabelle 5 hervor.

Variable	Angemessenheit der Interaktionsbeziehungen
Definition	Qualität und Stabilität der Austauschbeziehungen zwischen den Partnerunternehmen
Messebene	• Grad des Vertrauens beim Informationsaustausch zwischen den Partnerunternehmen • Effektivität der Verständigung zwischen den Partnern • Ausmaß eines gemeinsamen Verständnisses der Kooperationszielsetzungen zwischen den Partnern • Häufigkeit und Ausmaß von Zielkonflikten innerhalb der Kooperationsbeziehung • Direkte Einschätzung der Stabilität der Kooperationsbeziehung

Tabelle 5: Operationalisierung der Angemessenheit der Interaktionsbeziehungen

---

[794] Vgl. u.a. Littler/Leverick (1995), S. 61f. und Loiselle (2000), S. 213.

[795] Vgl. u.a. Zeira/Shenkar (1990), S. 12.

4.1.1.2 Effektivität

Das aufgabenabhängige Kriterium der Effektivität der Interaktionsbeziehungen in einer Kooperation wird im Rahmen dieser Arbeit als Erreichungsgrad der Kooperationszielsetzungen definiert. Interaktionsbeziehungen verlaufen demnach immer dann effektiv, wenn die mit der Kooperationsbeziehung verfolgten Ziele und Aufgaben erfüllt werden können.[796]

In diesem Zusammenhang wurde bereits in Abschnitt 2.1.3.1 dieser Arbeit im Rahmen der Diskussion der Messung des Kooperationserfolges der von Eisele[797] entwickelte Zielansatz vorgestellt. Um der Zielvielfalt in Kooperationen gerecht zu werden, ermittelt er die Erreichungsgrade ausgewählter Zielgrößen, gewichtet sie mit ihrer Bedeutung und verdichtet sie zu einem Indexwert.[798] Analog zur Vorgehensweise von Eisele werden auch in dieser Untersuchung zur Messung des Erreichungsgrades der Kooperationszielsetzungen die mit der Partnerschaft angestrebten Ziele und deren Bedeutung für die Kooperationspartner ermittelt. Anschließend geben die Interviewpartner ihre Einschätzung zum Ausmaß der Zielerreichung an. In diesem Zusammenhang werden folgende, als Grundmotive von Unternehmenskooperationen in Abschnitt 2.1.2.2 dieser Arbeit ermittelten Zielsetzungen abgefragt:

- Zugang zu internationalen Märkten

- Realisierung von Kostenvorteilen

- Reduzierung von Risiko

- Erzielung von Zeitvorteilen

- Technologie-/Know-how Transfer

- Sicherung oder Zugang zu Ressourcen

- Beeinflussung des Wettbewerbs

Zusätzlich bekommen die Befragten die Möglichkeit, die Bedeutung sonstiger Ziele und das Ausmaß ihrer Zielerreichung darzulegen. Dies geschieht vor dem Hintergrund, dass mit jeder Kooperation unterschiedliche Zielsetzungen verfolgt werden können. Auf diese Art soll eine Verzerrung der Ergebnisse auf Grund einer begrenzten Anzahl vorgegebener Ziele vermieden werden.[799] Die Interaktionsbeziehungen einer Kooperation werden im Rahmen dieser Untersuchung

---

[796] Vgl. auch die Ausführungen in Abschnitt 3.2.1 dieser Arbeit.

[797] Vgl. Eisele (1995).

[798] Vgl. Eisele (1995), S. 85ff.

[799] Vgl. zu einer ähnlichen Vorgehensweise auch Royer (2000), S. 150.

dann als effektiv angesehen, wenn die Mehrzahl der angestrebten Ziele erreicht wird.[800]

Zusätzlich zu den genannten inhaltlichen Zielsetzungen verfolgen Kooperationen i.d.R. jedoch auch ökonomische Zielsetzungen.[801] Im Rahmen dieser Untersuchung wird daher auch nach dem Vorhandensein ökonomischer Ziele und ihrem Erreichungsgrad gefragt und ggf. in die Operationalisierung miteinbezogen. Vor dem Hintergrund, dass möglicherweise auch mit den beschriebenen Messkonstrukten nicht alle Zielsetzungen der Kooperation beschrieben werden, wird schließlich auch die direkte Einschätzung des Gesamterfolgs in der Messung der Effektivität berücksichtigt. Tabelle 6 zeigt die vollständige Operationalisierung der Erfolgsvariablen „Effektivität der Interaktionsbeziehungen".

Variable	Effektivität der Interaktionsbeziehungen
Definition	Erreichungsgrad der Kooperationszielsetzungen

Messebene	• Zielerreichungsgrad inhaltlicher Kooperationsziele
	  – Zugang zu internationalen Märkten
	  – Realisierung von Kostenvorteilen
	  – Reduzierung von Risiko
	  – Erzielung von Zeitvorteilen
	  – Technologie-/Know-how Transfer
	  – Sicherung oder Zugang zu Ressourcen
	  – Beeinflussung des Wettbewerbs
	  – Sonstige Ziele
	• Erreichungsgrad zuvor definierter ökonomischer Zielsetzungen
	• Einschätzung des Gesamterfolgs der Kooperation

Tabelle 6: Operationalisierung der Effektivität der Interaktionsbeziehungen

4.1.2 Operationalisierung der Dimensionen interkultureller Kooperationskompetenz

Interkulturelle Kooperationskompetenz wurde in Abschnitt 3.2 dieser Arbeit als ein aus den Dimensionen interkulturelles Bewusstsein, interkulturelle Sensibilität

---

800 Dabei werden die Interviewpartner gebeten, die bisherige Kooperationsdauer zu berücksichtigen, d.h. ihre Einschätzung vor dem Hintergrund der zeitlichen Planung zur Erreichung der Ziele zu geben.

801 Diese wirtschaftlichen Ziele können sich z.B. auf die Umsatz- und Gewinnentwicklung oder die Umsatz- und Gesamtkapitalrentabilität beziehen. Vgl. z.B. Royer (2000), S. 150.

und interkulturelle Integrationsfähigkeiten bestehendes Konstrukt entwickelt. Sie werden in den folgenden Abschnitten operationalisiert.

4.1.2.1 Interkulturelles Bewusstsein

Unter dem interkulturellen Bewusstsein wird in dieser Arbeit die kognitive Fähigkeit der Kooperationspartner verstanden, die kulturellen Merkmale der eigenen und fremden Kultur zu erkennen, zu verstehen und zu erklären. In der empirischen Untersuchung wird das Ausmaß ermittelt, in dem die Kooperationsträger beider Partner kulturelles Wissen, kulturelles Bewusstsein und kulturelle Selbst-Bewusstheit aufweisen.[802]

Kennen sich die Partner-Unternehmen bereits aus bestehenden Geschäftsbeziehungen oder vorherigen Kooperationsprojekten, so ist nach Ansicht von Eisele zu erwarten, dass sie bereits ein Stück weit mit ihren jeweiligen Stärken und Schwächen, Führungsstilen und Unternehmenskulturen vertraut sind.[803] Außerdem ist nach Kumar/Khanna auf Grund vorheriger Erfahrungen mit einem ausgeprägteren Verständnis für kulturelle Unterschiede zu rechnen.[804] Die Kenntnis der Partnerorganisation aus vorherigen Kooperationen oder anderen Geschäftsbeziehungen wird daher im Rahmen dieser Arbeit als erster Indikator des interkulturellen Bewusstseins verwendet. Des Weiteren erfolgt die Abfrage der direkten Einschätzung der Befragten, inwieweit die Kooperationsträger beider Seiten mit der Landes- und Unternehmenskultur des Partners vertraut sind.

Darüber hinaus ist davon auszugehen, dass die Belehrung der Kooperationsträger über die landes- und unternehmenskulturellen Ausprägungen des Partners z.B. in Form von Informationsveranstaltungen oder kulturellem Coaching zu einem höheren interkulturellen Bewusstsein führt. Zum einen dürfte durch diese Art der Kenntnisvermittlung gemäß ihrer Zielsetzung das kulturelle Wissen über die Landes- und Unternehmenskultur des Partners gefördert werden. Zum anderen führt die Konfrontation der Kooperationsträger mit der Kulturthematik jedoch auch zu einer generellen Bewusstseinssteigerung des Phänomens Kultur und Reflektion der eigenkulturellen Prägung. Die Vermittlung kulturellen Wissens an die Kooperationsträger bildet daher einen wieteren Teilbereich der Messung interkulturellen Bewusstseins.

Schließlich wird das interkulturelle Bewusstsein im Rahmen dieser Arbeit anhand des generellen Verständnisses der Befragten bezüglich des Einflusses von Kulturunterschieden auf die Zusammenarbeit innerhalb der Kooperation operationalisiert. Das Negieren bzw. Unterschätzen kultureller Unterschiede zählt nämlich

---

[802] Vgl. hierzu auch die Ausführungen in Abschnitt 3.2.2.1 dieser Arbeit.

[803] Vgl. Eisele (1995), S. 112f. sowie auch Gulati/Gargiulo (1999), S. 1446.

[804] Vgl. Kumar/Khanna (1999), S. 246.

zu den größten Hindernissen interkultureller Verständigung.[805] Sind die Kooperationsträger in der Lage, die Auswirkungen der unterschiedlichen kulturellen Ausprägungen zu benennen und zu erklären, ist gemäß der Definition der kognitiven Dimension der interkulturellen Kooperationskompetenz davon auszugehen, dass ein erhöhtes interkulturelles Bewusstsein innerhalb der Kooperationsbeziehung vorliegt. Aus Tabelle 7 gehen zusammenfassend alle zur Messung des interkulturellen Bewusstseins gewählten Komponenten hervor.

Variable	Interkulturelles Bewusstsein
Definition	Fähigkeit der Kooperationspartner, die kulturellen Merkmale der eigenen und fremden Kultur zu erkennen, zu verstehen und zu erklären
Messebene	• Kenntnis der Partnerorganisation aus vorherigen Kooperationen oder anderen Geschäftsbeziehungen • Direkte Einschätzung der Vertrautheit mit der Landes- und Unternehmenskultur des Partners • Vermittlung kulturellen Wissens an die beteiligten Kooperationsträger • Verständnis der Kooperationsträger bzgl. des Einflusses kultureller Unterschiede auf die Zusammenarbeit

Tabelle 7:   Operationalisierung der interkulturellen Bewusstseinsdimension

4.1.2.2 Interkulturelle Sensibilität

Unter der interkulturellen Sensibilität wird in dieser Arbeit die Bereitschaft der Kooperationspartner verstanden, die kulturellen Unterschiede in der Kooperation wahrzunehmen, zu akzeptieren und wertzuschätzen. Im Rahmen der empirischen Untersuchung wird das Ausmaß ermittelt, in dem innerhalb der Kooperationsbeziehung Aufgeschlossenheit, Unvoreingenommenheit und kulturelles Synergiestreben vorherrscht.[806]

Um die kulturelle Andersartigkeit des Kooperationspartners erst einmal wahrnehmen zu können, ist zunächst eine hohe Offenheit notwendig.[807] Sie erlaubt den Kooperationspartnern, die Konfrontation mit den fremden Denk- und Verhaltensweisen des Partners nicht als Bedrohung sondern als Chance für neue Perspekti-

---

[805] Vgl. u.a. Ting-Toomey (1999), S. 266f.

[806] Vgl. hierzu auch die Ausführungen in Abschnitt 3.2.2.2 dieser Arbeit.

[807] Vgl. Loiselle (2000), S. 139.

ven und Lösungsansätze zu betrachten. Eine hohe Aufgeschlossenheit ist daher eine Grundvoraussetzung zur Wahrnehmung des Einflusses kultureller Unterschiede innerhalb einer Kooperation, die sich nach Ansicht von Inkpen/Birkenshaw insbesondere im Kommunikationsverhalten der Partner zeigt.[808] Aus diesem Grund wird auch in dieser Arbeit die Offenheit der Kommunikation zwischen den Partnern zur Messung interkultureller Sensibilität herangezogen.

Eng mit einer hohen Aufgeschlossenheit verbunden ist die Lernbereitschaft zwischen den Partnern. Aufgeschlossenheit gegenüber Neuem bedeutet für Eisele lernbereit und lernfähig zu sein.[809] Eine hohe Lernbereitschaft innerhalb der Kooperationsbeziehung soll daher als weiterer Indikator für die interkulturelle Sensibilität Verwendung finden. Weiterhin wird davon ausgegangen, dass sich das Ausmaß interkultureller Sensibilität in einer Kooperationsbeziehung auch im Interesse der Kooperationsträger an der Kultur des Partnerunternehmens zeigt. Loiselle weist darauf hin, dass ohne ein solches Interesse ein „Aufeinanderzubewegen" und „Sich-Einlassen" erschwert wird und daher auch keine ausgeprägte Bereitschaft zur Wahrnehmung und Auseinandersetzung mit den kulturellen Unterschieden zu erwarten ist.[810] Außerdem beinhaltet die interkulturelle Sensibilität, ungewohnte, anderskulturelle Verhaltensweisen zu akzeptieren bzw. auch bis zu einem gewissen Grade zu tolerieren. Diese Toleranz zeigt sich nach Ansicht von Dülfer sowohl im Verhalten als auch der inneren Einstellung, „dass man den Kommunikationspartner trotz der Unterschiede zur eigenen Persönlichkeit voll akzeptiert und ihm denjenigen Respekt bekundet, den er von seiner sozialen Stellung her erwartet."[811] Im Rahmen der empirischen Untersuchung wird daher versucht, das Ausmaß der Akzeptanz und Toleranz der kulturellen Unterschiedlichkeiten der Partner zu ermitteln, indem allen Befragten die Frage nach der Bedeutung und dem Umgang mit kulturellen Unterschieden gestellt wurde.

Schließlich wird zur Messung der interkulturellen Sensibilität in einer Kooperationsbeziehung das Streben der Partner nach kultureller Synergie herangezogen. Es stellt dabei den Willen der Kooperationspartner dar, kulturelle Unterschiede im Rahmen der Zusammenarbeit auszunutzen und mit ihrer Hilfe innovative Problemlösungen zu finden. Werden Kulturunterschiede nicht ausschließlich als Barriere sondern auch als Chance und potenzieller Vorteil wertgeschätzt und dies bei der Zielsetzung der Kooperation berücksichtigt, ist eine höhere interkulturelle Sensibilität in der Zusammenarbeit zu erwarten. Tabelle 8 zeigt die Operationalisierung der interkulturellen Sensibilitätsdimension zusammenfassend auf.

---

[808] Vgl. Inkpen/Birkenshaw (1994), S. 203.

[809] Vgl. Eisele (1995), S. 250.

[810] Vgl. Loiselle (2000), S. 139.

[811] Dülfer (2001), S. 538.

Variable	Interkulturelle Sensibilität
Definition	Bereitschaft der Kooperationspartner, die kulturellen Unterschiede in der Kooperation wahrzunehmen, zu akzeptieren und wertzuschätzen
Messebene	• Offenheit der Kommunikation • Lernbereitschaft innerhalb der Kooperationsbeziehung • Interesse an der Kultur des Partnerunternehmens • Akzeptanz und Toleranz der kulturellen Unterschiedlichkeit der Partner • Streben nach kultureller Synergie innerhalb der Partnerschaft

Tabelle 8:   Operationalisierung der interkulturellen Sensibilitätsdimension

4.1.2.3 Interkulturelle Integrationsfähigkeiten

Unter interkulturellen Integrationsfähigkeiten wird in dieser Arbeit das operative Vermögen der Kooperationspartner verstanden, geeignete Methoden und Formen der Zusammenarbeit zu finden und zu gestalten. Hierzu zählen insbesondere die Kommunikations-, Konflikt- und Koordinationsfähigkeiten der Partner,[812] deren Ausmaß im Rahmen der empirischen Untersuchung ermittelt werden soll.

Kommunikationsfähigkeit beinhaltet den Willen, die Bereitschaft und das Vermögen der Kooperationspartner zum kontinuierlichen kommunikativen Austausch. Eine häufige und vielschichtige Kommunikation wird dabei nach Ansicht von Royer vor allem durch firmenübergreifende Treffen in Form der Teilnahme von Mitarbeitern des einen Kooperationspartners an Konferenzen und Besprechungen des anderen Partners oder auch durch die Entsendung von Mitarbeitern für eine längere Zeit in das Unternehmen des Kooperationspartners gefördert.[813] Dementsprechend wird im Rahmen der empirischen Untersuchung die Häufigkeit firmenübergreifender Treffen zur Messung der interkulturellen Integrationsfähigkeiten herangezogen. Darüber hinaus wird versucht, das Ausmaß der informellen Kommunikation zu ermitteln. Der zwanglose kommunikative Austausch abseits offizieller Termine ermöglicht den Kooperationspartnern ein vertieftes Kennenlernen und die gemeinsame Reflektion der vorherrschenden Kommunikationsprozesse, so dass die Wahrscheinlichkeit eines verbesserten Verständnisses erhöht

---

[812] Vgl. auch die Ausführungen in Abschnitt 3.2.2.3 dieser Arbeit.

[813] Vgl. Royer (2000), S. 145f.

wird.[814] In allen zu untersuchenden Unternehmen wird daher um eine Einschätzung des Ausmaßes und Stellenwerts informeller Kommunikation gebeten.

Ein weiteres Element interkultureller Integrationsfähigkeiten stellt die Konfliktfähigkeit der Partner dar. Kulturell bedingte Konflikte können selbst in erfolgreichen Kooperationen nicht vollständig vermieden werden. Kulturelle Unterschiede führen dazu, dass verschiedene Verhaltensweisen, Ansichten und Wertvorstellungen aufeinander treffen und zu erheblichen Missverständnissen und Konflikten führen können.[815] Konfliktfähigkeit in kulturübergreifenden Kooperationen äußert sich daher in dem Vermögen der Kooperationspartner, Konflikte zunächst zu erkennen und sie dann bewältigen, bzw. lösen zu können. Aufgrund der unterschiedlichen, kulturell geprägten Wahrnehmungsmuster der Kooperationspartner besteht dabei zunächst oftmals keine einheitliche Vorstellung davon, ob ein Konflikt vorliegt und wie schwer er wiegt. Das Ausmaß der Diskussion und der Thematisierung kultureller Unterschiede im Rahmen der Zusammenarbeit wird daher im Rahmen der empirischen Untersuchung als weiterer Indikator gemessen.

Darüber hinaus zählt die Vereinbarung von formalen Prozessen bzw. Maßnahmen zur Problemlösung als weitere effektive Maßnahme zur Bewältigung von Konflikten[816] und wird daher ebenfalls zur Messung der interkulturellen Integrationsfähigkeiten herangezogen. Schließlich werden die Befragten auch nach der Durchführung gemeinsamer Integrationsmaßnahmen in Form von Trainings, Ausflügen oder Integrationsseminaren gefragt, da sie die Fähigkeit der Kooperationspartner zur aktiven Verbesserung der Integration und Koordination widerspiegeln. Eine zusammenfassende Übersicht der zur Messung interkultureller Integrationsfähigkeiten herangezogenen Indikatoren ist in Tabelle 9 dargestellt.

---

[814] Vgl. Loiselle (2000), S. 140.

[815] Vgl. Loiselle (2000), S. 60f.

[816] Vgl. Büchel (2003b), S. 596 sowie die Ausführungen zur Bedeutung eines interkulturellen Konfliktmanagements bei Stüdlein (1997), S. 345 und Gordon/Salganik (2001), S. 74.

Variable	Interkulturelle Integrationsfähigkeiten
Definition	Operative Fähigkeiten der Kooperationspartner, geeignete Methoden und Formen der Zusammenarbeit zu finden und zu gestalten
Messebene	• Häufigkeit firmenübergreifender Treffen • Ausmaß und Stellenwert der informellen Kommunikation • Thematisierung kultureller Unterschiede im Rahmen der Zusammenarbeit • Vereinbarung von Prozessen zur Konfliktbewältigung • Durchführung gemeinsamer Integrationsmaßnahmen

Tabelle 9:   Operationalisierung der interkulturellen
Integrationsfähigkeitsdimension

4.1.3 Operationalisierung der Kontextfaktoren

Im Rahmen der vorliegenden Untersuchung werden auch die Kontextfaktoren der Internationalität der Partnerunternehmen, das Ausmaß der kulturbezogenen Kooperationsvorbereitung und die strategische Bedeutung der Kooperation miteinbezogen.[817] Ihre Operationalisierung erfolgt in den folgenden Abschnitten.

4.1.3.1 Internationalität der Partnerunternehmen

Unter der Internationalität der Partnerunternehmen wird im Rahmen dieser Arbeit der Grad der Auslandsorientierung bzw. die Internationalität der Unternehmenskulturen der Kooperationspartner verstanden.[818] Die Auslandsorientierung wird in der empirischen Untersuchung zum einen anhand des Auslandsanteils des Unternehmensumsatzes der Kooperationspartner gemessen, der für eine Erfüllung des Indikators bei über 50 Prozent für beide Partnerunternehmen liegen soll. Zum anderen erfolgt eine direkte Einschätzung der Auslandsorientierung beider Partnerunternehmen durch die Befragten.

Darüber hinaus soll die in der Unternehmenskultur zum Ausdruck kommende Grundhaltung bzw. Orientierung des Managements bezüglich des Umgangs mit Kulturunterschieden und dem Stellenwert interkultureller Personalmanagementansätze ermittelt werden.[819] Damit wird der Kritik von Perlmutter Rechnung getra-

---

[817] Vgl. die Ausführungen zu den Kontextfaktoren in Abschnitt 3.4 dieser Arbeit.

[818] Vgl. die Ausführungen in Abschnitt 3.4.1 dieser Arbeit.

[819] Vgl. die Forderung der Berücksichtigung von Einstellungsindikatoren neben objektiven Maßgrößen bei Perlmutter (1969), S. 11.

gen, dass in der Literatur der Grad der Internationalität von Unternehmen oft ausschließlich mit objektiven Maßgrößen (z.B. Anzahl der ausländischen Niederlassungen, Umsatz und Kapitaleinsatz im Ausland, Anzahl ausländischer Mitarbeiter) bestimmt wird und die seiner Ansicht nach wichtige Einstellung des Unternehmens und ihres Top-Managements keine Berücksichtigung findet: „The
orientation toward ‚foreign people, ideas, resources,' in headquarters and
subsidiaries, and in host and home environments, becomes crucial in estimating
the multinationality of a firm."[820] Aus diesem Grund erfolgt die Befragung der
Interviewpartner nach ihrer Einschätzung der Förderung kultureller Vielfalt durch
die Unternehmenskulturen der Partnerunternehmen. Darüber hinaus ist der
Stellenwert internationaler Personalentwicklungsinstrumente wie z.B. Auslands-
einsätze, internationale Trainee- und Job-Rotation Programme, interkulturelles
Training sowie die Bildung internationaler Teams und Arbeitsgruppen zu bewerten. Eine hohe Internationalität liegt nach Auffassung dieser Arbeit immer dann
vor, wenn *beide* Partnerunternehmen die genannten Elemente aufweisen. Tabelle
10 fasst die im Rahmen der empirischen Untersuchung ermittelten Elemente der
Internationalität der Partnerunternehmen zusammen.

Variable	Internationalität der Partnerunternehmen
Definition	Grad der Auslandsorientierung und Internationalität der Unternehmenskulturen der Partnerorganisationen
Messebene	• Auslandsanteil des Unternehmensumsatzes der Part-nerunternehmen • Direkte Einschätzung der Auslandsorientierung beider Partnerunternehmen • Förderung kultureller Vielfalt durch die Unternehmens-kulturen der Partnerunternehmen • Stellenwert internationaler Personalentwicklungs-instrumente in den Partnerunternehmen

Tabelle 10: Operationalisierung der Internationalität der Partnerunternehmen

4.1.3.2 Kulturbezogene Kooperationsvorbereitung

Unter kulturbezogener Kooperationsvorbereitung wird im Rahmen dieser Arbeit
die frühzeitige Berücksichtigung des Faktors Kultur bereits vor Beginn der eigentlichen operativen Zusammenarbeit der Partnerunternehmen verstanden. In der
empirischen Untersuchung wird daher das Ausmaß ermittelt, in dem eine kultur-

---

[820] Perlmutter (1969), S. 11.

bewusste Gestaltung der Kooperationsphasen der Partnerevaluation, Partnerwahl und Vertragsverhandlung sowie die Beachtung kultureller Aspekte bei der Auswahl und Vorbereitung der Kooperationsträger stattfindet.[821]

Dementsprechend wird die kulturbezogene Kooperationsvorbereitung zum einen anhand der Berücksichtigung kultureller Aspekte bei der Partnerwahl und bei den Kooperationsverhandlungen operationalisiert. Werden während dieser frühen Kooperationsphasen Überlegungen aus kultureller Sicht für die Kooperation angestellt, ist im Rahmen dieser Arbeit von einer kulturbezogenen Kooperationsvorbereitung auszugehen. Zum anderen erfolgt darüber hinaus die Abfrage der Beachtung interkultureller bzw. sozialer Kompetenzen bei der Auswahl der Kooperationsträger. Werden neben fachlichen Kriterien auch Fähigkeiten zur konstruktiven und kooperativen Interaktion mit Mitgliedern des fremdkulturellen Partnerunternehmens als Selektionskriterien für die Auswahl der Mitarbeiter herangezogen, ist ebenfalls von einer Berücksichtigung des Faktors Kultur auszugehen. Schließlich wird auch die Durchführung kultureller Vorbereitungs- oder Trainingsmaßnahmen für die ausgewählten Kooperationsträger zur Operationalisierung einer kulturbezogenen Vorbereitung der Partnerschaft berücksichtigt. Alle zur Messung des Kontextfaktors „Kulturbezogene Kooperationsvorbereitung" heranzuziehenden Aspekte gehen zusammenfassend aus Tabelle 11 hervor.

Variable	Kulturbezogene Kooperationsvorbereitung
Definition	Berücksichtigung des Faktors Kultur bereits vor Beginn der eigentlichen operativen Zusammenarbeit der Partnerunternehmen
Messebene	• Berücksichtigung des Faktors Kultur bei der Partnerwahl • Berücksichtigung des Faktors Kultur bei den Kooperationsverhandlungen • Berücksichtigung interkultureller bzw. sozialer Kompetenzen bei der Auswahl der Kooperationsträger • Durchführung kultureller Vorbereitungs- bzw. Trainingsmaßnahmen

Tabelle 11:   Operationalisierung der kulturbezogenen Kooperationsvorbereitung

---

[821] Vgl. auch die Ausführungen in Abschnitt 3.4.2 dieser Arbeit.

4.1.3.3 Strategische Bedeutung der Kooperation

Unter der strategischen Bedeutung der Kooperationsbeziehung ist im Rahmen dieser Arbeit der Stellenwert zu verstehen, den die Partnerunternehmen der Kooperation bzw. ihren Ergebnissen beimessen. In der empirischen Untersuchung wird daher gemessen, inwieweit die Partnerschaft einen wesentlichen Teil zum Erfolg der Unternehmensstrategie beider Partnerunternehmen beiträgt.[822] Zur Operationalisierung werden daher zum einen die Befragten um eine direkte Einschätzung der strategischen Bedeutung für die jeweiligen Partner gebeten. Zum anderen wird auf Geschäftsberichte, Strategiedarstellungen im Rahmen des Internetauftritts und Pressemitteilungen der Partnerunternehmen zurückgegriffen. Findet die konkrete Partnerschaft im Rahmen der Kommunikation der Unternehmensstrategie Erwähnung, ist von einer hohen strategischen Bedeutung auszugehen. Tabelle 12 zeigt die beiden Elemente der Operationalisierung der strategischen Bedeutung der Kooperation zusammenfassend auf.

Variable	Strategische Bedeutung der Kooperation
Definition	Stellenwert, den die Partnerunternehmen der Kooperation bzw. ihren Ergebnissen beimessen
Messebene	• Direkte Einschätzung der strategischen Bedeutung der Kooperation für das jeweilige Partnerunternehmen • Erwähnung der Kooperation als elementarer Bestandteil der kommunizierten Unternehmensstrategien beider Partnerunternehmen

Tabelle 12:   Operationalisierung der strategischen Bedeutung der Kooperation

4.1.4 Zur Gewichtung der operationalisierten Konzepte

Nach der Operationalisierung der Modellvariablen stellt sich notwendigerweise die Frage, ob eine Gewichtung der Variablen sowie der Indikatoren zu ihrer empirischen Messung vorzunehmen ist. Eine solche Über- oder Untergewichtung ist in der vorliegenden Untersuchung allerdings nur schwer zu begründen, da die vorliegende Arbeit davon ausgeht, dass in Abhängigkeit der konkreten Kooperationssituation die einzelnen Modellvariablen sich in unterschiedlichem Ausmaß auswirken.

Die grundlegende These dieser Arbeit behauptet zum einen, dass es über die unterschiedlichen Situationsausprägungen einer internationalen Unternehmens-

---

[822] Vgl. auch die Ausführungen in Abschnitt 3.4.3 dieser Arbeit.

kooperation hinweg, drei Bedingungen für die Etablierung angemessener und effektiver Interaktionsbeziehungen gibt: interkulturelles Bewusstsein, interkulturelle Sensibilität und interkulturelle Integrationsfähigkeiten. Zum anderen sind gemäß dem der Untersuchung zu Grunde liegenden Erklärungsmodell unabhängig von sonstigen Einflussfaktoren wiederum drei Kontextfaktoren für die Existenz dieser drei Dimensionen der interkulturellen Kooperationskompetenz verantwortlich: die Internationalität der Partnerunternehmen, die kulturbezogene Kooperationsvorbereitung und die strategische Bedeutung der Kooperationsbeziehung.[823] Bei der Auswertung der empirischen Ergebnisse wird deshalb davon ausgegangen, dass eine untersuchte internationale Unternehmenskooperation das Teilmodell A stützt, wenn mindestens zwei der postulierten Kompetenzdimensionen erfüllt sind und die Interaktionsbeziehungen als angemessen bzw. effektiv einzustufen sind. Umgekehrt gilt das Gleiche für Kooperationsbeziehungen, bei denen keine angemessenen bzw. effektiven Interaktionsbeziehungen vorliegen. In diesen Fällen sollten gemäß des Modells weniger als zwei Kompetenzdimensionen erfüllt sein. In analoger Form wird das Teilmodell B dann gestützt, wenn bei Vorliegen der interkulturellen Kooperationskompetenzdimensionen jeweils mindestens zwei Kontextfaktoren erfüllt sind. Entsprechend wird von einer Gleichgewichtung der Dimensionen interkultureller Kompetenz einerseits und der Kontextfaktoren andererseits ausgegangen.

In diesem so gewählten Erklärungsmodell mit der Gleichgewichtung der Dimensionen interkultureller Kompetenz einerseits und der Kontextfaktoren andererseits geht es in erster Linie um die Aufdeckung der grundlegenden Wirkbeziehungen. Die Einführung einer wie auch immer gearteten anderen Gewichtung würde dieses Ziel drastisch erschweren, insbesondere auf Grund des qualitativen Charakters aller Modellvariablen. Zudem existieren keinerlei Hinweise auf eine Verbesserung des Erklärungsmodells durch die Wahl einer anderen als der Gleichgewichtung aller Konzepte. Weder die theoretischen Überlegungen bei der Entwicklung des Erklärungsmodells noch bestehende empirische Analysen legen daher eine Über- oder Untergewichtung der einzelnen Modellkomponenten nahe. Darüber hinaus konnten auch auf Grund der bisher unzureichenden Erforschung des Kulturphänomens in internationalen Unternehmenskooperationen keine empirischen Untersuchungen gefunden werden, die für die Einführung einer speziellen Über- oder Untergewichtung der Modellvariablen sprechen.[824]

In Bezug auf die Operationalisierung der einzelnen Modellvariablen wird eine analoge Vorgehensweise gewählt, bei der ebenfalls eine Gleichgewichtung der Einzelelemente erfolgt. Ist die Mehrzahl der Einzelelemente bzw. Indikatoren in

---

[823] Vgl. die Darstellung des dieser Untersuchung zu Grunde liegenden Erklärungsmodells in Abbildung 28.

[824] Vgl. zu einer ähnlichen Argumentation für eine Fallstudienanalyse im Rahmen bisher unzureichend untersuchter Wirkbeziehungen auch Royer (2000), S. 152ff.

dem empirischen Datenmaterial wiederzufinden, wird die entsprechende Modell-variable als erfüllt betrachtet. Ist das nicht der Fall, wird davon ausgegangen, dass sie nicht erfüllt ist. Tritt der Fall ein, dass genau die Hälfte der Einzelelemente einer Modellvariable gegeben ist, wird davon ausgegangen, dass eine Variable zumindest teilweise erfüllt ist.

4.2 Auswahl der Fallstudienmethodik als geeignete Forschungsstrategie

In der vorliegenden Untersuchung wird die Fallstudienanalyse als Untersuchungs-methode gewählt, um das in Kapitel 3 entwickelte Erklärungsmodell empirisch zu überprüfen. Daher werden sowohl die Fallstudienmethode als auch ihr zu Grunde liegendes Forschungsparadigma des Realismus im Folgenden vorgestellt und ihre Eignung für die vorliegende Fragestellung begründet (Abschnitte 4.2.1 und 4.2.2). Anschließend erfolgt die Diskussion von Gütekriterien für die Evaluierung von Fallstudien und ihrer Erfüllung in der vorliegenden Untersuchung (Abschnitt 4.2.3). Den Abschluss dieses Kapitels bilden Erläuterungen zu der besonderen Problematik interkulturell angelegter empirischer Forschung und ihrer Berück-sichtigung in der vorliegenden Arbeit (Abschnitt 4.2.4).

4.2.1 Realismus als der Fragestellung angemessenes Forschungsparadigma

Bevor die Eignung spezieller Forschungsstrategien für die zu Grunde liegende Fragestellung diskutiert wird, soll im Folgenden zunächst der Realismus als ange-messenes Forschungsparadigma für die vorliegende Untersuchung vorgestellt werden. Unter Paradigma in diesem Sinne versteht man ein generelles, konzeptio-nelles Denkgerüst – eine bestimmte Weltanschauung – innerhalb dessen wissen-schaftliche Methoden beurteilt und angewendet sowie Ergebnisse interpretiert werden.[825]

Ausgehend von den beiden generellen Vorgehensweisen zur Entwicklung von neuem Wissen, dem deduktiven Überprüfen und dem induktiven Ableiten von Theorien,[826] werden üblicherweise vier Forschungsparadigmen unterschieden:[827]

- Positivismus,

- Critical Theory,

- Konstruktivismus sowie

- Realismus.

[825] Vgl. Healy/Perry (2000), S. 118 oder Deshpande (1983), S. 101.

[826] Vgl. z.B. Hyde (2000), S. 83 und Perry (1998), S. 786 sowie die dort angegebene Literatur.

[827] Vgl. Healy/Perry (2000), S. 118 und Perry (1998), S. 786.

Das erste dieser Paradigmen – Positivismus – steht dabei schwerpunktmäßig für das deduktive Vorgehen, während die restlichen drei Paradigmen häufig induktives Vorgehen beinhalten.[828]

Die heutige, insbesondere die naturwissenschaftliche Forschung wird überwiegend vom Positivismus dominiert.[829] Ein besonderes, konstituierendes Merkmal des Positivismus ist dabei die Forderung, dass nur objektiv-beobachtbare Phänomene untersucht werden sollen und können.[830] Im Gegensatz hierzu befasst sich ein Großteil der internationalen Management- und Marketingforschung mit der Beschreibung und Erklärung komplexer, sozialwissenschaftlicher Phänomene.[831] Komplexität der Fragestellungen und häufige Interaktion von Forscher und Forschungsobjekten, etwa beim Sammeln von Daten durch Befragungen, führen dazu, dass die Grundsätze des Positivismus zumeist nicht vollständig befolgt werden können. Deshalb ist Positivismus als Forschungsparadigma entsprechend zu modifizieren. Ein für solche Forschungsfragen gut geeignetes wissenschaftliches Paradigma ist der sogenannte Post-Positivismus oder Realismus.[832] Der Realismus akzeptiert zwar das Vorliegen einer „absoluten" Realität, räumt jedoch gleichzeitig ein, dass deren Komplexität in Verbindung mit den begrenzten mentalen Fähigkeiten des Untersuchenden es bedingt, dass sie ggf. nur ungenau beschrieben und verstanden werden kann.[833] Insbesondere fordert Realismus auf Grund der Akzeptanz des Vorliegens z.B. subjektiver Einflüsse auf die Beobachtungen ein Hinterfragen und allgemein einen kritischen Umgang mit sämtlichen Ergebnissen.[834]

Da für beide in dieser Arbeit besonders relevanten Bereiche der interkulturellen Managementforschung sowie Kooperationsforschung gilt, dass nicht objektiv-

---

[828] Für eine zusammenfassende Übersicht dieser Forschungsparadigmen vgl. z.B. Healy/Perry (2000), S. 118ff. und die dort angegebene Literatur.

[829] Vgl. etwa Healy/Perry (2000), S. 119 und Deshpande (1983), S. 103.

[830] Vgl. etwa Perry (1998), S. 787.

[831] Vgl. Healy/Perry (2000), S. 119; Parkhe (1993a), S. 229ff.; Kutschker/Bäurle/Schmid (1997), S. 8.

[832] Vgl. z.B. Perry (1998), S. 787, Healy/Perry (2000), S. 118, Hyde (2000), S. 82f. Einige dieser Autoren argumentieren, Realismus als relevantes Forschungsparadigma für die Managementforschung überhaupt anzusehen. In diese Diskussion soll und kann die vorliegende Arbeit nicht eingreifen. Es soll im Folgenden lediglich festgestellt werden, dass für die vorliegende Fragestellung die gemäßigtere Wahl einer realistischen Sichtweise ausreichend begründet erscheint, um den Besonderheiten der Forschungsobjekte Rechnung zu tragen und einer ggf. verfrühten „Übergeneralisierung" möglicher Erkenntnisse vorzubeugen.

[833] Vgl. Perry (1998), S. 787. Vgl. auch die Arbeit von Healy/Perry (2000) zu Qualitätskriterien, denen Forschung im Realismus-Paradigma genügen sollte.

[834] Vgl. etwa Trochim (2000), o.S., Abschnitt „Positivism & Post-Positivism"; Trochim empfiehlt sämtlichen Forschern den kritischen Umgang mit jeglichen empirischen Daten und somit in gewissem Sinne die Einnahme eines post-positivistischen Standpunktes.

beobachtbare Phänomene wie z.B. Einstellung und Motivation der handelnden Personen eine große Rolle spielen,[835] erscheint das Realismus-Paradigma im vorliegenden Fall angemessener als der Positivismus und soll daher in der zu konzipierenden Untersuchung Anwendung finden. Realismus als das dieser Arbeit zu Grunde liegendes Paradigma ist zudem das präferierte wissenschaftliche Paradigma für die Anwendung einer Fallstudienmethodik,[836] deren Eignung für die vorliegende Fragestellung im folgenden Abschnitt diskutiert wird.

4.2.2 Eignung einer Fallstudienmethodik für die vorliegende Fragestellung

4.2.2.1 Abgrenzung der Fallstudienmethode von anderen Forschungsstrategien

Fallstudien sind eine gründliche Untersuchung einzelner Fälle eines Phänomens.[837] Ziel ist es einen genaueren Einblick in das Zusammenwirken einer Vielzahl von Faktoren zu erhalten[838] und somit ein vertiefendes Verständnis eines Einzelfalls und seiner kontextuellen Bedingungen zu erlangen.[839] Untersuchungseinheiten können dabei Personen, Personengruppen und soziale Einheiten sein, insbesondere aber auch organisationale Prozesse oder Managementprozesse.[840]

Zentrales Merkmal der Fallstudie ist es, die Untersuchungsobjekte nicht auf einige, wenige Variablen zu reduzieren, sondern möglichst viele Dimensionen des zu untersuchenden Phänomens einzubeziehen:

> "Tatsächlich geht es der [...] Fallstudie besonders darum, ein *ganzheitliches* und nur damit *realistisches* Bild der sozialen Welt zu zeichnen. Mithin sind *möglichst alle für das Untersuchungsobjekt relevanten Dimensionen in die Analyse einzubeziehen.*"[841]

Die Fallstudienanalyse kann nach Yin als eine empirische Untersuchung definiert werden, die ein gegenwärtiges Phänomen innerhalb seiner kontextuellen Bedingungen erforscht und insbesondere dann angewendet wird, wenn die Grenzen

---

[835] Vgl. u.a. die Ausführungen zum Einfluss der Einstellung auf das Verhalten von Personen in Abschnitt 2.2.1.1.2 dieser Arbeit, sowie Lawrence/ul-Haq (1998), S. 17, die im Rahmen ihrer Untersuchung strategischer Allianzen ebenfalls auf das Realismus-Paradigma zurückgreifen.

[836] Vgl. etwa Perry (1998), S. 787.

[837] Vgl. Hyde (2000), S. 83.

[838] Vgl. Lamnek (1993), S. 7.

[839] Vgl. Eisenhardt (1989), S. 534.

[840] Vgl. z.B. Lamnek (1993), S. 5 und Yin (1994), S. 3. Perry zählt „inter-organizational relationships" ausdrücklich zu den typischen Untersuchungsgegenständen von Fallstudienanalysen. Vgl. Perry (1998), S. 787.

[841] Lamnek (1993), S. 5. Hervorhebungen im Original.

zwischen Phänomen und Kontext nicht eindeutig bzw. offensichtlich sind.[842] Wieteres Merkmal der Fallstudienanalyse ist ihre Fähigkeit, mit Situationen umzugehen, in denen es viel mehr interessierende Variablen als Datenpunkte gibt. Das Vorgehen erlaubt es, Vorteile aus der vorherigen Entwicklung theoretisch fundierter Annahmen zu ziehen und diese zu nutzen, um die Datensammlung und Analyse zu leiten.[843]

Mit Fallstudien können unterschiedliche Forschungszielsetzungen verfolgt werden. Sie können sich mit der bloßen Beschreibung von Phänomenen und Entwicklungen beschäftigen, auf die Generierung von Theorien abzielen oder zur Überprüfung von Theorien ausgerichtet sein.[844] Die Fallstudie stellt dabei nicht nur eine Taktik der Datensuche oder ein Charakteristikum des Designs, sondern einen umfassenden Forschungsansatz dar,[845] der sich gegenüber anderen Ansätzen und Strategien abgrenzen lässt.

Die von der Fallstudienanalyse abzugrenzenden Forschungsstrategien stellen insbesondere Experimente, schriftliche Befragungen, Archivanalysen und Analysen der Historie dar. Jede dieser Strategien hat ihre eigenen Vor- und Nachteile und stellt einen anderen Weg dar, empirische Belege zu sammeln und zu analysieren.[846] Sie lassen sich nach Yin entsprechend den ihnen zu Grunde liegenden Fragestellungen, der Kontrollmöglichkeiten durch den Forscher während der Datenerhebung sowie des Aktualitätsgrades des Forschungsmaterials hinsichtlich ihrer Eignung unterscheiden (vgl. Abbildung 29).[847]

Die Fallstudienanalyse als Forschungsstrategie eignet sich demnach zur Erforschung aktueller Phänomene, bei denen keine Kontrollmöglichkeit über die Ergebnisse oder Verhaltensweisen in der Erhebung besteht und es um die Beantwortung von „Wie"- und „Warum"-Fragestellungen geht. Dabei stellt Yin explizit fest, dass trotz der Unterschiede und jeweiligen distinkten Charakteristika der einzelnen Forschungsstrategien große überlappende Bereiche existieren. Es geht bei der Festlegung der Forschungsstrategie also nicht um die Ermittlung der einzig richtigen, sondern um die Ermittlung der für die Art des Forschungsvorhabens vorteilhaftesten Strategie.[848]

---

[842] Vgl. Yin (1994), S. 13.

[843] Vgl. Yin (1994), S. 13.

[844] Vgl. Kittel-Wegner/Meyer (2002), S. 16ff. und Eisenhardt (1989), S. 535.

[845] Vgl. Yin (1994), S. 13; Lamnek (1993), S. 4; Kittel-Wegner/Meyer (2002), S. 14.

[846] Vgl. Yin (1994), S. 3.

[847] Vgl. Yin (1994), S. 4ff.

[848] Vgl. Yin (1994), S. 4.

Forschungs-strategie	Art der Forschungs-frage	Kontrollmöglichkeit durch den Forscher erforderlich	Fokussierung auf aktuelle Ereignisse
Experiment	wie, warum	ja	ja
Schriftliche Befragung	wer, was, wo, wie viele, wie viel	nein	ja
Archivanalyse	wer, was, wo, wie viele, wie viel	nein	ja/nein
Analyse der Historie	wie, warum	nein	nein
Fallstudien-analyse	wie, warum	nein	ja

Quelle: In Anlehnung an Yin (1994), S. 6

Abbildung 29: Abgrenzung von Forschungsstrategien

Unabhängig von den von Yin geforderten Charakteristika, liegt die besondere Stärke der Fallstudienanalyse im Vergleich zu den anderen aufgeführten Forschungsstrategien in der Fähigkeit, auch komplexe und zum Kontext nicht klar abgrenzbare zeitgenössische Phänomene zu untersuchen.[849] Das Experiment dagegen trennt ein Phänomen absichtlich von seinem Kontext und konzentriert sich auf nur wenige Variablen. Die Archivanalyse und Analyse der Historie beschäftigen sich zwar i.d.R. mit der Situation zwischen Phänomen und Kontext, aber meist nicht in Bezug auf aktuelle Ereignisse. Schließlich ist die Fähigkeit von schriftlichen Befragungen, die Komplexität und den Kontext eines Phänomens zu ergründen, sehr beschränkt. Schon aus forschungsökonomischen Gründen muss die Anzahl der zu analysierenden Variablen in schriftlichen Fragebögen begrenzt werden.[850] Fallstudien werden daher vor allem zur Erklärung der Zusammenhänge von Aspekten des wirklichen Lebens genutzt, die für schriftliche Befragungen zu komplex sind.[851]

> "Den zentralen Vorteil der Fallanalyse [...] erblickt man im allgemeinen darin, sich durch die Beschränkung auf ein Untersuchungsobjekt oder relativ wenige Personen intensiver mit mehr Untersuchungsmaterial beschäftigen zu können und dadurch umfangreichere und komplexere Ergebnisse zu bekommen."[852]

---

[849] Vgl. Yin (1994), S. 13; Bonoma (1985), S. 204.

[850] Vgl. Yin (1994), S. 13.

[851] Vgl. Yin (1994), S. 15.

[852] Witzel (1982), S. 78.

Eine weitere spezifische Stärke der Fallstudie liegt in der Fähigkeit, eine ganze Palette von Belegquellen (Dokumente, Artefakte, Interviews, Beobachtungen) zum Einsatz kommen zu lassen und somit multimethodische Zugänge zu dem meist sehr komplexen Phänomen zu verwenden. Die als Triangulation bezeichnete Verwendung unterschiedlicher Datenerhebungsmethoden und Nutzung verschiedener Belegquellen kann somit – für den Falle der Konvergenz der erhobenen Belege – die Forschungsergebnisse erheblich substantiieren.[853] Die multimethodische Anlage erlaubt darüber hinaus Methodenfehler und die daraus resultierenden Artefakte vergleichend zu erkennen und zu vermeiden.[854] Die im Rahmen der Triangulation gewonnenen Belege können dabei sowohl quantitativer als auch qualitativer Natur sein.[855]

Weil in Fallstudienuntersuchungen zumeist keine statistisch-quantitativen Methoden der Datenreduktion und -analyse verwendet, sondern argumentative Analysemethoden eingesetzt werden, wird die Fallstudienmethodik zuweilen als unpräzise und wenig objektiv betrachtet. Kritiker wenden zuweilen ein, dass sich aus Fallstudien gewonnene Ergebnisse nicht oder kaum generalisieren lassen.[856] Fallstudien sind jedoch – wie Experimente – für theoretische Annahmen verallgemeinerbar, nicht für Populationen oder Universen. Das Ziel des Forschers liegt in der *analytischen* Verallgemeinerung und Generalisierung von Theorien und nicht in der Feststellung von Häufigkeiten, d.h. *statistischen* Verallgemeinerung und Generalisierung.[857]

Die Einzelfälle stellen deshalb auch keine „Sampling units" dar, sondern sind als multiple Experimente zu verstehen. Die Generalisierung findet dabei auf analytischer Ebene statt. Eine im Vorfeld entwickelte Theorie wird dabei quasi als Schablone verwendet, mit der die empirischen Ergebnisse der Fallstudie verglichen werden. Wenn zwei oder mehr Fälle die gleiche Theorie stützen, können Ähnlichkeiten behauptet werden. Noch überzeugender fallen die empirischen Ergebnisse aus, wenn zwei oder mehr Fälle die gleiche Theorie unterbauen und gleichzeitig eine zunächst ebenso plausible Theorie nicht stützen.[858]

Abschließend lässt sich feststellen, dass die Fallstudienanalyse eine geeignete Methode darstellt, komplexe zeitgenössische Phänomene und ihre kontextuellen Bedingungen zu untersuchen.[859] Dem Vorwurf, dass bei der Auswertung von Fall-

---

853 Vgl. Eisenhardt (1989), S. 538; Yin (1994), S. 8.

854 Vgl. Lamnek (1993), S. 5.

855 Vgl. Eisenhardt (1989), S. 534f.; Bonoma (1985), S. 203; Lamnek (1993), S. 7; Yin (1994), S. 14.

856 Vgl. Festing (1996), S. 191; Lamnek (1993), S. 9; Gummesson (2000), S. 88.

857 Vgl. Yin (1994), S. 10; Gummesson (2000), S. 88ff.

858 Vgl. Yin (1994), S. 31.

859 Vgl. u.a. Kittel-Wegner/Meyer (2002), S. 38f.

studien ein großer Interpretationsspielraum ausgenutzt werden kann und nur begrenzte Möglichkeiten zur wissenschaftlichen Verallgemeinerung bestehen, kann mit der Auswahl und Überprüfung geeigneter Gütekriterien begegnet werden.[860] In Abschnitt 4.2.3 werden daher die dem Design der durchgeführten empirischen Untersuchung zu Grunde liegenden Gütekriterien und deren Prüfung ausführlich erörtert. Zunächst ist jedoch die Eignung einer Fallstudienuntersuchung für die spezifische Fragestellung dieser Arbeit zu prüfen.

4.2.2.2 Begründung der Auswahl der Fallstudienmethodik für die vorliegende Fragestellung

Die Fallstudienanalyse eignet sich nach Yin gegenüber anderen Forschungsstrategien vor allem zur Erforschung aktueller Phänomene, bei denen keine Kontrolle über die Ergebnisse oder Verhaltensweisen in der Erhebung besteht und es um die Beantwortung von 'Wie'- und 'Warum'-Fragestellungen geht.[861] Da es sich bei der vorliegenden Untersuchung um aktuelle Phänomene handelt sowie in der Erhebung keine Kontrolle über die Ergebnisse oder Verhaltensweisen erforderlich oder überhaupt möglich erscheint, bieten sich entsprechend des in Abbildung 29 dargelegten Schemas nur eine schriftliche Befragung oder die Fallstudie als Methode an. Welche dieser beiden Forschungsstrategien am besten geeignet ist, hängt von der vorliegenden Fragestellung ab. Nach Yin bietet sich die Fallstudienanalyse insbesondere dann an, wenn „Wie"- und „Warum"-Fragen im Vordergrund der Untersuchung stehen, während schriftlichen Befragungen bei Fragen nach der Häufigkeit oder dem Vorkommen der zu untersuchenden Phänomene der Vorzug gegeben werden sollte.[862]

Aus den im Abschnitt 1.3 formulierten forschungsleitenden Fragestellungen sowie dem in Kapitel 3 entwickelten Erklärungsmodell geht hervor, dass bei der vorliegenden Untersuchung mit der Erklärung der interkulturellen Kooperationskompetenz ein hochgradig komplexes Konstrukt im Vordergrund steht, dass im Kontext von internationalen Unternehmenskooperationen erforscht werden soll. Kernpunkte der Untersuchung stellt zum einen die Frage nach den Ausprägungen/ Merkmalen kulturell kompetenter Kooperationsbeziehungen (*Wie* können kulturell effektive und angemessene kooperative Austauschbeziehungen gekennzeichnet werden? *Warum* haben diese Beziehungen erfolgsentscheidenden Charakter?) sowie zum anderen die Suche nach Einflussfaktoren und Gestaltungsansätzen dar (*Wie* können internationale Kooperationen unter Einbeziehung des Faktors Kultur

---

[860] Vgl. Yin (1994), S. 32ff.

[861] Vgl. Yin (1994), S. 6 sowie Abbildung 29 und die Ausführungen im vorherigen Abschnitt dieser Arbeit.

[862] Vgl. Yin (1994), S. 6.

erfolgreich gestaltet werden und *warum* ergibt sich ein Einfluss?). Daher spricht die Art der vorliegenden Fragestellung für den Einsatz von Fallstudien.[863]

Nach Weber et al. ist das Vorliegen von „Wie"- und „Warum"-Fragen allerdings nur ein notwendiges und kein hinreichendes Argument.

> „Erst wenn der Zugang zum Untersuchungsobjekt nur im direkten Gespräch möglich ist bzw. die Methode (wie mehrstündige Interviews, aber auch Dokumentenanalysen) großzahlige Verfahren ausschließt, ist die Fallstudie angezeigt."[864]

In der vorliegenden Arbeit geht es darum, Informationen über eine Vielzahl an komplexen Variablen und ihre Zusammenhänge innerhalb einer Unternehmenskooperation zu erfassen. Eine großzahlige Untersuchung als Erhebungsmethode scheidet aus, da es nur sehr schwer möglich erscheint, komplexe Ereignisse, wie fundierte Aussagen zum Kommunikations- und Koordinationsverhalten innerhalb einer Kooperationsbeziehung oder zur Unternehmenskultur der Partner über Fragebögen zu rekonstruieren.[865] Vom Verfasser wird daher ein direkter Zugang zu den Informationsträgern im Rahmen von persönlichen Interviews bevorzugt, in denen die befragten Kooperationsträger als Experten für die komplexen Phänomene der interpersonalen und interkulturellen Austauschbeziehungen im Sinne Lamneks betrachtet werden:

> „Man begreift den Einzelnen nicht als ein eher unbedeutendes, und prinzipiell austauschbares Mitglied einer Population oder Stichprobe, das nur Träger von durch den Forscher als wichtig definierten Merkmalen ist [...], sondern man betrachtet den *Einzelnen als Fachmann für die Deutungen und Interpretationen des Alltags.*"[866]

Um die aufgestellten Hypothesen zu überprüfen, bedarf es deshalb intensiver Interviews mit Kooperationsträgern, in denen der Interviewer im Rahmen einer theoriegesteuerten Relevanzentscheidung über den Umfang und Spezifität der Fragestellung zu den zu untersuchenden Variablen und Konstrukten entscheidet. Die zusätzliche Analyse von Dokumenten (sowohl externe als auch kooperationsinterne Materialien) bereichern die Interviewergebnisse und runden sie ab.[867]

---

[863] Zur Frage der Anwendung von Fallstudien bei der Erforschung von „Wie" und „Warum"-Fragestellungen im Bereich der Kooperationsforschung vgl. auch Parkhe (1993a), S. 254.

[864] Weber et al. (1994), S. 55. Vgl. zu dieser Auffassung auch Festing (1996), S. 189 sowie Royer (2000), S. 163.

[865] Vgl. Lyles (1987), S. 80 und Royer (2000), S. 162.

[866] Lamnek (1993), S. 6. Hervorhebungen im Original.

[867] Vgl. auch die ausführliche Darstellung der in dieser Untersuchung zum Einsatz gekommenen Datenerhebungsmethoden in Abschnitt 4.3.3 dieser Arbeit.

Fallstudien gelten zudem als besonders geeignete und oft verwandte Forschungs-strategie im Zusammenhang mit Unternehmenskooperationen.[868] Deshalb plädie-ren eine Reihe von Autoren für die verstärkte Verwendung der Fallstudienanalyse im Bereich der Kooperationsforschung.[869] Parkhe beklagt in diesem Zusammen-hang die bisher zu beobachtende Tendenz zum Einsatz oberflächlicher großzahli-ger Querschnittsuntersuchungen und multivariater Analysemethoden im Bereich der Kooperationsmanagement-Forschung.[870] Aus seiner Sicht sind diese For-schungsmethoden insbesondere zur Erforschung sogenannter „weicher" Konzep-te, wie Vertrauen, Opportunismus und Wechselwirkungen ungeeignet.

„Further, given the 'soft' nature of these underresearched aspects of voluntary interfirm cooperation, it seems unlikely that even in the future IJVs can be satisfactorily studied using currently emphasized 'hard' methods."[871]

Daher sollte seiner Meinung nach die Fallstudienanalyse im Rahmen der Erfor-schung von Kooperationsbeziehungen häufiger angewendet werden:

„Relatively few theorists utilize "qualitative" research (such as case studies or participant observation) that may permit deeper under-standing and sharper delineation of concept domains [...]"[872]

Ähnlich argumentieren Kittel-Wegner/Meyer.[873] Sie sehen typische Forschungs-felder der Fallstudienanalyse im wirtschaftswissenschaftlichen Bereich bei der Er-fassung und Analyse ganzheitlicher Unternehmenstätigkeiten und -strukturen. Sie schließen daraus, dass sich die Fallstudie als Instrument insbesondere dort an-bietet, „wo Gebiete mit wenig formalisierten Sachverhalten, so z.B. [...] Fragen zur Unternehmenskultur, zu Erfolgsfaktoren, *Kooperation von Unternehmen* be-troffen sind."[874]

Schließlich weist Balling auf die Problematik der ausschließlichen Verwendung quantitativer Methoden hin.

"Interorganisationale Beziehungen sind häufig verdeckt sowie nur in-formeller Art und deshalb methodisch schwer zu erfassen. Für die

---

868 Vgl. u.a. die Studien von Beverland/Bretherton (2001); Hutt et al. (2000); Perks/Halliday (2003) ; Johnston et al. (1999); Royer (2000); Lyles (1987) und Parkhe (1993a).

869 Vgl. u.a. Parkhe (1993a), S. 232; Kittel-Wegner/Meyer (2002), S. 40.

870 Vgl. Parkhe (1993a).

871 Parkhe (1993a), S. 262.

872 Parkhe (1993a), S. 230.

873 Vgl. Kittel-Wegner/Meyer (2002).

874 Kittel-Wegner/Meyer (2002), S. 40. Hervorhebungen vom Verfasser.

Analyse empfiehlt sich deshalb die Verwendung qualitativer Methoden."[875]

Zusammenfassend lässt sich daher feststellen, dass die Fallstudie als Forschungsmethodik für die der Arbeit zu Grunde liegenden Fragestellungen besonders geeignet ist. Folglich wird der Fallstudienansatz als Forschungsstrategie gewählt. Der folgende Abschnitt erläutert die Wahl des verwendeten Fallstudientyps.

4.2.2.3 Art des verwendeten Fallstudientyps

Zunächst ist zwischen „single" und „multiple" Fallstudienanalysen zu unterscheiden. Während die „single" Fallstudienanalyse nur eine einzelne Ausprägung des Phänomens, also Untersuchungsgegenstands (Person, Unternehmen, Unternehmenskooperation) untersucht, wird die „multiple" Fallstudienanalyse mit mehreren Untersuchungseinheiten, also Fällen durchgeführt.[876] Darüber hinaus lassen sich Fallstudien nach dem Zweck ihrer Verwendung als illustrative Lehrfallstudien oder Forschungsfallstudien sowie innerhalb dessen nach dem Forschungsziel (exploratorisch/konfirmatorisch) unterscheiden.[877] Dementsprechend reichen Fallstudien von deskriptiven Erfahrungsberichten ohne näher spezifizierte forschungsleitende Fragen bis hin zu differenzierten Analysen unter expliziter Nennung von Hypothesen und Verwendung einer Vielzahl von Erhebungsmethoden (vgl. Abbildung 30).[878]

Das zentrale Ziel der vorliegenden Untersuchung ist die empirische Konfrontation der im Modell zur interkulturellen Kooperationskompetenz postulierten und theoretisch hergeleiteten Zusammenhänge mit der Realität. Es werden demnach Gesetzmäßigkeiten und Regelmäßigkeiten im sozialen Bereich angenommen und anhand der in Kapitel 3 entwickelten Hypothesen dokumentiert. Aus diesem Grund ist die vorliegende Untersuchung der Gruppe der nomothetischen Fallstudien zuzuzählen. Innerhalb der nomothetischen Fallstudien wird in dieser Arbeit der hypothesenprüfende bzw. konfirmatorische Typ gewählt. Hypothesenprüfende Fallstudien eliminieren unplausible Hypothesen durch einen Vergleich der theoretisch zu erwartenden Variablenausprägung mit den tatsächlich in den Fallstudien vorgefundenen Ausprägungen.[879]

---

[875] Balling (1998), S. 178f. mit Verweis auf Sydow (1992), S. 123f.

[876] Vgl. Yin (1994), S. 38ff.; Kittel-Wegner/Meyer (2002), S. 17.

[877] Vgl. Kittel-Wegner/Meyer (2002), S. 16.

[878] Vgl. Weber et al. (1994), S. 50f. sowie Keating (1995), S. 67ff.

[879] Vgl. Kittel-Wegner/Meyer (2002), S. 22; Weber et al. (1994), S. 52, sowie Festing (1996), S. 194.

Fallstudientyp	Erläuterung
Heuristische **Fallstudie**	Das Ziel dieser Fallstudie besteht in der Entdeckung relevanter Zusammenhänge und Variablen.
Ideographische **Fallstudie**	Jeder Fall wird als einmaliges Ereignis aufgefasst, Gesetzmäßigkeiten im Bereich sozialer Prozesse werden negiert. Dies schließt die ex-ante Formulierung von Hypothesen und die Verwendung quantitativer Methoden aus.
Nomothetische **Fallstudie**	Jeder Fall kann auf Basis theoretischer Überlegungen in ein Klassifikations- schema eingeordnet werden. Gesetzmäßigkeiten im sozialen Bereich werden angenommen, und quantitative Methoden werden akzeptiert.
• *vergleichende* *Fallstudie*	• Es werden mehrere Fallstudien in der Regel deskriptiven Charakters erhoben und miteinander verglichen.
• *hypothesenprüfende* *Fallstudie*	• Eliminierung unplausibler Hypothesen durch den Vergleich mit in Fallstudien oder in mehreren Fallstudien gefundenen Variablenausprägungen.
• *falsifizierende* *Fallstudie*	• Strenge Form der hypothesenprüfenden Fallstudie, da schon ein einziger "unerwarteter" Fall zur Falsifizierung der Theorie führt.
• *abweichende Fall-* *Fallstudie*	• Die Gründe für einen stark vom Durchschnitt oder von den theoretisch zu er- warteten Ergebnissen abweichenden Fall werden intensiv analysiert. Voraus- setzung hierfür ist eine hypothesenprüfende oder falsifizierende Fallstudie.
Diagnostische **Fallstudie**	Bei dieser Art von Fallstudien steht der Verwendungszusammenhang im Mittelpunkt der Betrachtung. Mögliche Zielsetzungen bestehen in der Organisationsdiagnose oder in der Evaluierung von Gestaltungsmaßnahmen.
Illustrations- **Fallstudie**	Diese Fallstudien dienen zur Illustration abstrakter Aussagen wie z.B. theoretischer Modelle.
Didaktische **Fallstudie**	Diese Fallstudien stellen keine Forschungsstrategie dar. Ihr Inhalt kann fiktiver Art sein.

Quelle: Vgl. Weber et al. (1994), S. 51ff.

Abbildung 30: Typen von Fallstudien

Der Einsatz konfirmatorischer Fallstudien eignet sich nach Kittel-Wegner/Meyer u.a. dann, wenn[880]

- hinsichtlich des Untersuchungsgegenstandes eine hohe Komplexität des untersuchten Sachverhaltes und der zu prüfenden Hypothesen vorliegt, von einer signifikanten Bedeutung der in Art und Umfang unbekannten Stör- und Einflussgrößen auf das Messergebnis ausgegangen werden kann und in der Untersuchung primär qualitative und subjektive Sach- verhalte sowohl quantitativ als auch qualitativ erfasst werden sollen,

- hinsichtlich des Untersuchungszieles eine Prüfung bzw. Falsifizierung bestehender Hypothesen mit großem empirischen Gehalt anhand mehre- rer Fälle erfolgen soll und die Analyse der empirischen Ergebnisse hohe interpretative Leistungen erforderlich macht,

- hinsichtlich der Güteprüfung und Generalisierbarkeit die Schaffung von Vertrauen in die Objektivität und Vollständigkeit der Erhebung nur

---

[880] Vgl. Kittel-Wegner/Meyer (2002), S. 38f.

durch umfassende inhaltliche Einbindung des Betrachters in den Untersuchungssachverhalt möglich wird und eine Illustration des typischen Falls anstatt statistischer Repräsentativität angestrebt wird.

Aus Abbildung 31 geht hervor, dass die vorliegende Untersuchung die postulierten Rahmenbedingungen und -anforderungen für die Eignung von konfirmatorischen, d.h. hypothesenprüfenden Fallstudien erfüllt. Zielsetzung der Analyse ist eine erste empirische Überprüfung der vor dem Hintergrund der Theorie postulierten Hypothesen.[881]

	Anforderung	Ausprägung in vorliegender Untersuchung
Untersuchungsgegenstand	• Hohe Komplexität des untersuchten Sachverhaltes und der zu prüfenden Hypothesen • Signifikante Bedeutung der in Art und Umfang unbekannten Stör- und Einflussgrößen auf das Messergebnis • Untersuchung primär qualitativer und subjektiver Sachverhalte, die sowohl quantitativ als auch qualitativ erfasst werden sollen	• Interkulturelle Kooperationskompetenz als hochkomplexes Konstrukt • Ungewisser Einfluss kontextueller Bedingungen der Kooperation • Erfassung subjektiver Faktoren wie Vertrauen, Kommunikation und persönlicher Kompetenzen in Interviews
Untersuchungsziel	• Prüfung bzw. Falsifizierung bestehender Hypothesen mit großem empirischen Gehalt anhand mehrerer Fälle („theoretical sampling") • Erforderlichkeit hoher interpretativer Leistungen für die Analyse der Ergebnisse der empirischen Erhebungen	• Hypothesenprüfende Anlage der Untersuchung unter Berücksichtigung mehrer Kooperationen • Interpretative Anstrengung zur Erkennung und Analyse interkultureller Probleme und Phänomene notwendig
Güteprüfung und Generalisierbarkeit	• Schaffung von Vertrauen in die Objektivität und Vollständigkeit der Erhebung nur durch umfassende inhaltliche Einbindung des Betrachters in den Untersuchungssachverhalt und Untersuchung • Illustration des typischen Falls statt statistischer Repräsentativität	• Intensive Auseinandersetzung der Auskunftspersonen mit Untersuchungssachverhalt notwendig • Zielsetzung ist Aufzeigen von Gestaltungsmöglichkeiten statt Gesetzmäßigkeiten

Quelle: Zu den Rahmenbedingungen und -anforderungen vgl. Meyer/Kittel-Wegner (2002), S. 38f.

Abbildung 31: Prüfung der Rahmenbedingungen und -anforderungen für den Einsatz der konfirmatorischen Fallstudienanalyse

4.2.3 Gütekriterien zur Evaluierung von Fallstudien

Der Kritik an der Fallstudienmethodik hinsichtlich der großen Interpretationsspielräume bei der Datenanalyse und der beschränkten Möglichkeit zur wissenschaftlichen Verallgemeinerung[882] wird durch die Auswahl und Überprüfung von geeigneten Gütekriterien begegnet. Zur Evaluierung von Fallstudien bieten sich

---

[881] Eine ähnliche Vorgehensweise anhand hypothesenprüfender, nomothetischer Fallstudien findet sich beispielsweise bei Weber et al. (1994), Festing (1996) und Royer (2000).

[882] Vgl. Yin (1994), S. 9f.; Kittel-Wegner/Meyer (2002), S. 24 und die dort aufgeführte Literatur sowie die Ausführungen zur Kritik am Fallstudienansatz in Abschnitt 4.2.2.1.

insbesondere die Gütekriterien der Validität sowie der Reliabilität an.[883] Dabei beantwortet das Kriterium der Validität die Frage, ob das Messverfahren in der Lage ist, genau das zu messen, was es zu messen vorgibt und gemessen werden soll. Zu unterscheiden ist hierbei zwischen der Konstruktvalidität, sowie der internen und externen Validität.[884] Die Reliabilität (Zuverlässigkeit) hingegen gibt den Grad der Zufallsunabhängigkeit an, mit dem gemessen wird.[885]

Diese Gütekriterien werden im Folgenden erläutert und die Möglichkeiten für ihre Prüfung aufgezeigt. Zusätzlich wird beschreiben, wie die einzelnen Kriterien im Hinblick auf die vorliegende Untersuchung umgesetzt werden.

4.2.3.1 Konstruktvalidität

Unter Konstruktvalidität wird die Verbindung der Messung mit einem theoretischen Zusammenhang, d.h. die Etablierung korrekter Operationalisierungen bzw. Maße für die untersuchten Konzepte verstanden. Konstruktvalidität bezieht sich also darauf, wie gut die theoretischen Konstrukte in der Forschung gemessen werden.[886] Die Erreichung von Konstruktvalidität in Fallstudienanalysen kann nach Ansicht von Yin durch die Verwendung multipler Datenquellen, Darlegung einer schlüssigen Argumentationskette sowie der Rückvermittlung der Ergebnisse an die Datenlieferanten erfolgen.[887]

In der vorliegenden Arbeit wird diesen Empfehlungen gefolgt. Für die Ermittlung von Erkenntnissen werden unterschiedliche, sich ergänzende und überschneidende Datenquellen genutzt.[888] Die Argumentationslogik wird stets (bei der Formulierung des theoretischen Erklärungsmodells, der Operationalisierung der Variablen und der Datenauswertung und -interpretation) offengelegt. Schlussendlich wird in der vorliegenden Untersuchung auch der Rückvermittlung der Ergebnisse an die Informanten gefolgt, indem diese nach Abschluss der Datenauswertung und

[883] Vgl. Yin (1994), S. 33; Parkhe (1993a), S. 260f.; Healy/Perry (2000), S. 122.

[884] Vgl. Festing (1996), S. 192; Kittel-Wegner/Meyer (2002), S. 28. Teilweise wird die Konstruktvalidität der internen Validität zugerechnet. Aufgrund ihrer besonderen Bedeutung in konfirmatorischen Fallstudien erfolgt hier jedoch eine separate Betrachtung.

[885] Vgl. Kittel-Wegner/Meyer (2002), S. 26.

[886] Vgl. Healy/Perry (2000), S. 123. In der vorliegenden Arbeit geschieht die Konstruktvalidierung in mehreren Schritten: Zunächst erfolgt die Ableitung von Hypothesen aus relevanten Theoriebereichen über die Ausprägung der später zu erhebenden empirischen Daten sowie eine Operationalisierung der komplexen Konstrukte, um überhaupt zu messbaren bzw. beobachtbaren Größen zu gelangen. Später werden diese Vorhersagen dann mit den empirischen Größen verglichen und Schlussfolgerungen gezogen, ob die Theorie die beobachteten Werte erklären kann. Vgl. zu ähnlicher Vorgehensweise Royer (2000), S. 165 und die dort angegebene Literatur.

[887] Vgl. Yin (1994), S. 33.

[888] Vgl. die Ausführungen zu den Methoden der Datenerhebung im Abschnitt 4.3.3.

–interpretation eine ausführliche Zusammenfassung der Erkenntnisse sowie abgeleiteter Implikationen für die Praxis erhalten.[889]

4.2.3.2 Interne Validität

Unter interner Validität wird die Etablierung von Ursache-Wirkungszusammenhängen verstanden, wobei geprüft wird, ob die postulierten Kausalzusammenhänge tatsächlich vorliegen und sich von Scheinbeziehungen unterscheiden.[890] Auf diese Weise soll ausgeschlossen werden, dass andere alternative Hypothesen wahr und die postulierten Hypothesen falsch sind. Als Maßnahme zur Erhöhung der internen Validität schlägt Yin das sogenannte Pattern Matching vor, welches den Vergleich theoretisch postulierter Handlungsmuster mit empirisch vorgefundenem Material bezeichnet.[891] In der vorliegenden Arbeit wird daher ein Vergleich der theoretisch aufgestellten Hypothesen mit dem in den Fallstudien ermittelten Datenmaterial durchgeführt. Sollten im Rahmen des Pattern Matching die postulierten Ursache-Wirkungszusammenhänge nicht plausibilisiert werden können, muss das Erklärungsmodell revidiert bzw. angepasst werden.

Eine solches Vorgehen erfordert jedoch üblicherweise die Formulierung von Alternativhypothesen.[892] Hierunter sind in der Regel inhaltliche Hypothesen zu verstehen, von denen die bei statistischen Untersuchungen übliche Null-Hypothese lediglich ein Sonderfall ist.[893] Sofern die Bestätigung der postulierten Hypothesen gelingt und die Alternativhypothesen verworfen werden können, kann der formulierte Ursache-Wirkungszusammenhang als plausibel betrachtet werden.[894] Bei Fallstudien tritt jedoch das Dilemma auf, dass einerseits die Datenerhebung bereits durch die formulierten Zusammenhänge geleitet ist und gleichzeitig für die Prüfung alternativer Zusammenhänge in der Regel andere Daten vonnöten sind, welche bei Fallstudien auf Grund der mit der Datenerhebung verbundenen Komplexität (und. z.T. auch Nicht-Zugänglichkeit) häufig kaum zu beschaffen sind.[895] Weber et al. schlagen als Ausweg aus diesem Dilemma vor, die Alternativhypothesen analog zu statistischen Verfahren als Null-Hypothesen zu formulieren, nämlich so, dass kein Zusammenhang zwischen den fraglichen Variablen besteht.[896] Gelingt es, diese Alternative zu verwerfen, kann die Gültigkeit (oder, wie im Rahmen der vorliegenden Untersuchung, zumindest Plausibilität) der ur-

---

[889] Vgl. zu einem ähnlichen Vorgehen z.B. Royer (2000), S. 166f.

[890] Vgl. Yin (1994), S. 33.

[891] Vgl. Yin (1994), S. 35. Auf die in dieser Arbeit gewählten Analysestrategie wird in Abschnitt 4.3.4.2 noch ausführlich eingegangen.

[892] Vgl. Yin (1994), S. 108.

[893] Vgl. Weber et al. (1994), S. 58.

[894] Vgl. z.B. Royer (2000), S. 180.

[895] Vgl. Royer (2000), S. 180.

[896] Vgl. Weber et al. (1994), S. 58.

sprünglichen Hypothese angenommen werden.[897] Dieser Sichtweise wird in der vorliegenden Arbeit gefolgt.

4.2.3.3 Externe Validität

Das Kriterium der externen Validität bringt das Ausmaß zum Ausdruck, in dem die Ergebnisse einer Untersuchung verallgemeinert werden können.[898] Wie bereits dargelegt, sind Fallstudien – wie Experimente – nur für theoretische Annahmen verallgemeinerbar und nicht für Populationen oder Universen. Das Ziel liegt daher in einer analytischen Generalisierung, d.h. Ausweitung und Verallgemeinerung von Theorien und nicht wie bei großzahlig angelegten Fragebogenaktionen darin, Häufigkeiten festzustellen bzw. statistische Generalisierungen vorzunehmen.[899] Wenn es nicht gelingt, die postulierten Hypothesen in einer oder vorzugsweise mehreren Fallstudien zu widerlegen, dann kann ihre Gültigkeit in allen weiteren Fällen zumindest vermutet werden. Jeder einzelne Fall wird dabei als eigenes Experiment bzw. als Test der Hypothesen betrachtet.[900] Das bedeutet, dass bei der Verwendung von mehr als einer Fallstudie eine Theorie anhand von Replikationen getestet werden muss. Für den Fall, dass eine Replikation zu den gleichen Ergebnissen führt wie die erste Untersuchung, werden die Ergebnisse auf einer breiteren Basis valide. Die Fallstudienanalyse folgt demnach keiner Stichprobenlogik, sondern einer Replikationslogik, die auch Experimenten zu Grunde liegt und es Wissenschaftlern erlaubt, von einem Experiment auf ein anderes zu schließen.[901]

Für die vorliegende Untersuchung bedeutet dies, dass bei einer Bestätigung des postulierten Erklärungsmodells lediglich eine Gültigkeit des Modells in Bezug auf die durchgeführten Fallstudien angenommen werden kann. Es kann hingegen keine Allgemeingültigkeit postuliert und nicht auf die Häufigkeit hinsichtlich des Vorliegens interkultureller Kooperationskompetenz oder ihrer Determinanten in anderen Kooperationsbeziehungen geschlossen werden.

4.2.3.4 Reliabilität

Im Zusammenhang mit der Reliabilität wird auf die Zuverlässigkeit des Messinstruments abgezielt, die sowohl die formale Genauigkeit als auch die Stabilität des Messergebnisses bei wiederholter Durchführung umfasst. Fehler und Verzerrungen in einer Untersuchung sollen minimiert und die intertemporale und intersubjektive Nachvollziehbarkeit einer Studie gesichert werden. Hohe Reliabilität liegt dann vor, wenn bei einer späteren Untersuchung (intertemporale

---

[897] Vgl. Royer (2000), S. 180.

[898] Vgl. Yin (1994), S. 35.

[899] Vgl. Yin (1994), S. 10.

[900] Vgl. Weber et al. (1994), S. 57.

[901] Vgl. Yin (1994), S. 36.

Messwiederholung) oder parallelen Untersuchung (intersubjektive Untersuchung) desselben Sachverhalts dasselbe Ergebnis erzielt wird und somit ein Verfahren zur Erbringung von Ergebnissen mit geringen Zufallsfehlern vorliegt.[902]

Im Rahmen einer Fallstudienanalyse kann die Reliabilität dadurch gesichert werden, dass eine vollständige Datenbasis, bestehend aus Fallbeschreibungen, Interviewtranskripten und -zusammenfassungen sowie allen weiteren analysierten Dokumenten geschaffen wird, die auch anderen Forschern zugänglich ist.[903] Aus diesem Grund werden in der vorliegenden Arbeit zu jedem geführten Interview ausführliche Zusammenfassungen und zu jedem Fall detaillierte Fallbeschreibungen erstellt.

Eng mit dem Gütekriterien der Reliabilität ist der Begriff der **Objektivität** verbunden. Unter Objektivität soll hier die Unabhängigkeit einer Methode vom Anwender verstanden werden. Dabei ist eine Methode genau dann objektiv, wenn unterschiedliche Anwender bei der Analyse desselben Sachverhalts und der Anwendung derselben Methoden zu vergleichbaren Resultaten kommen.[904] Dabei ist Objektivität sowohl bei der Durchführung als auch in der Auswertung und Interpretation der Daten notwendig.

Vollständig kann Objektivität nur bei hochstandardisierten, quantitativen Verfahren gewährleistet werden, wenn diese unter kontrollierten Bedingungen durchgeführt werden.[905] Bei Fallstudien stellt sich jedoch bei der Erhebung, Analyse sowie Interpretation qualitativer Sachverhalte – welche für Fallstudien oftmals typisch sind – die berechtigte Frage nach der Objektivität. Lediglich für einige, wenige quantitative Informationen zu einem Fall (bezogen auf die Kooperationsthematik wären dies z.B. Kooperationsbeginn und -art) gilt dabei, dass diese sich einem Objektivitätsproblem entziehen.[906] Einige Autoren, wie etwa Scholz/Tietje, sprechen daher der Fallstudienmethodik grundsätzlich die Objektivität ab.[907] Andere Autoren argumentieren allerdings, dass auf Grund des tiefen Einblicks, den Fallstudienarbeiten dem Leser normalerweise in die Sachverhalte und Untersuchungsmethoden geben, dieser in gewissem Maße die Schlussfolgerungen und Interpretationen der Forscher nachvollziehen kann.[908]

---

[902] Vgl. Yin (1994), S. 36f.; Silverman (1993), S. 145; Kittel-Wegner/Meyer (2002), S. 26.

[903] Vgl. Weber et al. (1994), S. 56f.; Yin (1994), S. 37.

[904] Vgl. Kittel-Wegner/Meyer 2002, S. 25.

[905] Vgl. Ebenda.

[906] Vgl. Ebenda.

[907] Vgl. etwa Scholz/Tietje (2002), S. 334, die in ihrem Lehrbuch zur Fallstudienmethodik feststellen: „[...] case analyses are not objective."

[908] Vgl. mit dieser Ansicht etwa Kittel-Wegner/Meyer (2002), S. 25.

Unabhängig von der offenen Grundsatzfrage nach einer eventuellen grundsätzlichen Nichtobjektivität des Fallstudienansatzes, wird in der vorliegenden Arbeit durch die Einnahme des Realismus-Paradigmas betont, dass – in der Arbeitsweise bedingt – subjektive Einflüsse (sowohl seitens des Autors als vor allem auch seitens der Interviewpartner) in die Untersuchung Einlass finden *können*. Dieses zumindest latent vorhandene Risiko ist dem Verfasser bewusst und schlägt sich etwa in einem Verzicht auf eine vorschnelle Generalisierbarkeit der Erkenntnisse bzgl. einer etwaigen Bestätigung oder Widerlegung einzelner Hypothesen nieder.

4.2.3.5 Zusammenfassende Betrachtung der Berücksichtigung von Gütekriterien

Zusammenfassend kann festgestellt werden, dass vielfältige Möglichkeiten zur Evaluation der Güte von Fallstudien bestehen, die auch in der vorliegenden Untersuchung Berücksichtigung finden. Abbildung 32 fasst die Gütekriterien zusammen und beschreibt ihre Umsetzung in der vorliegenden Untersuchung.

Güte-kriterium	Fallstudientaktik	Relevante Forschungsphase	Umsetzung in vorliegender Untersuchung
Konstrukt-validität	• Verwendung einer Vielzahl von Quellen	• Datensammlung	• Intensivinterviews mit Kooperationsträgern sowie Analyse von kooperationsinternen und öffentlichen Dokumenten
	• Offenlegen einer schlüssigen Argumentationskette	• Datensammlung	• Transparente Verknüpfung der Fragestellung mit den gesammelten Daten und Schlussfolgerungen
	• Einbeziehen der Interviewten in die Auswertung	• Datenabgleich	• Rückvermittlung der Ergebnisse an die Datenlieferanten
Interne Validität	• Pattern Matching (mit abhängigen und unabhängigen Variablen)	• Datenanalyse	• Vergleich der theoretisch abgeleiteten Hypothesen mit empirisch vorgefundenem Datenmaterial
Externe Validität	• Replikationslogik bei mehr als einer Fallstudie	• Forschungsdesign	• Analytische und keine statistische Generalisierung der Ergebnisse
Reliabilität	• Fallstudienprotokolle	• Datensammlung	• Ausführliche und systematische Dokumentation der gesammelten Daten
	• Fallstudien-Datenbank	• Datensammlung	• Detaillierte Interviewzusammenfassungen und Fallbeschreibungen

Quelle: Vgl. zu den Gütekriterien der Fallstudienevaluierung Yin (1994), S. 33 und Parkhe (1993a), S. 260f.

Abbildung 32: Gütekriterien zur Evaluierung von Fallstudien und ihre Berücksichtigung in der vorliegenden Untersuchung

4.2.4 Zur besonderen Problematik interkulturell angelegter empirischer Forschung

Eine grundlegende Frage kulturübergreifend angelegter Forschung ist die Positionierung des Forschungsvorhabens hinsichtlich seiner „emischen" bzw. „etischen" Ausrichtung.[909] Emische Ansätze bedienen sich länderspezifischer Messinstrumente und versuchen dabei Phänomene, welche in einer bestimmten Population auftreten, mit Hilfe von Konzepten, die in dieser Stichprobe auftreten, abzubilden. Der Forscher nimmt dabei einen Standpunkt innerhalb des Systems ein. Interkulturelle Forschung bedarf jedoch universell gültiger Vergleichsmaßstäbe, wie sie in etischen Ansätzen verwendet werden. Sie zielen darauf ab, allgemeingültige Konzepte zu identifizieren und über Kulturgrenzen hinweg einzusetzen.[910] Auch in dieser Arbeit wird im Prinzip einer etischen Vorgehensweise gefolgt, d.h. eine kulturübergreifende Sichtweise bezüglich der interkulturellen Kooperationskompetenz eingenommen. Allerdings wohnt etischen Konstrukten die Gefahr inne, zu generell konzipiert zu sein bzw. einer ethnozentrischen Sicht zu entspringen und trotzdem Allgemeingültigkeit zu beanspruchen.[911] Da im Rahmen der dieser Arbeit zu Grunde liegenden Fallstudienuntersuchung ausschließlich Kooperationsbeziehungen deutscher Unternehmen mit ausländischen Partnern betrachtet werden, ist daher davon auszugehen, dass die Ergebnisse der Messung interkultureller Kooperationskompetenzen auch lediglich für solche Fälle generalisiert werden können.

Neben der Positionierung des Forschungsvorhabens hinsichtlich einer emischen bzw. etischen Ausrichtung, erscheint es angebracht, auch die Frage hinsichtlich der Festlegung der Objektebene der Untersuchung zu diskutieren. Die Typologie unterschiedlicher Forschungsansätze in der interkulturellen Managementforschung nach Adler stellt hierfür ein geeignetes Raster dar.[912] Sie unterscheidet zwischen beschränkt-vergleichenden, ethnozentrischen, polyzentrischen, vergleichenden, geozentrischen und synergetischen Ansätzen, welche in Tabelle 13 überblicksartig dargestellt werden.

---

[909] Die Unterscheidung zwischen dem „emischen" und dem „etischen" Ansatz geht dabei auf den Linguisten Pike zurück, welcher sie zur Beschreibung der Lautstruktur von Sprachen entwickelte. Die Phonemik beschreibt Lautmerkmale, die nur in einer bestimmten Sprache auftreten, während die Phonetik Töne bezeichnet, die universell präsent sind. Vgl. Müller/Gelbrich (1999), S. 49 und Holzmüller (1995), S. 54f.

[910] Vgl. Holzmüller (1995), S. 54ff. Zur Diskussion der Frage, ob die (individuelle) interkulturelle Kompetenz ein emisches oder etisches Konstrukt darstellt vgl. u.a. Chen/Starosta (1996), S. 371 und Müller/Gelbrich (1999), S. 49ff.

[911] Vgl. bezüglich der Gefahren etischer Forschungsstrategien u.a. Müller/Gelbrich (1999), S. 49f. und die dort angegebene Literatur.

[912] Vgl. Adler (1983).

Adler differenziert dabei auf der Untersuchungsebene hinsichtlich Kulturen, internationalen Unternehmen und interkulturellen Interaktionen. Wie aus der Forschungszielsetzung in Abschnitt 1.3 hervorgeht, stellen letztere das zentrales Erkenntnisobjekt dieser Arbeit dar. Im Rahmen der Typologie unterschiedlicher Forschungsansätze von Adler wird daher mit dieser Arbeit ein synergetischer Ansatz verfolgt, d.h. die Forschungsabsicht gilt der Analyse interkultureller Interaktionen in internationalen Unternehmenskooperationen. Holzmüller weist in diesem Zusammenhang darauf hin, dass Untersuchungen synergetischer Forschungsansätze häufig in sehr spezifischen empirischen Feldern durchgeführt werden und daher nicht auf gesamte kulturelle Einheiten generalisiert werden können.[913] Die Interpretation der Fallstudienergebnisse dieser Arbeit kann daher nur in sehr begrenztem Umfang auf weitere interkulturelle Interaktionsbeziehungen ausgeweitet werden.

Ansatz	Objekt-/ Untersuchungsebene	Art der Studie
Beschränkt-vergleichender Ansatz	Studie in einer Kultur	Nationale Studie
Ethnozentrischer Ansatz	Studie in einer zweiten Kultur	Wiederholungsstudie
Polyzentrischer Ansatz	Studie in mehreren Kulturen	Einzelstudien in mehreren Kulturen
Vergleichender Ansatz	Studien in mehreren Kulturen	Vergleich mehrerer Studien
Geozentrischer Ansatz	Multinationale Organisationen	Studie des Managements in mehreren Kulturen
Synergetischer Ansatz	Interkulturelle Interaktionen	Studien der interkulturellen Interaktion im Arbeitsbereich

Quelle: In Anlehnung an Adler (1983), S. 30f. und Holzmüller (1995), S. 59

Tabelle 13:   Typologie interkultureller Managementstudien

4.3 Fallstudiendesign

Im folgenden Abschnitt werden relevante Aspekte des Designs der durchgeführten Untersuchung dargelegt. Zunächst erfolgt die Definition der Untersuchungseinheit. Im Anschluss wird auf die Anzahl und Auswahl der untersuchten Einheiten eingegangen. Danach schließt sich eine Erläuterung der eingesetzten Datenerhebungs- und Datenanalysemethoden an.

---

[913] Vgl. Holzmüller (1995), S. 158.

4.3.1 Definition der Untersuchungseinheit

Die Definition der Untersuchungseinheit und entsprechend die jedes zu untersuchenden Falles hängt von der Art der ursprünglich formulierten Forschungsfrage ab.[914] Im Rahmen der vorliegenden Untersuchung soll auf der Basis der entwickelten Problemstellung und in Abschnitt 2.1.1.2 erfolgten Begriffsklärung als Fall die partielle, freiwillige Zusammenarbeit zwischen sich in ihren sonstigen Aktivitäten autonom verhaltenden, rechtlich und teilweise wirtschaftlich selbstständigen Unternehmen mit Sitz in jeweils unterschiedlichen Nationalstaaten verstanden werden. Untersuchungseinheit ist also jeweils eine internationale Kooperationsbeziehung.

4.3.2 Anzahl und Auswahl der untersuchten Fälle

4.3.2.1 Theoretische Vorbemerkung zu Anzahl und Auswahl von Fallstudien

Im Gegensatz zu quantitativen Befragungen steht bei der Auswahl zu untersuchender Fälle im Rahmen von Fallstudien nicht zwangsläufig deren Repräsentativität im Vordergrund:[915]

„The goal is not the breadth or representativeness of large-n research, but rather the depth of the knowing. The risks of low data integrity are traded for the currency and contextual richness of what is learned."[916]

Eine reine Zufallsauswahl ist somit weder notwendig noch wünschenswert.[917] Die Untersuchungsobjekte sollten so gewählt sein, dass sie „hinsichtlich einer gleich oder ähnlich strukturierten Menge von Phänomenen als typische Fälle oder besonders prägnante oder aussagefähige Beispiele gelten."[918] Um daher bei beschränkter Anzahl an untersuchten Fällen einen möglichst hohen Erkenntnisgewinn zu erzielen, sollte darauf geachtet werden, möglichst gegensätzliche und ggf. extreme Fallsituationen zu betrachten.[919]

---

[914] Vgl. Royer (2000), S. 187; vgl. zur Forschungsfragestellung dieser Arbeit auch die Ausführungen im Abschnitt 1.3.

[915] Vgl. Stake (1994), S. 243, Eisenhardt (1989), S. 537 sowie die Ausführungen zur Abgrenzung der Fallstudienmethode von anderen Forschungsstrategien in Abschnitt 4.2.2.1 dieser Arbeit.

[916] Bonoma (1985), S. 206, Hervorhebung im Original.

[917] Vgl. Eisenhardt (1989), S. 537. „Cases are not sampling units and should not be chosen for this reason." Yin (1994), S. 31.

[918] Hartfiel (1982), S. 160.

[919] Vgl. Perry (1998), S. 792f, Eisenhardt (1989), S. 537 u.a.; Patton stellt neben dieser "maximum variation"-Auswahl noch 14 weitere "purposeful sampling"-Strategien vor und bemerkt: "The underlying principle that is common to all these strategies is selecting information rich cases" Patton (1990), S. 181.

Eng mit der Art der Auswahl ist die Festlegung der Anzahl zu untersuchender Fälle verknüpft. In der Literatur können hierzu kaum universal gültige Richtlinien aufgezeigt werden, da die nötige Anzahl zu untersuchender Fälle von vielen Faktoren und nicht zuletzt von deren Informationsgehalt abhängt,[920] wie folgendes Zitat von Patton anschaulich verdeutlicht:

> „The validity, meaningfulness, and insights generated from qualitative inquiry have more to do with the information-richness of the cases selected and the observational/analytical capabilities of the researcher than with sample size."[921]

Dennoch herrscht in der Literatur weit gehend Einigkeit, dass eine Fallzahl zwischen zwei und vier als untere Grenze sowie zehn bis 15 als obere Grenze allgemein akzeptabel ist.[922] Dabei wird ebenfalls akzeptiert, dass in der Praxis die Anzahl überhaupt vorliegender Fälle deren Auswahl weiterhin, ggf. sogar bis hin zu Einzelfallanalysen, einschränken kann.[923]

4.3.2.2 Auswahl der zu untersuchenden Fälle in der vorliegenden Untersuchung

Neben den im vorangegangenen Abschnitt erläuterten Strategien zur Fallauswahl spielen in konkreten Untersuchungen häufig auch Praktikabilitätsüberlegungen eine Rolle.[924] So waren auch in der vorliegenden Fallstudienuntersuchung neben den konzeptionellen Überlegungen Zugeständnisse an die Praktikabilität notwendig. Insbesondere gestaltet sich erfahrungsgemäß der Zugang zu Untersuchungseinheiten in Form von Unternehmen und ihren Mitgliedern bzw. Geschäftspartnern schwierig.[925]

Wie im vorangegangenen Abschnitt gezeigt wurde, ist es jedoch nicht zwingend nötig – und zumeist auch nicht einmal möglich –, bei der Auswahl der Fallstudien Repräsentativität zu gewährleisten. Vielmehr sollte einer Strategie der maximalen Variation gefolgt werden, die sich wiederum den potenziell verfügbaren Fällen

---

[920] Vgl. zu der Problematik einer generellen Vorgabe der zu untersuchenden Anzahl von Fällen z.B. Romano (1989), S. 36 und Eisenhardt (1989), S. 545.

[921] Patton (1990), S. 185.

[922] Vgl. stellvertretend die Analyse der einschlägigen Literaturstellen bei Perry (1998), S. 793f.

[923] Vgl. etwa Tellis (1997a), o.S., Sub-Kapitel "Case Study Methodology".

[924] Vgl. z.B. Royer (2000), S. 188 und Weber et al. (1994), S. 62.

[925] In den Worten von Bonoma (1985), S. 206: "Executionally, access to corporations *appropriate for the research objectives* may not be as easy as obtaining student subjects or the resources necessary for mail questionnaires.", Hervorhebung im Original.

unterwerfen muss. Die der vorliegenden Arbeit zu Grunde liegende Untersuchung schließt sich diesem Vorgehen an.[926]

Da in dieser Arbeit im Mittelpunkt der Analyse internationale Unternehmenskooperationen stehen, ist es praktisch unmöglich, die Gesamtheit aller potenziell verfügbaren Fälle zu bestimmen oder eine zufällige Auswahl daraus zu treffen. Deshalb werden Unternehmen und ihre Kooperationsbeziehungen nach konzeptionellen Überlegungen zur Analyse ausgewählt.

Zur konkreten Auswahl der in der vorliegenden Arbeit zu untersuchenden Fälle werden letztlich fünf Kriterien herangezogen:

1. die Art der Kooperation,

2. die Anzahl der Kooperationspartner,

3. der gewerbliche Sektor der Kooperationspartner,

4. die Dauer der Kooperationsbeziehung zum Untersuchungszeitpunkt sowie

5. das Herkunftsland der Partner.

Das erste Kriterium beschreibt die Art der Wettbewerbsbeziehung der Kooperationspartner. Es werden nur solche Kooperationen untersucht, in denen die Partner auf horizontaler Ebene miteinander kooperieren und deshalb – zumindest – potenzielle Wettbewerber darstellen. Eine solche Einschränkung erfolgt u.a. aus der Überlegung, dass vertikale bzw. diagonale Kooperationsbeziehungen oft nur sehr schwer von herkömmlichen Kunden-Lieferanten-Beziehungen abzugrenzen sind. Zudem sind auf Grund der (potenziellen) Wettbewerbssituation zwischen den Kooperationspartnern tendenziell eher Interessenskonflikte zu erwarten, deren Bewältigung wiederum bessere Rückschlüsse auf die evtl. vorhandenen interkulturellen Fähigkeiten der handelnden Personen zulässt.

Als zweites Auswahlkriterium wird die Anzahl der Kooperationspartner herangezogen. Zur einfacheren Handhabung der Datenerhebung werden ausschließlich Unternehmenskooperationen mit zwei Partnerunternehmen in die Untersuchung einbezogen. Diese Einschränkung erfolgt, um die Komplexität der Datenerhebung während der Interviews zu beschränken und eine Verzerrung der Ergebnisse im Rahmen der Datenanalyse zu vermeiden.

Das dritte Kriterium schränkt die Auswahl der Fälle auf Kooperationen von Unternehmen des verarbeitenden Gewerbes ein. Partnerbeziehungen anderer Unternehmen des produzierenden Gewerbes (z.B. aus den Bereichen Bergbau, Energieversorgung oder Baugewerbe) oder von Dienstleistungs- und Handels-

---

[926] Vgl. für eine sehr ähnliche konzeptionell-pragmatisch orientierte Vorgehensweise etwa Royer (2000), S. 187ff.

unternehmen werden nicht untersucht, da sich eine Hinzunahme solcher Unternehmen auf Grund ihres z.T. stark spezialisierten Geschäftsmodells unter Umständen verzerrend auf die Ergebnisse ausgewirkt hätte. Eine weitergehende Einschränkung der Untersuchungseinheiten auf eine spezifische Branche erscheint vor dem Hintergrund der Fragestellung nicht notwendig. Zudem lassen Praktikabilitätsüberlegungen im Hinblick auf den Zugang zu kompetenten Interviewpartnern und kooperationsspezifischen Dokumenten eine derartige Einschränkung der Grundgesamtheit nicht möglich erscheinen.

Als viertes Auswahlkriterium wird die Dauer der Kooperationsbeziehung zum Zeitpunkt der Fallstudienuntersuchung gewählt, die zwischen einem und fünf Jahre liegen soll. Dies geschieht vor dem Hintergrund, dass es möglich erscheint, Interviewpartner mit persönlichem Einblick in den Ablauf der Kooperationsverhandlungen und Interaktion auch schon während der Integrationsphase zu identifizieren und zu befragen. Gleichzeitig wird mit der Mindestdauer von einem Jahr gewährleistet, dass die Phase der Verhandlung und Annäherung abgeschlossen ist und bereits Erfahrungen in der operative Zusammenarbeit mit dem Partnerunternehmen und seinen Kooperationsträgern vorliegen.

Schließlich schränkt das fünfte Kriterium die Auswahl der zu untersuchenden Fälle insofern ein, als dass nur internationale Unternehmenskooperationen betrachtet werden, an denen ein deutsches Partnerunternehmen beteiligt ist, d.h. seinen Hauptsitz in Deutschland hat. Diese Einschränkung wurde getroffen, weil sich ansonsten die Zugehörigkeit des Forschers zur deutschen Kultur in besonderer Form verzerrend auf die Ergebnisse der Analyse auswirken könnte.[927]

Im Rahmen der Vorgehensweise bei der Auswahl von internationalen Unternehmenskooperationen, welche die genannten Kriterien erfüllen, wurden zunächst Pressemitteilungen deutscher Unternehmen des verarbeitenden Gewerbes zu Kooperationsbeziehungen[928] mit ausländischen Partnern von 1997 bis 2002 gesammelt. Bezüglich dieser Kooperationsbeziehungen wurde ermittelt, ob es sich um horizontale Kooperationen mit einem ausländischen Partner handelt, die bereits seit mindestens einem Jahr und höchstens fünf Jahren existieren. Trafen diese Auswahlkriterien zu, wurde entweder telefonisch oder per Email Kontakt mit dem deutschen Partnerunternehmen aufgenommen. Erklärte sich ein Interviewpartner mit detailliertem Einblick in die Interaktion und Zusammenarbeit der Partnerunternehmen innerhalb der Kooperationsbeziehung bereit, ein intensives, etwa 2-stündiges Interview durchzuführen, wurde die betreffende internationale Unternehmenskooperation in die Fallstudienanalyse einbezogen.

---

[927] Vgl. hierzu auch die Ausführungen zur Besonderheit interkulturell angelegter Untersuchungen in Abschnitt 4.2.4.

[928] Stichworte der Recherche waren hierbei „Kooperation", „Joint Venture", „Strategische Allianz" und „Partnerschaft".

Dieses Vorgehen gestaltete sich insofern relativ schwierig, da zumeist aus den selektierten Pressemitteilungen kein adäquater Interviewpartner identifiziert werden konnte und deshalb dieser erst mühsam erfragt werden musste. Zudem bestand bei mehreren Unternehmen nach der Kontaktaufnahme keine Bereitschaft, Auskunft zu dem z.t. sensiblen Thema der interkulturellen Kompetenzen innerhalb der Kooperationsbeziehung zu geben. Denjenigen Unternehmen, die sich zur Teilnahme an der Untersuchung bereit erklärten, wurde deshalb eine anonymisierte Darstellung der in dieser Arbeit veröffentlichten Ergebnisse zugesagt.[929]

Es gelang dennoch, sieben Unternehmen für die Teilnahme an der Fallstudienuntersuchung zu gewinnen. Für jede betrachtete internationale Unternehmenskooperation wurde mindestens ein Mitarbeiter des deutschen Partnerunternehmens in einem intensiven Interview[930] befragt, der Verantwortung für die Kooperation innehatte und eine direkte Interaktion mit den Kooperationsträgern des ausländischen Partnerunternehmens erlebt hat.[931] Es wurde dabei davon ausgegangen, dass es grundsätzlich möglich ist, valide Ergebnisse durch die intensive Befragung *eines* Partners einer internationalen Unternehmenskooperation zu erhalten. Wenn es die Situation ermöglichte und es sich zur Beschaffung zusätzlicher Informationen als notwendig erwies, wurde zusätzlich auf die Auskunft eines Kooperationsträgers des ausländischen Partners in Form eines Telefoninterviews zurückgegriffen. Allen Interviewpartnern wurde dabei das Design des Interviews in Form eines Interviewleitfadens inklusive der zu stellenden Fragen im Vorfeld des Gesprächs zur Verfügung gestellt.

Die grundsätzliche Angemessenheit der Befragung einer einzelnen Auskunftsperson zur Datensammlung in Unternehmenskooperationen, bestätigte sich im Rahmen einer Untersuchung von Geringer/Hebert.[932] Eine solche Ein-Firmen-Befragung produziert ihrer Untersuchung zufolge immer dann recht zuverlässige Daten und stellt eine rechtfertigbare Vorgehensweise dar, wenn die befragte Person einen „key stakeholder" repräsentiert:[933]

---

[929] Vgl. für ein analoges Vorgehen Royer (2000), S. 191.

[930] Zur genaueren Spezifizierung der gewählten Interviewform vgl. die Ausführungen in Abschnitt 4.3.3.1.

[931] Dabei wurde der Empfehlung von Kumar/Stern/Anderson gefolgt, welche im Zusammenhang der Kooperationsforschung eine Befragung von Personen mit Erfahrungen in der direkten Interaktion mit dem Partnerunternehmen gegenüber den Personen, welche ihr eigenes Unternehmen z.B. auf Grund langjähriger Angehörigkeit besonders gut kennen, befürworten. Vgl. Kumar/Stern/Anderson (1993), S. 1645f.

[932] Vgl. Geringer/Hebert (1991).

[933] Nach Ansicht von Geringer/Herbert kann ein solcher „key stakeholder" z.B. der Manager der Muttergesellschaft, der direkte Verantwortung für das internationale Joint Venture trägt oder der General Manager des Joint Ventures sein. Vgl. Geringer/Hebert (1991), S. 261.

„[…] use of a single respondent per IJV appears to allow researchers to obtain fairly reliable and efficient data for overall IJV performance. Reliance on a single parent company respondent as a data source appeared to be a justifiable option when the respondent represented one of the key stakeholders (i.e. the parent company executive with direct responsibility for the IJV)."[934]

Einer entsprechenden Vorgehensweise wurde im Rahmen der vorliegenden Arbeit gefolgt.[935]

4.3.3 Methodik der Datenerhebung

Im Rahmen der Fallstudienanalyse als Forschungsstrategie sind mehrere Techniken der Datenerhebung möglich. Infrage kommen z.B. die Beobachtung, die Befragung, die Archivanalyse sowie die Dokumentenanalyse. „Die Einzelfallstudie ist also prinzipiell offen für alle Methoden und Techniken der empirischen Sozialforschung."[936] Wie bereits in Abschnitt 4.2.2.1 beschrieben, sollten mehrere Methoden eingesetzt werden, um Methodenartefakte besser erkennen und eliminieren zu können (Triangulation).[937] Der Forderung nach Methodenpluralismus wird in der vorliegenden Untersuchung Rechnung getragen, indem neben Intensivinterviews zusätzlich auch auf die Analyse interner und externer Dokumente zurückgegriffen wird.[938] Im Folgenden werden daher die Erhebungstechniken des Intensivinterviews und der Dokumentenanalyse kurz mit ihren Vor- und Nachteilen skizziert und ihr Einsatz in der vorliegenden Untersuchung beschrieben.

4.3.3.1 Interviews

Interviews lassen sich hinsichtlich ihrer Intention in ermittelnde und vermittelnde Interviews unterscheiden. Während in ermittelnden Interviews der Befragte als Träger abrufbarer Informationen verstanden wird, stellt er in vermittelnden Interviews das Ziel einer informatorischen oder beeinflussenden Kommunikation dar.[939] In der vorliegenden Untersuchung ist lediglich das ermittelnde Interview relevant, welches zugleich regelmäßig als eine der wichtigsten Datenquellen in Fallstudienanalysen gilt.[940]

---

[934] Geringer/Hebert (1991), S. 260f.

[935] Für den Fall der Kooperation ohne Gründung eines Gemeinschaftsunternehmens (JV) wurde der zuständige Allianzmanager befragt.

[936] Lamnek (1993), S. 7.

[937] Vgl. z.B. Lamnek (1993), S. 5 oder Bonoma (1985), S. 203.

[938] Beobachtungen und Archivanalysen waren auf Grund zeitlicher Restriktionen und Zugangsschwierigkeiten in der vorliegenden Untersuchung nicht möglich.

[939] Vgl. Lamnek (1993), S. 38.

[940] Vgl. Yin (1994), S. 84.

Ermittelnde Interviews lassen sich hinsichtlich ihrer Zielsetzung in drei weitere Unterformen untergliedern: Das *informatorische* Interview dient der deskriptiven Erfassung von Tatsachen aus dem Wissensbestand des Befragten. Das *analytische* Interview hat die Erfassung sozialwissenschaftlicher Sachverhalte auf der Basis theoretischer Überlegungen zur Zielsetzung. Schließlich dient das *diagnostische* Interview der Ermittlung eines fest definierten Merkmalprofils einer Person.[941] In der vorliegenden Untersuchung werden auf Grund der Fragestellung und Verwendung einer konfirmatorischen Fallstudienanalyse analytische Intensivinterviews durchgeführt. Im Zusammenhang einer Fallstudienanalyse besitzen sie die Stärke, dass sie einerseits zielgerichtet Informationen zu erheben vermögen, die unmittelbar in den Kontext der Fallstudie passen. Andererseits können direkt subjektive Ursache-Wirkungszusammenhänge seitens der Erfahrungsträger abgefragt werden.[942] Als potenzielle Schwäche sind jedoch auch hier mögliche subjektive Verzerrungen (sowohl begründet im Befrager als auch im Befragten) zu berücksichtigen, so dass für die mittels Interviews erhobenen Daten – wie bei allen Datenquellen im Rahmen von Fallstudien – eine Triangulation mit anderen Daten (etwa aus weiteren Interviews oder aus Dokumentenanalysen) anzustreben ist.[943]

In Bezug auf die Standardisierung wurden im Rahmen der vorliegenden Untersuchung jeweils teil-strukturierte Intensivinterviews anhand eines Interviewleitfadens durchgeführt.[944] Der auf Basis des theoretischen Bezugsrahmens entwickelte Interviewleitfaden basiert dabei auf der Operationalisierung der Variablen.[945] Er wurde zunächst im Gespräch mit Experten erprobt und anschließend im Rahmen einer Pilot-Fallstudie erneut getestet. Die daraus resultierenden Änderungen wurden in den Interviewleitfaden eingearbeitet.

Im Rahmen des Interviews wurden neben einigen Fragen bei denen die Interviewten ihre Einschätzung als Ausprägung auf einer Skala angeben mussten, in erster Linie offene Fragen gestellt. Der Vorteil einer dominierenden Verwendung von offenen Fragen liegt dabei in einer hohen Reaktivität des Befragten in Verbindung mit einem quasi-natürlichen Gesprächsverlauf.[946]

Sämtliche Interviews wurden vom Autor selbst durchgeführt, wobei lediglich einige ausländische Auskunftspersonen am Telefon interviewt wurden. Gesprächspartner aus dem deutschen Partnerunternehmen wurden in jedem untersuchten Fall persönlich interviewt. Alle Befragten gaben dabei ihren Einblick in die Inter-

---

[941] Vgl. Lamnek (1993), S. 38f.

[942] Vgl. Yin (1994), S. 80.

[943] Vgl. Yin (1994), S. 79ff.

[944] Vgl. zum Unterschied von strukturierten, teil- und unstrukturierten Interviews z.B. Lamnek (2001), S. 285.

[945] Vgl. zur Operationalisierung der Variablen Abschnitt 4.1 dieser Arbeit.

[946] Vgl. Weber et al. (1994), S. 67.

aktion und Kommunikation der Partnerunternehmen und beteiligten Kooperationsträger als gut bis umfassend an. Insgesamt wurden 11 Personen befragt. Jedes der Interviews dauerte zwischen 1,5 und vier, im Durchschnitt jedoch ca. zwei Stunden. Der Verlauf dieser Interviews wurde bis auf eine Ausnahme aufgezeichnet, um Verzerrungen auf Grund ungenügender Aufzeichnungen oder fehlerhafter Erinnerungen des Interviewenden zu minimieren.[947] In dem Fall, in dem eine Aufnahme des Gesprächs untersagt wurde, gewährte der Gesprächspartner ausreichend Zeit, um Notizen zu erstellen. Entsprechend liegt für alle Interviews ein ausführliches Interviewprotokoll vor. Während die Mehrzahl der Interviews wurde auf Deutsch geführt wurde, fanden drei Telefoninterviews mit ausländischen Partnerunternehmen auf Englisch statt.

4.3.3.2 Dokumentenanalyse

Eine weitere Datenerhebungsmethode, auf die in der vorliegenden Untersuchung zurückgegriffen wird, sind Dokumente sowohl externer, öffentlicher als auch kooperationsinterner Art. Dokumente stellen nach Yin eine äußerst relevante Datenquelle für viele Fallstudien dar, obwohl sie weder notwendigerweise akkurat noch besonders objektiv sein müssen.[948] Vielmehr sollten Dokumente, wenn im Rahmen von Fallstudien eingesetzt, vorsichtig verwendet und nicht als unumstößliche Faktenwiedergabe angesehen werden.[949] Ihr häufigster Nutzen liegt darin, Daten aus anderen Quellen zu bekräftigen, abzugleichen oder zusammenzuführen. Yin erwähnt dabei explizit drei Arten, auf die Dokumente im Rahmen von Fallstudien hilfreich sein können:[950]

1. Überprüfung bzw. Korrektur der Korrektheit von mündlichen Informationen – wie sie etwa im Rahmen von Interviews erhoben werden,

2. Ergänzung von spezifischen Details, um Informationen aus anderen Quellen zu bekräftigen sowie

3. Rückschlüsse auf weitere oder konkretere, interessante Fragestellungen, denen später etwa im Rahmen von Interviews nachgegangen werden kann.

In der vorliegenden Untersuchung wurden Dokumente auf alle drei beschriebenen Arten genutzt. Dabei liegt die Stärke der Dokumentenanalyse zum einen in ihrer Stabilität, denn die analysierten Dokumente können wiederholt gesichtet werden. Zum anderen ist sie unauffällig, d.h. nicht als Resultat der Fallstudie erzeugt und exakt, denn sie enthält i.d.R. exakte Namen, Referenzen und Details eines Sach-

---

[947] Vgl. zum späteren Umgang mit den aufgezeichneten Informationen die Ausführungen im Abschnitt 4.3.4.1

[948] Vgl. Yin (1994), S. 81.

[949] Vgl. Yin (1994), S. 81f.; Yin warnt hier explizit vor einer "potential overreliance on documents in case study research" Yin (1994), S. 82.

[950] Vgl. Yin (1994), S. 81.

verhalts. Schließlich ist die Dokumentenanalyse in der Lage, eine breite Abdeckung der untersuchten Zeitspannen, Sachverhalte und Rahmenbedingungen zu gewährleisten. Als Schwäche hingegen sind die z.t. niedrige Abrufbarkeit und in einigen Fällen der blockierte Zugang zu nennen. Darüber hinaus kann die Auswahl und Auswertung der zu untersuchenden Dokumente verzerrend wirken, wenn nicht alle relevanten Dokumente in die Analyse einbezogen werden oder eine (unbewusste) Voreingenommenheit des Untersuchenden besteht.

Die Dokumentenanalyse hatte in der vorliegenden Arbeit einen ergänzenden Charakter zu der Auswertung der durchgeführten Interviews. Dokumente, die in die Untersuchung einflossen, waren dabei sowohl öffentlich zugänglicher als auch – wo möglich und sinnvoll – kooperationsinterner Natur.[951] Unter den öffentlich zugänglichen Quellen sind in erster Linie Veröffentlichungen in sowohl deutschsprachigen als auch internationalen Tages-, Wochen- und Fachzeitschriften zu nennen. Der Zugriff auf die Vielzahl von Zeitungsartikel, die bei der Voranalyse und der eigentlichen Falluntersuchung verwendet wurden, erfolgte neben „Zufallsfunden" in Tageszeitungen fast ausschließlich unter Verwendung des Online-Recherche-Dienstes *factiva®*[952] in den dort geführten englisch- und deutschsprachigen Quellen. Neben den Presseartikeln fanden z.b. auch Geschäftsberichte, Firmenpräsentationen oder Internetrecherchen Eingang in die Fallstudiendatenbank. Kooperationsinterne Dokumente, die in einzelnen Fällen im Anschluss an das Intensivinterview zur Verfügung gestellt wurden, umfassen u.a. Kooperationsvereinbarungen, firmeninterne Kommunikationsmedien zur Partnerschaft (z.B. Mitarbeiterzeitschrift), Organigramme, Präsentationen der Vision/ Mission und Zielsetzung der Kooperation sowie ein Auditbericht zum Stand der Partnerbeziehung.

4.3.4 Methodik der Datenanalyse

Die Datenauswertung im Rahmen einer konfirmatorischen Fallstudienanalyse besteht insbesondere in der Untersuchung, Kategorisierung und Tabellarisierung der vorhandenen Daten sowie darin, diese miteinander in Beziehung zu setzen. Dabei muss das eigentliche Ziel sein, die anfänglichen, theoretisch abgeleiteten Hypothesen und Annahmen des Erklärungsmodells mit der Realität zu konfrontieren.[953] Jede Untersuchung sollte daher einer Analysestrategie folgen, welche die Prioritäten bzgl. der zu analysierenden Aspekte festlegt.[954] In der vorliegenden Untersuchung wird die häufig im Rahmen von Fallstudien angewendete und em-

---

[951] Vgl. zu einer weit gehend analogen Vorgehensweise z.B. Royer (2000), S. 172.

[952] Bei *factiva®* (www.factiva.com) handelt es sich um ein kostenpflichtiges Angebot der Firmen Dow Jones und Reuters Company für einen Volltextzugang zu über 8.000 aktuellen und archivierten Datenquellen weltweit.

[953] Vgl. Royer (2000), S. 174 sowie Yin (1994), S. 102.

[954] Vgl. Yin (1994), S. 102.

pfohlene Strategie des Pattern Matching gewählt, um die empirischen Daten mit den theoretischen Annahmen zu vergleichen.[955]

In dem folgenden Abschnitt wird zunächst die Systematisierung und Kategorisierung der erhobenen Daten als Vorbereitung auf eine anschließende Analyse erläutert. Im Anschluss daran erfolgt die Begründung und Darlegung der in dieser Untersuchung gewählten Analysestrategie des Pattern Matching.

4.3.4.1 Systematisierung und Kategorisierung der Daten

Vor der eigentlichen Analyse sollten die verschiedenen empirischen Belege, die in Fallstudien gewöhnlich gesammelt werden, geordnet und somit einer Systematisierung und Kategorisierung zugeführt werden, auf die eine anschließende Analyse aufbauen kann.[956] Yin erwähnt dabei zwei grundsätzliche Techniken: erstens die numerische Kodierung der erhobenen Daten als Vorbereitung auf eine statistische Analyse und zweitens die Nutzung verschiedener Analysetechniken, wie etwa solche in der folgenden beispielhaften und nicht vollständigen Aufzählung:[957]

- Einordnung der Informationen in unterschiedliche Felder,

- Erstellung einer Kategorien-Matrix und Gruppierung der Daten in deren Felder,

- Anfertigung von Daten-Schaubildern, z.B. Flussdiagrammen,

- Tabellierung der Häufigkeiten bestimmter Ereignisse,

- Komplexitätsuntersuchungen der tabellierten Häufigkeiten

- Sortierung der Informationen in einer chronologischen Reihenfolge.

Im Rahmen der dieser Arbeit zu Grunde liegenden Untersuchung gelangen verschiedene dieser Techniken zur Anwendung, um die erhobenen empirischen Daten zu systematisieren und für ein Pattern Matching vorzubereiten. Die Systematisierung und Kategorisierung fand mit der größtmöglichen Sorgfalt statt, um eine Verzerrung der originären Daten möglichst zu minimieren.[958] So erfolgte etwa eine Zusammenschrift der Interview-Audiomitschnitte nicht als wörtliche Transkription des Interviews,[959] stattdessen wurden die Aussagen des Interviewten – z.T. unter Vernachlässigung der chronologischen Reihenfolge im Interview

---

[955] Vgl. für ein ähnliches Vorgehen bspw. Royer (2000), S. 174.

[956] Vgl. z.B. Yin (1994), S. 102f.

[957] Vgl. Yin (1994), S. 103.

[958] Vgl. zu dieser Vorgehensweise auch etwa Royer (2000), S. 175.

[959] Vgl. etwa Miles/Huberman (1994), S. 51 und die dort angegebene Literatur zu einer kritischen Würdigung dieser Vorgehensweise.

– den einzelnen Fragen im Interviewleitfaden zugeordnet und dort in einem Protokoll niedergeschrieben. Im Rahmen der Dokumentenanalyse wurde für jede untersuchte Kooperationsbeziehung ein „Steckbrief" entworfen und mit den wichtigsten Informationen aus den untersuchten Presseartikeln, Geschäftsberichten etc. gefüllt.

Ein weiterer Schritt im Rahmen der Systematisierung und Kategorisierung der Daten ist die Nutzung eines Fallstudienrasters, in dem dann die unterschiedlichen Datenquellen zusammenfließen. Ein solches Fallstudienraster wird für jeden betrachteten Fall ausgefüllt und dokumentiert, inwieweit die im theoretischen Erklärungsmodell definierten Variablen sowie deren empirische Indikatoren für jeden betrachteten Fall vorliegen. Hierbei handelt es sich nicht um einen erweiterten Interviewleitfaden, sondern um ein Raster mit den zentralen, zu ermittelnden Tatbeständen.[960] Es stellt somit eine zusammenfassende Darstellung der Ausprägungen der operationalisierten Variablen für jeden Fall dar.

4.3.4.2 Pattern Matching als gewählte Analysestrategie

Yin empfiehlt für Fallstudien eine konkrete Analysestrategie – das sogenannte Pattern Matching.[961] Hierbei wird ein empirisch basiertes „Muster" mit einem theoretisch vorhergesagten verglichen – oder in den Worten von Trochim:

> „Pattern matching always involves an attempt to link two patterns where one is a theoretical pattern and the other is an observed or operational one."[962]

Bei hypothesenprüfenden Fallstudien – zu der auch die vorliegende Arbeit zählt – sind unter dem theoretisch vorhergesagten Muster die abhängigen oder unabhängigen Variablen in Verbindung mit ihrer prognostizierten Ausprägung zu verstehen.[963] In der vorliegenden Untersuchung werden daher das empirisch beobachtete Muster sowohl mit den abhängigen als auch mit den unabhängigen Variablen der in Kapitel 3 entwickelten Teilmodelle des theoretischen Gesamterklärungsmodells in Beziehung gesetzt. Auf diese Weise werden die bei der Entwicklung der Teilmodelle ebenfalls postulierten Hypothesen den empirisch beobachteten Mustern gegenübergestellt.

Das Ziel einer solchen Hypothesenplausibilisierung besteht sowohl darin, herauszuarbeiten, ob die als unabhängig formulierten Variablen tatsächlich die abhängigen Variablen determinieren. Weiterhin ist zu prüfen, inwieweit ggf. alternative

---

[960] Vgl. Kittel-Wegner/Meyer (2002), S. 22.

[961] Vgl. Yin (1994), S. 106 sowie den dieser Empfehlung zustimmenden Beitrag von Hyde (2000), S. 85f.

[962] Trochim (2000), o.S., Abschnitt "Pattern Matching for Construct Validity".

[963] Vgl. Yin (1994), S. 106.

Variablen einen Einfluss haben.[964] Im Rahmen dieser argumentativen Prüfung des Erklärungsmodells werden die theoretisch vorhergesagten Muster mit den tatsächlich beobachteten, wie sie sich aus der qualitativen Fallbeschreibung sowie einer Quantifizierung dieser Daten ergeben, verglichen. In diesem Zusammenhang ist eine analytische Generalisierung der Ergebnisse anzustreben, im Rahmen derer das zuvor theoretisch entwickelte Erklärungsmodell als Schablone genutzt wird. Anhand dieser „Schablone" werden die empirischen Ergebnisse der Fallstudie verglichen. Im Sinne einer 'Replikationslogik' erfolgt dann im Anschluss eine Vorhersage der gleichen Ergebnisse für alle untersuchten Fälle sowie der Versuch, Belege dafür zu finden, dass alle Fälle das gleiche Muster aufweisen.[965]

Im Rahmen der vorliegenden Arbeit erfolgt eine Konfrontation der empirisch beobachteten Muster mit den theoretischen Vorhersagen innerhalb der Teilerklärungsmodelle zunächst für jeden Fall einzeln.[966] Dabei wurde für das Teilmodell A die Angemessenheit und Effektivität der Interaktionsbeziehungen als abhängige Variablen gewählt. Diese wurden im Rahmen ihrer Operationalisierung in messbare Aspekte aufgegliedert[967] und somit das Pattern Matching überhaupt erst ermöglicht. Sofern für die beobachteten Muster die theoretischen Vorhersagen wiedergefunden werden können und zugleich keine alternativen Muster gefunden werden (etwa auf Grund von Validitätsproblemen oder methodologischen Artefakten), lassen sich entsprechend kausale Schlussfolgerungen ziehen.[968] Dabei werden diese Muster für die abhängigen Variablen jeweils im ersten Schritt des Pattern Matching ausschließlich deshalb verglichen, um zu einer Aussage zu gelangen, ob der betrachtete Fall angemessene und effektive Interaktionsbeziehungen aufweist oder nicht. Auf diesen Informationen baut dann der zweite Schritt auf, nämlich das Pattern Matching der unabhängigen Variablen.[969] Erst nach der Entscheidung, ob und inwieweit ein Fall die Kriterien der Angemessenheit und Effektivität erfüllt, lassen sich anschließend die vermuteten Wirkbeziehungen der interkulturellen Kooperationskompetenzdimensionen auf die abhängigen Variablen beurteilen. Analog zu dieser Vorgehensweise wird in Teilmodell B der Untersuchung vorgegangen, welches sich mit dem Einfluss von Kontextfaktoren auf die Dimensionen der interkulturellen Kooperationskompetenz beschäftigt. Im Rahmen des Pattern Matching werden zunächst die unabhängigen Variablen des Teilmodells A zu abhängigen Variablen in Teilmodell B und die in den Fällen vorgefundenen Muster für die interkulturellen Kooperations-

---

[964] Vgl. z.B. Royer (2000), S. 176.

[965] Vgl. Yin (1994), S. 45 und die Ausführungen zur Verallgemeinbarkeit von Fallstudienergebnissen in Abschnitt 4.2.2.1 dieser Arbeit.

[966] Zu den in dieser Arbeit aufgestellten Teilmodellen vgl. Abbildung 28.

[967] Vgl. die Ausführungen im Abschnitt 4.1.

[968] Vgl. z.B. Royer (2000), S. 179 sowie Yin (1994), S. 107.

[969] Vgl. zu einem analogen Vorgehen bspw. Royer (2000), S. 179.

kompetenzdimensionen übernommen. Im Anschluss erfolgt die Überprüfung der theoretisch vorhergesagten Muster für die Kontextfaktoren als unabhängige Variablen des Teilmodells B.

Die der vorliegenden Arbeit zu Grunde liegende Untersuchung analysiert insgesamt sieben detailliert betrachtete Fälle.[970] Nachdem alle Fälle einzeln eines Pattern Matching mit den abhängigen und unabhängigen Variablen unterzogen worden sind, erfolgt eine fallübergreifende und -vergleichende Diskussion der Ergebnisse in Bezug auf eine Konformität mit den in den Teilmodellen anfangs postulierten Hypothesen.[971]

Für die gesamte Untersuchung gilt, dass es bei einer solchen Konfrontation der Hypothesen nicht angeraten ist, in einen „naiven Falsifikationismus" zu verfallen.[972] Sollte eine Hypothese nicht mit den empirischen Daten übereinstimmen, kann sie also keineswegs als automatisch falsifiziert gelten.[973] Eine solche „universelle Generalisierung" verbietet sich allein schon durch die Anwendung des Realismus-Paradigmas, die für eine Ergebnisdiskussion die Berücksichtigung von Fehlmessungen und -interpretationen sowie Kontingenzfaktoren verschiedenster Art fordert.[974] Hypothesen können zwar auch bei Fallstudien verworfen werden, sofern alternative Erklärungsansatze besser greifen. Dabei muss aber entsprechend das Hintergrundwissen um die relevanten Rahmenbedingungen und Kontingenzen berücksichtigt werden.[975] In der dieser Arbeit zu Grunde liegenden Untersuchung erfahren folgerichtig daher die formulierten Hypothese insbesondere dann eine kritische Diskussion, wenn die vorhergesagten Muster *nicht* mit den beobachteten übereinstimmen. Zusätzlich werden die erwarteten Ursache-Wirkungszusammenhänge in einer ausführlichen, intersubjektiv nachvollziehbaren und kritisierbaren Diskussion mit den empirischen Daten in Beziehung gesetzt.[976]

---

[970] Vgl. zu Anzahl und Auswahl der betrachteten Fälle die Ausführungen im Abschnitt 4.3.2 dieser Arbeit.

[971] Bonoma (1985), S. 204 empfiehlt ein solches Vorgehen ausdrücklich und spricht in diesem Zusammenhang von einem „theory/data/theory revision cycle".

[972] Vgl. etwa Royer (2000), S. 181 und Weber et al. (1994), S. 59.

[973] Im Umkehrschluss kann natürlich genauso wenig aus einer in einem Fall bestätigte Hypothese ein Allgemeingültigkeitsanspruch generalisiert werden.

[974] Vgl. die Ausführungen zum Realismus-Paradigma im Abschnitt 4.2.1.

[975] Vgl. Royer (2000), S. 182 und ihren Rekurs auf Weber et al. (1994), S. 59f.

[976] Vgl. zu einem ähnlichen Vorgehen etwa Royer (2000), S. 182.

238

4.4 Zusammenfassende Diskussion der methodischen Vorgehensweise

In den vorangegangenen Abschnitten wurde im Anschluss an die Definition der Forschungsfragen[977] und der Aufstellung eines theoretisch abgeleiteten Hypothesenmodells[978] argumentiert, dass ein Fallstudienansatz als Forschungsstrategie für die vorliegende Untersuchung angemessen ist. Dies geschah vor dem Hintergrund, dass sich die Fallstudie als Methode insbesondere zur Erklärung kausaler Zusammenhänge von gegenwärtigen Phänomenen innerhalb ihrer kontextuellen Bedingungen eignet, die für schriftliche Befragungen oder Experimente zu komplex sind.[979] Um Antworten auf die im Rahmen dieser Arbeit gestellten Forschungsfragen erhalten zu können, müssen komplexe Ereignisse rekonstruiert werden und ein tiefer Einblick in die Realität internationaler Unternehmenspartnerschaften erfolgen. Eine großzahlige Untersuchung als Erhebungsmethode scheidet aus, weil es nicht möglich ist, fundierte Aussagen zur interkulturellen Zusammenarbeit sowie zu den Einstellungen und Fähigkeiten der Partner über Fragebögen zu ermitteln. Deshalb ist eine theoriegesteuerte Relevanzentscheidung während der Datenerhebung selbst notwendig, die nur in Interviews gewährleistet werden kann, in denen der Befrager entscheidet, ob auf bestimmte Informationen ausführlicher eingegangen wird oder nicht.[980]

Innerhalb der Vielfalt an zur Verfügung stehenden Arten von Fallstudienuntersuchungen wird der hypothesenprüfende bzw. konfirmatorische Typ gewählt, da Gesetzmäßigkeiten im sozialen Bereich angenommen werden und das zentrale Ziel der vorliegenden Untersuchung die empirische Konfrontation der im Erklärungsmodell postulierten Zusammenhänge mit der Realität ist.[981] Um Verzerrungen zu vermeiden, werden der Untersuchung Gütekriterien zur Evaluierung von Fallstudien zu Grunde gelegt. Dabei wird zur Prüfung der Qualität der Ergebnisse aus der empirischen Analyse auf Konstruktvalidität, die interne und externe Validität und Reliabilität zurückgegriffen.

Im Rahmen des Fallstudiendesigns wird die Untersuchungseinheit als internationale Unternehmenspartnerschaft definiert und eine Auswahl der Fälle getroffen. In diesem Sinne wird eine Vielfall-Fallstudie durchgeführt, deren Ergebnisse auf Grund der auf der Analyse einer Reihe von Fällen aufbauenden empirischen Belege häufig als überzeugender und robuster angesehen werden als Einzel-

[977] Vgl. die Ausführungen im Abschnitt 1.3.
[978] Vgl. dazu Kapitel 3 dieser Arbeit.
[979] Vgl. Yin (1994), S. 15.
[980] Vgl. zu einer ähnlichen Vorgehensweise Royer (2000), S. 162.
[981] Vgl. zur Art des verwendeten Fallstudientyps Abschnitt 4.2.2.3.

fall-Studien.[982] Die verschiedenen Fälle werden dabei als eine Reihe von Experimenten betrachtet und folgen einer Replikationslogik.

Zur Vorbereitung der Datenerhebung wird ein Fallstudienraster entwickelt. Dabei handelt es sich um ein Raster mit zentral zu ermittelnden Tatbeständen, welches anhand der operationalisierten Variablen des Erklärungsmodells erstellt wird.[983] Als Datenerhebungsmethoden werden teil-strukturierte Interviews und die Analyse von kooperationsexternen und -internen Dokumenten verwendet. Die Befragung von Interviewpartnern aus den Partnerunternehmen birgt zwar die Gefahr in sich, dass stark subjektive Einschätzungen erhoben werden. Jedoch stellt dieses Vorgehen – neben der Auswertung zugänglichen Dokumentenmaterials – den einzigen Weg dar, tiefergehende Informationen über die Zusammenarbeit in internationalen Kooperationen zu erlangen.[984]

Die Datenanalyse erfolgt im Rahmen der vorliegenden Untersuchung mit Hilfe der Methodik des Pattern Matching. Dabei werden die theoretisch abgeleiteten Muster der Variablen des Modells mit den tatsächlich empirisch beobachteten Mustern verglichen. Die methodische Vorgehensweise der vorliegenden Fallstudienuntersuchung ist in Abbildung 33 zusammengefasst.

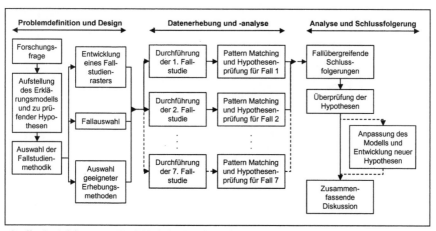

Quelle: In Anlehnung an Yin (1994), S. 49 und Kittel-Wegner/Meyer (2002), S. 23

Abbildung 33: Methodische Vorgehensweise der Fallstudienuntersuchung

---

[982] Vgl. Yin (1994), S. 45. Nach Ansicht von Kittel-Wegner/Meyer sind „multiple case studies" zudem weniger zufallsanfällig und „grundsätzlich besser für konfirmatorische Zwecke geeignet." Kittel-Wegner/Meyer (2002), S. 23 .

[983] Vgl. Kittel-Wegner/Meyer (2002), S. 22.

[984] Vgl. zu einer ähnlichen Argumentation z.B. Parkhe (1993a), S. 313 und Royer (2000), S. 173.

Es wird in den Abschnitten des nächsten Kapitels zunächst eine Datenauswertung und Hypothesenprüfung für jeden einzelnen Fall vorgenommen, bevor daran anschließend eine fallübergreifende Diskussion der Konfrontation des Erklärungsmodells mit den empirischen Daten erfolgt.

5 EMPIRISCHE ERGEBNISSE DER FALLSTUDIEN-ANALYSE

In dem vorliegenden Kapitel erfolgt die empirische Konfrontation des in Kapitel 3 entwickelten theoretischen Erklärungsmodells im Rahmen der in Kapitel 4 beschriebenen Fallstudienmethodik. Im Einzelnen werden dabei sieben Fälle betrachtet, über die Tabelle 14 einen zusammenfassenden Überblick gibt.

Fall-Nr.	Kooperations-art	Industrie	Nationalität des ausländischen Partners	Koopera-tionsbeginn
1	Joint Venture	Metall	Frankreich	1997
2	Joint Venture	Elektron. Bau-elemente	U.S.A.	1998
3	Entwicklungs-partnerschaft	Gummi-/ Kunststoff	Indien	1998
4	Joint Venture	Bodenbeläge	Jugoslawien	2002
5	Strategische Allianz	Automobil	Japan	2002
6	Strategische Allianz	Kfz-Leuchten	Japan	2001
7	Vertriebs-partnerschaft	Druckmaschinen	Indien	2000

Tabelle 14: Übersicht der untersuchten Kooperationen

Die Darstellung der Ergebnisse der Untersuchung muss auf Grund der Vertraulichkeit der im Rahmen der empirischen Untersuchung gewonnenen Informationen sehr kurz gefasst werden.[985] Die Endergebnisse der einzelnen Fälle werden im Rahmen der vorliegenden Arbeit in tabellarischer Form und anonymisiert aufgezeigt.[986] Die Diskussion des analysierten Datenmaterials im Zusammenhang mit dem entwickelten Modell der interkulturellen Kooperationskompetenz erfolgt im Anschluss an die Darstellung der Ergebnisse.

---

[985] Zur Notwendigkeit der Anonymisierung der betrachteten Fälle im Rahmen der Untersuchung vgl. die Ausführungen im Abschnitt 4.3.2.2.

[986] Vgl. die Arbeiten von Festing (1996) und Royer (200) zu einer ähnlichen Vorgehensweise.

5.1 Ergebnisse der Datenanalyse

Im Folgenden werden – im Rahmen eines Pattern Matching – die theoretisch vorhergesagten Muster der abhängigen und unabhängigen Variablen beider Teilmodelle mit dem tatsächlich in den Fallstudien erhobenen Datenmaterial verglichen.
Dabei erfolgt zunächst eine getrennte Darstellung des Pattern Matching mit den
Erfolgsvariablen (Abschnitt 5.1.1), den Dimensionen interkultureller Kooperationskompetenz (Abschnitt 5.1.2) und den Kontextfaktoren (Abschnitt 5.1.3) des
Modells. Im Anschluss werden die Ergebnisse der Variablenausprägungen miteinander in Beziehung gesetzt und vor dem Hintergrund der aufgestellten Hypothesen diskutiert.

5.1.1 Pattern Matching mit den Erfolgsvariablen

Die einzelnen Bestandteile der Erfolgsvariablen „Angemessenheit bzw. Effektivität der Interaktionsbeziehungen" für die sieben untersuchten Fälle werden im Folgenden zum besseren Verständnis der nachfolgenden Ausführungen in Tabelle 15
dargestellt.

Komponente	... ist gegeben, bei ...
Angemessenheits-komponente 1	vertrauensvollem Informationsaustausch zwischen den Partner-unternehmen
Angemessenheits-komponente 2	effektiver Verständigung zwischen den Partnern
Angemessenheits-komponente 3	gemeinsamem Verständnis der Kooperationszielsetzungen zwischen den Partnern
Angemessenheits-komponente 4	seltenen Zielkonflikten mit geringem Ausmaß innerhalb der Kooperationsbeziehung
Angemessenheits-komponente 5	hoher Stabilität der Kooperationsbeziehung
Effektivitäts-komponente 1	Zielerreichung der mit der Kooperationsbeziehung verbun-denen inhaltlichen Zielsetzungen[987]
Effektivitäts-komponente 2	Erreichung der zuvor definierten, ökonomischen Zielsetzungen
Effektivitäts-komponente 3	hohem Gesamterfolg der Kooperation

Tabelle 15: Komponenten der Erfolgsvariablen „Angemessenheit bzw.
Effektivität der Interaktionsbeziehungen"

---

[987] Vgl. zu einer detaillierten Darstellung der abgefragten Ziele Tabelle 6 dieser Arbeit.

5.1.1.1 Kooperationsfall 1

Nach Einschätzung der Befragten im Kooperationsfall 1 ist das Vertrauen beim Informationsaustausch zwischen den Partnerunternehmen sehr hoch. Die Effektivität der Verständigung wird ebenfalls als hoch eingeschätzt. Das Ausmaß eines gemeinsamen Verständnisses der Kooperationszielsetzungen zwischen den Partnern wird als sehr hoch beurteilt. Zielkonflikte treten in einer mittleren Häufigkeit und mittlerem Ausmaß auf, so dass diese Angemessenheitskomponente als teilweise erfüllt gelten kann. Schließlich wird die Stabilität der Kooperationsbeziehung als sehr hoch bewertet. Vier der fünf Angemessenheitskomponenten sind klar, eine ist teilweise erfüllt. **Die Angemessenheit der Interaktionsbeziehungen im Kooperationsfall 1 ist daher insgesamt als eher hoch einzuschätzen.**

Für den Kooperationsfall 1 sind insgesamt drei inhaltliche Zielsetzungen relevant, von denen alle drei einen hohen oder extrem hohen Zielerreichungsgrad aufwiesen. Die Erwartungen hinsichtlich der Zielerreichung der ökonomischen Ziele, gemessen an der Gewinnentwicklung werden etwas übertroffen. Die Kooperation wird von den Befragten als sehr erfolgreich eingeschätzt. Alle relevanten Effektivitätskomponenten werden daher als eher erfüllt betrachtet. **Die Effektivität der Interaktionsbeziehungen im Kooperationsfall 1 ist daher insgesamt als eher hoch einzuschätzen.**

5.1.1.2 Kooperationsfall 2

Im Kooperationsfall 2[988] herrscht nach Einschätzung der Befragten ein hohes Ausmaß an Vertrauen im Informationsaustausch vor. Auch die Effektivität der Verständigung wird als hoch bewertet. Das Ausmaß des gemeinsamen Verständnisses der Kooperationszielsetzungen wird ebenfalls als hoch eingeschätzt. Zielkonflikte treten nach Aussage der Befragten selten auf und sind von geringem Ausmaß. Eine direkte Einschätzung der Kooperationsstabilität ergibt ein hohes Ausmaß an Stabilität. Alle Angemessenheitskomponenten werden als eher erfüllt angesehen. **Die Angemessenheit der Interaktionsbeziehungen im Kooperationsfall 2 ist daher insgesamt als eher hoch einzuschätzen.**

Alle fünf der relevanten inhaltlichen Kooperationszielsetzungen werden in extrem hohem Maße erreicht. Die ökonomischen Zielsetzungen, in diesem Kooperationsfall gemessen am Grad der Budgeteinhaltung und Verringerung des Investitionsbedarfes, werden sämtlich übertroffen. Der Gesamterfolg der Kooperation wird als sehr hoch eingeschätzt. Alle relevanten Effektivitätskomponenten werden als

---

[988] Bei dem Kooperationsfall 2 handelt es sich um die Zusammenarbeit zweier Unternehmen im Rahmen eines Joint Ventures, welches zwei Jahre vor der Fallstudienuntersuchung – planmäßig – beendet wurde. Die Befragten wurden somit aufgefordert, eine rückwirkende Betrachtung vorzunehmen.

erfüllt betrachtet. **Die Effektivität der Interaktionsbeziehungen im Koopera-tionsfall 2 ist daher insgesamt als eher hoch einzuschätzen.**

5.1.1.3 Kooperationsfall 3

Das Vertrauen in den Partner beim Informationsaustausch wird im Kooperations-fall 3 als stark schwankend und dabei eher gering eingeschätzt. Auch die Effekti-vität der Verständigung zwischen den Partnern wird als eher gering bewertet. Die beiden ersten Komponenten der Angemessenheit sind daher als nicht erfüllt anzu-sehen. Ein gemeinsames Verständnis der Kooperationsziele liegt in mittlerem Ausmaß vor. Die Häufigkeit von Zielkonflikten wird als eher hoch eingeschätzt, wenngleich ihr Ausmaß als eher gering empfunden wird. Die Angemessenheits-komponenten 3 und 4 sind daher nur teilweise erfüllt. Die Kooperation wird aller-dings als stabil betrachtet. Zwei der relevanten Angemessenheitskomponenten sind als nicht erfüllt, zwei als teilweise erfüllt anzusehen. Nur eine der Kompo-nenten ist erfüllt. **Die Angemessenheit der Interaktionsbeziehungen im Koope-rationsfall 3 ist daher insgesamt als eher gering einzuschätzen.**

Von den insgesamt sieben inhaltlichen Zielsetzungen der Kooperation wird bei keinem das Ziel bisher erreicht. Das Ausmaß der Zielerreichung wird in sämt-lichen Bereichen als gering bis sehr gering eingeschätzt. Vorab definierte, ökono-mische Ziele, gemessen an der Umsatzentwicklung des Kooperationsbereiches, werden bisher unterschritten. Der Gesamterfolg der Kooperation wird dement-sprechend auch als gering eingestuft. Alle drei relevanten Effektivitätskomponen-ten sind nicht erfüllt. **Die Effektivität der Interaktionsbeziehungen im Koope-rationsfall 3 ist daher insgesamt als eher gering einzuschätzen.**

5.1.1.4 Kooperationsfall 4

Im Kooperationsfall 4 wird das Vertrauen in den Partner als hoch eingeschätzt. Die Verständigung der Partner verläuft nach Aussage der Befragten in hohem Maße effektiv. Das Ausmaß eines gemeinsamen Verständnisses der Zielsetzungen wird ebenfalls als hoch bewertet. Häufigkeit und Ausmaß von Zielkonflikten wird hingegen als gering eingeschätzt. Die Kooperation wird von den Partnern als durchschnittlich stabil angesehen. Damit sind vier Angemessenheitskomponenten als erfüllt und eine als teilweise erfüllt anzusehen. **Die Angemessenheit der Interaktionsbeziehungen im Kooperationsfall 4 ist daher insgesamt als eher hoch einzuschätzen.**

Alle sieben als relevant eingestuften inhaltlichen Kooperationszielsetzungen werden mindestens genau erreicht. Die Zielsetzung mit extrem hoher Bedeutung wird sogar übertroffen. Die vor der Partnerschaft definierten, ökonomischen Ziel-setzungen, gemessen am Gewinn, Umsatz und den Kosten, werden allesamt über-troffen. Der Gesamterfolg der Kooperation wird als sehr hoch eingeschätzt. Von den Effektivitätskomponenten sind alle drei als erfüllt anzusehen. **Die Effektivität** der Interaktionsbeziehungen im Kooperationsfall 4 ist daher insgesamt als eher hoch einzuschätzen.

5.1.1.5 Kooperationsfall 5

Im Rahmen des Kooperationsfalles 5 ist das Vertrauen beim Informationsaustausch nach Einschätzung des Befragten verschiedenen Schwankungen unterworfen. Z.T. massive Zweifel an der Vertrauenswürdigkeit des Partners lassen diese Angemessenheitskomponente als eher nicht erfüllt erscheinen. Die Effektivität der Verständigung ist ebenfalls nicht immer gegeben, wird als sehr schwierig gesehen und kann als eher gering eingestuft werden. Es besteht jedoch ein gemeinsames Verständnis der Zielsetzungen. Zielkonflikte treten mit hoher Häufigkeit aber insgesamt geringem Ausmaß auf. Die Stabilität wird als hoch bewertet. Insgesamt ergibt sich ein äußerst gemischtes Bild: Von den fünf Angemessenheitskomponenten können zwei als nicht erfüllt und weitere zwei als erfüllt erachtet werden. Eine Komponente wird teilweise erfüllt. **Die Angemessenheit der Interaktionsbeziehungen im Kooperationsfall 5 ist daher insgesamt als mittel einzuschätzen.**

Hinsichtlich des Zielerreichungsgrades inhaltlicher und ökonomischer Ziele waren auf Grund der zum Untersuchungszeitpunkt kurzen Kooperationsdauer von etwa einem Jahr noch keine Aussagen möglich. Im Rahmen der subjektiven Einschätzung des Befragten wurde die Kooperation jedoch als insgesamt sehr erfolgreich bewertet. **Die Effektivität der Interaktionsbeziehungen im Kooperationsfall 5 ist daher insgesamt als eher hoch einzuschätzen.**

5.1.1.6 Kooperationsfall 6

Nach Einschätzung der Befragten in Kooperationsfall 6 ist der Grad des Vertrauens beim Informationsaustausch zwischen den Partnern als hoch zu bezeichnen. Die Verständigung der Partner untereinander verläuft hingegen weder besonders effektiv noch ineffektiv. Diese Angemessenheitskomponente wird daher nur teilwiese erfüllt – ebenso wie die Ausprägung eines gemeinsamen Verständnisses der Kooperationszielsetzungen. Die Häufigkeit der Zielkonflikte, deren Ausmaß nach Einschätzung der Befragten ein mittleres Niveau erreichen, wird als hoch bewertet. Die Stabilität der Partnerschaft wird als hoch eingeschätzt. Von den fünf Angemessenheitskomponenten werden zwei vollständig und zwei weitere teilwiese erfüllt. Lediglich eine Komponente ist nicht erfüllt. **Die Angemessenheit der Interaktionsbeziehungen im Kooperationsfall 6 ist daher insgesamt als eher hoch einzuschätzen.**

Von den acht relevanten, inhaltlichen Kooperationszielen werden drei genau erreicht. Fünf Zielsetzungen werden hingegen nur in geringem Ausmaß oder gar nicht erreicht. Die vorab definierten, ökonomischen Zielsetzungen werden zum Untersuchungszeitpunkt weit unterschritten. Der Kooperation wird von den Partnern ein mittlerer Gesamterfolg bescheinigt. Zwei von drei Effektivitätskomponenten sind nicht erfüllt, eine Komponente wurde teilweise erfüllt. **Die Effektivi-**

tät der Interaktionsbeziehungen im Kooperationsfall 6 ist daher insgesamt als eher gering einzuschätzen.

5.1.1.7 Kooperationsfall 7

Das Vertrauen in den Partner beim Informationsaustausch ist im Kooperationsfall 7 nach Einschätzung des Befragten nur in geringem Maße ausgeprägt. Die Verständigung zwischen den Partnern verläuft unterschiedlich effektiv und ist als eher gering einzustufen. Das gemeinsame Verständnis der Kooperationszielsetzungen hat ein mittleres Ausmaß. Die Häufigkeit von Zielkonflikten ist hoch – ihr Ausmaß wird jedoch als eher gering eingestuft. Die Stabilität der Kooperationsbeziehung wird als hoch bewertet. Insgesamt können die ersten beiden Komponenten als nicht erfüllt und zwei weitere als teilweise erfüllt eingestuft werden. Lediglich eine Angemessenheitskomponente ist erfüllt. **Die Angemessenheit der Interaktionsbeziehungen im Kooperationsfall 7 ist daher insgesamt als eher gering einzuschätzen.**

Hinsichtlich der inhaltlichen Zielsetzungen werden vier Ziele als relevant eingestuft und ihr Ausmaß der Zielerreichung als mittel bis hoch bewertet. Das Hauptziel des Zugangs zu internationalen Märkten kann jedoch bisher nur in mittlerem Ausmaß erreicht werden. Die ökonomische Zielsetzungen, gemessen am Umsatz, werden unterschritten. Der Gesamterfolg der Kooperationsbeziehung wird als durchschnittlich bewertet. Von den drei Effektivitätskomponenten werden lediglich zwei teilweise erfüllt und eine nicht erfüllt. **Die Effektivität der Interaktionsbeziehungen im Kooperationsfall 7 ist daher insgesamt als eher gering einzuschätzen.**

5.1.1.8 Zusammenfassende Betrachtung der Erfolgsvariablen über alle Fälle hinweg

Insgesamt wurde im Rahmen des Pattern Matching in vier der sieben analysierten Fälle eine hohe Angemessenheit der Interaktionsbeziehungen festgestellt. Von den anderen drei Fällen wurde die Ausprägung der Angemessenheit für einen Fall als teilweise und für zwei Fälle als nicht erfüllt eingeschätzt. Das Kriterium der Effektivität wurde in vier Fällen als erfüllt und in drei Fällen als nicht erfüllt angesehen. Tabelle 16 gibt einen Überblick über die Ergebnisse des Pattern Matching mit den Erfolgsvariablen.

	Untersuchter Kooperationsfall						
Erfolgsvariable	1	2	3	4	5	6	7
Angemessenheits-komponente 1	✓	✓	–	✓	–	✓	–
Angemessenheits-komponente 2	✓	✓	–	✓	–	(✓)	–
Angemessenheits-komponente 3	✓	✓	(✓)	✓	✓	(✓)	(✓)
Angemessenheits-komponente 4	(✓)	✓	(✓)	✓	(✓)	–	(✓)
Angemessenheits-komponente 5	✓	✓	✓	(✓)	✓	✓	✓
Fazit zur Angemessenheit	✓	✓	–	✓	(✓)	✓	–
Effektivitäts-komponente 1	✓	✓	–	✓	#	–	(✓)
Effektivitäts-komponente 2	✓	✓	–	✓	#	–	–
Effektivitäts-komponente 3	✓	✓	–	✓	✓	(✓)	(✓)
Fazit zur Effektivität	✓	✓	–	✓	✓	–	–

✓ = Erfüllt/hoch   (✓) = Teilweise erfüllt/mittel   – = Nicht erfüllt/gering   # = Nicht einschätzbar

Tabelle 16:   Ergebnisse des Pattern Matching mit den Erfolgsvariablen

5.1.2 Pattern Matching mit den Dimensionen interkultureller Kooperationskompetenz

Im Folgenden werden die einzelnen Bestandteile der Dimensionen interkultureller Kooperationskompetenz aufgezeigt und ihre Ausprägungen für die untersuchten sieben Kooperationsfälle beschrieben. Zum besseren Verständnis der Ausführungen gibt die Tabelle 17 einen zusammenfassenden Überblick über die Komponenten der einzelnen Dimensionen.

248

Komponente	... ist gegeben, bei ...
Bewusstseins-komponente 1	Kenntnis der Partnerorganisation aus vorherigen Kooperationen oder anderen Geschäftsbeziehungen
Bewusstseins-komponente 2	Vertrautheit mit der Landes- und Unternehmenskultur des Partners
Bewusstseins-komponente 3	Vermittlung kulturellen Wissens an die beteiligten Kooperationsträger
Bewusstseins-komponente 4	Verständnis der Kooperationsträger bzgl. des Einflusses kultureller Unterschiede auf die Zusammenarbeit
Sensibilitäts-komponente 1	großer Offenheit der Kommunikation
Sensibilitäts-komponente 2	hoher Lernbereitschaft innerhalb der Kooperationsbeziehung
Sensibilitäts-komponente 3	großem Interesse an der Kultur des Partnerunternehmens
Sensibilitäts-komponente 4	Akzeptanz und Toleranz der kulturellen Unterschiedlichkeit der Partner
Sensibilitäts-komponente 5	Streben nach kultureller Synergie innerhalb der Partnerschaft
Integrationsfähigkeits-komponente 1	häufigen firmenübergreifenden Treffen
Integrationsfähigkeits-komponente 2	hohem Ausmaß und Stellenwert der informellen Kommunikation
Integrationsfähigkeits-komponente 3	Thematisierung kultureller Unterschiede im Rahmen der Zusammenarbeit
Integrationsfähigkeits-komponente 4	Vereinbarung von Prozessen zur Konfliktbewältigung
Integrationsfähigkeits-komponente 5	Durchführung gemeinsamer Integrationsmaßnahmen

Tabelle 17: Komponenten der Dimensionen interkultureller Kooperationskompetenz

5.1.2.1 Kooperationsfall 1

Hinsichtlich der Kenntnis der jeweiligen Partnerorganisation aus vorherigen Geschäftsbeziehungen kann im Kooperationsfall 1 festgestellt werden, dass es zwar keine vorherige Zusammenarbeit der Partnerunternehmen im Rahmen einer Kooperation gegeben hat, aber es dennoch zahlreiche weitere Beziehungen u.a. auf Grund der bestehenden Kapitalverflechtung gibt. Die Vertrautheit mit der Landes- und Unternehmenskultur des Partners wird als hoch eingeschätzt. Vor der

Zusammenarbeit fand eine Vermittlung kulturellen Wissens an die beteiligten Kooperationsmitarbeiter in Form kultureller Informationsseminare statt, in denen landeskundliche Kenntnisse vermittelt wurden. Das Verständnis der Kooperationsträger bzgl. des kulturellen Einflusses in der Zusammenarbeit ist hoch, da kulturellen Unterschieden eine große Bedeutung zugewiesen wird und ihre Rolle mit Hilfe eines kulturellen Audits berücksichtigt wird. **Es sind daher alle Komponenten des interkulturellen Bewusstseins erfüllt. Entsprechend ist das interkulturelle Bewusstsein im Kooperationsfall 1 als hoch einzuschätzen.**

Nach Einschätzung der Befragten besteht innerhalb der Kooperation eine große Offenheit in der Kommunikation. Auch die Lernbereitschaft beider Partner wird als sehr hoch bewertet. Das Interesse an der Kultur des Partnerunternehmens ist durchschnittlich ausgeprägt. Eine hohe Akzeptanz und Toleranz der kulturellen Unterschiedlichkeit ist u.a. daran zu erkennen, dass auf die Überwindung von kulturellen Unterschieden durch Argumentation und Überzeugung hingewiesen wird und ein autoritärer Stil bei der Auslegung des Kooperationsvertrags von beiden Partnern abgelehnt wird. Schließlich wird innerhalb der Kooperation kulturelle Synergie durch unterschiedliche Denk- und Herangehensweisen angestrebt und diese Vorteile werden von der Führung kontinuierlich kommuniziert. **Vier der fünf Bestandteile interkultureller Sensibilität sind gegeben. Entsprechend ist die interkulturelle Sensibilität im Kooperationsfall 1 als hoch einzuschätzen.**

Es findet ein intensiver Austausch zwischen den Kooperationsmitarbeitern statt, jedoch gibt es keine institutionalisierten, firmenübergreifenden Kommunikationsmechanismen neben den vorhandenen Gremien. Der informellen Kommunikation wird ein hoher Stellenwert zugemessen, aber ein persönlicher Kontakt findet fast ausschließlich im Rahmen der Gremiensitzungen statt. Kulturelle Unterschiede werden im Rahmen der Zusammenarbeit z.T. ausdrücklich thematisiert. Zur Konfliktbewältigung wurden keine expliziten Prozesse etabliert, aber es besteht eine hohe Konfliktbereitschaft im Sinne eines Aushaltens von Konflikten und der gemeinsamen Erarbeitung von Konfliktlösungen. Zur kulturellen Integration der Kooperationsträger wurden zu Beginn gemeinsame Integrationsseminare veranstaltet, und es findet jährlich eine Veranstaltung aller Führungskräfte der Kooperation mit dem Ziel der Integrationsförderung statt. **Zwei der fünf Komponenten der interkulturellen Integrationsfähigkeiten sind erfüllt, die weiteren drei sind teilweise erfüllt. Insgesamt kann daher festgestellt werden, dass die interkulturellen Integrationsfähigkeiten im Kooperationsfall 1 eher als hoch einzuschätzen sind.**

5.1.2.2 Kooperationsfall 2

Im Kooperationsfall 2 haben die Partnerunternehmen bereits in anderen Kooperationsprojekten zusammengearbeitet und kennen daher die jeweilige Partnerorganisation sehr gut. Die Partner sind mit der Landes- und Unternehmenskultur des Partners vertraut. Zu Beginn der Kooperation haben beide Partner Seminare durchgeführt, in denen die Kultur des anderen Landes vorgestellt und nähergebracht wurde. Ein eher großes Verständnis der Kooperationsträger bzgl. des Einflusses kultureller Unterschiede auf die Zusammenarbeit ist u.a. an einem hohem Bewusstsein für die Schwierigkeiten der interkulturellen Interaktion zu erkennen. **Insgesamt sind alle vier Bestandteile des interkulturellen Bewusstseins erfüllt. Entsprechend ist das interkulturelle Bewusstsein im Kooperationsfall 2 als hoch einzuschätzen.**

Die Kommunikation der Partnerunternehmen ist von einer großen Offenheit in der Informationsweitergabe geprägt. Zudem ist nach Einschätzung der Befragten eine hohe Bereitschaft zum gegenseitigen Lernen vorhanden. Hinsichtlich der Kultur des Partnerunternehmens besteht ein großes Interesse bei den Kooperationsträgern – u.a. verdeutlicht an dem regelmäßigen Austausch über die jeweiligen Unternehmenswerte und ihre Entwicklungen. Kulturelle Unterschiede zwischen den Partnern werden im Rahmen der Zusammenarbeit akzeptiert und eher als „beflügelnd" empfunden. Die anderen Denkweisen wirkten nach Einschätzung der Befragten als zusätzliche Herausforderung, die zur generellen Aufgabenstellung der Kooperationsbeziehung gepasst hat. Kulturelle Synergie wird somit in Form einer erhöhten Mobilisierung der Mitarbeiter angestrebt. **Alle fünf Bestandteile interkultureller Sensibilität sind gegeben. Entsprechend ist die interkulturelle Sensibilität im Kooperationsfall 2 als hoch einzuschätzen.**

Firmenübergreifende Treffen finden in großer Regelmäßigkeit statt. Zudem wurden zu Beginn des Joint Venture kooperationsspezifische Informations- und Kommunikationssysteme installiert. Der informellen Kommunikation zwischen den Kooperationsträgern wurde ein hoher Stellenwert beigemessen und besondere Zeit eingeplant. Explizite Zielsetzung einiger Treffen ist es, die privaten Interessen und Erwartungen der jeweiligen Personen kennen zu lernen. Kulturelle Unterschiede werden im Rahmen der Zusammenarbeit oft diskutiert und thematisiert. Im Rahmen der Konfliktbewältigung wurden zuvor keine expliziten Prozesse vereinbart, jedoch wird versucht, darauf zu achten, dass die Partner sich insbesondere in Konfliktsituationen der kulturellen Unterschiede bewusst sind. Die kulturelle Integration wurde in den frühen Phasen in Form von kulturellen Seminaren gefördert, die von den Führungskräften gemeinsam besucht und in denen ein gemeinsamer Kodex aus Visionen und Werten der Zusammenarbeit entwickelt wurde. **Vier der fünf Komponenten der interkulturellen Integrationsfähigkeiten sind erfüllt, ein Bestandteil ist teilweise erfüllt. Entsprechend sind die interkulturellen Integrationsfähigkeiten im Kooperationsfall als hoch zu bewerten.**

5.1.2.3 Kooperationsfall 3

Im untersuchten Kooperationsfall 3 haben die Partnerunternehmen vor der Kooperation noch nicht zusammengearbeitet. Dementsprechend war die Kenntnis der jewieligen Partnerorganisation zunächst gering. Die Vertrautheit mit der Landes- und Unternehmenskultur wird von den Befragten mit mittlerer Ausprägung bewertet. Eine Vermittlung kulturellen Wissens an die Kooperationsträger findet nicht statt – es besteht lediglich die Hoffnung auf ein Selbststudium der beteiligten Mitarbeiter. Kulturelles Verständnis der Kooperationsträger ist stark unterschiedlich ausgeprägt: die Existenz kultureller Unterschiede wird von einem der Partner weitestgehend negiert und ihr Einfluss als vernachlässigbar gehalten. **Somit sind drei der vier Komponenten des interkulturellen Bewusstseins nicht erfüllt und lediglich eine teilweise erfüllt. Entsprechend ist das interkulturelle Bewusstsein im Kooperationsfall 3 als gering einzuschätzen.**

Nach Ansicht der Befragten herrscht in der Partnerschaft eine offene Kommunikation – Themen können deutlich und explizit angesprochen werden. Die Lernbereitschaft innerhalb der Kooperation ist jedoch nach Ansicht des einen Partners nur gering ausgeprägt. Das Interesse an der Kultur des Partners ist ebenfalls unterschiedlich stark ausgeprägt: während die eine Seite von einem großen Bedürfnis nach Austausch über kulturelle Werte und Gebräuche berichtet, ist auf der anderen Seite ein nur sehr geringes Interesse an der kulturellen Prägung des Partners zu erkennen. Ähnlich verhält es sich mit der Akzeptanz und Toleranz der kulturellen Unterschiedlichkeit der Kooperationspartner, die nach Einschätzung eines Befragten nur in geringem Maße ausgeprägt ist. Dementsprechend sind die Komponenten als nicht erfüllt zu werten. Das Ausnutzen kultureller Synergie wird von den Partnern nicht explizit verfolgt. **Insgesamt ist somit nur eine von fünf Komponenten interkultureller Sensibilität erfüllt, vier hingegen nicht erfüllt. Entsprechend ist die interkulturelle Sensibilität im Kooperationsfall 3 als gering einzuschätzen.**

Firmenübergreifende Treffen finden relativ selten, nämlich i.d.R. nur einmal im Jahr statt. Informelle Kommunikation hat nach Aussage der Befragten jedoch einen hohen Stellenwert, der sich u.a. in der Einbeziehung der jeweiligen Familien zeigt, jedoch auf sehr wenige Personen beschränkt bleibt. Die Komponente ist daher als teilweise erfüllt zu betrachten. Kulturelle Unterschiede werden im Rahmen der Zusammenarbeit weitestgehend ausgeklammert und ausschließlich in Bezug auf arbeitsplatzbezogene Unterschiede (Bezahlung, Organisationsstruktur, etc.) besprochen. Prozesse zur Konfliktbewältigung sind ebenfalls nicht vereinbart worden. Integrationsmaßnahmen in Form von Seminaren oder Veranstaltungen haben nicht stattgefunden. **Somit sind auch in Bezug auf die interkulturellen Integrationsfähigkeiten vier der fünf Bestandteile nicht erfüllt. Entsprechend sind die interkulturellen Integrationsfähigkeiten im Kooperationsfall 3 als gering einzuschätzen.**

5.1.2.4 Kooperationsfall 4

Die Partnerunternehmen des Kooperationsfalles 4 haben vor Beginn der Partnerschaft noch nicht in anderen Kooperationsprojekten oder Geschäftsbeziehungen zusammengearbeitet und somit hieraus keine Kenntnisse erlangt. Die Landes- und Unternehmenskultur des Partners ist den Kooperationsträgern jedoch inzwischen nach Aussage des Befragten weitestgehend vertraut. Eine Vermittlung kulturellen Wissens findet in geringem Umfang und informellem Rahmen statt. Das kulturelle Verständnis der Kooperationsträger bzgl. des Einflusses kultureller Unterschiede auf die Zusammenarbeit ist hoch – den „mentalitätsbedingten" Unterschieden zwischen den Partnern wird hohe Aufmerksamkeit geschenkt. **Insgesamt sind damit zwei der vier Bewusstseinskomponenten vollständig und eine weitere teilweise erfüllt. Entsprechend ist das interkulturelle Bewusstsein in Kooperationsfall 4 als eher hoch zu bewerten.**

Im Rahmen der Kommunikation in der Kooperation herrscht nach Ansicht des Befragten eine große Offenheit. Zudem ist die Lernbereitschaft zwischen den Partnern stark ausgeprägt. Das Interesse an der Kultur des Partnerunternehmens ist jedoch den Aussagen des Befragten zufolge nur durchschnittlich ausgeprägt. Hingegen werden kulturelle Unterschiede insofern akzeptiert bzw. toleriert, als dass bei der Aufgabenverteilung innerhalb der Kooperation auf die kulturelle Prägung ausdrücklich Rücksicht genommen wird, um Rollenkonflikte zu vermeiden. Das Streben nach kultureller Synergie innerhalb der Partnerschaft ist relativ hoch, was u.a. daran zu erkennen ist, dass versucht wird, differenziertes, kulturelles Know-how bei den Marketingentscheidungen der Kooperation einfließen zu lassen. **Insgesamt sind vier der fünf Sensibilitätsbestandteile erfüllt und eines teilweise erfüllt. Entsprechend ist die interkulturelle Sensibilität im Kooperationsfall 4 als hoch zu bewerten.**

Firmenübergreifende Treffen finden in großer Zahl statt. Informeller Kommunikation wird ein sehr hoher bzw. „der höchste" Stellenwert zugesprochen, so dass versucht wird, persönliche Kontakte bis in den privaten Bereich hinein zu fördern. Kulturelle Unterschiede werden während der Zusammenarbeit jedoch in sehr geringem Maße explizit thematisiert. Hinsichtlich der Bewältigung von Konflikten wurden – weitestgehend informelle – Prozesse etabliert, die dafür sorgen sollen, dass jeweils ein konfliktneutraler „Moderator" hinzugezogen wird und der „Werkzeugkasten" zur Konfliktlösung, der den Kooperationsträgern zur Verfügung steht, beständig wächst. Gemeinsame kulturelle Integrationsmaßnahmen wurden bisher jedoch nicht durchgeführt. **Somit sind zwei der fünf Bestandteile interkultureller Integrationsfähigkeiten nicht erfüllt, drei hingegen sind erfüllt. Entsprechend sind die interkulturellen Integrationsfähigkeiten im Kooperationsfall 4 als eher hoch zu bewerten.**

5.1.2.5 Kooperationsfall 5

Die Kooperationspartner des Falles 5 haben Kenntnisse der Partnerorganisation aus diversen anderen Geschäftsbeziehungen (Industrietagungen, etc.) erlangen können, jedoch zuvor noch nicht miteinander kooperiert. Die Komponente ist daher nur teilweise erfüllt. Die Vertrautheit der Kooperationsträger mit der Landes- und Unternehmenskultur des anderen Partners wird als gering eingeschätzt. Eine Vermittlung kulturellen Wissens oder kultureller Kenntnisse hat zu keinem Zeitpunkt stattgefunden. Das Verständnis der Kooperationsträger bzgl. des Einflusses von Kulturunterschieden auf die Partnerschaft ist gering ausgeprägt, da Missverständnisse und die – sich im Nachhinein als ungerechtfertigt herausstellende – Unterstellung eines „bösartigen" Verhaltens des anderen Partners nach Aussage des Befragten sehr häufig stattfand. **Insgesamt sind damit drei der vier Bewusstseinskomponenten nicht erfüllt. Entsprechend ist das interkulturelle Bewusstsein im Kooperationsfall 5 als eher gering zu bewerten.**

Offenheit in der Kommunikation ist nur teilweise vorhanden, da zunächst eine sehr große Skepsis bei den Kooperationsträgern vorgeherrscht hat. Die Lernbereitschaft innerhalb der Partnerschaft ist nach Einschätzung des Befragten ebenfalls nur durchschnittlich ausgeprägt, da gerade zu Beginn der Partnerschaft starke Vorbehalte gegenüber der andersartigen Vorgehensweise existiert haben. Ein hohes Interesse an der Kultur des Partners ist nicht zu verspüren. Kulturelle Unterschiedlichkeiten werden insofern nicht akzeptiert, als dass sich bei vielen Kooperationsträgern eine innere Abneigung aufgebaut hat, die auf Grund des Nichtverstehens der anderen Verhaltensweisen entstanden ist. Die Ausnutzung kultureller Synergie für die Kooperation ist zu keiner Zeit ein Ziel gewesen. **Insgesamt ist keines der fünf Bestandteile interkultureller Sensibilität erfüllt. Entsprechend wird die interkulturelle Sensibilität im Kooperationsfall 5 als eher gering eingeschätzt.**

Firmenübergreifende Treffen zwischen den Partnern finden auf der operativen Ebene statt, z.B. durch den Austausch von Ingenieuren. Darüber hinaus ist der persönliche Kontakt der jeweiligen Führungsverantwortlichen nicht besonders stark ausgeprägt, so dass diese Komponente interkultureller Integrationsfähigkeiten als teilweise erfüllt betrachtet werden kann. Informeller Kommunikation wird zwar ein hoher Stellenwert zugemessen, aber auf Grund sprachlicher Schwierigkeiten sowie extrem unterschiedlicher Kommunikationsformen bleibt ihr Ausmaß begrenzt. Aus diesem Grund wird auch dieser Bestandteil als teilweise erfüllt eingeschätzt. Eine Thematisierung kultureller Unterschiede im Rahmen der Zusammenarbeit ist nach Aussage des Befragten nicht erfolgt. Konfliktbewältigungsprozesse sind insofern festgelegt worden, als dass ein Vermittler bei Konflikten eingeschaltet wird, dessen Zweck es ist, die kulturellen Ursachen der Konflikte aufzudecken und zu vermitteln. Kulturelle Integrationsmaßnahmen werden hingegen darüber hinaus nicht durchgeführt. **Insgesamt ergibt sich ein uneinheitliches Bild. Während eine Komponente interkultureller Integrationsfähigkeiten erfüllt und zwei als teilweise erfüllt bewertet werden können, sind weitere zwei Bestandteile nicht erfüllt. Entsprechend werden die interkulturellen Integrationsfähigkeiten im Kooperationsfall 5 als eher gering eingeschätzt.**

5.1.2.6 Kooperationsfall 6

Im Kooperationsfall 6 haben sich die Partnerunternehmen bereits vor der Partnerschaft durch andere Kooperationsprojekte und diverse Lieferbeziehungen gekannt.

Die Vertrautheit mit der Landes- und Unternehmenskultur des Partners wird von den Befragten mit einem mittleren Ausmaß angegeben. Eine Vermittlung kulturellen Wissens an die Kooperationsträger hat insofern teilweise stattgefunden, als dass auf beiden Seiten ein freiwilliges Angebot zum Besuch von Informationsseminaren und Betreuung durch einen kulturellen Mentor besteht. Innerhalb der Partnerschaft herrscht ein hohes Verständnis bzgl. des kulturellen Einflusses, was sich u.a. an der umfangreichen Berücksichtigung des Faktors Kultur in der Darstellung der Zusammenarbeit in kooperationsinternen und -externen Dokumenten zeigt. **Insgesamt sind daher alle Bewusstseinskomponenten entweder teilweise oder vollständig erfüllt. Entsprechend ist das interkulturelle Bewusstsein im Kooperationsfall 6 als hoch zu bewerten.**

Nach Einschätzung der Befragten herrscht in der Kooperation eine hohe Offenheit und Lernbereitschaft. Bzgl. des Interesses der Kooperationsträger an der Kultur des Partnerunternehmens konnte von dem Befragten keine Bewertung vorgenommen werden. Die Akzeptanz und Toleranz kultureller Unterschiede ist nach Einschätzung der Befragten hoch. Kulturelle Synergien werden nach Aussage der Befragten aus der Konfrontation mit anderen Denk- und Verhaltensweisen und mit dem Ziel einer differenzierten Kundenbetreuung angestrebt. **Daher sind alle vier einschätzbaren Sensibilitätskomponenten erfüllt. Entsprechend ist die interkulturelle Sensibilität im Kooperationsfall 6 als hoch zu bewerten.**

Firmenübergreifende Treffen finden im Kooperationsfall 6 häufig statt. Die informelle Kommunikation hat eine hohen Stellenwert und wird durch Zusammenkünfte der Kooperationsträger im Anschluss an die offiziellen Gremiensitzungen sowie der Organisation von informellen Treffen der zuständigen Vorstände gefördert. Kulturelle Unterschiede werden im Rahmen der Zusammenarbeit in hohem Ausmaß thematisiert und diskutiert – insbesondere in der Zusammenarbeit der Allianzmanager beider Seiten, welche ebenfalls im Falle von Konflikten anderer Kooperationsträger hinzugezogen werden und Konfliktbewältigungsprozesse definieren. Kulturelle Integrationsmaßnahmen in Form gemeinsamer, kultureller Seminare o.ä. finden jedoch nicht statt. **Damit sind vier der fünf Komponenten der konativen Dimension erfüllt. Entsprechend sind die interkulturellen Integrationsfähigkeiten im Kooperationsfall 6 als hoch zu bewerten.**

5.1.2.7 Kooperationsfall 7

Einzelne Kooperationsträger des Kooperationsfalls 7 haben sich bereits vor der Kooperation aus diversen Geschäftsbeziehungen gekannt, jedoch ist die Kenntnis der jeweiligen Partnerorganisation eher gering ausgeprägt. Entsprechend ist die Bewusstseinskomponente nur teilweise erfüllt. Die Vertrautheit mit der Landes- und Unternehmenskultur des Partners wird vom Befragten als eher gering betrachtet. Eine Vermittlung kultureller Kenntnisse an die Kooperationsträger hat nicht stattgefunden. Das Verständnis der Kooperationsträger bzgl. des Faktors Kultur und seines Einflusses auf die Zusammenarbeit ist als relativ hoch zu bezeichnen, u.a. da kulturellen Unterschieden eine große Rolle zugeschrieben wird und sie als potenzielle Ursache von Problemen gesehen werden. **Insgesamt ist lediglich eine von vier Bewusstseinskomponenten erfüllt, eine weitere ist teilweise erfüllt und zwei sind nicht erfüllt. Entsprechend ergibt sich, dass das interkulturelle Bewusstsein im Kooperationsfall 7 eher gering ausgeprägt ist.**

Nach Einschätzung des Befragten ist die Offenheit in der Partnerschaft in einem mittleren und die Lernbereitschaft in einem eher geringen Ausmaß ausgeprägt. Auch das Interesse an der Partnerkultur wird als eher gering bezeichnet. Kulturelle Unterschiede werden jedoch akzeptiert und toleriert, da die Einschätzung vorherrscht, dass sie in keinem Fall verändert oder beeinflusst werden konnten. Vorteile aus der kulturellen Unterschiedlichkeit in Form kultureller Synergie werden nicht explizit angestrebt. **Insgesamt ist daher nur ein Bestandteil der affektiven Dimension erfüllt und ein weiteres teilweise erfüllt. Da drei der fünf Komponenten als nicht erfüllt bewertet werden können, ist entsprechend davon auszugehen, dass die interkulturelle Sensibilität im Kooperationsfall 7 eher gering einzuschätzen ist.**

Zwischen den Partnern finden lediglich halbjährliche Treffen innerhalb der Führungsgruppe beider Unternehmen statt. Allerdings besteht darüber hinaus ein Austausch im Rahmen von gemeinsamen Schulungen. Diese Integrationsfähigkeitskomponente ist daher als teilweise erfüllt zu werten. Das Ausmaß und der Stellenwert informeller Kommunikation ist mittleren Ausmaßes – persönlichen Treffen wird eine hohe Bedeutung zugeschrieben, aber Gelegenheiten zum informellen Austausch der Kooperationsträger werden nicht explizit geplant. Kulturelle Unterschiede werden nach Einschätzung des Befragten nur selten thematisiert. Explizite Prozesse zur Konfliktbewältigung wurden nicht vereinbart. Gemeinsame Integrationsmaßnahmen wurden von den Partnern ebenfalls nicht durchgeführt. **Insgesamt ist daher kein Bestandteil interkultureller Integrationsfähigkeiten erfüllt – lediglich zwei der fünf Komponenten sind teilweise erfüllt. Entsprechend sind die interkulturellen Integrationsfähigkeiten im Kooperationsfall 7 als eher gering einzuschätzen.**

5.1.2.8 Zusammenfassende Betrachtung der Dimensionen interkultureller Kooperationskompetenz über alle Fälle hinweg

Nachfolgende Tabelle 18 zeigt eine Übersicht der Ausprägungen der einzelnen Komponenten interkultureller Kooperationskompetenz für die untersuchten Kooperationsfälle.

Dimension	Untersuchter Kooperationsfall						
	1	2	3	4	5	6	7
Bewusstseinskomponente 1	✓	✓	–	–	(✓)	✓	(✓)
Bewusstseinskomponente 2	✓	✓	(✓)	✓	–	(✓)	–
Bewusstseinskomponente 3	✓	✓	–	(✓)	–	(✓)	–
Bewusstseinskomponente 4	✓	✓	–	✓	–	✓	✓
Fazit zum interkulturellen Bewusstsein	✓	✓	–	✓	–	✓	–
Sensibilitätskomponente 1	✓	✓	✓	✓	(✓)	✓	(✓)
Sensibilitätskomponente 2	✓	✓	–	✓	(✓)	✓	–
Sensibilitätskomponente 3	(✓)	✓	–	(✓)	–	#	–
Sensibilitätskomponente 4	✓	✓	–	✓	–	✓	✓
Sensibilitätskomponente 5	✓	✓	–	✓	–	✓	–
Fazit zur interkulturellen Sensibilität	✓	✓	–	✓	–	✓	–
Integrationsfähigkeitskomponente 1	(✓)	✓	–	✓	(✓)	✓	(✓)
Integrationsfähigkeitskomponente 2	(✓)	✓	(✓)	✓	(✓)	✓	(✓)
Integrationsfähigkeitskomponente 3	✓	✓	–	–	–	✓	–
Integrationsfähigkeitskomponente 4	(✓)	(✓)	–	✓	✓	✓	–
Integrationsfähigkeitskomponente 5	✓	✓	–	–	–	–	–
Fazit zu den interkulturellen Integrationsfähigkeiten	✓	✓	–	✓	–	✓	–

✓ = *Erfüllt/hoch*   (✓) = *Teilweise erfüllt/mittel*   – = *Nicht erfüllt/gering*   # = *Nicht einschätzbar*

Tabelle 18:   Ergebnisse des Pattern Matching mit den Dimensionen interkultureller Kooperationskompetenz

5.1.3 Pattern Matching mit den Kontextfaktoren

Im Folgenden werden die einzelnen Komponenten der drei Kontextfaktoren aufgezeigt und ihre Ausprägungen für die untersuchten sieben Kooperationsfälle dargestellt. Zum besseren Verständnis der Ausführungen gibt die Tabelle 19 einen zusammenfassenden Überblick über die Komponenten der einzelnen Dimensionen.

Komponente	... ist gegeben, bei ...
Internationalitäts-komponente 1	hohem Auslandsanteil des Unternehmensumsatzes der Partnerunternehmen
Internationalitäts-komponente 2	hoher Auslandsorientierung der Partnerunternehmen
Internationalitäts-komponente 3	Förderung kultureller Vielfalt durch die Unternehmenskulturen beider Partner
Internationalitäts-komponente 4	hohem Stellenwert internationaler Personalentwicklungs-instrumente in den Partnerunternehmen
Kooperationsvorberei-tungskomponente 1	Berücksichtigung des Faktors Kultur bei der Partnerwahl
Kooperationsvorberei-tungskomponente 2	Berücksichtigung des Faktors Kultur in den Kooperations-verhandlungen
Kooperationsvorberei-tungskomponente 3	Berücksichtigung interkultureller bzw. sozialer Kompetenzen bei der Kooperationsträgerauswahl
Kooperationsvorberei-tungskomponente 4	durchgeführten kulturellen Vorbereitungs- bzw. Trainings-maßnahmen
Strategische Bedeu-tungskomponente 1	hoher strategischer Bedeutung der Kooperation für die Partnerunternehmen
Strategische Bedeu-tungskomponente 2	Nennung der Kooperation in den kommunizierten Unter-nehmensstrategien beider Partnerunternehmen

Tabelle 19:   Komponenten der Kontextfaktoren

5.1.3.1 Kooperationsfall 1

Der Auslandsanteil des Unternehmensumsatzes beider Partner beträgt mehr als 70 Prozent und ist damit als hoch zu bewerten. Eine direkte Einschätzung der Auslandsorientierung, der Förderung kultureller Vielfalt durch die Unternehmenskultur und des Stellenwerts internationaler Personalentwicklungsinstrumente kann durch den Befragten nicht vorgenommen und deshalb nicht bewertet werden. **Da die einschätzbare Komponente der Internationalität jedoch klar erfüllt ist, ist die Internationalität der Partnerunternehmen im Kooperationsfall 1 als eher hoch zu bewerten.**

In Bezug auf eine kulturbezogene Kooperationsvorbereitung fand im Kooperationsfall 2 keine Berücksichtigung des Faktors Kultur im Rahmen der Partnerwahl statt. Stattdessen war die Partnerwahl von der Struktur der Industrie geprägt, und es stand das Ziel der Erzielung einer führenden Marktstellung im Vordergrund. Während der Kooperationsverhandlungen wurden kulturelle Unterschiede jedoch insofern berücksichtigt, als dass die Partner ihre bisherigen Erfahrungen im Rahmen von internationalen Kooperationsbeziehungen und daraus folgende „Lessons to be learned", die auch die kulturelle Thematik betrafen, austauschten. Besondere, interkulturelle Fähigkeiten wurden bei der Auswahl der Kooperationsträger nicht berücksichtigt, jedoch wird bei den Mitarbeitern der Kooperation auf ein hohes Maß an Offenheit, Motivation zur Überzeugung mit Argumenten und Konfliktbereitschaft geachtet. Die Komponente ist somit teilweise erfüllt. Kulturelle Vorbereitungsmaßnahmen für die Kooperationsträger fanden in Form eines Informationsseminars und Cross-Culture-Management Training statt. **Insgesamt sind somit zwei Bestandteile erfüllt, eines teilweise erfüllt und lediglich eines nicht erfüllt. Entsprechend ist die kulturbezogene Kooperationsvorbereitung im Kooperationsfall 1 als eher hoch zu bewerten.**

Die strategische Bedeutung der Kooperation wird von den Befragten als äußerst hoch eingeschätzt. In den Geschäftsberichten der Partner wird die Kooperationsbeziehung als elementarer Bestandteil der jeweiligen Unternehmensstrategien genannt. **Somit sind beide Komponenten erfüllt. Die strategische Bedeutung der Kooperationsbeziehung ist entsprechend als hoch einzuschätzen.**

5.1.3.2 Kooperationsfall 2

Im Kooperationsfall 2 liegt der Auslandsumsatzanteil beider Unternehmen bei über 50 Prozent und ist demnach als hoch zu bewerten. Die Auslandsorientierung beider Partner wird auch von den Befragten als hoch bis sehr hoch bezeichnet. Kulturelle Vielfalt und Diversität wird nach Angaben der Partner in beiden Unternehmen in hohem Maße gefördert und z.T. sogar als Grundsatz der Unternehmensführung betrachtet. Die Bedeutung internationaler Personalentwicklungsinstrumente wird als durchschnittlich ausgeprägt bewertet. **Insgesamt sind daher drei der vier Internationalitätskomponenten erfüllt und die vierte teilweise erfüllt. Entsprechend ist die Internationalität der Partnerunternehmen im Kooperationsfall 2 als hoch einzuschätzen.**

Eine Berücksichtigung des Faktors Kultur bei der Partnerwahl wird von den Befragten bejaht. Da sich die Partner bereits aus vorherigen Kooperationsprojekten kannten, war ein Vorteil der Partnerkonstellation, dass die kulturellen Unterschiede der Partner bereits bekannt bzw. zumindest besser einschätzbar waren. In den Kooperationsverhandlungen wurden kulturelle Unterschiede teilweise berücksichtigt und diskutiert, z.B. in Bezug auf die zu planenden und durchzuführenden Integrationsmaßnahmen. Als Auswahlkriterien für die Kooperationsträger der Kooperation dienten neben der fachlichen Kompetenz auch insbesondere Sprach-

und Kommunikationsfähigkeiten, die Bereitschaft zu einer hohen Eigenverant-
wortung und eine hohe Integrationsbereitschaft in die lokale Umgebung. Kulturelle Vorbereitungs- und Trainingsmaßnahmen wurden in Form von Seminaren,
Cross-Culture-Management Training und interkulturellem Coaching durchgeführt.
**Daher sind insgesamt drei der vier Kooperationsvorbereitungskomponenten
erfüllt und eine weitere teilweise erfüllt. Entsprechend ist die kulturbezogene
Vorbereitung der Kooperation im Kooperationsfall 2 als hoch zu bewerten.**

Die strategische Bedeutung der Kooperationsbeziehung im Fall 2 wird von den
Befragten als sehr hoch bewertet. Beide Partnerunternehmen unterhalten ein großes Portfolio an Kooperationsbeziehungen. Als Bestandteil eines solchen Portfo-
lios findet die betrachtete Partnerschaft innerhalb der Unternehmensstrategien beider Partner Erwähnung. **Somit sind beide Bestandteile erfüllt. Entsprechend ist
die strategische Bedeutung der Partnerschaft im Kooperationsfall 2 als eher
hoch zu bewerten.**

5.1.3.3 Kooperationsfall 3

Der Auslandsanteil des Unternehmensumsatzes ist bei einem der Partner im Kooperationsfall 3 nahezu Null und dementsprechend die erste Internationalitäts-
komponente nicht erfüllt. Auch bei der Einschätzung der Befragten zur Auslandsorientierung der Partner wird einem der Unternehmen eine sehr geringe Auslandsorientierung bescheinigt. Eine explizite Förderung kultureller Vielfalt und Diversität findet bei beiden Partnern in geringem bis sehr geringem Maße statt. Internationale Personalentwicklungsinstrumente werden nur in geringem Maße oder gar
nicht angewendet. **Damit ist keine der Internationalitätskomponenten erfüllt.
Im Kooperationsfall 3 ist entsprechend die Internationalität der Partnerunternehmen als gering zu bewerten.**

Während der Partnerwahl und in den Kooperationsverhandlungen fand nach
Aussage der Befragten keinerlei Berücksichtigung des Faktors Kultur statt. Bei
der Auswahl der Kooperationsträger wurden interkulturelle bzw. soziale Fähigkeiten bei einem der Partner in geringem Maße berücksichtigt, im anderen Partnerunternehmen jedoch überhaupt nicht. Kulturelle Vorbereitungs- oder Trainingsmaßnahmen wurden von beiden Seiten nicht durchgeführt. **Da keine der Kooperationsvorbereitungskomponenten erfüllt ist, wird die kulturbezogene
Kooperationsvorbereitung der Partner im Kooperationsfall 3 als gering eingeschätzt.**

Die strategische Bedeutung der Kooperation wird für die beteiligten Partner als
unterschiedlich hoch eingeschätzt. Während sie für einen der Partner eine hohe
Bedeutung einnimmt, ist ihr Stellenwert für den anderen Partner eher gering.
Auch in den Geschäftsberichten oder sonstigen Mitteilungen zur Unternehmensstrategie findet die Partnerschaft bei einem der Partner keinerlei Erwähnung. **Bei-**

de Komponenten sind somit nicht erfüllt. **Die strategische Bedeutung der Kooperationsbeziehung im Fall 3 ist damit als gering zu bewerten.**

5.1.3.4 Kooperationsfall 4

Im Kooperationsfall 4 ist der Auslandsanteil des Unternehmensumsatzes des einen Partners relativ gering und regional begrenzt. Beim anderen Partner beträgt der Auslandsanteil hingegen etwa 90 Prozent. Aus diesem Grund wird die Komponente als teilweise erfüllt angesehen. Die Auslandsorientierung der Partnerunternehmen wird jedoch vom Befragten als hoch bzw. sehr hoch eingeschätzt. Eine Förderung der Vielfalt und Diversität der Unternehmenskultur beider Partner trifft nur in mittlerem Maße zu. Personalentwicklungsinstrumente werden von beiden Partnern in nur geringem Maße eingesetzt. **Damit ist einer der vier Bestandteile des Kontextfaktors Internationalität erfüllt, zwei weitere teilweise erfüllt und eine Komponente nicht erfüllt. Entsprechend ist die Internationalität der Partnerunternehmen im Kooperationsfall 4 als mittel zu bewerten.**

Bei der Partnerwahl wurden kulturelle Faktoren insofern berücksichtigt, als dass der ausländische Partner trotz einer relativ geringen Auslandsorientierung bereits Kooperationserfahrungen im Rahmen anderer internationaler Joint Venture sammeln konnte und sich deshalb von der deutschen Seite ein besserer kultureller „Fit" im Vergleich zu anderen potenziellen Partnern der Region erhofft wurde. Im Rahmen der Kooperationsverhandlungen traten kulturelle Faktoren jedoch nach Einschätzung des Befragten in den Hintergrund und fanden keine Berücksichtigung. Bei der Auswahl der Kooperationsmitarbeiter wurden interkulturelle bzw. soziale Fähigkeiten nach Einschätzung des Befragten in größerem Ausmaß als fachliche Kompetenzen berücksichtigt. Kriterien der Kooperationsträgerauswahl waren eine hohe physische (räumliche und zeitliche) und mentale Flexibilität, gute Sprachkenntnisse, persönliche Reife und Erfahrung, Risikobewusstsein und eine hohe Lernbereitschaft. Kulturelle Vorbereitungs- und Trainingsmaßnahmen für die Kooperationsträger fanden nur in begrenztem Umfang in Form von Sprachkursangeboten und persönlichem Austausch statt. **Damit sind von den vier Komponenten der kulturbezogenen Kooperationsvorbereitung zwei erfüllt, eine teilweise erfüllt und eine weitere nicht erfüllt. Entsprechend ist die kulturbezogene Kooperationsvorbereitung im Kooperationsfall 4 als eher hoch zu bewerten.**

Die strategische Bedeutung der Kooperation wird für beide Partner als sehr hoch eingeschätzt. Im Rahmen der Kommunikation ihrer Unternehmensstrategien erwähnen beide Partner die untersuchte Partnerschaft als eine strategisch besonders wichtige. **Beide Komponenten sind damit im Kooperationsfall 4 erfüllt. Es ist entsprechend davon auszugehen, dass die strategische Bedeutung der Kooperationsbeziehung als hoch bewertet werden kann.**

5.1.3.5 Kooperationsfall 5

Beide Partner des Kooperationsfalls 5 haben einen Auslandsumsatzanteil von über 60 Prozent. Auch die Auslandsorientierung wird als sehr hoch eingeschätzt. Eine Förderung kultureller Vielfalt findet nach Einschätzung des Befragten jedoch nur in mittlerem bis geringem Ausmaß statt. Trotz ihrer internationalen Ausrichtung seien die Unternehmen nicht die „weltoffensten" ihrer Branche. Internationale Personalentwicklungsinstrumente finden haben nach Einschätzung des Befragten weder eine besonders hohe noch geringe Bedeutung. **Damit stehen zwei erfüllten Internationalitätskomponenten eine teilweise erfüllte und eine nicht erfüllte Komponente gegenüber. Die Internationalität der Partnerunternehmen kann entsprechend als eher hoch bewertet werden.**

Bei der Partnerwahl standen technische Bewertungen im Vordergrund – kulturelle Faktoren wurden nicht berücksichtigt. Während der Kooperationsverhandlungen wurden kulturelle Unterschiede nicht explizit thematisiert, jedoch sprachliche und kulturelle Dolmetscher zur besseren Verständigung hinzugezogen. Aus diesem Grund ist die Komponente als teilweise erfüllt anzusehen. Eine Berücksichtigung interkultureller Kompetenzen bei der Kooperationsträgerauswahl fand jedoch nicht statt, denn der Schwerpunkt lag auf der fachlichen Ebene. Kulturelle Vorbereitungsmaßnahmen wurden ebenfalls nicht durchgeführt, wären aber nach Einschätzung des Befragten vor Beginn der Zusammenarbeit sehr hilfreich gewesen. **Damit ist lediglich ein Bestandteil der kulturbezogenen Kooperationsvorbereitung teilweise erfüllt, die drei anderen sind nicht erfüllt. Entsprechend ist die kulturbezogene Kooperationsvorbereitung im Kooperationsfall 5 als gering einzuschätzen.**

Die strategische Bedeutung der Kooperation für die Partnerunternehmen wird mit einem mittleren Ausmaß angegeben. Eine Erwähnung der Partnerschaft im Rahmen der Strategiedarstellungen beider Unternehmen findet jedoch nicht statt. **Entsprechend ist die strategische Bedeutung der Partnerschaft im Kooperationsfall 5 als eher gering zu bewerten.**

5.1.3.6 Kooperationsfall 6

Im Kooperationsfall 6 beträgt der Auslandsanteil am Unternehmensumsatz der Partner etwa 40 bzw. 33 Prozent. Die Komponente ist damit teilweise erfüllt. Die Auslandsorientierung der Partner ist nach Einschätzung der Befragten ebenfalls mittleren Ausmaßes. Eine Förderung kultureller Vielfalt und Diversität findet jedoch nicht statt. Ebenso haben interkulturelle Personalentwicklungsinstrumente in beiden Partnerunternehmen einen eher geringen Stellenwert und werden selten eingesetzt. **Damit sind zwei Internationalitätskomponenten teilweise erfüllt und zwei weitere nicht erfüllt. Entsprechend ist die Internationalität der Partnerunternehmen im Kooperationsfall 6 als eher gering einzuschätzen.**

Kulturelle Faktoren haben in der Phase der Partnerwahl auf beiden Seiten keine Rolle gespielt und fanden daher auch keine Berücksichtigung. Im Rahmen der Kooperationsverhandlungen wurde der Faktor Kultur nicht explizit aber implizit in der Gestaltung der Managementstruktur berücksichtigt. Innerhalb dieser Struktur wurde großer Wert auf intensive Kommunikation, eine enge Abstimmung und die Förderung der Beziehungsqualität der Partner gelegt und somit der Berücksichtigung des Faktors Kultur stark entgegengekommen. Interkulturellen Fähigkeiten der Kooperationsträger kommt zwar eine sekundäre Rolle gegenüber fachlicher Qualifikation zu, sie werden aber dennoch berücksichtigt. Insbesondere sprachliche Fähigkeiten besitzen nach Einschätzung der Befragten bei den Auswahlkriterien eine recht hohe Bedeutung. Kulturelle Vorbereitungs- und Trainingsmaßnahmen fanden bei einem der Partner auf informeller Mentorenbasis statt und im anderen Unternehmen in Form von Seminar- und Coaching-Angeboten. **Damit sind zwei der vier Komponenten der kulturbezogenen Kooperationsvorbereitung erfüllt und eine weitere teilweise erfüllt. Entsprechend ist die kulturbezogene Kooperationsvorbereitung im Kooperationsfall 6 als eher hoch zu bewerten.**

Die strategische Bedeutung der Kooperation ist nach Einschätzung der Befragten für beide Unternehmen hoch bis sehr hoch. Im Rahmen ihrer Geschäftsberichte, Internetdarstellungen und Unternehmenskommunikation wird die Kooperation als elementarer Bestandteil der Unternehmensstrategien genannt. **Damit ist entsprechend die strategische Bedeutung der Kooperation für die Partnerunternehmen als hoch einzuschätzen.**

5.1.3.7 Kooperationsfall 7

Der Auslandsanteil am Unternehmensumsatz liegt bei einem der Partner im Kooperationsfall 7 bei unter 10 Prozent. Somit ist dieser Bestandteil der Internationalität beider Partnerunternehmen nicht erfüllt. Nach Einschätzung des Befragten ist die Auslandsorientierung jedoch hoch. Eine Förderung kultureller Vielfalt durch die Unternehmenskulturen sowie ein hoher Stellenwert interkultureller Personalentwicklungsinstrumente ist nach Einschätzung des Befragten bei einem der Partner nur in sehr geringem Ausmaß gegeben. **Daher sind drei der vier Internationalitätskomponenten nicht erfüllt. Entsprechend ist die Internationalität der Partnerunternehmen als gering zu bewerten.**

Eine Berücksichtigung kultureller Faktoren im Rahmen der Partnerwahl oder den Kooperationsverhandlungen fand nicht statt. Nach Aussage des Befragten war zu diesen Zeitpunkten keinerlei Bewusstsein für die Bedeutung kultureller Unterschiede ausgeprägt. Auch wurden bei der Auswahl der Kooperationsträger ausschließlich fachliche Aspekte berücksichtigt, was allerdings im Rückblick vom Befragten bedauert wurde. Die Möglichkeit der kulturellen Vorbereitung war für die Kooperationsmitarbeiter ebenfalls nicht von Seiten der Unternehmen gegeben. **Damit sind alle vier Komponenten nicht erfüllt. Entsprechend ist die kultur-**

bezogene Kooperationsvorbereitung im Kooperationsfall 7 als gering einzuschätzen.

Die strategische Bedeutung ist nach Einschätzung des Befragten für einen der Partner sehr hoch, für das andere Partnerunternehmen jedoch deutlich geringer ausgeprägt. Dementsprechend findet die Kooperation auch im Rahmen der Unternehmensstrategiedarstellung des einen Partners eine nur untergeordnete Berücksichtigung. **Aufgrund dieser ungleichen Verteilung ist die strategische Bedeutung der Kooperationsbeziehung im Fall 7 insgesamt als eher gering zu werten.**

5.1.3.8 Zusammenfassende Betrachtung der Kontextfaktoren über alle Fälle hinweg

Eine Übersicht der Ergebnisse des Pattern Matching für die Kontextfaktoren über alle untersuchten Kooperationsfälle hinweg zeigt Tabelle 20.

	Untersuchter Kooperationsfall						
Kontextfaktor	**1**	**2**	**3**	**4**	**5**	**6**	**7**
Internationalitäts-komponente 1	✓	✓	–	(✓)	✓	(✓)	–
Internationalitäts-komponente 2	#	✓	–	✓	✓	(✓)	✓
Internationalitäts-komponente 3	#	✓	–	(✓)	–	–	–
Internationalitäts-komponente 4	#	(✓)	–	–	(✓)	–	–
Fazit zur Internationalität der Partnerunternehmen	✓	✓	–	(✓)	✓	–	–
Kooperationsvorbereitungs-komponente 1	–	✓	–	✓	–	–	–
Kooperationsvorbereitungs-komponente 2	✓	(✓)	–	–	(✓)	✓	–
Kooperationsvorbereitungs-komponente 3	(✓)	✓	–	✓	–	✓	–
Kooperationsvorbereitungs-komponente 4	✓	✓	–	(✓)	–	(✓)	–
Fazit zur kulturbezogenen Kooperationsvorbereitung	✓	✓	–	✓	–	✓	–
Strategische Bedeutungskomponente 1	✓	✓	–	✓	(✓)	✓	–
Strategische Bedeutungskomponente 2	✓	(✓)	–	✓	–	✓	–
Fazit zur strategischen Bedeutung	✓	✓	–	✓	–	✓	–

✓ = Erfüllt/hoch   (✓) = Teilweise erfüllt/mittel   – = Nicht erfüllt/gering   # = Nicht einschätzbar

Tabelle 20:   Ergebnisse des Pattern Matching mit den Kontextfaktoren

5.2 Diskussion der Ergebnisse der Fallstudienanalyse

Im Zusammenhang des in Kapitel 3 der vorliegenden Arbeit aufgestellten Erklärungsmodells wurden Hypothesen zum Einfluss der Dimensionen interkultureller Kooperationskompetenz auf die Angemessenheit und Effektivität der Interaktionsbeziehungen (Teilmodell A) sowie Hypothesen zu ihrer Beeinflussung durch ausgewählte Kontextfaktoren (Teilmodell B) abgeleitet.

Um zu überprüfen, ob die im theoretisch hergeleiteten Erklärungsmodell postulierten Zusammenhänge auf empirischer Ebene vorgefunden werden können, wird das Modell, wie bereits in Abschnitt 3.5, beschrieben in zwei Teilmodelle unterteilt, die getrennt voneinander betrachtet werden.[989] Im Folgenden erfolgt daher zunächst die Diskussion der Ergebnisse für das Teilmodell A (Abschnitt 5.2.1) und im Anschluss für das Teilmodell B (Abschnitt 5.2.2).

Hinsichtlich der einzelnen Hypothesen wird dabei geprüft, ob eine „Volle Übereinstimmung", eine „Übereinstimmung mit Einschränkungen" oder „Keine Übereinstimmung" zwischen Empirie und Modell festgestellt werden kann. „Übereinstimmungen mit Einschränkungen" liegen immer dann vor, wenn eine der miteinander in Beziehung gesetzten Variablen nicht als eindeutig „hoch" oder „gering" eingeschätzt werden konnte. Die Kooperationsfälle, in denen „Keine Übereinstimmung" oder eine „Übereinstimmung mit Einschränkungen" festgestellt werden konnte, werden gesondert diskutiert. Auf diejenigen Fälle, in denen die Variablenbeziehungen den theoretisch vermuteten entsprechen, wird nicht näher eingegangen.[990]

5.2.1 Diskussion der Ergebnisse für das Teilmodell A

Das Teilmodell A postuliert einen theoretisch und auf Basis der Ergebnisse verschiedener empirischer Studien begründeten Zusammenhang zwischen der interkulturellen Kooperationskompetenz und der Angemessenheit und Effektivität der Interaktionsbeziehungen in internationalen Kooperationen. Die drei Dimensionen interkultureller Kooperationskompetenz, nämlich „Interkulturelles Bewusstsein", „Interkulturelle Sensibilität" und „Interkulturelle Integrationsfähigkeiten" stellen die unabhängigen Variablen dar, die Angemessenheit und Effektivität der Interaktionsbeziehungen werden als abhängige Variablen betrachtet.

Tabelle 21 gibt einen zusammenfassenden Überblick über die im Rahmen des Pattern Matching festgestellten Ausprägungen der relevanten Variablen des Teilmodells A.

---

[989] Vgl. zur Unterteilung des Erklärungsmodells in zwei Teilmodelle Abbildung 28 dieser Arbeit.

[990] Vgl. zu einer ähnlichen Vorgehensweise auch die Arbeit von Festing (1996).

	Untersuchter Kooperationsfall						
Variable	**1**	**2**	**3**	**4**	**5**	**6**	**7**
Interkulturelles Bewusstsein	✓	✓	–	✓	–	✓	–
Interkulturelle Sensibilität	✓	✓	–	✓	–	✓	–
Interkulturelle Integrationsfähigkeiten	✓	✓	–	✓	–	✓	–
Angemessenheit	✓	✓	–	✓	(✓)	✓	–
Effektivität	✓	✓	–	✓	✓	–	–

✓ = Hoch   (✓) = Mittel   – = Gering

Tabelle 21:   Ausprägung der Variablen des Teilmodells A

In den Hypothesen 1a, 2a und 3a des Teilmodells A wird unterstellt, dass die Angemessenheit der Interaktionsbeziehungen einer internationalen Unternehmenskooperation mit steigender Ausprägung der Dimensionen interkultureller Kooperationskompetenz zunimmt. Die Hypothesen 1b, 2b und 3b nehmen eine Zunahme der Effektivität der Interaktionsbeziehungen bei steigender Ausprägung der jeweiligen Kompetenzdimensionen an. Tabelle 22 gibt einen Überblick, inwieweit die angenommenen Zusammenhänge der Variablen im Teilmodell A in dem empirischen Datenmaterial der untersuchten Kooperationsfälle wiedergefunden werden konnten.

	Untersuchter Kooperationsfall						
Hypothese	1	2	3	4	5	6	7
H1a: Je höher das **interkulturelle Bewusst-sein** in einer Kooperation, desto eher verlaufen die Interaktionsbeziehungen **angemessen**	✓	✓	✓	✓	(✓)	✓	✓
H2a: Je höher die **interkulturelle Sensibi-lität** in einer Kooperation, desto eher verlaufen die Interaktionsbeziehungen **angemessen**	✓	✓	✓	✓	(✓)	✓	✓
H3a: Je höher die **interkulturellen Integra-tionsfähigkeiten** in einer Kooperation, desto eher verlaufen die Interaktions-beziehungen **angemessen**	✓	✓	✓	✓	(✓)	✓	✓
H1b: Je höher das **interkulturelle Be-wusstsein** in einer Kooperation, desto eher verlaufen die Interaktionsbe-ziehungen **effektiv**	✓	✓	✓	✓	–	–	✓
H2b: Je höher die **interkulturelle Sensibi-lität** in einer Kooperation, desto eher verlaufen die Interaktionsbeziehungen **effektiv**	✓	✓	✓	✓	–	–	✓
H3b: Je höher die **interkulturellen Integra-tionsfähigkeiten** in einer Kooperation, desto eher verlaufen die Interaktions-beziehungen **effektiv**	✓	✓	✓	✓	–	–	✓

✓ = Volle Übereinstimmung (✓) = Übereinstimmung mit Einschränkungen – = Keine Überein-stimmung

Tabelle 22: Übereinstimmung der empirischen Daten mit den Hypothesen des Teilmodells A

Wie die Tabelle zeigt, können die Hypothesen 1a, 2a und 3a zur Angemessenheit der Interaktionsbeziehungen für alle drei Kompetenzdimensionen in jeweils sechs der sieben untersuchten Kooperationsfälle anhand des empirischen Datenmaterials belegt werden. Lediglich in einem Fall liegt eine Übereinstimmung mit Ein-schränkungen vor. In diesem Fall 5 wurde bei jeweils geringer Ausprägung der einzelnen Dimensionen der interkulturellen Kooperationskompetenz eine mittlere Angemessenheit der Interaktionsbeziehungen festgestellt.

Eine Übereinstimmung zwischen dem Datenmaterial und den Hypothesen 1b, 2b und 3b zur Effektivität der Interaktionsbeziehungen liegen für alle drei Kompe-tenzdimensionen in jeweils fünf der sieben Fälle vor, in zwei Kooperationsfällen konnte hingegen keine Übereinstimmung konstatiert werden. Während in Fall 5 bei jeweils geringer Ausprägung der einzelnen Dimensionen der interkulturellen Kooperationskompetenz eine hohe Effektivität der Interaktionsbeziehungen bestimmt wurde, trafen im Fall 6 jeweils hohe Ausprägungen der Kompetenzdimensionen mit einer geringen Effektivität der Interaktionsbeziehungen zusammen. Im Folgenden soll daher kurz auf die Fälle 5 und 6 eingegangen werden.

Der Fall 5 stellt insofern eine Besonderheit dar, als dass die Zusammenarbeit der Partner erst seit kurzer Zeit erfolgt (etwa ein Jahr) und sich – bei begrenzter Zeitdauer – auf einen sehr spezifischen technologischen Bereich beschränkt. Aufgrund der bisherigen kurzen Dauer der Partnerschaft waren die Indikatoren der Erfolgsvariablen z.t. nur mit großer Unsicherheit oder zum Untersuchungszeitpunkt noch gar nicht einschätzbar (vgl. Tabelle 16). Die bisher mittlere bzw. hohe Bewertung der Angemessenheit und Effektivität kann sich daher im weiteren Verlauf der Kooperation noch ändern. Zum anderen ist die Zusammenarbeit der Partner auf eine sehr spezifische technologische Aufgabenstellung mit begrenzten Handlungsspielräumen der Kooperationsträger begrenzt, innerhalb derer unter hohem Zeitdruck auf ein technologisch sehr genau definiertes Endprodukt hingearbeitet wird. Dies führt dazu, dass kulturelle Unterschiede eine geringere Rolle in Bezug auf die Erreichung der Zielsetzungen spielen und fehlende interkulturelle Kooperationskompetenzen weniger Auswirkungen auf die Interaktionsbeziehungen haben.[991]

Im Kooperationsfall 6 wurde eine hohe Ausprägung aller drei Dimensionen interkultureller Kooperationskompetenz festgestellt. Dennoch wurde die Effektivität der Interaktionsbeziehungen als gering eingeschätzt. Der Grund für diese Abwiechung vom Modell ist mit hoher Wahrscheinlichkeit in der Wirkung kooperationsexterner Faktoren zu sehen. Aufgrund der in einigen Regionen für die Partner unerwartet schlechten Automobilkonjunktur konnte die Mehrzahl der mit der Kooperationsbeziehung verbundenen ehrgeizigen Zielsetzungen bisher nicht erreicht werden. Die hohe Ausprägung interkultureller Kooperationskompetenz hat somit in diesem Fall zwar wie erwartet zu einer hohen Angemessenheit der Interaktionsbeziehungen geführt, jedoch nicht zu einer Überwindung negativer ökonomischer Kontextfaktoren. Der Gesamterfolg der Kooperation wird von den Befragten jedoch immerhin trotz mehrheitlicher Nichterreichung der Ziele als mittel eingeschätzt.

Zusammenfassend kann festgehalten werden, dass die in den Hypothesen 1 bis 3 postulierten Beziehungen nicht verworfen werden müssen. Bei den Hypothesen 1a, 2a und 3a zum Einfluss der Dimensionen interkultureller Kooperationskompe-

---

[991] Vgl. hierzu die Ausführungen in Abschnitt 2.2.2.1, in denen dargelegt wurde, dass kulturelle Unterschiede insbesondere dort eklatant zu Tage treten, wo das Management-Verhalten durch große Handlungsspielräume gekennzeichnet ist. Technokratische Bereiche des Managements gelten hingegen als weniger kulturell beeinflusst. Vgl. auch Stüdlein (1997), S. 45.

tenz auf die Angemessenheit, d.h. Qualität und Stabilität der Interaktionsbeziehungen konnte lediglich in einem Fall keine volle sondern nur eine Übereinstimmung mit Einschränkungen festgestellt werden. Diese Einschränkungen konnten durch die Besonderheiten des Falls in Bezug auf die Kooperationsdauer und den Kooperationsbereich erklärt werden. Bei den Hypothesen 1b, 2b und 3b wich in einem weiteren Fall das Datenmaterial von den postulierten Zusammenhängen ab. Eine mögliche Begründung liegt hierbei in dem Einfluss externer Störeinflüsse in Form ökonomischer Rahmenbedingungen, die im Erklärungsmodell unberücksichtigt blieben. Es bestehen also keine Anhaltspunkte zur Verwerfung der in Teilmodell A postulierten Beziehungen.

5.2.2 Diskussion der Ergebnisse für das Teilmodell B

Das Teilmodell B betrifft den Zusammenhang zwischen ausgewählten Kontextfaktoren und den Dimensionen interkultureller Kooperationskompetenz. Die Kontextfaktoren „Internationalität der Partnerunternehmen", „Kulturbezogene Kooperationsvorbereitung" und die „Strategische Bedeutung der Kooperation" stellen die unabhängigen Variablen dar. Die interkulturellen Kooperationskompetenzdimensionen „Interkulturelles Bewusstsein", „Interkulturelle Sensibilität" und „Interkulturelle Integrationsfähigkeiten" werden als abhängige Variablen betrachtet. Tabelle 23 gibt einen zusammenfassenden Überblick über die im Rahmen des Pattern Matching festgestellte Ausprägung der relevanten Variablen des Teilmodells B.

	Untersuchter Kooperationsfall						
Variable	1	2	3	4	5	6	7
Internationalität der Partnerunternehmen	✓	✓	–	(✓)	✓	–	–
Kulturbezogene Kooperationsvorbereitung	✓	✓	–	✓	–	✓	–
Strategische Bedeutung der Kooperation	✓	✓	–	✓	–	✓	–
Interkulturelles Bewusstsein	✓	✓	–	✓	–	✓	–
Interkulturelle Sensibilität	✓	✓	–	✓	–	✓	–
Interkulturelle Integrationsfähigkeiten	✓	✓	–	✓	–	✓	–

✓ = Hoch   (✓) = Mittel   – = Gering

Tabelle 23:   Ausprägung der Variablen des Teilmodells B

In den Hypothesen 4a-c wird postuliert, dass eine hohe Internationalität der Partnerunternehmen zu einer eher höheren Ausprägung interkultureller Kooperationskompetenz führt. Die Hypothesen 5a-c unterstellen eine eher höhere interkulturelle Kooperationskompetenz innerhalb der Partnerschaft im Falle einer kulturbezogenen Kooperationsvorbereitung. Schließlich wird in den Hypothesen 6a-c unterstellt, dass die Dimensionen interkultureller Kooperationskompetenz tendenziell um so höher ausgeprägt sind, je größer die strategische Bedeutung der Kooperation ausfällt. Tabelle 24 gibt einen Überblick, inwieweit die angenommenen Zusammenhänge der Variablen im Teilmodell B in dem empirischen Datenmaterial der untersuchten Kooperationsfälle wiedergefunden werden können.

Es zeigt sich, dass der erwartete Zusammenhang zwischen den Kontextfaktoren der „Kulturbezogenen Kooperationsvorbereitung" und „Strategischen Bedeutung der Kooperation" einerseits und den Dimensionen interkultureller Kooperationskompetenz andererseits in allen sieben untersuchten Fällen ohne Einschränkung bestätigt werden kann. Lediglich für die Beziehung zwischen der „Internationalität der Partnerunternehmen" und den Kompetenzdimensionen konnte in zwei Fällen keine Übereinstimmung (Fall 5, 6) und in einem Fall nur eine Übereinstimmung mit Einschränkungen festgestellt werden (Fall 4).

Der fehlende bzw. nur teilweise gegebene Zusammenhang der Variablen „Internationalität der Partnerunternehmen" und den interkulturellen Kooperationskompetenzdimensionen in den Kooperationsfällen 5, 6 bzw. 4 ist nach eingehender Analyse des Datenmaterials darauf zurückzuführen, dass der Einfluss der beiden anderen Kontextfaktoren dominierend gewirkt hat. Im Kooperationsfall 5 sind trotz einer hohen Internationalität der Partnerunternehmen das interkulturelle Bewusstsein, die interkulturelle Sensibilität und die interkulturellen Integrationsfähigkeiten nur schwach bzw. gering ausgeprägt. Da jedoch keine kulturbezogene Kooperationsvorbereitung stattfand und die strategische Bedeutung der Partnerschaft gering ist, bleibt der Einfluss dieses Partnermerkmals begrenzt. Im Kooperationsfall 6 stellt sich die Situation spiegelbildlich dar. Obwohl die Internationalität der Partner als gering bewertet werden kann, führt die hohe Bedeutung der Kooperationsbeziehung für beide Partner und die eingehende Berücksichtigung des Faktors Kultur in den frühen Phasen der Kooperation zu einer hoch ausgeprägten interkulturellen Kooperationskompetenz. In ähnlicher, aber etwas abgeschwächter Form stellt sich die Situation im Fall 4 dar. Trotz nur mittlerer Internationalität der Partner sind die Kompetenzdimensionen hoch ausgeprägt, da eine kulturbezogene Vorbereitung stattfand und die Beziehung eine hohe strategische Bedeutung genießt.

Hypothese	Untersuchter Kooperationsfall						
	1	2	3	4	5	6	7
H4a: Je **internationaler** die Partnerunternehmen ausgerichtet sind, desto eher ist in der Kooperation ein hohes **interkulturelles Bewusstsein** ausgeprägt	✓	✓	✓	(✓)	–	–	✓
H4b: Je **internationaler** die Partnerunternehmen ausgerichtet sind, desto eher ist in der Kooperation eine hohe **interkulturelle Sensibilität** ausgeprägt	✓	✓	✓	(✓)	–	–	✓
H4c: Je **internationaler** die Partnerunternehmen ausgerichtet sind, desto eher sind in der Kooperation hohe **interkulturelle Integrationsfähigkeiten** ausgeprägt	✓	✓	✓	(✓)	–	–	✓
H5a: Findet eine **kulturbezogene Kooperationsvorbereitung** der Partner statt, ist in der Kooperation eher ein hohes **interkulturelles Bewusstsein** ausgeprägt	✓	✓	✓	✓	✓	✓	✓
H5b: Findet eine **kulturbezogene Kooperationsvorbereitung** der Partner statt, ist in der Kooperation eher eine hohe **interkulturelle Sensibilität** ausgeprägt	✓	✓	✓	✓	✓	✓	✓
H5c: Findet eine **kulturbezogene Kooperationsvorbereitung** der Partner statt, sind in der Kooperation eher hohe **interkulturelle Integrationsfähigkeiten** ausgeprägt	✓	✓	✓	✓	✓	✓	✓
H6a: Je höher die **strategische Bedeutung** der Kooperationsbeziehung ist, desto eher ist in der Kooperation ein hohes **interkulturelles Bewusstsein** ausgeprägt	✓	✓	✓	✓	✓	✓	✓
H6b: Je höher die **strategische Bedeutung** der Kooperationsbeziehung ist, desto eher ist in der Kooperation eine hohe **interkulturelle Sensibilität** ausgeprägt	✓	✓	✓	✓	✓	✓	✓
H6c: Je höher die **strategische Bedeutung** der Kooperationsbeziehung ist, desto eher sind in der Kooperation hohe **interkulturelle Integrationsfähigkeiten** ausgeprägt	✓	✓	✓	✓	✓	✓	✓

✓ = *Volle Übereinstimmung* (✓) = *Übereinstimmung mit Einschränkungen* – = *Keine Übereinstimmung*

Tabelle 24: Übereinstimmung der empirischen Daten mit den Hypothesen des Teilmodells B

Es zeigt sich, dass eine hohe Internationalität der Partnerunternehmen nicht automatisch zu einer hohen Ausprägung interkultureller Kooperationskompetenz führt. Vielmehr scheinen die Kontextvariablen der kulturbezogenen Kooperationsvorbereitung sowie der strategischen Bedeutung der Kooperationsbeziehung in den untersuchten Fällen einen größeren Einfluss gehabt zu haben. Eine hohe Internationalität beider Partnerunternehmen kann somit Defizite bei Vorbereitung nicht ausgleichen. Da auch bei intensiver Analyse des vorliegenden Datenmaterials keine weiteren alternativen Begründungen für die Erklärung des Zusammenhangs in den Fällen 4, 5 und 6 gefunden werden kann, ist daraus zu folgern, dass die Gleichgewichtung der Kontextfaktoren, d.h. der unabhängigen Variablen im Teilmodell B nicht aufrecht zu erhalten ist. Obwohl die Beziehung zwischen der Internationalität der Partnerunternehmen und den Dimensionen der interkulturellen Kooperationskompetenz auf Grund des Datenmaterials nicht vollständig verworfen werden kann, sprechen die Ergebnisse der Fallstudien jedoch für eine im Vergleich zu den anderen Kontextfaktoren untergeordnete Bedeutung.

Zusammenfassend kann festgehalten werden, dass die Modellbeziehungen der Hypothesen 5 und 6 in allen untersuchten Fällen bestätigt werden konnten. Auch für die Variablenzusammenhänge in Bezug auf die Hypothese 4 besteht immerhin in fünf von sieben Fällen Übereinstimmung oder eine Übereinstimmung mit Einschränkungen. Obgleich im folgenden Abschnitt noch diskutiert werden wird, inwiefern das Modell in Bezug auf die Gleichgewichtung der Kontextfaktoren anzupassen sein wird, besteht kein Anlass zur Verwerfung des Teilmodells B.

5.3 Schlussfolgerungen für das Erklärungsmodell

Die Konfrontation der Erklärungsmodellbeziehungen mit den aus dem empirischen Datenmaterial ermittelten Variablenausprägungen hat hinsichtlich beider Teilmodelle ein hohes Maß an Übereinstimmung ergeben. Somit kann die Schlussfolgerung gezogen werden, dass die postulierten Modellbeziehungen durch die vorliegende Untersuchung gestützt werden können. Die in den Kooperationsfällen untersuchte Angemessenheit und Effektivität der Interaktionsbeziehungen können überwiegend durch die Ausprägung interkultureller Kooperationskompetenz erklärt werden, die wiederum durch den Einfluss ausgewählter Kontextfaktoren bestimmt werden. Das Erklärungsmodell und seine Wirkungsbeziehungen wurde somit durch die Konfrontation mit der Realität im Rahmen der dargelegten Fallstudienuntersuchung plausibilisiert.

Anpassungsbedarf für das Erklärungsmodell lässt sich lediglich hinsichtlich der zunächst unterstellten Gleichgewichtung der Kontextfaktoren feststellen. Wie die Diskussion der Ergebnisse für das Teilmodell B im vorigen Abschnitt ergeben hat, reicht eine hohe Internationalität der Partnerunternehmen nicht aus, um eine interkulturell kompetente Kooperationsbeziehung gestalten zu können. Die empirischen Fallstudienergebnisse lassen zwar nicht zu, dass der positive Einfluss einer hohen Auslandsorientierung und Internationalität der Unternehmenskulturen der Partner gänzlich verworfen werden kann, aber ihr Einfluss ist gegenüber der kulturbezogenen Vorbereitung und der strategischen Bedeutung als geringer einzustufen. Diese Erkenntnis wird im modifizierten Erklärungsmodell, welches Abbildung 34 zeigt, durch die gestrichelten Pfeile der Wirkbeziehungen dieses Kontextfaktors angedeutet. Der Aspekt der Gewichtung einzelner Kontextfaktoren bezüglich ihres Einflusses auf die Dimensionen interkultureller Kooperationskompetenz sollte jedoch in zukünftigen Forschungsvorhaben detaillierter aufgezeigt werden.

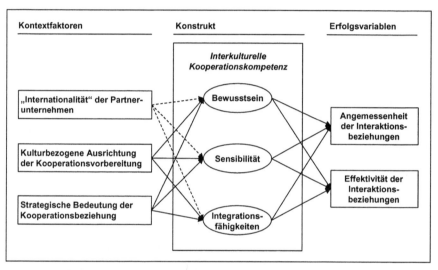

Abbildung 34: Modifiziertes Erklärungsmodell interkultureller
Kooperationskompetenz

6 SCHLUSSBETRACHTUNG

In der Schlussbetrachtung werden zunächst die Ergebnisse der Arbeit noch einmal zusammengefasst dargestellt (Abschnitt 6.1). Im Anschluss erfolgt die Ableitung von Gestaltungshinweisen für die phasenspezifische Berücksichtigung kultureller Unterschiede in internationalen Unternehmenskooperationen (Abschnitt 6.2). Schließlich werden theoretische und methodische Schlussfolgerungen für die wietere Forschung im interkulturellen Kooperationsmanagement gezogen (Abschnitt 6.3).

6.1 Zusammenfassung der Ergebnisse

Das Ziel der vorliegenden Arbeit bestand u.a. darin, ein an theoretischen Überlegungen und dem empirischen Stand der Forschung orientiertes Erklärungsmodell einer interkulturellen Kooperationskompetenz zu entwickeln. Dieses wird in seinen Grundzügen im folgenden Abschnitt 6.1.1 noch einmal skizziert. In einem zweiten Schritt sollten die postulierten Wirkbeziehungen der Modellvariablen mit empirischem Datenmaterial konfrontiert werden, um so Anhaltspunkte für eine theoretische Verallgemeinerung der Ergebnisse zu finden. Das Untersuchungsdesign der durchgeführten Fallstudienanalyse sowie eine Bewertung der Ergebnisse werden in Abschnitt 6.1.2 zusammenfassend dargestellt.

6.1.1 Ergebnisse der Erklärungsmodellentwicklung

Organisationstheoretische Überlegungen und Erkenntnisse aus bisherigen empirischen Untersuchungen der interkulturellen Management- und Kooperationsforschung bildeten die Grundlage der Modellentwicklung. Die Grundstruktur des Modells besteht darin, dass die Interaktionsbeziehungen in einer internationalen Unternehmenskooperation wesentlich von den interkulturellen Kompetenzen der beteiligten Partnerunternehmen und ihrer Kooperationsträger beeinflusst werden. Interkulturelle Kooperationskompetenz wurde daher als *die in einer internationalen Kooperationsbeziehung vorhandenen Fähigkeiten der beteiligten Partnerunternehmen und ihrer Kooperationsträger zur Gestaltung angemessener und effektiver interkultureller Interaktionen* definiert.

Interkulturelle Kooperationskompetenz manifestiert sich im Rahmen des aufgestellten Modells in einer kognitiven, affektiven und konativen Dimension. Dabei handelt es sich bei der kognitiven, wissensbezogenen Dimension, die als „Interkulturelles Bewusstsein" bezeichnet wurde, um die kognitive Fähigkeit der Partner, die kulturellen Merkmale der eigenen und fremden Kultur zu erkennen, zu verstehen und zu erklären. Die affektive, motivationsbezogene Dimension, die „Interkulturelle Sensibilität" genannt wurde, umfasst die Motivation der Partner, die kulturellen Unterschiede in der Kooperation wahrzunehmen, zu akzeptieren und wertzuschätzen. Die „Interkulturellen Integrationsfähigkeiten" als konative, verhaltensbezogene Dimension enthalten schließlich die Fähigkeiten der Kooperationspartner, geeignete Methoden und Formen der Zusammenarbeit zu finden und zu gestalten.

Des Weiteren wurde im Rahmen der Modellentwicklung auf den Einfluss ausgewählter Kontextfaktoren eingegangen. Auf der Basis des bisherigen Stands der Forschung wurde postuliert, dass die Internationalität der Partnerunternehmen, eine kulturbezogene Kooperationsvorbereitung und eine hohe strategische Bedeutung der Kooperationsbeziehung die Entwicklung interkultureller Kooperationskompetenz fördern.[992]

6.1.2 Ergebnisse der empirischen Fallstudienuntersuchung

In der empirischen Untersuchung wurde das entwickelte Modell mit der Realität internationaler Unternehmenskooperationen konfrontiert. Auf Grund der Komplexität der Fragestellung und der zu erhebenden Variablen stand kein geeignetes Sekundärmaterial zur Verfügung und es musste eine Primärerhebung durchgeführt werden.[993] Aus den Gründen der Komplexität und notwendigen Berücksichtigung des situativen Kontextes stellte sich eine standardisierte großzahlige, empirische Untersuchung als ungeeignet heraus. Es bot sich deshalb die Methodik der Fallstudienuntersuchung an.

Im Rahmen dieser Methodik wurde eine nomothetische Fallstudienanalyse durchgeführt. Diese Art der Fallstudienuntersuchung ermöglicht auf der Basis theoretischer Überlegungen eine Einordnung der Fälle in ein Klassifikationsschema, wobei Gesetzmäßigkeiten im sozialen Bereich angenommen und quantitative Methoden ausdrücklich akzeptiert werden. Dadurch wurde versucht, unplausible Hypothesen durch den Vergleich mit in mehreren Fallstudien gefundenen Variablenausprägungen zu eliminieren. Methodisch erfolgte der Vergleich der theoretischen Ebene mit der Messebene durch ein „Pattern-Matching". Dabei wurden die sich aus dem erhobenen Datenmaterial ergebenden, tatsächlichen Muster mit den theoretisch vorhergesagten verglichen. Um Verzerrungen zu minimieren, wurden als Gütekriterien zur Evaluierung von Fallstudien die Konstruktvalidität, die interne und externe Validität sowie die Reliabilität herangezogen und berücksichtigt. Als Datenerhebungstechnik kamen in erster Linie teil-strukturierte Intensivinterviews zum Einsatz. Der Forderung nach einem Methodenpluralismus, um Methodenartefakte besser erkennen und eliminieren zu können (Triangulation), wurde durch zusätzlich durchgeführte Dokumentenanalysen öffentlich zugänglicher (Ge-

---

[992] Vgl. zu dem Gesamtmodell Abbildung 28.

[993] Es ist in der Kooperationsforschung insgesamt ein Mangel an systematisch gesammelten Daten, die über Kooperationsankündigungen in Zeitungen und Zeitschriften hinausgehen, zu beklagen. Vgl. Royer (2000), S. 261.

schäftsberichte, Presseartikel, etc.) und kooperationsinterner Dokumente (Kooperationsvertrag, Trainingsunterlagen, etc.) nachgekommen.

Insgesamt wurden sieben Fälle internationaler Unternehmenskooperationen von deutschen Industrieunternehmen untersucht. Das erhobene Datenmaterial konnte die postulierten Beziehungen des Erklärungsmodells einer interkulturellen Kooperationskompetenz stützen. Durch die Fallstudienmethodik war es möglich, bei der Dateninterpretation auch den situativen Kontext der Kooperationsbeziehung zu berücksichtigen und somit einzelne Abweichungen von den zuvor postulierten Zusammenhängen zu erklären. Lediglich im Hinblick auf die zuvor angenommene Gleichgewichtung der Kontextfaktoren konnte keine Plausibilisierung des Erklärungsmodells erreicht werden. Die Fallstudienergebnisse lassen hingegen vermuten, dass die Internationalität der Partnerunternehmen einen geringeren Einfluss auf die Dimensionen der interkulturellen Kooperationskompetenz ausübt als die kulturbezogene Kooperationsvorbereitung oder die strategische Bedeutung der Kooperationsbeziehung.

Zusammenfassend kann festgestellt werden, dass auf der Basis des vorliegenden Datenmaterials eine vorläufige theoretische Verallgemeinerung der im Modell postulierten Beziehungen möglich ist. Zudem können erste Gestaltungshinweise für internationale Unternehmenskooperationen gegeben werden, die im folgenden Abschnitt ausgeführt werden.

6.2 Gestaltungshinweise für internationale Unternehmenskooperationen

Im folgenden Abschnitt soll auf die Forschungszielsetzung der Ableitung von Gestaltungshinweisen für den Aufbau und das Management internationaler – und damit interkultureller – Unternehmenskooperationen eingegangen werden. Dabei müssen jedoch die Bedingungen in die Überlegungen einbezogen werden, unter denen solche Gestaltungsempfehlungen möglich sind.[994] Aufgrund des gewählten Designs der vorliegenden Arbeit können Aussagen über die untersuchten Fälle gemacht werden, aber nicht davon ausgegangen werden, dass diese Aussagen für sämtliche, internationale Unternehmenskooperationen gelten. Es erscheint aber möglich, auf der Basis des entwickelten Erklärungsmodells kooperationsphasenspezifische Gestaltungshinweise zu geben, die Partnerunternehmen in internationalen Kooperationen einen Rahmen liefern, um ihre Interaktionsbeziehungen möglichst interkulturell kompetent und damit angemessen und effektiv zu gestalten. Sie sind zwar relativ allgemein gehalten und nicht unternehmensspezi-

---

[994] Vgl. dazu z.B. Festing (1996), S. 247.

fischer Art, da sie sich auf einem relativ hohen Abstraktionsniveau bewegen,[995] liefern den betroffenen Unternehmen jedoch ein brauchbares Grundgerüst zur Ausgestaltung internationaler Kooperationen und ihren Interaktionsbeziehungen, welches auf jeden Einzelfall zugeschnitten werden muss.

6.2.1 Phasenkonzept internationaler Kooperationen

In der Kooperationsliteratur wird hinsichtlich des Aufzeigens von Gestaltungsempfehlungen häufig auf Phasenkonzepte zurückgegriffen. Eine Kooperation durchläuft diesen Konzepten zufolge verschiedene Phasen, in denen es unterschiedliche Erfolgsfaktoren und Erfordernisse für das Management der beteiligten Partnerunternehmen gibt.[996] Auch in der vorliegenden Arbeit wurde im Rahmen der Entwicklung des Erklärungsmodells deutlich, dass die Grundlagen der interkulturellen Kooperationskompetenz bereits während der Planungs- und Vorbereitungsphase der Partnerschaft gelegt werden, während sich das Vorhandensein der einzelnen Kompetenzdimensionen erst in den späteren Phasen der konkreten Zusammenarbeit zeigt. Um dieser Tatsache Rechnung zu tragen, sind die Gestaltungsempfehlungen dieser Arbeit auf einzelne Phasen der Zusammenarbeit zugeschnitten. Dabei werden drei relevante Phasen unterschieden, die ineinander übergehen und als Prozess anzusehen sind. Hierbei handelt es sich in Anlehnung an Eisele um die Initiierungs-, Verhandlungs- und Implementierungsphase.[997]

Während der **Initiierungsphase** werden i.d.R. im Rahmen einer Strategieentwicklung das Wertsteigerungspotenzial sowie die Chancen und Risiken einer Kooperation ermittelt und die Alternativen der Akquisition, Fusion oder des Alleingangs kritisch geprüft.[998] Danach sollen im Rahmen der Partnerevaluation potenzielle Partnerunternehmen identifiziert und hinsichtlich ihrer strategischen, organisatorischen und kulturellen Ausrichtung analysiert sowie ihr Stärken- und Schwächenprofil ermittelt werden. Das Ergebnis ist die Wahl eines oder mehrerer Partner.

---

[995] Nach Ansicht von Nienhüser müssen sogenannte „Handlungsskizzen", die er als sinnvolle Art der Gestaltungsempfehlung aufzeigt und die sich durch eine Vereinfachung gegenüber detaillierteren Handlungsempfehlungen auszeichnen, an die konkreten Gegebenheiten der einzelnen Unternehmen angepasst werden. Vgl. Nienhüser (1993), S. 246.

[996] Vgl. zur Phaseneinteilung von Kooperationen in der Literatur z.B. Bleicher/Herrmann (1991), S. 17; Meckl (1995), S. 27ff.; Bronder/Pritzl (1998), S. 27ff.; Kanter (1994), S. 99ff.; Eisele (1995), S. 53f. oder Schwerk (2000), S. 230ff.

[997] Vgl. Eisele (1995), S. 57f., dessen Vorgehensweise eines Verzichts auf eine seperate Betrachtung der späteren Betriebs- und Anpassungs- sowie Terminierungsphase auf Grund der relativ zu den anderen drei Phasen geringen Praxisrelevanz gefolgt werden soll. Vgl. auch Parkhe (1991), S. 596 und Krieger (2001), S. 255, die auf die Notwendigkeit der Berücksichtigung kultureller Einflüsse vornehmlich in den *frühen* Phasen einer Kooperation hinweisen.

[998] Vgl. Bronder/Pritzl (1992), S. 22f.; Meckl (1995), S. 29.

In der **Verhandlungsphase** erfolgt zumeist die Kontaktaufnahme zum ausgewählten Partner und die eigentliche Kooperationsverhandlung. Diese umfasst i.d.R. die Zielsetzung, die geplante Dauer und die Konfiguration der Kooperation sowie Fragen der Integration, der strukturellen Gestaltung, Machtverteilung, Ressourcenzuordnung, Entscheidungsfindung und Kontrollausübung.[999] Bei erfolgreicher Verhandlung münden die Gespräche in einen – zumeist schriftlich fixierten – Kooperationsvertrag. Übergeordnetes Ziel der Vertragsgestaltung ist dabei die Festlegung eines für die Partnerschaft adäquaten Rechts- und Koordinationsgefüges.[1000]

Die **Implementierungsphase** enthält die Integration und gemeinsame Vereinbarung der operativen Zusammenarbeit der Kooperationspartner. Darunter wird die gemeinsame Strategieformulierung, die organisatorische und personelle Ausstattung der Partnerschaft, die Errichtung von Schnittstellen und Kommunikationsmechanismen sowie die Gestaltung von Management-Systemen verstanden.[1001]

Abbildung 35 gibt einen Überblick über die für die Fragestellungen der vorliegenden Arbeit relevanten Phasen und die darin enthaltenen Teilschritte.

Quelle: Vgl. Eisele (1995), S. 58

Abbildung 35: Phasenschema einer Kooperation

Im Folgenden werden phasenspezifische Gestaltungshinweise zur Erreichung und Förderung interkultureller Kooperationskompetenz im Rahmen internationaler Unternehmenspartnerschaften entwickelt. Die Fallstudienanalyse hat bestätigt, dass die postulierten Dimensionen eines interkulturellen Bewusstseins, einer interkulturellen Sensibilität und interkulturelle Integrationsfähigkeiten eine wichtige Rolle für die Gestaltung angemessener und effektiver Interaktionsbeziehungen spielen. Bei einer Vernachlässigung interkultureller Kooperationskompetenz ist somit nicht nur mit einer geringeren Qualität und Stabilität der Austauschbeziehungen in der Partnerschaft (Angemessenheitskriterium der Untersuchung)

---

[999] Vgl. Bronder/Pritzl (1998), S. 30f.; Stüdlein (1997), S. 175.

[1000] Vgl. Bronder/Pritzl (1992), S. 42.

[1001] Vgl. Meckl (1995), S. 34ff.; Bronder/Pritzl (1992), S. 40ff.

zu rechnen, sondern auch eine geringere Wahrscheinlichkeit des Erreichens der Kooperationszielsetzungen (Effektivitätskriterium der Untersuchung) zu erwarten.

6.2.2 Initiierungsphase

Während der Initiierungsphase besteht für die Partner zunächst im Rahmen der Strategieentwicklung die Notwendigkeit, sich einen Überblick über das Ausmaß der Internationalität des eigenen Unternehmens zu verschaffen und eine generelle Kulturbewusstheit im Managements zu generieren. Obwohl im Rahmen der durchgeführten empirischen Untersuchung festgestellt werden konnte, dass für die analysierten Kooperationsfälle die Internationalität der Partnerunternehmen eine im Vergleich zu anderen Kontextfaktoren geringere Bedeutung für die interkulturelle Kooperationskompetenz innerhalb einer Partnerschaft hatte, kann dennoch von einem positiven Einfluss ausgegangen werden. Deshalb sollten zum einen Maßnahmen zur **Förderung der Auslandsorientierung und Internationalität der Unternehmenskultur** ergriffen werden.[1002] Zudem sollten sich die Unternehmen ihrer Internationalität und damit Ausgangslage hinsichtlich des Erreichens interkultureller Kooperationskompetenz bewusst sein, um eventuelle Mängel in diesem Bereich mit Hilfe einer speziellen Kooperationsvorbereitung adressieren bzw. ausgleichen zu können.

Darüber hinaus ist bereits während der strategischen Entwicklung eine Akzeptanz der Kulturthematik im Management notwendig. Die **Generierung einer Kulturbewusstheit im Management** zu diesem Zeitpunkt ermöglicht, dass die Relevanz des Faktors Kultur im Rahmen der Kooperationsvorbereitung akzeptiert und der Zusammenhang zwischen der Berücksichtigung kultureller Unterschiede und der Angemessenheit und Effektivität der Interaktionsbeziehungen erkannt wird. Ohne ein generelles Verständnis des Kulturphänomens wird es hingegen schwer sein, das Management von der Notwendigkeit einer – z.T. zeit- und kostenintensiven – kulturbezogenen Kooperationsvorbereitung zu überzeugen oder ein hinreichendes interkulturelles Bewusstsein zu Beginn einer Partnerschaft zu erzielen. Als mögliche Maßnahmen zur Erreichung einer Kulturbewusstheit im Management nennt Stüdlein dabei[1003]

[1002] Vgl. zu möglichen (langfristig wirkenden) Maßnahmen der Förderung einer internationalen Unternehmenskultur u.a. die Ausführungen von Bures/Vloeberghs (2001), S. 53. Es sei aber an dieser Stelle noch einmal darauf hingewiesen, dass den Ergebnissen der Fallstudienuntersuchung zufolge eine hohe Internationalität der Partner keine absolut notwendige oder gar hinreichende Voraussetzung zur Erreichung interkultureller Kooperationskompetenz darstellt. Vgl. die Diskussion der Ergebnisse in Abschnitt 5.2.2.

[1003] Vgl. Stüdlein (1997), S. 182ff.

- die Aufbereitung theoretischer Erkenntnisse zur Relevanz des Faktors Kultur im Rahmen internationaler Wirtschaftsbeziehungen[1004] bzw. internationaler Unternehmenskooperationen,[1005]

- die Sammlung empirischer Forschungsergebnisse zu den sich aus der kulturellen Perspektive ergebenden Problemfeldern und Erfolgsfaktoren internationaler Partnerschaften,[1006]

- die Analyse bestehender Erfahrungen im eigenen Unternehmen aus der kulturellen Perspektive, z.B. in Form von Interviews oder Workshops mit (ehemaligen) Kooperationsträgern,

- die Analyse benachbarter Themenbereiche, z.B. durch eine systematische Erhebung und Auswertung der Erfahrungen von Auslandsmitarbeitern hinsichtlich der Problempotenziale interkultureller Zusammenarbeit sowie

- den Aufbau zusätzlicher Argumentationsgrundlagen, z.B. hinsichtlich der Darstellung von Lernpotenzialen und möglichen kulturellen Synergien aus der internationalen Zusammenarbeit.

Für die Teilschritte der Partnerevaluation und Partnerwahl sind kulturelle Unterschiede ebenfalls zu berücksichtigen.[1007] Obwohl im Rahmen der Fallstudienuntersuchung die Aussagen in der Literatur, dass eine solche Berücksichtigung nur in wenigen Fällen vorgenommen wird,[1008] tendenziell bestätigt werden konnte, zeigen die empirischen Ergebnisse jedoch auch, dass in den beiden untersuchten Kooperationsfällen, in denen eine Einbeziehung kultureller Faktoren stattfand, auch eine hohe interkulturelle Kooperationskompetenz gemessen werden konnte. Zur Umsetzung der Forderung nach einer Berücksichtigung kultureller Unterschiede im Rahmen der Partnerwahl und -evaluation wird insbesondere die Abschätzung kultureller Ausprägungen möglicher Partner, eine Analyse potenzieller, kultureller Konflikte und Synergien sowie die Identifikation notwendiger Maßnahmen und Anpassungen vorgeschlagen.

[1004] Vgl. die Ausführungen in Abschnitt 2.2.2 oder z.B. die Studien von Hofstede (1994, 2000, 2001b).

[1005] Vgl. die Ausführungen in Abschnitt 2.3 sowie die Darstellungen bei Stüdlein (1997) und Loiselle (2000).

[1006] Vgl. u.a. die empirischen Studien von Ertel/Weiss/Visioni (2001) und Fedor/Werther (1996). I.d.R. überzeugen in der Praxis empirische Befunde mehr als theoretische Überlegungen. Vgl. Stüdlein (1997), S. 182.

[1007] Vgl. zur Notwendigkeit der Einbeziehung kultureller Aspekte bei der Partnerevaluation und -wahl auch die Ausführungen in Abschnitt 3.4.2.

[1008] Vgl. z.B. Stüdlein (1997), S. 225; Ertel/Weiss/Visioni (2001), S. 34 und Faulkner/de Rond (2000), S. 29.

Die **Abschätzung der landes- und unternehmenskulturellen Ausprägungen potenzieller Partnerunternehmen** nimmt im Hinblick auf eine Einschätzung ihrer Interessen und Ziele eine wichtige Rolle ein, da diese kulturell determiniert sind.[1009] Um ein differenziertes Bild der Landeskultur des potenziellen Partners zu erhalten, kann dabei etwa auf Forschungsergebnisse der interkulturellen Managementforschung, auf Informationen diverser Institutionen, wie z.b. Industrie- und Handelskammern oder Ländervereinen, und auf unternehmensinterne Informationsquellen wie das Know-how und die Erfahrungen von Auslandsmitarbeitern bzw. Auslandsniederlassungen zurückgegriffen werden.[1010] Für eine vorläufige Einschätzung unternehmenskultureller Ausprägungen stehen i.d.R. kulturelle Artefakte wie Geschäftsberichte, Organigramme, Leitbilder sowie Darstellungen der Firmengeschichte und -traditionen als Analyseobjekte zur Verfügung.[1011]

Die **Analyse potenzieller, kultureller Konflikte und Synergien** im Rahmen der Partnerevaluation ermöglicht die Betrachtung möglicher Konsequenzen der Zusammenarbeit aus kultureller Sicht. Einen ersten Anhaltspunkt für die Einschätzung des Ausmaßes an potenziellen Problemen und Konflikten stellt die kulturelle Distanz zwischen der eigenen und der Kultur des potenziellen Partners dar.[1012] Zur Bestimmung der landeskulturellen Distanz kann dabei z.b. auf die Kulturdimensionen von Hofstede zurückgegriffen werden.[1013] Auf der Ebene der Unternehmenskultur lassen sich u.a. die Typologien von Deal/Kennedy oder ebenfalls Hofstede verwenden.[1014] Dabei ist davon auszugehen, dass die interkulturelle Zusammenarbeit im Rahmen einer Kooperation umso schwieriger sein wird, je größer die ermittelte kulturelle Distanz ist.[1015] Im Anschluss lassen sich dann die kulturellen Unterschiede hinsichtlich ihrer Bedeutung für die Zusam-

---

[1009] Vgl. u.a. Forstmann (1998), S. 60f. sowie die Ausführungen in Abschnitt 2.3.1.

[1010] Vgl. Stüdlein (1997), S. 230ff.

[1011] Vgl. u.a. Leitl (2003), S. 17.

[1012] Die kulturelle Distanz stellt das Ausmaß der Unterschiedlichkeit zweier Kulturen hinsichtlich ihrer Ausprägungen in verschiedenen Kulturdimensionen oder hinsichtlich grundlegender Strukturierungen dar und bezieht sich damit nicht – wie manchmal angenommen – auf die geografische Distanz. Vgl. Stüdlein (1997), S. 239.

[1013] Vgl. die Darstellung in Abschnitt 2.2.1.2 dieser Arbeit bzw. bei Hofstede (1993b, 1994, 2000, 2001b).

[1014] Vgl. Deal/Kennedy (1982) sowie Hofstede (1994, 1998).

[1015] Vgl. z.B. Parkhe (1991), S. 589; Meschi/Roger (1994), S. 210; Barkema/Vermeulen (1997), S. 848 und Griffith/Harvey (2001), S. 95. Zur Messung der kulturellen Distanz wird dabei zumeist der absolute Betrag der Abweichungen von Hofstedes Indexwerten verwandt. Vgl. u.a. Eisele (1995), S. 120; Park/Ungson (1997), S. 292 und Barkema/Vermeulen (1997), S. 852f. Dies bedeutet jedoch nicht, dass die Zusammenarbeit mit Partnern aus ähnlichen Kulturen keine Probleme mit sich bringt.

menarbeit in einer Kooperation gewichten und beurteilen.[1016] Dies ermöglicht dem Management nicht nur eine Vorstellung von potenziellen Konflikt- und Problemfeldern zu gewinnen sowie Synergiepotenziale der Zusammenarbeit zu identifizieren, sondern auch bereits erste **notwendige Maßnahmen und Anpassungen** zu planen. Diese Planung ermöglicht eine differenziertere Entscheidung für oder gegen einen potenziellen Partner und sollte im Rahmen der Verhandlungsphase gemeinsam mit dem potenziellen Kooperationspartner reflektiert und spezifiziert werden.

6.2.3 Verhandlungsphase

Im Rahmen der Verhandlungsphase gilt es für die Partnerunternehmen, kulturelle Unterschiede in der Verhandlungssituation zu berücksichtigen, die Komplexität der späteren, interkulturellen Zusammenarbeit zu thematisieren und kulturelle Integrationsmaßnahmen zu planen. Als Bestandteil einer kulturbezogenen Kooperationsvorbereitung konnte auch im Rahmen der empirischen Fallstudienuntersuchung eine tendenziell positive Wirkung auf die Erreichung interkultureller Kooperationskompetenz festgestellt werden.

Eine **Berücksichtigung kultureller Unterschiede in der Verhandlungssituation** ist auf Grund der inhärenten Komplexität interkultureller Verhandlungen unerlässlich. Unterschiede im Kommunikationsverhalten, in den verhandlungsrelevanten Aspekten und im Aufbau von Beziehungen und Vertrauen erschweren die Verhandlungsführung erheblich.[1017] Dabei entscheidet der Verhandlungsprozess nicht nur über die Realisation einer Kooperation, sondern legt auch den Grundstein für die zukünftige Zusammenarbeit. Daher gilt es, interkulturelle Unterschiede im Verhandlungsverhalten zu antizipieren und das eigene Verhandlungsverhalten u.U. anzupassen. Eine weitere Möglichkeit stellt die Hinzunahme eines interkulturellen Dolmetschers, Beraters oder Mittlers dar.[1018]

Eine **Thematisierung der Komplexität der kulturellen Zusammenarbeit** bereits im Rahmen der Kooperationsverhandlung wird als weiterer Schritt auf dem Weg zu einer interkulturellen Kooperationskompetenz vorgeschlagen.[1019] Als Basis der Gespräche bieten sich die in den vorherigen Teilschritten der Strategieentwicklung und der Partnerevaluation jeweils getrennt gewonnenen Erkenntnisse

---

[1016] Vgl. auch die Darstellung der kooperationsrelevanten Unterschiede in den Dimensionen von Hofstede und ihren Auswirkungsbereichen in Tabelle 2. Als Hilfsmittel der Bewertung kann dabei z.B. eine „Kulturfit-Analyse Matrix" dienen. Vgl. Forstmann (1998), S. 77 und Kasper/Holzmüller/Wilke (2003), S. 860f.

[1017] Vgl. Südlein (1997), S. 271ff.

[1018] Zu weiteren Handlungsempfehlungen und Instrumenten interkultureller Verhandlungsführung vgl. u.a. Südlein (1997), S. 280ff.; Mockler (1999), S. 88f. und Gordon/Salganik (2001), S. 74.

[1019] Vgl. hierzu auch Mockler (1999), S. 85 und 89 sowie Gordon/Salganik (2001), S. 74.

an, welche mit dem Partner diskutiert und dabei ergänzt oder korrigiert werden können. Diese Diskussion sollte dann in die **Planung kultureller Integrationsmaßnahmen** münden, welche die Art und das Ausmaß notwendiger Schritte zur Vorbereitung der Kooperationsträger und zur Überwindung kultureller Unterschiede festlegen. Die gemeinsame Planung erlaubt den Partnern eine optimale Abstimmung der Aktivitäten und ihre teilweise gemeinsame Umsetzung. Eine frühzeitige Festlegung der Integrationsmaßnahmen gewinnt dabei den Ergebnissen der Fallstudienanalyse zufolge insbesondere in strategisch weniger bedeutenden Partnerschaften an Wichtigkeit, weil leicht die Gefahr besteht, dass auf Grund der tendenziell geringeren Ressourcenausstattung und Aufmerksamkeit des Top-Managements die kulturelle Dimension der Zusammenarbeit in den späteren Phasen vernachlässigt wird.[1020]

6.2.4 Implementierungsphase

Während der Implementierungsphase sind die vertraglichen und sonstigen Vorbereitungsmaßnahmen bereits erfolgt und den Partnern sollte damit eine solide Grundlage der Zusammenarbeit zur Verfügung stehen. Wichtig ist, in dieser Phase der Kooperation ein interkulturelles Bewusstsein, eine interkulturelle Sensibilität und interkulturelle Integrationsfähigkeiten zu etablieren. Die Ergebnisse der Fallstudienuntersuchung haben gezeigt, dass dies einen hohen Einfluss auf die Angemessenheit und Effektivität der Interaktionsbeziehungen der Partnerunternehmen und ihrer Kooperationsträger ausübt. Daher sind zum einen geeignete Kooperationsträger unter der Berücksichtigung interkultureller Kompetenzen auszuwählen und im Hinblick auf die Zusammenarbeit mit dem Partner vorzubereiten. Darüber hinaus sind geeignete Formen der Kommunikation und Konfliktlösung zu etablieren, so dass die Interaktionsprozesse initiiert und kontinuierlich verbessert werden können.

Eine **Auswahl der Kooperationsträger unter Berücksichtigung interkultureller und sozialer Kompetenzen** sollte in Anbetracht der Komplexität und Erfolgsrelevanz des Faktors Kultur in den Interaktionsbeziehungen der Partner erfolgen. Dabei sind neben der fachlichen Einung sowohl kognitives, kulturelles Wissen als auch affektive Persönlichkeitsmerkmale und kommunikative Grundfähigkeiten als Auswahlkriterien zu berücksichtigen.[1021] Als Instrumente der Kooperationsträgerauswahl stehen dabei prinzipiell solche Verfahren zur Verfügung, die auch zur Auswahl von Auslandsmitarbeitern (Expatriates) Verwendung finden. Hierzu zählen das strukturierte Auswahlinterview, psychologische Testverfahren und Frage-

---

[1020] Vgl. auch die Ausführungen in Abschnitt 3.4.3.

[1021] Vgl. die Ausführungen zu den Dimensionen bzw. Elementen individueller interkultureller Kompetenz in Abschnitt 3.1.1.3 dieser Arbeit.

bögen, biografische Fragebögen, Mitarbeiter-Selbsteinschätzungen sowie das Interkulturelle Assessment Center.[1022]

Zielsetzung einer **interkulturellen Vorbereitung der ausgewählten Kooperationsträger** ist die Vermittlung von Kenntnissen und Fähigkeiten, die zur Bewältigung der Herausforderungen und Konflikte, welche aus der Konfrontation mit den fremden Wert- und Normvorstellungen sowie Verhaltensweisen des Partners resultieren, qualifizieren[1023] und die ihnen ermöglichen, angemessen und effektiv mit den Kooperationsträgern des Partnerunternehmens zu interagieren. Hierzu zählen neben kognitiven Wissensaspekten, wie z.B. generelle Kulturkonzeptkenntnisse oder Einblicke in die Kultur des Partners, auch affektive Motivationsaspekte, wie z.B. die Förderung der Persönlichkeitsmerkmale Empathie, Offenheit und Aufgeschlossenheit, sowie verhaltensorientierte Inhalte, wie z.B. die Entwicklung von Kommunikationsfähigkeiten. Als interkulturelle Trainingsformen stehen dabei sowohl informationsorientierte Methoden, wie z.B. Vorträge, Bücher, Videomaterial oder Culture-Assimilator-Verfahren, als auch erfahrungsorientierte Methoden, wie z.B. Kultursimulations- und Rollenspiele oder bikulturelle Workshops, zur Verfügung.[1024]

Die **Förderung der kulturellen Integration** durch geeignete Formen der Kommunikation und Konfliktlösung ist ebenfalls während der Phase der Implementierung angezeigt. Einer intensiven, sich auch auf informelle Bereiche erstreckenden Kommunikation kommt deshalb eine bedeutende Rolle zu, weil sie zur Überbrückung kultureller Unterschiede zwischen den Partnern beiträgt.[1025] Die Partner sollten deshalb einen hohen Stellenwert auf häufige firmenübergreifende Treffen, die Gelegenheit zur informellen Interaktion der Kooperationsträger und eine hohe Offenheit legen. Entsprechend sollte ein interkulturelles Konfliktmanagement aufgebaut werden, welches Konfliktpotenziale frühzeitig erkennen und ihre Ursachen bewältigen lässt.[1026] Dabei bietet sich nicht nur die frühzeitige Definition

---

[1022] Vgl. eine ausführliche Darstellung der genannten Verfahren bei Loiselle (2000), S. 184ff.; Bergemann/Sourisseaux (2003), S. 214ff. sowie eine gesonderte Darstellung des Interkulturellen Assessment Centers bei Graf (2003), S. 28f.

[1023] Vgl. Kammel (1994), S. 607.

[1024] Vgl. zu aktuellen Darstellungen der genannten Ansätze interkulturellen Trainings u.a. Blake/Heslin/Curtis (1996), S. 166ff.; Landis/Bhagat (1996), S. 8f.; Cushner/Landis (1996), S. 187ff.; Thomas/Hagemann/Stumpf (2003), S. 248ff.; Bolten (1999), S. 68ff. sowie Breuer/Barmeyer (1998), S. 195ff. für ein auf die Bedürfnisse einer internationalen Partnerschaft ausgerichtetes Konzept der „Kooperationsberatung und Mediation".

[1025] Vgl. Parkhe (1991), S. 586 sowie die Ausführungen in Abschnitt 3.2.2.3.

[1026] Vgl. auch die Ausführungen zum Aufbau eines Konfliktmanagements in einem Unternehmen bei Seiler (2003), S. 52ff. und im Rahmen von internationalen Kooperationen bei Stüdlein (1997), S. 345ff.

von Eskalationsstufen, sondern auch bei Bedarf die Hinzunahme interkultureller Trainer bzw. Mediatoren an.[1027]

Abbildung 36 gibt abschließend einen Überblick über die in diesem Abschnitt aufgezeigten Gestaltungshinweise, um interkulturelle Interaktionsbeziehungen in internationalen Unternehmenskooperationen angemessen und effektiv zu gestalten.

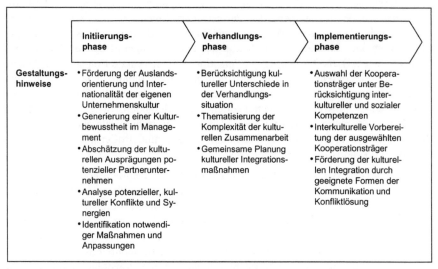

	Initiierungs-phase	Verhandlungs-phase	Implementierungs-phase
Gestaltungs-hinweise	• Förderung der Auslands-orientierung und Inter-nationalität der eigenen Unternehmenskultur • Generierung einer Kultur-bewusstheit im Manage-ment • Abschätzung der kultu-rellen Ausprägungen po-tenzieller Partnerunter-nehmen • Analyse potenzieller, kul-tureller Konflikte und Sy-nergien • Identifikation notwendi-ger Maßnahmen und Anpassungen	• Berücksichtigung kul-tureller Unterschiede in der Verhandlungs-situation • Thematisierung der Komplexität der kultu-rellen Zusammenarbeit • Gemeinsame Planung kultureller Integrations-maßnahmen	• Auswahl der Koopera-tionsträger unter Be-rücksichtigung inter-kultureller und sozialer Kompetenzen • Interkulturelle Vorberei-tung der ausgewählten Kooperationsträger • Förderung der kulturel-len Integration durch geeignete Formen der Kommunikation und Konfliktlösung

Abbildung 36: Phasenspezifische Gestaltungshinweise zur Erreichung interkulturell angemessener und effektiver Interaktionsbeziehungen

6.3 Theoretische und methodische Schlussfolgerungen

Um Anhaltspunkte für weitere Forschungsarbeiten zu liefern, die sich mit dem Einfluss von Kultur in Unternehmenskooperationen auseinandersetzen, werden in diesem Abschnitt theoretische Schlussfolgerungen in Abschnitt 6.3.1 und metho-dische Schlussfolgerungen in Abschnitt 6.3.2 aufgezeigt.

6.3.1 Theoretische Schlussfolgerungen

Die theoretischen Schlussfolgerungen sollen Ansatzpunkte für weitere For-schungsanstrengungen im Bereich der interkulturellen Management- und Ko-operationsforschung liefern. Hinsichtlich der Entwicklung eines Erklärungsmo-dells der interkulturellen Kooperationskompetenz wurde versucht, bestehende

---

[1027] Vgl. Büchel (2003b), S. 599 sowie Beamer (1998), S. 58.

Forschungsdefizite zu erkennen und aufzugreifen. Es wurden daher theoretische und empirische Erkenntnisse der interkulturellen Kompetenzforschung, die den spezifischen Kontext einer Unternehmenskooperation unberücksichtigt lässt, und der Kooperationskompetenzforschung, die interkulturelle Aspekte vernachlässigt, aufgegriffen und zu einem ganzheitlichen Modell entwickelt.

Eine empirische Fundierung des Erklärungsmodells ist dadurch gegeben, dass ein Abgleich der postulierten Wirkbeziehungen zwischen den Modellvariablen mit bestehenden, empirischen Untersuchungen stattfand. Zum anderen wurde das Gesamtmodell im Rahmen der durchgeführten Untersuchung einem empirischen Test unterzogen, der die Variablen und ihre Zusammenhänge plausibilisiert. Eine theoretische Fundierung ist durch die bei der Entwicklung des Modells herangezogenen Organisationstheorien der Transaktionskosten- und Spieltheorie sowie Erkenntnissen der Kommunikationswissenschaften gegeben. Auf Grund der Komplexität der Interaktionsbeziehungen in internationalen Unternehmenskooperationen wurden mehrere Ansätze herangezogen. Eine Zusammenführung dieser verschiedenen theoretischen Perspektiven zur Erforschung des Einflusses von Kultur in internationalen Kooperationsbeziehungen kann vor diesem Hintergrund im Rahmen zukünftiger Forschungsansätze noch ausgeweitet und weiter validiert werden.

Zum anderen wurden im Rahmen des vorliegenden Erklärungsmodells lediglich einige ausgewählte, grundlegende Kontextfaktoren in die Untersuchung mit einbezogen. Dabei wurde z.B. postuliert, dass eine kulturbezogene Kooperationsvorbereitung einen positiven Einfluss auf die Dimensionen der interkulturellen Kooperationskompetenz ausübt. Im Rahmen der empirischen Fallstudienanalyse wurde dieser Zusammenhang validiert. In einem nächsten Schritt wäre es sicherlich angezeigt, konkretere Formen einer kulturbezogenen Kooperationsvorbereitung zu untersuchen und dabei zu analysieren, welche Inhalte und Methoden interkulturellen Trainings und der Auswahl der Kooperationsträger sowie der Berücksichtigung des Faktors Kultur bei der Partnerwahl bzw. den Kooperationsverhandlungen interkulturelle Kooperationskompetenz entstehen lassen.

6.3.2 Methodische Schlussfolgerungen

Die der vorliegenden Untersuchung zu Grunde liegende Fallstudienmethodik hat sich zur Beantwortung der Fragestellung als sinnvolle Vorgehensweise erwiesen. Durch diesen Ansatz war es möglich, die komplexen und schwer messbaren theoretischen Konstrukte und Variablen zu erheben. Die Ergebnisse aus den durchgeführten Intensivinterviews mit den Kooperationsbeteiligten lieferten eine geeignete Datenbasis für den Vergleich der theoretisch postulierten mit den empirisch vorgefundenen Mustern. Zugleich erwies sich der der Datenauswertung zu Grunde liegende Methodenpluralismus als positiv. Die Durchführung ausschließlich standardisierter Befragungen mit Einschätzungen auf der Grundlage von Ratingskalen hätte zu Problemen geführt, die durch unterschiedliche Wertmaßstäbe der Befragten noch verschärft worden wären.[1028]

Zwar wurden im Rahmen der durchgeführten Untersuchung auch Ratingskalen eingesetzt. Dies geschah aber nicht mit dem Ziel, Durchschnitte über alle Fälle hinweg zu bilden, sondern um einen Sachverhalt für den einzelnen konkreten Fall zu analysieren. Somit wurden auch keine individuell verschiedenen Wertmaßstäbe gegenseitig nivelliert. Zusätzlich wurde zu den Einschätzungen auf standardisierten Ratingskalen immer um eine verbale Erläuterung der zu untersuchenden Sachverhalte gebeten. Dadurch war es möglich, die Ergebnisse aus den Einschätzungen auf den Ratingskalen individuell für jeden einzelnen untersuchten Fall intensiv zu analysieren und eine Erklärung für die Ergebnisse der Einschätzungen zu generieren. Durch den gewählten Methodenpluralismus (Einschätzung der relevanten Sachverhalte auf Ratingskalen, verbunden mit verbalen Einschätzungen und der Analyse öffentlicher und kooperationsinterner Dokumente) wurde angestrebt, dass es zu einem gegenseitigen Ausgleich der mit diesen Erhebungsmethoden verbundenen Vor- und Nachteile kommt und sich die Qualität des aus den Fallstudien gewonnenen Datenmaterials verbessert. Eine solche Vorgehensweise stellt insbesondere für kleinere Fallzahlen eine ergiebige Methodik dar.[1029]

Die quantitative Bestätigung und statistische Verallgemeinerung der in dieser Arbeit entwickelten Hypothesen muss jedoch nachfolgenden Untersuchungen überlassen bleiben. Hierzu sind Teilbereiche des aufgestellten Erklärungsmodell zu fokussieren und in großzahligen quantitativen Verfahren zu analysieren. Dadurch könnte z.B. hinsichtlich der Gewichtung der Kontextfaktoren ein weiterer Erkenntnisgewinn erzielt werden. Weitere mögliche Untersuchungsbereiche stellen die Identifikation relevanter kooperationsexterner Umweltfaktoren sowie die Ermittlung der detaillierten Ausgestaltung einer kulturbezogenen Ausrichtung der Kooperationsvorbereitung dar. Hier sind ebenfalls quantitative Verfahren angezeigt, welche etwa den Einfluss und Wirkungsgrad spezifischer Vorbereitungsmaßnahmen auf die entwickelten Dimensionen interkultureller Kooperationskompetenz ermitteln.

[1028] Vgl. zur Erläuterung dieser Problematik z.B. Festing (1996), S. 259.

[1029] Vgl. dazu auch Festing (1996), S. 259 und Royer (2000), S. 265.

LITERATURVERZEICHNIS

Adler, N. J. (1983): A Typology of Management Studies Involving Culture, in: Journal of International Business Studies, 14. Jg., Nr. 2, 1983, S. 29-47

Adler, N. J. (2002): International dimensions of organizational behavior. 4. Aufl., Cincinnati, OH et al.: Thomson/South Western, 2002

Adler, N. J./Graham, J. L. (1989): Cross-cultural interaction: The international comparison fallacy?, in: Journal of International Business Studies, 20. Jg., Fall 1989, S. 515-537

Ajiferuke, M./Boddewyn, J. (1970): "Culture" and other explanatory variables in comparative management studies, in: Academy of Management Journal, 13. Jg., Nr. 2, 1970, S. 153-163

Aldrich, H. (1976): Resource Dependence and Interorganizational Relations: Local Employment Service Offices and Social Services Sector Organizations, in: Administration & Society, 7. Jg., Nr. 4, 1976, S. 419-454

Almeida, P./Grant, R./Phene, A. (2002): Knowledge Acquisition through Alliances: Opportunities and Challenges, in: M. J. Gannon/K. L. Newman (Hrsg.): The Blackwell handbook of cross-cultural management, Oxford: Blackwell, 2002, S. 67-77

Amelingmeyer, J./Specht, G. (2000): Wissensorientiere Kooperationskompetenz, in: P. Hammann/J. Freiling (Hrsg.): Die Ressourcen- und Kompetenzperspektive des Strategischen Managements, Wiesbaden: Gabler, 2000, S. 313-335

Anderson, E. (1990): Two firms, one frontier: On assessing joint venture performance, in: Sloan Management Review, 31. Jg., Nr. 2, 1990, S. 19-30

Argandona, A. (1999): Sharing Out in Alliances: Trust and Ethics, in: Journal of Business Ethics, 21. Jg., Nr. 2/3, 1999, S. 217-228

Arino, A./Torre de la, J./Ring, P. S. (2001): Relational Quality: Managing Trust in corporate alliances, in: California Management Review, 44. Jg., Nr. 1, 2001, S. 109-131

Aulakh, P. S./Kotabe, M./Sahay, A. (1996): Trust and Performance in cross-border Marketing Partnerships: A behavioral approach, in: Journal of International Business Studies, 27. Jg., Nr. 5, 1996, S. 1005-1032

Axelrod, R. (1991): Die Evolution der Kooperation. 2. Aufl., München: Oldenbourg, 1991

Baca, S. B. (1998): Hungarian Culture and Management Issues within Foreign-owned Hungarian Production Companies, in: M. C. Gertsen/A.-M. Söderberg/J. E. Torp (Hrsg.): Cultural Dimensions of International Mergers and Acquisitions, Berlin, New York: De Gruyter, 1998, S. 129-146

Backhaus, K./Meyer, M. (1993): Strategische Allianzen und strategische Netzwerke, in: Wirtschaftswissenschaftliches Studium, 22. Jg., Nr. 7, 1993, S. 330-334

Backhaus, K./Piltz, K. (1990): Strategische Allianzen - eine neue Form kooperativen Wettbewerbs?, in: Zeitschrift für betriebswirtschaftliche Forschung, 42. Jg., Sonderheft 27, 1990, S. 1-10

Backhaus, K./Plinke, W. (1990): Strategische Allianzen als Antwort auf veränderte Wettbewerbsstrukturen, in: Zeitschrift für betriebswirtschaftliche Forschung, 42. Jg., Sonderheft 27, 1990, S. 21-33

Baird, I. S./Lyles, M. A./Ji, S./Wharton, R. (1990): Joint Venture Success: A Sino-U.S. Perspective, in: International Studies of Management and Organization, 20. Jg., Nr. 1-2, 1990, S. 125-134

Balling, R. (1998): Kooperation: Strategische Allianzen, Netzwerke, Joint Ventures und andere Organisationsformen zwischenbetrieblicher Zusammenarbeit. 2. Aufl., Frankfurt/Main et al.: Lang, 1998

Barkema, H. G./Shenkar, O./Vermeulen, F./Bell, J. (1997): Working abroad, working with others: How firms learn to operate international joint ventures, in: Academy of Management Journal, 40. Jg., 1997, S. 426-442

Barkema, H. G./Vermeulen, F. (1997): What differences in the cultural backgrounds of partners are detrimental for international joint ventures?, in: Journal of International Business Studies, 28. Jg., Nr. 4, 1997, S. 845-864

Bartholy, H. (1992): Barrieren in der interkulturellen Kommunikation, in: H. Reimann (Hrsg.): Transkulturelle Kommunikation und Weltgesellschaft. Zur Theorie und Pragmatik globaler Interaktion, Opladen: Westdt. Verlag, 1992, S. 174-191

Bartlett, C. A./Goshal, S. (1998): Managing Across Borders: The Transnational Solution. 2. Aufl., Boston: Harvard Business School Press, 1998

Beamer, L. (1998): Bridging Business Cultures, in: The China Business Review, 25. Jg., Nr. 3, 1998, S. 54-58

Beamish, P. W. (1985): The characteristics of joint ventures in developed and developing countries, in: Columbia Journal of World Business, 20. Jg., Nr. 3, 1985, S. 13-19

Beamish, P. W./Delios, A. (1997): Improving joint venture performance through congruent measures of success, in: P. W. Beamish/P. J. Killing (Hrsg.): Cooperative strategies, San Francisco, CA: New Lexington Press, 1997, S. 103-127

Bennett, M. J. D. (2001): Developing Intercultural Competence for Global Leadership, in: R.-D. Reineke/C. Fußinger (Hrsg.): Interkulturelles Management: Konzeption - Beratung - Training, Wiesbaden: Gabler, 2001, S. 205-226

Bergemann, B./Bergemann, N. (2003): Ausbildung interkultureller Managementkompetenz an deutschen Hochschulen - Anforderungen und Status quo, in: N. Bergemann/A. L. J. Sourisseaux (Hrsg.): Interkulturelles Management, 3., vollst. überarb. und erw. Aufl., Berlin et al.: Springer, 2003, S. 309-335

Bergemann, N./Sourisseaux, A. L. J. (2003): Internationale Personalauswahl, in: N. Bergemann/A. L. J. Sourisseaux (Hrsg.): Interkulturelles Management, 3., vollst. überarb. und erw. Aufl., Berlin et al.: Springer, 2003, S. 181-235

Beverland, M./Bretherton, P. (2001): The uncertain search for opportunities: determinants of strategic alliances, in: Qualitative Market Research, 4. Jg., Nr. 2, 2001, S. 88-99

Bittner, A. (2002): Interkulturelle Kompetenz und internationales Denken, in: U. Krystek/E. Zur (Hrsg.): Handbuch Internationalisierung, Berlin et al.: Springer, 2002, S. 763-776

Bittner, A./Reisch, B. (1994): Aspekte interkulturellen Managements, Teil 1. Bad Honnef: Institut für interkulturelles Management, 1994

Blake, B. F./Heslin, R./Curtis, S. C. (1996): Measuring Impacts of Cross-Cultural Training, in: D. Landis/R. S. Bhagat (Hrsg.): Handbook of intercultural training, Thousand Oaks: Sage Publications, 1996, S. 165-182

Bleeke, J./Bull-Larsen, T./Ernst, D. (1992): Wertsteigerung durch Allianzen, in: C. Bronder/R. Pritzl (Hrsg.): Wegweiser für Strategische Allianzen: Meilen- und Stolpersteine des Allianzmanagement, Frankfurt/Wiesbaden: Frankfurter Allgemeine/Gabler, 1992, S. 103-125

Bleeke, J./Ernst, D. (1994): Mit internationalen Allianzen auf die Siegerstraße, in: J. Bleeke/D. Ernst (Hrsg.): Rivalen als Partner: Strategische Allianzen und Akquisitionen im globalen Markt, Frankfurt/Main et al.: Campus, 1994, S. 34-53

Bleeke, J./Ernst, D. (1995): Is your strategic alliance really a sale, in: Harvard Business Review, Jan/Feb 1995, S. 97-105

Bleicher, K. (1992): Der Strategie-, Struktur- und Kulturfit Strategischer Allianzen als Erfolgsfaktor, in: C. Bronder/R. Pritzl (Hrsg.): Wegweiser für Strategische Allianzen: Meilen- und Stolpersteine des Allianzmanagement, Frankfurt, Wiesbaden: Frankfurter Allgemeine/Gabler, 1992, S. 267-292

Bleicher, K./Hermann, R. (1991): Joint-Venture-Management: Erweiterung des eigenen strategischen Aktionsradius. Stuttgart, Zürich: Schäffer, 1991

Bolten, J. (1999): Interkultureller Trainingsbedarf aus der Perspektive der Problemerfahrungen entsandter Führungskräfte, in: K. Götz (Hrsg.): Interkulturelles Lernen/ Interkulturelles Training, München/Mering: Hampp, 1999, S. 61-80

Bonoma, T. V. (1985): Case Research in Marketing: Opportunities, Problems, and a Process, in: Journal of Marketing Research, 12. Jg., May 1985, S. 199-208

Bössmann, E. (1983): Unternehmungen, Märkte, Transaktionskosten: Die Koordination ökonomischer Aktivitäten, in: Wirtschaftswissenschaftliches Studium, 12. Jg., Nr. 3, 1983, S. 105-111

Brannen, M. Y./Salk, J. E. (2000): Partnering across borders: Negotiating organizational culture in a German-Japanese joint venture, in: Human Relations, 53. Jg., Nr. 4, 2000, S. 451-487

Bresser, R. K. F. (1989): Kollektive Unternehmensstrategien, in: Zeitschrift für Betriebswirtschaft, 59. Jg., Nr. 5, 1989, S. 545-564

Breuer, J. P./Barmeyer, C. I. (1998): Von der interkulturellen Kompetenz zur Kooperationskompetenz. Beratung und Mediation im deutsch-französischen Management, in: C. I. Barmeyer/J. Bolten (Hrsg.): Interkulturelle Personalorganisation, Sternenfels, Berlin: Verlag Wissenschaft & Praxis, 1998, S. 179-202

Bronder, C. (1993): Kooperatonsmanagement. Unternehmensdynamik durch Strategische Allianzen. Frankfurt/Main et al.: Campus, 1993

Bronder, C./Pritzl, R. (1992): Ein konzeptioneller Ansatz zur Gestaltung und Entwicklung Strategischer Allianzen, in: C. Bronder/R. Pritzl (Hrsg.): Wegweiser für Strategische Allianzen: Meilen- und Stolpersteine des Allianzmanagement, Frankfurt, Wiesbaden: Frankfurter Allgemeine/Gabler, 1992, S. 17-44

Bronder, C./Pritzl, R. (1998): Leitfaden für strategische Allianzen, in: G. Hamel (Hrsg.): Strategische Allianzen, Hamburg: Manager-Magazin-Verlagsgesellschaft, 1998, S. 26-35

Büchel, B. (2003a): Managing Partner Relations in Joint Ventures, in: Sloan Management Review, 44. Jg., Summer 2003, S. 91-95

Büchel, B. (2003b): Kooperationsbeziehungen während des Joint-Venture-Lebenszyklus: Auswirkungen auf den Erfolg von Joint Ventures, in: J. Zentes/B. Swoboda/ D. Morschett (Hrsg.): Kooperationen, Allianzen und Netzwerke. Grundlagen - Ansätze - Perspektiven, Wiesbaden: Gabler, 2003, S. 587-603

Büchel, B./Prange, C./Probst, G./Rüling, C.-C. (1997): Joint Venture-Management: aus Kooperationen lernen. Bern et al.: Haupt, 1997

Buckley, P. J./Casson, M. (1988): A Theory of Cooperation in International Business, in: F. J. Contractor/P. Lorange (Hrsg.): Cooperative Strategies in International Business. Joint Ventures and Technology Partnerships Between Firms, Lexington: 1988, S. 31-53

Buckley, P. J./Glaister, K./Husan, R. (2002): International Joint Ventures: Partnering Skills and Corss-Cultural Issues, in: Long Range Planning, 35. Jg., Nr. 2, 2002, S. 113-134

Bucklin, L. P./Sengupta, S. (1993): Organizing Successful Co-Marketing Alliances, in: Journal of Marketing, 57. Jg., April 1993, S. 32-46

Bures, A. L./Vloeberghs, D. (2001): Cross cultural patterns of internationalization and human resource management issues, in: Competitiveness Review, 11. Jg., Nr. 2, 2001, S. 48-56

Burgeois, L. J./Jemison, D. B. (1984): Die Analyse der Unternehmens-Kultur, in: GDI-Impuls, 2. Jg., Nr. 1, 1984, S. 55-62

Caligiuri, P./Di Santo, V. (2001): Global Competence: What Is It, and Can It Be Developed Through Global Assignments?, in: Human Resource Planning, 24. Jg., Nr. 3, 2001, S. 27-35

Carlin, B. A./Dowling, M. J./Roering, W. D./Wyman, J./Kalinoglou, J./Clyburn, G. (1994): Sleeping with the Enemy: Doing Business with a Competitor, in: Business Horizons, 37. Jg., Nr. 5, 1994, S. 9-15

Cascio, W. F./Serapio, M. G. (1991): Human Resources Systems in an International Alliance: The Undoing of a Done Deal, in: Organizational Dynamics, 19. Jg., Winter 1991, S. 63-74

Chen, G.-M./Starosta, W. J. (1996): Intercultural Communication Competence. A Synthesis, in: Communication Yearbook, 19. Jg., 1996, S. 353-383

294

Child, J. (1981): Culture, Contingency and Capitalism in the Cross-National Study of Organizations, in: L. L. Cummings/B. M. Staw (Hrsg.): Research in Organizational Behavior, Greenwich, CT: JAI Press, 1981, S. 303-356

Child, J. (1998): Trust and International Strategic Alliances: The Case of Sino-Foreign Joint Ventures, in: C. Lane/R. Bachmann (Hrsg.): Trust within and between organizations: Conceptual Issues and Empirical Applications, Oxford, New York: Oxford University Press, 1998, S. 241-272

Coase, R. H. (1937): The Nature of the firm, in: Economica, 4. Jg., 1937, S. 386-405

Contractor, F. J./Lorange, P. (1988): Why Should Firms Cooperate? The Strategy and Economics Basis for Cooperative Ventures, in: F. J. Contractor/P. Lorange (Hrsg.): Cooperative Strategies in International Business. Joint Ventures and Technology Partnerships Between Firms, Lexington, MA et al.: Lexington Books, 1988, S. 3-30

Cray, D./Mallory, G. (1998): Making Sense of Managing Culture. London, Boston: International Thomson Business Press, 1998

Cui, G./Awa, N. (1992): Measuring Intercultural Effectiveness. An Integrative Approach, in: International Journal of Intercultural Relations, 16. Jg., Nr. 3, 1992, S. 311-328

Culpan, R. (2002): Global business alliances: theory and practice. Westport: Quorum Books, 2002

Currall, S. C./Inkpen, A. C. (2000): Joint Venture Trust: Interpersonal, Inter-Group, and Inter-Firm Levels, in: D. O. Faulkner/M. de Rond (Hrsg.): Cooperative Strategy: economic, business and organizational issues, Oxford, New York: Oxford University Press, 2000, S. 324-340

Cushner, K./Landis, D. (1996): The Intercultural Sensitizer, in: D. Landis/R. S. Bhagat (Hrsg.): Handbook of intercultural training, Thousand Oaks: Sage Publications, 1996, S. 185-202

Cyr, D. J./Schneider, S. C. (1996): Implications for Learning: Human Resource Management in East-West Joint Ventures, in: Organization Studies, 17. Jg., Nr. 2, 1996, S. 207-226

Das, T. K./Teng, B.-S. (2001): Trust, Control, and Risk in Strategic Alliances: An Integrated Framework, in: Organization Studies, 22. Jg., Nr. 2, 2001, S. 251-283

Deal, T. E./Kennedy, A. A. (1982): Corporate Cultures. The Rites and Rituals of Corporate Life. Reading, MA: Addison-Wesley, 1982

Demorgon, J./Molz, M. (1996): Bedingungen und Auswirkungen der Analyse von Kultur(en) und interkulturellen Interaktionen, in: A. Thomas (Hrsg.): Psychologie interkulturellen Handelns, Göttingen et al.: Hogrefe-Verlag, 1996, S. 43-86

Deshpande, R. (1983): "Paradigms Lost": On Theory and Method in Research in Marketing, in: Journal of Marketing, 47. Jg., Fall, 1983, S. 101-110

Dinges, N. G./Baldwin, K. D. (1996): Intercultural Competence: A Research Perspective, in: D. Landis/R. S. Bhagat (Hrsg.): Handbook of intercultural training, Thousand Oaks: Sage Publications, 1996, S. 106-123

Doney, P. M./Cannon, J. P./Mullen, M. R. (1998): Understanding the Influence of National Culture on the Development of Trust, in: Academy of Management Review, 23. Jg., Nr. 3, 1998, S. 601-620

Dormayer, H.-J./Kettern, T. (1997): Kulturkonzepte in der allgemeinen Kulturforschung, in: E. Heinen/M. Fank (Hrsg.): Unternehmenskultur: Perspektiven für Wissenschaft und Praxis, München, Wien: Oldenbourg, 1997, S. 49-66

Draulans, J./deMan, A.-P./Volberda, H. W. (2003): Building Alliance Capability: Mangement Techniques for Superior Alliance Performance, in: Long Range Planning, 36. Jg., Nr. 2, 2003, S. 151-166

Dülfer, E. (1991): Organisationskultur: Phänomen - Philosophie - Technologie. Eine Einführung in die Diskussion, in: E. Dülfer (Hrsg.): Organisationskultur: Phänomen - Philosophie - Technologie, Stuttgart: Poeschel, 1991, S. 1-20

Dülfer, E. (2001): Internationales Management in unterschiedlichen Kulturbereichen. 6. Aufl., München, Wien: Oldenbourg, 2001

Durth, R. (2000): Transaktionskosten und „Neue Ökonomie", in: Wirtschaftswissenschaftliches Studium, 29. Jg., Nr. 11, 2000, S. 637-639

Dyer, J. H. (1997): Effective interfirm collaboration: How firms minimize transaction costs and maximize transaction value, in: Strategic Management Journal, 18. Jg., Nr. 7, 1997, S. 535-556

Dyer, J. H./Chu, W. (2000): The Determinants of Trust in Supplier-automaker Relationships in the U.S., Japan, and Korea, in: Journal of International Business Studies, 31. Jg., Nr. 2, 2000, S. 259-285

Dyer, J. H./Kale, P./Singh, H. (2001): How to make Strategic Alliances Work, in: Sloan Management Review, 42. Jg., Nr. 4, 2001, S. 37-43

Ebers, M./Gotsch, W. (1999): Institutionenökonomische Theorien der Organisation, in: A. Kieser (Hrsg.): Organisationstheorien, Stuttgart et al.: Kohlhammer, 1999, S. 199-251

Eder, G. (1996): „Soziale Handlungskompetenz" als Bedingung und Wirkung interkultureller Begegnung, in: A. Thomas (Hrsg.): Psychologie interkulturellen Handelns, Göttingen et al.: Hogrefe-Verlag, 1996, S. 411-422

Eisele, J. (1995): Erfolgsfaktoren des Joint Venture-Management. Wiesbaden: Gabler, 1995

Eisenhardt, K. M. (1989): Building Theories from Case Study Research, in: Academy of Management Review, 14. Jg., Nr. 4, 1989, S. 532-550

Elmuti, D./Kathawala, Y. (2001): An overview of strategic alliances, in: Management Decision, 39. Jg., Nr. 3, 2001, S. 205-217

Endress, R. (1991): Strategie und Taktik der Kooperation. Grundlagen der zwischen- und innerbetrieblichen Zusammenarbeit. 2. überarb. Aufl., Berlin: Schmidt, 1991

Engelmeyer, E. (1998): Identitätsorientierte interkulturelle Personalführung aus gesellschaftstheoretischer Perspektive, in: S. G. Schoppe (Hrsg.): Kompendium der internationalen Betriebswirtschaftslehre, München, Wien: Oldenbourg, 1998, S. 365-408

Ernst, H. (2003): Unternehmenskultur und Innovationserfolg - Eine empirische Analyse, in: Zeitschrift für betriebswirtschaftliche Forschung, 55. Jg., Nr. 2, 2003, S. 23-44

Ertel, D. (2001): Alliance management: A blueprint for success, in: Financial Executive, 17. Jg., Nr. 9, 2001, S. 36-41

Ertel, D./Weiss, J./Visioni, L. J. (2001): Managing Alliance Relationships: Ten Key Corporate Capabilities. Brighton: Vantage Partners, 2001

Faulkner, D. O./de Rond, M. (2000): Perspectives on Cooperative Strategy, in: D. O. Faulkner/M. de Rond (Hrsg.): Cooperative Strategy: economic, business and organizational issues, Oxford, New York: Oxford University Press, 2000, S. 3-39

Fedor, K. J./Werther, W. B. (1996): The Fourth Dimension: Creating Culturally Responsive International Alliances, in: Organizational Dynamics, 24. Jg., Fall, 1996, S. 39-53

Festing, M. (1996): Strategisches internationales Personalmanagement: eine transaktionstheoretisch fundierte Analyse. München et al.: Hampp, 1996

Fleischer, S. (1997): Strategische Kooperationen: Planung, Steuerung, Kontrolle. Lohmar et al.: Eul, 1997

Fontanari, M. L. (1995): Voraussetzungen für den Kooperationserfolg - Eine empirische Analyse, in: W. Schertler (Hrsg.): Management von Unternehmenskooperationen: branchenspezifische Analysen; neueste Forschungsergebnisse, Wien: Ueberreuter, 1995, S. 115-187

Forstmann, S. (1998): Managing Cultural Differences in Cross-cultural Mergers and Acquisitions, in: M. C. Gertsen/A.-M. Söderberg/J. E. Torp (Hrsg.): Cultural Dimensions of International Mergers and Acquisitions, Berlin, New York: De Gruyter, 1998, S. 57-83

Franko, L. G. (1971): Joint venture survival in multinational corporations. New York: 1971

Friedrichs, J. (1990): Methoden empirischer Sozialforschung. 14. Aufl., Opladen: Westdeutscher Verlag, 1990

Fritz, W. (2001): Die interkulturelle Kompetenz von Managern - ein Schlüsselfaktor für den Erfolg auf Auslandsmärkten, in: D. Oelsnitz von der/A. Kammel (Hrsg.): Kompetenzen moderner Unternehmensführung, Bern et al.: Haupt, 2001, S. 87-101

Fritz, W./Möllenberg, A. (1999): Die Messung der interkulturellen Sensibilität in verschiedenen Kulturen - eine internationale Vergleichsstudie. Arbeitspapier des Instituts für Wirtschaftswissenschaften der Technischen Universität Braunschweig Ap-Nr. 99/22, 1999

Fritz, W./Möllenberg, A. (2003): Interkulturelle Kompetenz als Gegenstand internationaler Personalentwicklung, in: N. Bergemann/A. L. J. Sourisseaux (Hrsg.): Interkulturelles Management, 3., vollst. überarb. und erw. Aufl., Berlin et al.: Springer, 2003, S. 295-307

Fritz, W./Möllenberg, A./Werner, T. (1999): Die interkulturelle Kompetenz von Managern - Ihre Bedeutung für die Mangementpraxis und Perspektiven für die Forschung. Arbeitspapier des Instituts für Wirtschaftswissenschaften der Technischen Universität Braunschweig Ap-Nr. 99/13, 1999

Gahl, A. (1990): Die Konzeption der strategischen Allianz im Spannungsfeld zwischen Flexibilität und Funktionalität, in: Zeitschrift für betriebswirtschaftliche Forschung, 42. Jg., Sonderheft 27, 1990, S. 35-47

Gahl, A. (1991): Die Konzeption strategischer Allianzen. Berlin: Duncker und Humblot, 1991

Geringer, M. J. (1991): Strategic Determinants of partner selection criteria in international joint ventures, in: Journal of International Business Studies, 22. Jg., Nr. 1, 1991, S. 41-62

Geringer, M. J./Frayne, C. A. (2000): Strategic Human Resource Management in International Joint Ventures, in: P. C. Earley/H. Singh (Hrsg.): Innovations in International and Cross-Cultural Management, Thousand Oaks et al.: Sage Publications, 2000, S. 107-128

Geringer, M. J./Hebert, L. (1991): Measuring performance of international joint ventures, in: Journal of International Business Studies, 22. Jg., Nr. 2, 1991, S. 249-263

Gertsen, G. (1990): Intercultural Competence and Expatriates, in: International Journal of Human Resource Management, 1. Jg., Nr. 3, 1990, S. 341-362

Giger, H. (2000): Strategische Allianzen und kooperative Strategien, in: M. K. Welge/A. Al-Laham/P. Kajüter (Hrsg.): Praxis des Strategischen Managements: Konzepte - Erfahrungen - Perspektiven, Wiesbaden: Gabler, 2000, S. 191-204

Glaister, K./Buckley, P. J. (1998): Measures of Performance in UK International Alliances, in: Organization Studies, 19. Jg., Nr. 1, 1998, S. 89-118

Gomes-Casseres, B. (1987): Joint Venture Instability: Is it a Problem?, in: Columbia Journal of World Business, 22. Jg., Nr. 2, 1987, S. 97-102

Gordon, M./Salganik, J. (2001): Making alliances work: Improving "return on relationship", in: Global Finance, 15. Jg., Nr. 10, 2001, S. 73-74

Graf, A. (1998): Personalentwicklung und Unternehmenskultur: Evaluation eines Reorganisationsprogrammes in einem Großen Internationalen Pharmaunternehmen (GIP). Diss., Techn. Universität Braunschweig, 1998

Graf, A. (2002): Schlüsselqualifikation Soziale Kompetenz - eine Vergleichsstudie in deutschen und US-amerikanischen Versicherungssunternehmen, in: Zeitschrift für Personalforschung, 16. Jg., Nr. 3, 2002, S. 376-391

Graf, A. (2003): Interkulturelle Kompetenz als Herausforderung, in: Personal, 55. Jg., Nr. 6, 2003, S. 26-29

Granovetter, M. (1985): Economic Action and Social Structure: The Problem of Embeddedness, in: American Journal of Sociology, 91. Jg., Nr. 3, 1985, S. 481-510

Gray, B./Yan, Y. (1992): A Negotiations Model of Joint Venture Formation, Structure and Performance: Implications for Global Management, in: Advances in International Comparative Management, 7. Jg., 1992, S. 41-75

Griffith, D. A./Harvey, M. G. (2001): Executive Insights: An Intercultural Communication Model for Use in Global Interorganizational Networks, in: Journal of International Marketing, 9. Jg., Nr. 3, 2001, S. 87-103

Gugler, P. (1992): Building transnational alliances to create competitive advantages, in: Long Range Planning, 25. Jg., Nr. 1, 1992, S. 90-99

Gulati, R. (1995): Does familiarity breed trust? The implications of repeated ties for contractual choice in alliances, in: Academy of Management Journal, 38. Jg., Nr. 1, 1995, S. 85-112

Gulati, R./Gargiulo, M. (1999): Where Do Interorganizational Networks Come From?, in: American Journal of Sociology, 104. Jg., Nr. 5, 1999, S. 1439-1493

Gulbro, R./Herbig, P. (1996): Negotiating Successfully in Cross-Cultural Situations, in: Industrial Marketing Management, 25. Jg., Nr. 3, 1996, S. 235-241

Gummesson, E. (2000): Qualitative Methods in Management Research. 2. Aufl., Thousand Oaks et al.: Sage Publications, 2000

Hagedoorn, J. (1996): Trends and patterns in strategic technology partnering since the early seventies, in: Review of Industrial Organization, 11. Jg., Nr. 6, 1996, S. 601-616

Hagemann, H. (2001): Die Diagnose und Handhabung interkultureller Konfliktpotentiale in deutschen Tochtergesellschaften und Joint-Ventures in Rumänien. Diss., Universität Bamberg, 2001

Hall, E. T./Hall, M. R. (2000): Key Concepts: Underlying Structure of Culture, in: H. W. Lane/J. J. DiStefano/M. L. Maznevski (Hrsg.): International Management Behavior, Oxford: Blackwell, 2000, S. 64-81

Hamel, G. (1991): Competition for Competence and Interpartner Learning within International Strategic Alliances, in: Strategic Management Journal, 12. Jg., 1991, S. 83-103

Hamel, G./Doz, Y. L./Prahalad, C. K. (1998): Mit Marktrivalen zusammenarbeiten - und dabei gewinnen, in: G. Hamel (Hrsg.): Strategische Allianzen, Hamburg: Manager-Magazin-Verlagsgesellschaft, 1998, S. 7-14

Hampden-Turner, C./Trompenaars, F. (2000): Building Cross-Cultural Competence: How to create wealth from conflicting values. Chicester et al.: John Wiley&Sons, 2000

Hanvanich, S./Miller, S. R./Richards, M./Cavusgil, S. T. (2003): An event study of the effects of partner and location cultural differences in joint ventures, in: International Business Review, 12. Jg., Nr. 1, 2003, S. 1-16

Harbison, F./Myers, C. A. (1959): Management in the industrial world: an international analysis. New York et al.: McGraw-Hill, 1959

Harbison, J. R./Pekar, P. (1997): Cross-Border Alliances in the Age of Collaboration. New York: Booz-Allen & Hamilton, 1997

Harrigan, K. R. (1988): Strategic Alliances and Partner Asymmetries, in: Management International Review, 28. Jg., Special Issue, 1988, S. 53-72

Harris, P. R./Moran, R. T. (1996): Managing Cultural Differences. 4. Aufl., Houston et al.: Gulf Publishing, 1996

Hartfiel, G. (1982): Wörterbuch der Soziologie. 3. Aufl., Stuttgart: Kröner, 1982

Hasenstab, M. (1999): Interkulturelles Management: Bestandsaufnahme und Perspektiven. Sternenfels, Berlin: Verl. Wiss. und Praxis, 1999

Hätscher, A. M. (1992): Unternehmensentwicklung durch strategische Partnerschaften. München: VVF, 1992

Häusler, J./Hohn, H.-W./Lütz, S. (1992): Contingencies of Innovative Networks: A Case Study of Successful Interfirm R & D Collaboration, in: Research Policy, 23. Jg., Nr. 1, 1992, S. 47-66

Haussmann, H. (1997): Vor- und Nachteile der Kooperation gegenüber anderen Internationalisierungsformen, in: K. Macharzina/M.-J. Oesterle (Hrsg.): Handbuch Internationales Management: Grundlagen - Instrumente – Perspektiven, Wiesbaden: Gabler, 1997, S. 459-474

Healy, M./Perry, C. (2000): Comprehensive criteria to judge validity and reliability of qualitative research within the realism paradigm, in: Qualitative Market Research, 3. Jg., Nr. 3, 2000, S. 118-126

Hébert, L./Beamish, P. W. (2002): Cooperative Strategies between Firms: International Joint Ventures, in: M. J. Gannon/K. L. Newman (Hrsg.): The Blackwell handbook of cross-cultural management, Oxford: Blackwell, 2002, S. 78-98

Heide, J. B. (1994): Interorganizational Governance in Marketing Channels, in: Journal of Marketing, 58. Jg., 1994, S. 71-85

Heide, J. B./Miner, A. S. (1992): The shadow of the future: Effects of anticipated interaction and frequency of contact on buyer-seller cooperation, in: Academy of Management Journal, 35. Jg., 1992, S. 265-291

Heider, F. (1977): Psychologie der interpersonalen Beziehungen. Stuttgart: Klett, 1977

Heinen, E. (1997): Unternehmenskultur als Gegenstand der Betriebswirtschafts-lehre, in: E. Heinen/M. Fank (Hrsg.): Unternehmenskultur: Perspektiven für Wissenschaft und Praxis, München, Wien: Oldenbourg, 1997, S. 1-48

Helmolt von, K./Müller, B.-D. (1993): Zur Vermittlung interkultureller Kompe-tenzen, in: B.-D. Müller (Hrsg.): Interkulturelle Wirtschaftskommuni-kation, München: Iudicium-Verlag, 1993, S. 509-548

Hennart, J.-F. (1988): A Transaction Cost Theory of Equity Joint Ventures, in: Strategic Management Journal, 9. Jg., 1988, S. 361-374

Hennart, J.-F. (1991): The Transaction Costs Theory of Joint Ventures: An Empirical Study of Japanese Subsidiaries in the United States, in: Mana-gement Science, 37. Jg., Nr. 4, 1991, S. 483-497

Hentze, J. (1987): Kulturvergleichende Managementforschung. Ausgewählte An-sätze, in: Die Unternehmung, 41. Jg., Nr. 3, 1987, S. 170-185

Hentze, J./Heinecke, A./Kammel, A. (2001): Allgemeine Betriebswirtschafts-lehre aus Sicht des Managements. Bern et al.: Haupt, 2001

Hentze, J./Kammel, A. (1994): Erfolgsfaktoren im internationalen Management: Zur Bedeutung der interkulturellen Personalführung in der multinationa-len Unternehmung, in: Die Unternehmung, 48. Jg., Nr. 4, 1994, S. 265-275

Hentze, J./Kammel, A. (2000): Erfolgs- und Mißerfolgsfaktoren mittelstän-discher Unternehmen in Osteuropa, in: J. Gutmann/R. Kabst (Hrsg.): Internationalisierung im Mittelstand: Chancen - Risiken – Erfolgs-faktoren, Wiesbaden: Gabler, 2000, S. 209-226

Hentze, J./Lindert, K. (1992): Manager im Vergleich - Daten aus Deutschland und Osteuropa: Arbeitssituation, Anforderungen und Orientierungen. Bern, Stuttgart: Haupt, 1992

Herterich, K. W. (2003): Interkulturelles Management aus deutsch-französischer Sicht, in: Personal, 55. Jg., Nr. 1, 2003, S. 54-57

Hillig, A. (1997): Die Kooperation als Lernarena in Prozessen fundamentalen Wandels - Ein Ansatz zum Management von Kooperationskompetenz. Bern et al.: Haupt, 1997

Hoffmann, W. H./Schlosser, R. (2001): Success Factors of Strategic Alliances in Small and Medium-sized Enterprises - An Empirical Survey, in: Long Range Planning, 34. Jg., 2001, S. 357-381

Hofstede, G. (1985): The interaction between national and organizational value systems, in: Journal of Management Studies, 22. Jg., Nr. 4, 1985, S. 347-357

302

Hofstede, G. (1993a): Cultural Constraints in Management Theories, in: The Executive, 7. Jg., Nr. 1, 1993, S. 81-94

Hofstede, G. (1993b): Die Bedeutung von Kultur und ihren Dimensionen im Internationalen Management, in: M. Haller (Hrsg.): Globalisierung der Wirtschaft - Einwirkungen auf die Betriebswirtschaftslehre, Bern et al.: Haupt, 1993, S. 127-148

Hofstede, G. (1994): The Business of International Business is Culture, in: International Business Review, 3. Jg., Nr. 1, 1994, S. 1-14

Hofstede, G. (1998): Attitudes, Values and Organizational Culture: Distangling the Concepts, in: Organization Studies, 19. Jg., Nr. 3, 1998, S. 477-492

Hofstede, G. (2000): Culture's Consequences. International Differences in Work-Related Values. 17. abridged ed., Newbury Park, CA et al.: Sage Publications, 2000

Hofstede, G. (2001a): Cultures and Organizations. 2. Aufl., Thousand Oaks, London, New Delhi: 2001

Hofstede, G. (2001b): Lokales Denken, globales Handeln: Interkulturelle Zusammenarbeit und globales Management. 2., durchgesehene Aufl., München: DTV, 2001

Hofstede, G./Neuijen, B./Ohayv, D. D./Sanders, G. (1990): Measuring Organizational Cultures: A Qualitative and Quantitative Study across Twenty Cases, in: Administrative Science Quarterly, 35. Jg., June, 1990, S. 286-316

Holtbrügge, D. (2003): Management internationaler strategischer Allianzen, in: J. Zentes/B. Swoboda/D. Morschett (Hrsg.): Kooperationen, Allianzen und Netzwerke. Grundlagen - Ansätze - Perspektiven, Wiesbaden: Gabler, 2003, S. 873-893

Holtbrügge, D./ Puck, J. F. (2003): Interkulturelle Teams – Chancen, Risiken und Erfolgsfaktoren, in: Personal, Nr.8, 2003, S. 46-49

Holzmüller, H. H. (1995): Konzeptionelle und methodische Probleme in der interkulturellen Management- und Marketingforschung. Stuttgart: Schäffer-Poeschel, 1995

Holzmüller, H. H. (1997): Kulturstandards - ein operationales Konzept zur Entwicklung kultursensitiven Managements, in: J. Engelhard (Hrsg.): Interkulturelles Mangement: Theoretische Fundierung und funktionsbereichsspezifische Konzepte, Wiesbaden: Gabler, 1997, S. 55-74

Hoon-Halbauer, S. K. (1994): Management of Sino-Foreign Joint Ventures. Lund Studies in Economics and Management 22, 1994

Hungenberg, H. (1999): Bildung und Entwicklung von strategischen Allianzen – theoretische Erklärungen, illustriert am Beispiel der Telekommunikationsbranche, in: J. Engelhard/E. J. Sinz (Hrsg.): Kooperation im Wettbewerb - Neue Formen und Gestaltungskonzepte im Zeichen von Globalisierung und Informationstechnologie, Wiesbaden: Gabler, 1999, S. 3-29

Hutt, M. D./Stafford, E. R./Walker, B. A./Reingen, P. H. (2000): Case Study Defining the Social Network of a Strategic Alliance, in: Sloan Management Review, 41. Jg., Nr. 2, 2000, S. 51-62

Hyde, K. F. (2000): Recognising deductive processes in qualitative research, in: Qualitative Market Research, 3. Jg., Nr. 2, 2000, S. 82-89

Imahori, T. T./Lanigan, M. L. (1989): Relational Model of Intercultural Communication Competence, in: International Journal of Intercultural Relations, 13. Jg., 1989, S. 269-286

Ingelfinger, T. (1995): Interkulturelle Kompetenz als Notwendigkeit der Internationalisierung, in: Marktforschung & Management, 39. Jg., Nr. 3, 1995, S. 103-106

Inkpen, A. C. (2000): Managing Global Strategic Alliances, in: R. E. Grosse (Hrsg.): Thunderbird on global business strategy, New York et al.: John Wiley & Sons, 2000, S. 88-109

Inkpen, A. C. (2001): Strategic Alliances, in: M. A. Hitt/R. E. Freeman/J. S. Harrison (Hrsg.): The Blackwell Handbook of Strategic Management, Oxford, Malden: Blackwell, 2001, S. 409-432

Inkpen, A. C./Beamish, P. W. (1997): Knowledge, bargaining power, and the instability of international joint ventures, in: Academy of Management Review, 22. Jg., Nr. 1, 1997, S. 177-202

Inkpen, A. C./Birkenshaw, J. (1994): International Joint Ventures and Performance: an Interorganizational Perspective, in: International Business Review, 3. Jg., Nr. 3, 1994, S. 201-217

Inkpen, A. C./Li, K.-Q. (1999): Joint Venture Formation: Planning and Knowledge-Gathering for Success, in: Organizational Dynamics, Spring 1999, S. 33-47

Jagoda, F. (1990): Strategische Allianzen: Die Wahl des Partners ist entscheidend, in: Gablers Magazin, Nr. 9, 1990, S. 10-14

Jahoda, G. (1996): Ansichten über die Psychologie und die "Kultur", in: A. Thomas (Hrsg.): Psychologie interkulturellen Handelns, Göttingen et al.: Hogrefe-Verlag, 1996, S. 33-42

Johnson, J. L./Cullen, J. B. (2002): Trust in Cross-Cultural Relationships, in: M. J. Gannon/K. L. Newman (Hrsg.): The Blackwell handbook of cross-cultural management, Oxford: Blackwell, 2002, S. 335-360

Johnson, J. L./Cullen, J. B./Sakano, T./Takenouchi, H. (1996): Setting the stage for trust and strategic integration in Japanese-U.S. cooperative alliances, in: Journal of International Business Studies, 27. Jg., Nr. 5, 1996, S. 981-1004

Johnston, W. J./Leach, M. P./Liu, A. H. (1999): Theory Testing Using Case Studies in Business-to-Business Research, in: Industrial Marketing Management, 28. Jg., Nr. 3, 1999, S. 201-213

Jones, K. K./Shill, W. E. (1991): Allying for advantage, in: The McKinsey Quarterly, Nr. 3, 1991, S. 73-101

Jost, P.-J. (2000): Organisation und Kooperation. Wiesbaden: Gabler, 2000

Kammel, A. (1994): Ansatzpunkte und Instrumente der internationalen Führungskräfteentwicklung, in: Wirtschaftswissenschaftliches Studium, 23. Jg., Nr. 7, 1994, S. 603-609

Kanter, R. M. (1994): Collaborative Advantage: The Art of Alliances, in: Harvard Business Review, 72. Jg., Nr. 4, 1994, S. 96-108

Kanter, R. M./Corn, R. I. (1994): Do Cultural Differences Make a Business Difference? Contextual Factors Affecting Cross-cultural Relationship Success, in: Journal of Management Development, 13. Jg., Nr. 2, 1994, S. 5-23

Karg, P. W./Lurse, K./Meister, H.-P. (2001): Unternehmenskultur gestalten - die zentrale Führungsaufgabe, in: Bertelsmann Stiftung/Hans-Böckler-Stiftung (Hrsg.): Praxis Unternehmenskultur, Gütersloh: Bertelsmann Stiftung, 2001, S. 37-55

Kasper, H./Holzmüller, H. H./Wilke, C. (2003): Unternehmenskulturelle Voraussetzungen der Kooperation, in: J. Zentes/B. Swoboda/ D. Morschett (Hrsg.): Kooperationen, Allianzen und Netzwerke. Grundlagen – Ansätze – Perspektiven, Wiesbaden: Gabler, 2003, S. 849-871

Kealey, D. J. (1996): The Challenge of International Personnel Selection, in: D. Landis/ R. S. Bhagat (Hrsg.): Handbook of intercultural training, Thousand Oaks: Sage Publications, 1996, S. 81-105

Keating, P. J. (1995): A framework for classifying and evaluating the theoretical contributions of case research in management accounting, in: Journal of Management Accounting Research, 7. Jg., Fall, 1995, S. 66-86

Keller von, E. (1982): Management in fremden Kulturen: Ziele, Ergebnisse und methodische Probleme der kulturvergleichenden Managementforschung. Bern: Haupt, 1982

Kelley, H. H./Michela, J. L. (1980): Attribution theory and research, in: Annual Review of Psychology, 31. Jg., 1980, S. 457-501

Kieser, A./Kubicek, H. (1992): Organisation. 3., völlig neubearb. Aufl., Berlin et al.: de Gruyter, 1992

Killing, P. (1983): Strategies for joint venture success. London et al.: Croom Helm, 1983

Kim, Y. Y. (1991): Intercultural Communication Competence: A Systems-Theoretic View, in: S. Ting-Toomey/F. Korzenny (Hrsg.): Cross-Cultural Interpersonal Communication, Newbury Park, CA: Sage Publications, 1991, S. 259-275

Kim, Y. Y. (2002): Adapting to an Unfamiliar Culture: An Interdisciplinary Overview, in: W. B. Gudykunst/B. Mody (Hrsg.): Handbook of international and intercultural communication, Thousand Oaks et al.: Sage Publications, 2002, S. 259-273

Kittel-Wegner, E./Meyer, J.-A. (2002): Die Fallstudie in der betriebswirtschaftlichen Forschung und Lehre. Schriften zu Management und KMU an der Universität Flensburg Nr. 3, 2002

Klimecki, R. G./Probst, G. (1993): Interkulturelles Lernen, in: M. Haller (Hrsg.): Globalisierung der Wirtschaft - Einwirkungen auf die Betriebswirtschaftslehre, Bern et al.: Haupt, 1993, S. 243-272

Kluckhohn, C./Kelly, W. (1972): Das Konzept der Kultur, in: R. König/A. Schmalfuß (Hrsg.): Kulturanthropologie, Düsseldorf et al.: Econ, 1972, S. 68-90

Knapp, K. (2003): Interpersonale und interkulturelle Kommunikation, in: N. Bergemann/A. L. J. Sourisseaux (Hrsg.): Interkulturelles Management, 3., vollst. überarb. und erw. Aufl., Berlin et al.: Springer, 2003, S. 109-135

Knoblich, H. (1969): Zwischenbetriebliche Kooperation: Wesen, Formen und Ziele, in: Zeitschrift für Betriebswirtschaft, 39. Jg., Nr. 7, 1969, S. 497-514

Kogut, B. (1988): A study of the life cycle of joint ventures, in: F. J. Contractor/ P. Lorange (Hrsg.): Cooperative Strategies in International Business. Joint Ventures and Technology Partnerships Between Firms, Lexington: 1988, S. 169-185

Krieger, C. (2001): Erfolgsfaktoren interkultureller Strategischer Allianzen - am Beispiel von bilateralen Kooperationen zwischen deutschen, französischen und japanischen Automobilunternehmen. Diss., Gesamthochschule Duisburg, 2001

Kroeber, A. L./Kluckhohn, C. (1952): Culture: a critical review of concepts and definitions. Cambridge, MA: Harvard University, 1952

Kromrey, H. (1998): Empirische Sozialforschung: Modelle und Methoden der standardisierten Datenerhebung und Datenauswertung. 8., durchgreifend überarb. und erw. Aufl., Opladen: Leske+Budrich, 1998

Krystek, U./Zur, E. (2002): Strategische Allianzen als Alternative zu Akquisitionen?, in: U. Krystek/E. Zur (Hrsg.): Handbuch Internationalisierung, Berlin et al.: Springer, 2002, S. 203-221

Kumar, B. N./Khanna, M. (1999): Partner relationships, autonomy and performance in international joint ventures - The case of Indo-German joint ventures, in: J. Engelhard/E. J. Sinz (Hrsg.): Kooperation im Wettbewerb - Neue Formen und Gestaltungskonzepte im Zeichen von Globalisierung und Informationstechnologie, Wiesbaden: Gabler, 1999, S. 237-267

Kumar, N./Stern, L. W./Anderson, J. C. (1993): Conducting Interorganizational Research Using Key Informants, in: Academy of Management Journal, 36. Jg., Nr. 6, 1993, S. 1633-1651

Kumar, R./Nti, K. (1996): Culture and the dynamics of competitive collaboration: sense making in or of chaos? Vaasa: Proceedings of the University of Vaasa. Discussion papers 205, 1996

Kutschker, M./Bäurle, M./Schmid, S. (1997): Quantitative und qualitative Forschung im Internationalen Management - Ein kritisch fragender Dialog. Diskussionsbeitrag Nr. 82, Wirtschaftwissenschaftliche Fakultät Ingolstadt, Katholische Universität Eichstätt, 1997

Lamnek, S. (1993): Qualitative Sozialforschung: Band 2. Methoden und Techniken. 2. Aufl., Weinheim: Beltz, Psychologie-Verl.-Union, 1993

Lamnek, S. (2001): Befragung, in: T. Hug (Hrsg.): Wie kommt Wissenschaft zu Wissen? Bd. 2. Einführung in die Forschungsmethodik und Forschungspraxis, Baltmannsweiler: Schneider, 2001, S. 281-302

Landis, D./Bhagat, R. S. (1996): A Model of Intercultural Behavior and Training, in: D. Landis/R. S. Bhagat (Hrsg.): Handbook of intercultural training, Thousand Oaks: Sage Publications, 1996, S. 1-13

Lane, H. W./Beamish, P. W. (1990): Cross-Cultural Cooperative Behavior in Joint-Ventures in LDCs, in: Management International Review, 30. Jg., Special Issue, 1990, S. 87-102

Lane, H. W./DiStefano, J. J./Maznevski, M. L. (2000): International Management Behavior. 4. Aufl., Oxford et al.: Blackwell, 2000

Langerfeldt, M. (2002): Transaktionskostentheorie, in: Das Wirtschaftsstudium, 31. Jg., Nr. 5, 2002, S. 653-655

Laurent, A. (1986): The Cross-Cultural Puzzle of International Human Resource Management, in: Human Resource Management, 25. Jg., Nr. 1, 1986, S. 91-102

Lawrence, P./ul-Haq, R. (1998): Qualitative research into strategic alliances, in: Qualitative Market Research, 1. Jg., Nr. 1, 1998, S. 15-24

Lecraw, D. J. (1983): Performance of transantional corporations in less-developed countries, in: Journal of International Business Studies, 14. Jg., Nr. 1, 1983, S. 15-33

Leitl, M. (2003): Stichwort: Cultural Due Diligence, in Harvard Business Manager, Nr. 7, 2003, S. 17

Lessmann, U. (2000): Kultur als exogene Determinante von Geschäftsbeziehungen. Diss., Techn. Universität Berlin, 2000

Levinson, N. S./Asahi, M. (1995): Cross-National Alliances and Interorganizational Learning, in: Organizational Dynamics, 1995, S. 50-63

Li, J./Guisinger, S. (1991): Comparative business failures of foreign-controlled firms in the United States, in: Journal of International Business Studies, 22. Jg., Nr. 2, 1991, S. 209-224

Litters, U. (1995): Interkulturelle Kommunikation aus fremdsprachendidaktischer Perspektive. Tübingen: Narr, 1995

Littler, D./Leverick, F. (1995): Joint Ventures for Product Development: Learning from Experience, in: Long Range Planning, 28. Jg., Nr. 3, 1995, S. 58-67

Loiselle, J. (2000): Interkulturelle Handlungskompetenz: eine Determinante für den Erfolg von Joint Ventures. Frankfurt/Main et al.: Lang, 2000

Lorange, P./Roos, J. (1991): Why Some Strategic Alliances Succeed and Others Fail, in: Journal of Business Strategy, 12. Jg., Nr. 1, 1991, S. 25-30

Lorange, P./Roos, J. (1992a): Stolpersteine beim Management Strategischer Allianzen, in: C. Bronder/R. Pritzl (Hrsg.): Wegweiser für Strategische Allianzen: Meilen- und Stolpersteine des Allianzmanagement, Frankfurt, Wiesbaden: Frankfurter Allgemeine, Gabler, 1992, S. 343-355

Lorange, P./Roos, J. (1992b): Strategic Alliances: Formation, Implementation, and Evolution. Cambridge: Blackwell, 1992

Lorange, P./Roos, J./Simcic Bronn, P. (1992): Building Successful Strategic Alliances, in: Long Range Planning, 25. Jg., Nr. 6, 1992, S. 71-77

Luchtenberg, S. (1994): Überlegungen zur interkulturellen kommunikativen Kompetenz, in: S. Luchtenberg (Hrsg.): Interkulturelle Pädagogik und Europäische Dimension: Herausforderungen für Bildungssystem und Erziehungswissenschaft, Münster et al.: Waxman, 1994, S. 49-66

Luchtenberg, S. (1998): Interkulturelle Kommunikative Kompetenz als Schlüsselqualifikation für Wirtschaft und Beruf, in: Zeitschrift für Berufs- und Wirtschaftspädagogik, 94. Jg., Nr. 1, 1998, S. 37-49

Lustig, M. W./Koester, J. (1999): Intercultural competence: interpersonal communication across cultures. 3. Aufl., New York et al.: Longman, 1999

Lyles, M. A. (1987): Common Mistakes of Joint Venture Experienced Firms, in: Columbia Journal of World Business, 22. Jg., Nr. 2, 1987, S. 79-85

Lyles, M. A./Baird, I. S. (1994): Performance of International Joint Ventures in Two Eastern European Countries: The Case of Hungary and Poland, in: Management International Review, 34. Jg., Nr. 4, 1994, S. 313-329

Lysons, K. (2000): Concerning Corporate Culture, in: British Journal of Administrative Management, Nr. 34, 2000, S. 1-4

Macharzina, K. (1995): Interkulturelle Perspektiven einer management- und führungsorientierten Betriebswirtschaftslehre, in: R. Wunderer (Hrsg.): Betriebswirtschaftslehre als Management- und Führungslehre, Stuttgart: Schäffer-Poeschel, 1995, S. 265-283

Magin, V./Schunk, H./Heil, O./Fürst, R. (2003): Kooperation und Coopetition: Erklärungsperspektive der Spieltheorie, in: J. Zentes/B. Swoboda/D. Morschett (Hrsg.): Kooperationen, Allianzen und Netzwerke. Grundlagen - Ansätze – Perspektiven, Wiesbaden: Gabler, 2003, S. 121-140

Malekzadeh, A. R./Nahavandi, A. (1998): Leadership and Culture in Transnational Strategic Alliances, in: M. C. Gertsen/A.-M. Söderberg/J. E. Torp (Hrsg.): Cultural Dimensions of International Mergers and Acquisitions, Berlin, New York: De Gruyter, 1998, S. 111-127

Mauritz, H. (1996): Interkulturelle Geschäftsbeziehungen: Eine interkulturelle Perspektive für das Marketing. Wiesbaden: DUV, 1996

McCune, J. (1999): Exporting Corporate Culture, in: Management Review, 88. Jg., Nr. 11, 1999, S. 52-56

Mead, R. (1996): Cross-cultural management communication. Chichester: Wiley, 1996

Mead, R. (1998): International Management: Cross Cultural Dimensions. 2. Aufl., Malden, MA et al.: Blackwell, 1998

Meckl, R. (1995): Zur Planung internationaler Unternehmungskooperationen, in: Zeitschrift für Planung, 6. Jg., Nr. 1, 1995, S. 25-39

Meissner, H. G. (1997): Der Kulturschock in der Betriebswirtschaftslehre, in: J. Engelhard (Hrsg.): Interkulturelles Mangement: Theoretische Fundierung und funktionsbereichsspezifische Konzepte, Wiesbaden: Gabler, 1997, S. 1-14

Meschi, P.-X./Roger, A. (1994): Cultural Context and Social Effectiveness in International Joint Ventures, in: Management International Review, 34. Jg., Nr. 3, 1994, S. 197-215

Miles, M. B./Huberman, A. M. (1994): Qualitative Data Analysis: An expanded sourcebook. 2. Aufl., Thousand Oaks: Sage Publications, 1994

Mockler, R. J. (1999): Multinational Strategic Alliances. Chichester et al: Wiley, 1999

Mohr, J./Spekman, R. E. (1994): Characteristics of partnership success: Partnership attributes, communication behavior, and conflict resolution techniques, in: Strategic Management Journal, 15. Jg., Nr. 2, 1994, S. 135-152

Moosmüller, A. (1996): Mit der Differenz leben : europäische Ethnologie und interkulturelle Kommunikation, in: K. Roth (Hrsg.): Mit der Differenz leben: Europäische Ethnologie und Interkulturelle Kommunikation, Münster et al.: Waxman, 1996, S. 271-290

Morosini, P. (2000): Global Execution: Have you forgotten what 95% of Management is all About?, in: H. W. Lane/J. J. DiStefano/M. L. Maznevski (Hrsg.): International Management Behavior, Oxford: Blackwell, 2000, S. 218-224

Morris, D./Hergert, M. (1987): Trends in International Collaborative Agreements, in: Columbia Journal of World Business, 22. Jg., Nr. 2, 1987, S. 15-21

Morschett, D. (2003): Formen von Kooperationen, Allianzen und Netzwerken, in: J. Zentes/B. Swoboda/D. Morschett (Hrsg.): Kooperationen, Allianzen und Netzwerke. Grundlagen - Ansätze - Perspektiven, Wiesbaden: Gabler, 2003, S. 387-413

Müller-Stewens, G./Hillig, A. (1992): Motive zur Bildung Strategischer Allianzen: Die aktivsten Branchen im Vergleich, in: C. Bronder/R. Pritzl (Hrsg.): Wegweiser für Strategische Allianzen: Meilen- und Stolpersteine des Allianzmanagement, Frankfurt, Wiesbaden: Frankfurter Allgemeine/Gabler, 1992, S. 65-101

Müller, M. W. (1999): Erfolgsfaktoren und Management Strategischer Allianzen und Netzwerke. Diss., Universität Rostock, 1999

Müller, S./Gelbrich, K. (1999): Interkulturelle Kompetenz und Erfolg im Auslandsgeschäft: Status quo der Forschung. Dresdner Beiträge zur Betriebswirtschaftslehre Nr. 21/99, Techn. Univ. Dresden, 1999

Müller, S./Gelbrich, K. (2001): Interkulturelle Kompetenz als neuartige Anforderung an Entsandte: Status quo und Perspektiven der Forschung, in: Zeitschrift für betriebswirtschaftliche Forschung, 53. Jg., Mai, 2001, S. 246-272

Nielsen, B. B. (2003): An Empirical Investigation of the Drivers of International Strategic Alliance Formation, in: European Management Journal, 21. Jg., Nr. 3, 2003, S. 301-322

Nienhüser, W. (1993): Probleme der Entwicklung organisationstheoretisch begründeter Gestaltungsvorschläge, in: Die Betriebswirtschaft, 53. Jg., Nr. 2, 1993, S. 235-252

Norman, P. M. (2001): Are your Secrets Safe? Knowledge Protection in Strategic Alliances, in: Business Horizons, Nov/Dec 2001, S. 51-60

Oberg, K. (1960): Cultural Shock: Adjustment to New Cultural Environments, in: Practical Anthropology, 7. Jg., Nr. 4, 1960, S. 177-182

Oesterle, M.-J. (1995): Probleme und Methoden der Joint-Venture-Erfolgsbewertung, in: Zeitschrift für Betriebswirtschaft, 65. Jg., Nr. 9, 1995, S. 987-1004

Osgood, C. (1951): Culture: Its Empirical and Non-Empirical Character, in: Southwestern Journal of Anthropology, 7. Jg., Nr. 2, 1951, S. 202-214

Pangarkar, N. (2003): Determinants of Alliance Duration in Uncertain Environments: The Case of the Biotechnology Sector, in: Long Range Planning, 36. Jg., 2003, S. 269-284

Park, S. H./Ungson, G. R. (1997): The effect of national culture, organizational complementarity, and economic motivation on joint venture dissolution, in: Academy of Management Journal, 40. Jg., Nr. 2, 1997, S. 279-307

Parkhe, A. (1991): Interfirm diversity, organizational learning, and longevity in global strategic alliances, in: Journal of International Business Studies, 22. Jg., Nr. 4, 1991, S. 579-601

Parkhe, A. (1993a): "Messy" Research, Methodological Predispositions, and Theory Development in International Joint Ventures, in: Academy of Management Review, 18. Jg., Nr. 2, 1993, S. 227-268

Parkhe, A. (1993b): Strategic Alliance Structuring: A Game Theoretic And Transaction Cost Examination Of Interfirm Cooperation, in: Academy of Management Journal, 36. Jg., Nr. 4, 1993, S. 794-829

Patton, M. Q. (1990): Qualitative Evaluation and research methods. 2. Aufl., Newbury Park, CA et al.: Sage, 1990

Pausenberger, E./Nöcker, R. (2000): Kooperative Formen der Auslandsmarktbearbeitung, in: Zeitschrift für betriebswirtschaftliche Forschung, 52. Jg., Nr. 6, 2000, S. 392-412

Peill-Schoeller, P. (1994): Interkulturelles Management: Synergien in Joint Ventures zwischen China und deutschsprachigen Ländern. Berlin et al.: Springer, 1994

Perks, H./Halliday, S. V. (2003): Sources, Signs and Signalling for Fast Trust Creation in Organisational Relationships, in: European Management Journal, 21. Jg., Nr. 3, 2003, S. 338-350

Perlitz, M. (1997): Spektrum kooperativer Internationalisierungsformen, in: K. Macharzina/M.-J. Oesterle (Hrsg.): Handbuch Internationales Management: Grundlagen - Instrumente - Perspektiven, Wiesbaden: Gabler, 1997, S. 441-457

Perlitz, M. (2000): Internationales Management. 4. Aufl., Stuttgart: Lucius & Lucius, 2000

312

Perlmutter, H. V. (1969): The Tortuous Evolution of the Multinational Corporation. A Drama in Three Acts..., in: Columbia Journal of World Business, 4. Jg., Jan/Feb, 1969, S. 9-18

Perry, C. (1998): Processes of a case study methodology for postgraduate research in marketing, in: European Journal of Marketing, 32. Jg., Nr. 9/10, 1998, S. 785-802

Peters, T. J./Waterman, R. H. (1982): In Search of Excellence - Lessons form America's Best-Run Companies. New York: Harper, 1982

Pfeffer, J./Salancik, G. R. (1978): The external control of organizations: a resource dependence perspective. New York: Harper and Row, 1978

Picot, A. (1982): Transaktionskostenansatz in der Organisationstheorie, in: Die Betriebswirtschaft, 42. Jg., Nr. 2, 1982, S. 267-284

Picot, A./Dietl, H. (1990): Transaktionskostentheorie, in: Wirtschaftswissenschaftliches Studium, 19. Jg., Nr. 4, 1990, S. 178-185

Picot, A./Reichwald, R. (1994): Auflösung der Unternehmung? Vom Einfluß der IuK-Technik auf Organisationsstrukturen und Kooperationsformen, in: Zeitschrift für Betriebswirtschaft, 64. Jg., Nr. 5, 1994, S. 547-570

Pierer von, H. (1999): Zwischen Konkurrenz und Kooperation: Erfahrungen aus der Praxis eines globalen Unternehmens, in: J. Engelhard/E. J. Sinz (Hrsg.): Kooperation im Wettbewerb - Neue Formen und Gestaltungskonzepte im Zeichen von Globalisierung und Informationstechnologie, Wiesbaden: Gabler, 1999, S. 373-383

Porter, M. E. (1989): Wettbewerbsvorteile: Spitzenleistungen erreichen und behaupten. Sonderausgabe. Aufl., Frankfurt/Main, New York: Campus, 1989

Pothukuchi, V./Damanpour, F./Choi, J./Chen, C./Ho Park, S. (2002): National and Organizational Culture Differences and International Joint Venture Performance, in: Journal of International Business Studies, 33. Jg., Nr. 2, 2002, S. 243-266

Reardon, K. K./Spekman, R. E. (1994): Starting Out Right: Negotiation Lessons for Domestic and Cross-Cultural Business Alliances, in: Business Horizons, 37. Jg., Nr. 1, 1994, S. 71-79

Richter, F.-J. (1996): Strategische Allianzen zwischen deutschen und japanischen Firmen - Kooperation oder Konfrontation?, in: Zeitschrift für Planung, 7. Jg., Nr. 1, 1996, S. 91-104

Riehle, W. (1997): Ziele, Formen und Erfolgsmerkmale Strategischer Allianzen, in: K. Macharzina/M.-J. Oesterle (Hrsg.): Handbuch Internationales Management: Grundlagen - Instrumente - Perspektiven, Wiesbaden: Gabler, 1997, S. 579-605

Rindfleisch, A./Heide, J. B. (1997): Transaction Cost Analysis: Past, Present, and Future Applications, in: Journal of Marketing, 61. Jg., Nr. 4, 1997, S. 30-54

Ring, P. S./Van de Ven, A. (1994): Developmental Processes Of Cooperative Interorganizational Relationships, in: Academy of Management Review, 19. Jg., Nr. 1, 1994, S. 90-118

Romano, C. (1989): Research Strategies for small business: a case study, in: International Small Business Journal, 7. Jg., Nr. 4, 1989, S. 35-43

Root, F. R. (1988): Some Taxonomies of International Cooperative Arrangements, in: F. J. Contractor/P. Lorange (Hrsg.): Cooperative Strategies in International Business. Joint Ventures and Technology Partnerships Between Firms, Lexington: 1988, S. 69-80

Rothlauf, J. (1999): Interkulturelles Management: mit Beispielen aus Vietnam, China, Japan, Rußland und Saudi-Arabien. München et al.: Oldenbourg, 1999

Royer, S. (2000): Strategische Erfolgsfaktoren horizontaler kooperativer Wettbewerbsbeziehungen: Eine auf Fallstudien basierende erfolgsorientierte Analyse am Beispiel der Automobilindustrie. München, Mering: Hampp, 2000

Ruhland, F. (2001): Eine Wegbeschreibung zum Aufbau einer stabilen Kooperationspartnerschaft, in: Zeitschrift für neues Energierecht, 5. Jg., Nr. 1, 2001, S. 18-23

Schaan, J.-L./Beamish, P. W. (1988): Joint Venture General Manager in LDCs, in: F. J. Contractor/P. Lorange (Hrsg.): Cooperative Strategies in International Business. Joint Ventures and Technology Partnerships Between Firms, Lexington, MA et al.: Lexington Books, 1988, S. 279-299

Schäfer, H. (1994): Strategische Allianzen - Erklärung, Motivation und Erfolgskriterien, in: Das Wirtschaftsstudium, 23. Jg., Nr. 8/9, 1994, S. 687-692

Schein, E. H. (1984): Soll und kann man eine Organisations-Kultur verändern? Organisationsentwicklung vor neuen Fragestellungen, in: GDI-Impuls, 2. Jg., Nr. 2, 1984, S. 31-43

Schein, E. H. (1987a): Organizational culture and leadership: a dynamic view. San Francisco: Jossey-Bass, 1987

Schein, E. H. (1987b): Does Japanese Management Style Have a Message for American Managers?, in: E. H. Schein (Hrsg.): The Art of Managing Human Resources. New York et al.: Oxford University Press, 1987, S. 209-228

Schein, E. H. (1987c): Coming to a New Awareness of Organizational Culture, in: E. H. Schein (Hrsg.): The Art of Managing Human Resources. New York et al.: Oxford University Press, 1987, S. 261-277

Schilo-Silberman, D. (1994): Auswahl und Vorbereitung von Führungskräften für die Entsendung ins Ausland. Wiesbaden: Gabler, 1994

Scholz, C./Stein, V. (2000): "Competitive Acceptance" im kulturübergreifenden Wettbewerb, in: J. Gutmann/R. Kabst (Hrsg.): Internationalisierung im Mittelstand: Chancen - Risiken - Erfolgsfaktoren, Wiesbaden: Gabler, 2000, S. 193-208

Scholz, R. W./Tietje, O. (2002): Embedded Case Study Methods: Integrating Quantitative and Qualitative Knowledge. Thousand Oaks et al.: Sage Publications, 2002

Schöllhammer, H. (1994): Strategies and Methodologies in International Business and Comparative Management Research, in: Management International Review, 34. Jg., Special Issue, 1994, S. 5-20

Schrader, S. (1993): Kooperation, in: J. Hauschildt/O. Grün (Hrsg.): Ergebnisse empirischer betriebswirtschaftlicher Forschung: Zu einer Realtheorie der Unternehmung, Stuttgart: Schäffer-Poeschel, 1993, S. 221-254

Schreyögg, G. (1993): Organisationskultur, in: Das Wirtschaftsstudium, 22. Jg., Nr. 4, 1993, S. 313-322

Schreyögg, G. (1999): Organisation: Grundlagen moderner Organisationsgestaltung. 3. Aufl., Wiesbaden: Gabler, 1999

Schroll-Machl, S. (1996): Kulturbedingte Unterschiede im Problemlöseprozeß bei deutsch-amerikanischen Arbeitsgruppen, in: A. Thomas (Hrsg.): Psychologie interkulturellen Handelns, Göttingen et al.: Hogrefe-Verlag, 1996, S. 383-409

Schubbe, M. O. (1999): Der Einfluss von Unternehmenskulturen auf den Integrationsprozess bei Unternehmenszusammenschlüssen. Freiburg: Universität Freiburg, Dissertation, 1999

Schuchardt, C. A. (1994): Deutsch-chinesische Joint-ventures: Erfolg und Partnerbeziehung. München, Wien: Oldenbourg, 1994

Schulz, J. W./Hauck, L. C./Hauck, R. M. (2001): Using The Power of Corporate Culture to Achieve Results: A Case Study of Sunflower Electirc Power Corporation, in: Management Quarterly, 42. Jg., Nr. 2, 2001, S. 2-19

Schwerk, A. (2000): Dynamik von Unternehmenskooperationen. Berlin: Duncker und Humblot, 2000

Seiler, S. (2003): Konflikte erkennen, überwinden und verhindern, in: IO new management, 72. Jg., Nr. 7-8, 2003, S. 52-58

Sell, A. (1994): Internationale Unternehmenskooperationen. München, Wien: Oldenbourg, 1994

Sewing, N. (1996): Steigerung des Erfolgs von grenzüberschreitenden Akquisitionen durch gezielte Integration der Mitarbeiter differierender Landeskulturen. Wiesbaden: Deutscher Universitäts-Verlag, 1996

Shenkar, O./Zeira, Y. (1987): Human Resource Management in International Joint Ventures: Directions for Research, in: Academy of Management Review, 12. Jg., Nr. 3, 1987, S. 546-557

Silverman, D. (1993): Interpreting Qualitative Data: Methods for Analysing Talk, Text and Interaction. Thousand Oaks et al.: Sage Publications, 1993

Sivadas, E./Dwyer, F. R. (2000): An Examination of Organizational Factors Influencing New Product Success in Internal and Alliance-Based Processes, in: Journal of Marketing, 64. Jg., Nr. 1, 2000, S. 31-49

Solomon, C. M. (1998): Building teams across borders, in: Global Workforce, 3. Jg., Nr. 6, 1998, S. 12-17

Spekman, R. E./Isabella, L. A./MacAvoy, T. C. (2000): Alliance competence: maximizing the value of your partnerships. New York et al.: John Wiley & Sons, 2000

Spekman, R. E./Isabella, L. A./MacAvoy, T. C./Forbes III, T. (1996): Creating strategic alliances which endure, in: Long Range Planning, 29. Jg., Nr. 3, 1996, S. 346-357

Spitzberg, B. H./Cupach, W. R. (1989): Handbook of Interpersonal Competence Research. New York et al.: Springer, 1989

Staehle, W. H. (1999): Management. Eine verhaltenswissenschaftliche Perspektive. 8. Auflage, überarbeitet von P. Conrad und J. Sydow, München: Vahlen, 1999

Stahl, G. K. (1998): Internationaler Einsatz von Führungskräften. Probleme, Bewältigung, Erfolg. München, Wien: Oldenbourg, 1998

316

Stake, R. E. (1994): Case Studies, in: N. K. Denzin/Y. S. Lincoln (Hrsg.): Handbook of qualitative research, Thousand Oaks: Sage Publications, 1994, S. 236-247

Steiner, M. (1995): Internationalisierung mittelständischer Unternehmungen: das Kulturmanagement aus Sicht des Stammhauses. Hallstadt: Rosch-Buch, 1995

Stüdlein, Y. (1997): Kulturelle Perspektive internationaler strategischer Allianzen: Phasenkonzept zum Management von Kulturunterschieden. Wiesbaden: Gabler, 1997

Swoboda, B. (2003): Kooperation: Erklärungsperspektiven grundlegender Theorien, Ansätze und Konzepte im Überblick, in: J. Zentes/B. Swoboda/ D. Morschett (Hrsg.): Kooperationen, Allianzen und Netzwerke. Grundlagen - Ansätze - Perspektiven, Wiesbaden: Gabler, 2003, S. 35-64

Sydow, J. (1992): Strategische Netzwerke: Evolution und Organisation. Wiesbaden: Gabler, 1992

Tayeb, M. H. (2001): National Culture and Cross-Border Partnerships, in: M. H. Tayeb (Hrsg.): International Business Partnership: Issues and Concerns, Houndmills et al.: Palgrave, 2001, S. 128-149

Tellis, W. (1997): Introduction to Case Study, in: The Qualitative Report, 3. Jg., Nr. 2, 1997,

Thelen, E. M. (1993): Die zwischenbetriebliche Kooperation: Ein Weg zur Internationalisierung von Klein- und Mittelbetrieben? Frankfurt et al.: Lang, 1993

Theurl, T. (2001): Die Kooperation von Unternehmen: Facetten der Dynamik, in: D. Ahlert (Hrsg.): Handbuch Franchising & Kooperation: Das Management kooperativer Unternehmensnetzwerke, Neuwied, Kriftel: Luchterhand, 2001, S. 73-91

Thomas, A. (1993): Fremdheitskonzepte in der Psychologie als Grundlage der Austauschforschung und der interkulturellen Managerausbildung, in: A. Wierlacher (Hrsg.): Kulturthema Fremdheit: Leitbegriffe und Problemfelder kulturwissenschaftlicher Fremdheitsforschung, München: Iudicium, 1993, S. 257-281

Thomas, A. (1996): Analyse der Handlungswirksamkeit von Kulturstandards, in: A. Thomas (Hrsg.): Psychologie interkulturellen Handelns, Göttingen et al.: Hogrefe-Verlag, 1996, S. 107-135

317

Thomas, A./Hagemann, K./Stumpf, S. (2003): Training interkultureller Kompetenz, in: N. Bergemann/A. L. J. Sourisseaux (Hrsg.): Interkulturelles Management, 3., vollst. überarb. und erw. Aufl., Berlin et al.: Springer, 2003, S. 237-272

Thomas, A./Stumpf, S. (2003): Aspekte interkulturellen Führungsverhaltens, in: N. Bergemann/A. L. J. Sourisseaux (Hrsg.): Interkulturelles Management, 3., vollst. überarb. und erw. Aufl., Berlin et al.: Springer, 2003, S. 69-107

Ting-Toomey, S. (1999): Communicating across cultures. New York et al.: Guilford Press, 1999

Triandis, H. C. (1983): Dimensions of Cultural Variations as Parameters of Organizational Theories, in: International Studies of Management and Organization, 12. Jg., Nr. 4, 1983, S. 139-169

Trochim, W. M. (2003): The Research Methods Knowledge Base. 2. Aufl., URL: http://trochim.human.cornell.edu/kb/, Download am 25.03.2002, 2003

Trompenaars, F. (1993): Riding the waves of culture - understanding cultural diversity. London: Economist Books, 1993

Tröndle, D. (1987): Kooperationsmanagement: Steuerung interaktioneller Prozesse bei Unternehmungskooperationen. Bergisch-Gladbach et al.: Verlag Josef Eul, 1987

Tsang, E. W. K. (2000): Transaction Cost and Resource-based Explanations of Joint Ventures: A Comparison and Synthesis, in: Organization Studies, 21. Jg., Nr. 1, 2000, S. 215-242

Tung, R. L. (1991): Handshakes Across the Sea: Cross-Cultural Negotiating For Business Success, in: Organizational Dynamics, 19. Jg., Nr. 3, 1991, S. 30-40

Türck, R. (1999): Forschungs- und Entwicklungskooperationen, in: J. Engelhard/ E. J. Sinz (Hrsg.): Kooperation im Wettbewerb - Neue Formen und Gestaltungskonzepte im Zeichen von Globalisierung und Informationstechnologie, Wiesbaden: Gabler, 1999, S. 59-87

Tylor, E. B. (1871): Primitive culture: researches into the development of mythology, philosophy, religion, language, art and custom. London: Murray, 1871

Uber-Grosse, C. (2000): Global Strategy for Developing Cross-Cultural Competence, in: R. E. Grosse (Hrsg.): Thunderbird on global business strategy, New York et al.: John Wiley & Sons, 2000, S. 308-327

318

Vivelo, F. R. (1981): Handbuch der Kulturanthropologie. Stuttgart: Klett-Cotta, 1981

Vizjak, A. (1990): Wachstumspotentiale durch strategische Partnerschaften: Bausteine einer Theorie der externen Synergie. München: Kirsch, 1990

Voigt, S. (1993): Strategische Allianzen: Modisches Schlagwort oder Antwort auf globale Herausforderungen?, in: Wirtschaftswissenschaftliches Studium, 22. Jg., Nr. 5, 1993, S. 246-249

Walsh, I. (1991): Neue Spielregeln lernen, in: Gablers Magazin, Nr. 11-12, 1991, S. 14-18

Walters, B. A./Peters, S./Dess, G. G. (1994): Strategic Alliances and Joint Ventures: Making Them Work, in: Business Horizons, 37. Jg., Nr. 4, 1994, S. 5-10

Weber, W./Festing, M./Dowling, P. J./Schuler, R. S. (1998): Internationales Personalmanagement. Wiesbaden: Gabler, 1998

Weber, W./Mayrhofer, W./Nienhüser, W./Rodehuth, M./Rüther, B. (1994): Betriebliche Bildungsentscheidungen - Entscheidungsverläufe und Entscheidungsergebnisse. München et al.: Hampp, 1994

Weder, R. (1989): Joint Venture: Theoretische und empirische Analyse unter besonderer Berücksichtigung der Chemischen Industrie der Schweiz. Grüsch: Rüegger, 1989

Wederspahn, G. (2002): Expat training, in: T+D, 56. Jg., Nr. 2, 2002, S. 67-70

Welge, M. K./Al-Laham, A. (1997): Erscheinungsformen und betriebswirtschaftliche Relevanz von Strategischen Allianzen, in: K. Macharzina/M.-J. Oesterle (Hrsg.): Handbuch Internationales Management: Grundlagen – Instrumente - Perspektiven, Wiesbaden: Gabler, 1997, S. 553-578

Whipple, J. M./Frankel, R. (2000): Strategic Alliance Success Factors, in: Journal of Supply Chain Management, 36. Jg., Nr. 3, 2000, S. 21-28

Williamson, O. E. (1985): The Economic Institutions of Capitalism: Firms, Markets, Relational Contracting. New York: Free Press, 1985

Williamson, O. E. (1987): Transaction Cost Economics, in: Journal of economic behavior & organization, 8. Jg., Nr. 4, 1987, S. 617-625

Windsperger, J. (1983): Transaktionskosten in der Theorie der Firma, in: Zeitschrift für Betriebswirtschaft, 53. Jg., Nr. 9, 1983, S. 889-902

Wiseman, R. L. (2002): Intercultural Communication Competence, in: W. B. Gudykunst/B. Mody (Hrsg.): Handbook of international and intercultural communication, Thousand Oaks et al.: Sage Publications, 2002, S. 207-224

Witzel, A. (1982): Verfahren der qualitativen Sozialforschung: Überblick und Alternativen. Frankfurt/Main et al.: Campus, 1982

Woratschek, H./Roth, S. (2003): Kooperation: Erklärungsperspektive der Neuen Institutionenökonomik, in: J. Zentes/B. Swoboda/D. Morschett (Hrsg.): Kooperationen, Allianzen und Netzwerke. Grundlagen - Ansätze – Perspektiven, Wiesbaden: Gabler, 2003, S. 141-166

Führer, G. A. (1995): Internationale Allianz- und Kooperationsfähigkeit österreichischer Unternehmen: Beiträge zum Gestaltansatz als Beschreibungs- und Erklärungskonzept. Linz: Trauner, 1995

Yin, R. K. (1994): Case Study Research: Design and Methods. 2. Aufl., Thousand Oaks: Sage Publications, 1994

Zahra, S./Elhagrasey, G. (1994): Strategic Management of international joint ventures, in: European Management Journal, 12. Jg., Nr. 1, 1994, S. 83-93

Zajac, E. J./Olsen, C. P. (1993): From transaction cost to transactional value analysis: Implications for the study of interorganizational strategies, in: Journal of Management Studies, 30. Jg., Nr. 1, 1993, S. 131-145

Zeira, Y./Shenkar, O. (1990): Interactive and Specific Parent Characteristics: Implications for Management and Human Resources in International Joint Ventures, in: Management International Review, 30. Jg., Special Issue, 1990, S. 7-22

Zentes, J./Swoboda, B./Morschett, D. (2003): Kooperationen, Allianzen und Netzwerke - Grundlagen, „Metaanalyse" und Kurzabriss, in: J. Zentes/B. Swoboda/ D. Morschett (Hrsg.): Kooperationen, Allianzen und Netzwerke. Grundlagen - Ansätze - Perspektiven, Wiesbaden: Gabler, 2003, S. 3-32

Zielke, A. E. (1992): Erfolgsfaktoren internationaler Joint Ventures: eine empirische Untersuchung der Erfahrungen deutscher und amerikanischer Industrieunternehmungen in den USA. Frankfurt/Main et al.: Lang, 1992

Schriften zum Managementwissen

Herausgegeben von Joachim Hentze und Andreas Kammel

www.peterlang.de